사례 시연을 통한 이론과 기법의 이해

현대 심리상담의 세 가지 접근

Greenberg, Leslie S. · McWilliams, Nancy · Wenzel, Amy 공저
신혜린 · 심은정 · 윤정설 공역

EXPLORING THREE APPROACHES TO PSYCHOTHERAPY

학지사

Exploring Three Approaches to Psychotherapy
by Leslie S. Greenberg, Nancy McWilliams, and Amy Wenzel

역자 서문

독자들에게 이 책의 기반이 된 〈심리치료의 세 가지 접근–다음 세대〉 DVD를 먼저 시청한 후, 이 책을 읽을 것을 권합니다. 〈심리치료의 세 가지 접근–다음 세대〉 DVD는 미국 심리학회가 2012년에 제작하고, 2015년에 한국에서 출판한 자료입니다. 이 DVD에서는 행동주의에 기반한 인지치료, 인본주의에 기반한 정서중심 심리상담 그리고 정신분석에 기반한 정신역동 심리상담을 대표하는 전문가들이 동일한 내담자를 상담하는 장면을 볼 수 있습니다. 이를 통해 심리상담의 초기 주요 학파인 행동주의, 인본주의, 정신분석이 현대 심리상담에 어떻게 구현되고 있는지 생생히 확인할 수 있고, 세 접근법의 차이점과 공통점을 비교해 볼 수 있습니다.

이 DVD는 대학원 과정의 초보 상담자들을 교육할 때에도 유용하게 활용되었습니다. 상담자로서 전문적 정체성을 확립하기 위해 중요한 과업 중 하나는 상담 이론을 이해하고 습득하며, 이를 통합해 실제 상담에 적용하는 것입니다. 이를 돕기 위해 초보 상담자들에게 이 DVD를 활용해서 대표적인 상담 접근법을 직접 보고, 느끼며, 토론할 기회를 제공했습니다. 학생들은 DVD를 보며 다음과 같은 질문들(예: "내가 내담자라면 이 상담 접근법을 어떻게 느낄까?" "이 상담 이론의 강점과 한계는 무엇일까?" "이 이론을 사용하면 나는 편안하게 상담할 수 있을까?" "어떤 내담자에게 이 이론이 더 적합할까?")을 던지며 깊이 있는 논의를 이어 갔습니다. 이 과정을 통해 학생들은 각 이론을 구체적으로 이해하고, 자신만의 상담 방식을 모색하는 데 도움을 얻었습니다.

하지만 DVD를 활용한 학습이 이어질수록 몇 가지 아쉬움도 느꼈습니다. 시연

상담 후 3명의 전문가가 나눈 토의는 흥미로웠지만, 각 상담 접근법에 대한 체계적인 정리나 상담자의 개입 의도를 보다 명확히 이해할 수 있는 자료가 필요하다는 생각이 들었습니다. 그러던 중 『Exploring Three Approaches to Psychotherapy』라는 책을 발견했고, 이 책이 아직 한국어로 번역되지 않았다는 사실을 알게 되었습니다. 이에 이 책의 번역에 직접 도전하기로 결심했습니다.

번역 작업은 심리상담 현장에서 함께 공부를 이어 가던 피어비전 그룹의 동료들과 함께 진행했습니다. 각자 하나의 전문 분야를 맡아 번역한 후 서로의 번역을 첨삭하며 완성도를 높였습니다. 번역 과정에서 느낀 소감은 다음과 같습니다.

정서중심 심리상담 (번역: 윤정설)

상담 분야의 접근법들이 그렇듯 정서중심 심리상담 역시 실제 사례들을 경험하면서, 내담자들의 역동과 인지 도식을 동기화하는 것이 정서라는 것을 체득하고 이것을 이론화하려고 했습니다. 이는 다른 두 접근법에 비해 상대적으로 새로운 접근법입니다. 그런 점에서 번역을 하는 과정에서 새로운 앎에 대한 즐거움과 어려움을 동시에 경험했습니다. 정서중심 심리상담에서는 실제 경험을 설명하고 상담 기법을 제시하기 위해 신경심리, 정서 이론, 인지 이론, 게슈탈트 기법까지 아우르는 방대한 지식을 담아내고 있습니다. 그러므로 당연히 이 책의 내용을 통해 정서중심 심리상담을 온전히 이해할 수 있다고 말할 수는 없습니다. 다만, 저의 경우 DVD를 통해 시연 상담을 생생하게 시청하고, 그린버그의 설명을 책에서 읽는 과정을 거치면서 정서중심 심리상담의 큰 뼈대를 쉽게 이해할 수 있었습니다. 독자 여러분도 저와 같은 경험을 할 수 있기를 기대합니다. 그리고 이 책을 통해 심리상담에서 내담자의 정서를 이해하는 것이 얼마나 중요한지를 느끼고, 이에 관하여 공부하고자 하는 동기를 얻길 바랍니다.

정신역동 심리상담 (번역: 신혜린)

맥윌리엄스는 이 짧은 요약본에서 정신분석의 역사를 모두 담아 내는 것이 어렵다고 말했지만, 이 글을 통해 정신분석의 발달적 흐름을 한눈에 살펴볼 수 있었고 그 핵심을 이해하는 데 큰 도움을 받을 수 있었습니다. 특히 자기 분석과 자신을 상담 도구로 활용하는 정신분석의 본질이 이 글에서도 고스란히 드러나는 것이 인상적이었습니다. 맥윌리엄스는 이 책에서 시연 상담 당시의 의도와 자신의 상태를 솔직하게 털어놓으며, 어쩌면 부끄러울 수 있는 부분들까지도 아낌없이 독자들에게 공유합니다. 이를 통해 상담 개입 내용뿐만 아니라 정신분석 상담자로서의 태도—깊은 자기 이해와 자기 수용의 자세—를 배울 수 있었으며, 더 나아가 나 자신을 돌아보게 만드는 계기가 되었습니다. 이 책을 통해 독자들의 정신역동적 접근법에 대한 깊은 이해를 도울 수 있기를 바랍니다.

인지치료 (번역: 심은정)

에이미 웬첼의 설명은 포괄적이고 명쾌했으며, 주디스 벡의 시연은 인지치료의 체계성과 효과성을 잘 보여 주었습니다. 적극적이고 협조적인 상담 관계의 구축, 인지 이론에 따른 사례 개념화, 구조화된 회기 진행, 구체적인 인지 및 행동 전략의 사용, 문제 해결과 재발 방지를 위한 작업이라는 인지치료의 핵심 요소가 이론으로 설명되며, 나아가 시연에 고스란히 녹아 있는 것을 확인할 수 있었습니다. 번역하는 과정에서 저는 인지 이론에 더 관심을 가지게 되었고, 상담에서 활용할 만한 효과적이고 구체적인 기술에 대한 영감을 얻을 수 있었습니다. 이 책의 내용은 인지치료를 자신의 주 이론으로 선택하는 상담자에게 이론과 실천에 대한 핵심을 파악하게 도움을 주며, 지향하는 이론이 다른 상담자에게도 내담자를 돕는 데 활용할 수 있는 효과적이고 구체적인 기술을 배울 수 있는 기회를 제공할 것입니다.

심리상담을 배우는 과정은 특히 상담 경험과 이에 대한 이해를 끊임없이 통합해 나가는 과정이라고 생각합니다. 그런 점에서 이 책의 기반이 된 〈심리치료의 세 가지 접근–다음 세대〉 DVD는 상담에 대한 간접 경험을 제공하고, 이 책은 상담 이론과 상담자의 의도에 대한 이해를 확장하는 데 매우 유용한 자료라고 할 수 있습니다.

마지막으로 〈심리치료의 세 가지 접근—다음 세대〉 DVD와 원서를 제작하신 상담자들, 번역을 허락해 주시고 교정을 도와 주신 학지사, 그리고 같이 DVD를 보며 토론하고 공부하면서, 이 책의 번역의 필요성을 느끼게 해 준 대학원생들께도 감사를 전합니다.

2025년

역자 신혜린, 심은정, 윤정설

저자 서문

이 책은 〈심리치료의 세 가지 접근: 여성 내담자 편〉과 〈심리치료의 세 가지 접근: 남성 내담자 편〉(American Psychological Association, 2012)이라는 두 개의 DVD가 성공하면서 그 후속작으로 제작되었다. DVD에는 심리상담의 세 가지 접근법을 대표하는 전문가로 인지치료 전문가 주디스 벡(Judith Beck), 정서중심 심리상담 전문가 레슬리 그린버그(Leslie Greenberg), 정신역동 상담 전문가 낸시 맥윌리엄스(Nancy McWilliams)가 등장하며 그들이 상담을 시연하는 모습을 담았다. DVD를 제작하는 데에는 오랜 시간이 걸렸다. 어떤 접근법을 선택할지에 대한 많은 고민 끝에 심리상담의 초기 주요 학파를 대표하는 행동주의, 인본주의, 정신분석을 선정했다. 그리고 해당 분야에서 대표적인 전문가로 입지를 가진 상담 전문가를 초대했다.

수년간 심리상담의 시연을 촬영하면서 상담자가 내담자와 처음 만나는 상담에서 초기 면접보다 깊이 있는 회기를 보여 주려면 각 내담자에 대한 정보를 미리 제공해야 한다는 것을 알게 되었다. 따라서 이 DVD의 공동 진행자이자 많은 APA 비디오의 진행자인 존 칼슨(Jon Carlson)에게 각 내담자와의 초기 면접을 녹화해 달라고 요청했다. 이렇게 녹화된 회기를 초청 전문가에게 전송하여, 각 상담자가 참여자에 대한 동일한 정보를 가지고 시연에 참여할 수 있도록 조치했다.

DVD를 제작하는 데에는 몇 달이 소요되었다. 상담 전문가들은 개별적으로 시카고로 와서 두 명의 내담자를 각각 다른 시점에서 만난 후, 함께 모여서 원탁회의를 진행했다. 나는 존 칼슨과 함께 원탁회의의 진행을 맡았고, 며칠간 스튜디오 안팎에서 초청 전문가들과 함께 시연 비디오의 도입부와 원탁회의의 장면을 제작하면서 분주하지만, 유익한 시간을 가졌다.

각 전문가의 상담은 서로의 접근법에 대한 존중하는 태도와 각 접근법이 어떤 점에서 비슷하고 다른지에 대한 진심 어린 호기심 속에서 논의되고 분석되었다. 심리상담 접근법 간의 차이점이나 공통점을 이론적인 측면에서 논의해 볼 수 있다. 하지만 세 명의 전문가를 나란히 앉혀 놓고 같은 내담자와 했던 상담에 대해 논의하는 것은 완전히 다른 문제이다. 그들의 논의는 생동감이 넘치고 많은 깨우침을 주었으며, 오늘날 실제 심리상담이 어떻게 이루어지는지를 통찰할 수 있는 기회를 제공했다.

이 책에 담은 내용은 스튜디오에서 75분씩 진행한 두 차례의 원탁회의를 녹음하여 탄생했다. 그 원탁회의에서 나온 논의의 깊이와 길이, 풍부함을 고려할 때 해당 논의는 몇 시간이고 더 이어질 수 있을 것 같았다(실제로 촬영을 마치고도 논의가 이어졌다). 제작을 마치고 얼마 지나지 않아 나는 원탁회의에서 이루어진 논의를 상담 회기에 관한 책으로 엮어 보자고 제안했다. 하나는 원탁회의의 연장선으로 DVD 프로그램에 대한 해설을 제공하고, 다른 하나는 세 가지 심리상담 이론에 대해 소개를 하면서 각 논의의 내용과 관련된 자세한 사례 기반 예시를 엮어서 보여주고자 했다. 우리는 이 책이 이러한 원래 의도를 잘 구현했다고 생각한다.

DVD와 이 책에 참여한 모든 분께 감사의 말씀을 전한다. 시연 중에 자신의 진솔한 생각과 반응을 카메라에 담을 수 있도록 용감한 선택을 해 준 내담자, 다른 두 명의 전문가와 자신을 기꺼이 비교할 수 있도록 허락해 준 초청 전문가, 그리고 공동 진행을 맡아 준 존 칼슨에게 감사의 말씀을 전한다. 물론 화면에 등장한 사람들은 최종 결과물의 가시적인 부분일 뿐 더 많은 사람이 함께 수고했다. 미국심리학회 출판부와 거버너스 주립대학교(Governors State University)의 디지털 학습분과는 수개월에 걸쳐 이 프로그램의 제작을 위해 기획 작업을 했다. 모든 내담자, 초청 전문가, 존 칼슨, 나 자신 및 제작에 참여한 모든 스태프가 함께 열심히 노력한 덕분에 이 결과물이 나올 수 있었다.

DVD에 나오는 자신의 상담 회기에 대해 추가적으로 논평해 준 레슬리 그린버그와 낸시 맥윌리엄스에게 감사하며, 주디스 벡의 상담 시연에 대한 설명을 해 준

학자이자 실무자인 에이미 웬첼(Amy Wenzel)에게도 감사의 마음을 전한다. 회기를 면밀히 분석하고 서로 다른 접근법의 작동 원리를 밝혀내려는 그들의 의지는 심리상담을 배우는 수련생들에게 귀중한 자산이 될 것이다. 모든 상담자가 늘 그러한 학습의 태도로 상담에 임하기 바란다.

게리 밴덴보스(Gary R. VandenBos, PhD)

APA 발행인

지침

이 책은 정서중심 심리상담, 정신역동 심리상담, 인지치료라는 세 가지 접근의 비교를 돕고자 한다. 제2장부터 제4장까지는 각 접근의 전문가가 한 명씩 저술했다. 제2장 '정서중심 심리상담'은 레슬리 그린버그가, 제3장 '정신역동 심리상담'은 낸시 맥윌리엄스가, 제4장 '인지치료'는 에이미 웬젤이 집필했다. 이 책은 단독으로 사용하거나 〈심리치료의 세 가지 접근: 여성 내담자 편〉 및 〈심리치료의 세 가지 접근: 남성 내담자 편〉 DVD와 함께 사용할 수 있다. 다음은 DVD와 함께 또는 책만 별도로 사용하는 방법에 대한 단계별 지침이다. 이는 지침일 뿐이니 참고로 활용하기 바란다.

DVD와 함께 책을 사용하는 방법

1. 제1장 '도입'을 읽는다.
2. DVD의 도입 부분을 시청한다.
3. 각 상담자가 자신의 접근 방식을 설명하는 제2장부터 제4장까지의 첫 부분을 읽는다[즉, 치치(Chi Chi)와 케빈(Kevin)의 시연 회기에서 사례 적용을 제외한 모든 내용].
4. 도입의 마지막에 있는 '수업용 질문'에 있는 'DVD 시청 전 생각해 볼 질문'을 읽는다.
5. 도입의 마지막에 있는 각 내담자에 대한 배경 정보가 포함된 내담자 요약을 검토한다.

6. 각 상담자가 각 내담자를 상담하는 회기를 시청한다.
7. 도입의 마지막에 있는 '수업용 질문'의 'DVD 시청 후 생각해 볼 질문'을 읽는다.
8. 시청한 시연 회기에 대한 상담자의 사례 적용을 읽는다.
9. 모든 회기를 시청하고 사례 적용 부분을 읽은 후, 전문가 원탁회의를 시청한다.

DVD 없이 책을 사용하는 방법

이 책은 일반적인 책처럼 처음부터 끝까지 읽을 수도 있고, 다음의 단계에 따라 읽을 수도 있다.

1. 각 장의 마지막에 있는 질문('수업용 질문')을 제외한 제1장 '도입'을 읽는다.
2. 제2장 초반부에 소개된 정서중심 심리상담에 대해 읽는다.
3. 도입의 마지막에 있는 내담자의 배경 정보를 포함한 내담자 요약을 검토한다.
4. 도입의 마지막에 있는 '수업용 질문'에서 'DVD 시청 전 생각해 볼 질문'을 읽는다.
5. 도입의 마지막에 있는 '수업용 질문'에서 'DVD 시청 후 생각해 볼 질문'을 읽는다.
6. 상담자의 사례 적용을 읽는다.
7. 제3장의 첫 부분을 읽고, 3~6단계를 반복한다.
8. 제4장의 첫 부분을 읽고, 3~6단계를 반복한다.

차례

제1장 도입

심리상담은 예술이자 과학이다. 수련생은 경험적으로 검증된 모든 기법을 읽고 암기하고, 특정 이론에 몰입하여 그 접근법을 주요 상담이론으로 삼을 수 있다. 하지만 그렇게 하더라도 심리상담이 실제로 어떻게 이루어지는지 제대로 배운 것이라고는 할 수 없다. 심리상담을 진정으로 이해하려면 상담자–내담자의 상호작용을 실시간으로 접하고 관찰할 필요가 있다.

한동안 심리상담이 어떻게 이루어지는지에 대한 실제 감각을 키울 수 있는 유일한 방법은 상담 실습이었다. 지난 50년 동안 정신건강 전문가 교육에서는 상담자가 내담자를 실제로 만나기 전에 시연을 관찰할 수 있게 하려고 꾸준히 노력해 왔다. 이러한 맥락에서 미국 심리학회(American Psychological Association: APA)는 상담의 교육 및 훈련의 도구로 심리상담 비디오 시리즈를 개발했다. 심리상담 비디오 시연 시리즈(그리고 이러한 비디오 자료의 전체 데이터베이스인 PsycTHERAPY)를 제작한 것은 시연을 볼 수 있는 실질적인 방법이 이러한 비디오를 활용하는 것뿐이기 때문이다. 상담의 기술을 어떤 때, 어떤 방식으로 사용하는지를 설명할 때도 시연 비디오를 보여 주는 것 이상으로 좋은 방법이 없다.

심리상담 기법은 내담자의 정신건강 향상을 위해 고안된 합리적이고 체계적인 절차이며, 이론적 틀이나 접근법 내에서 적용될 때 가장 효과적이다. 이 비디오 시연은 이론의 적용을 보여 준다. 이론과 기법에 대한 책과 강의가 심리상담의 실제를 이해하는 데 필요하지만 충분하지는 않은 것과 마찬가지로, 비디오 시연도 그것만 봐서는 안 되고 이론에 대한 어느 정도의 기초 지식을 갖추고 시청하는 것이 가장 유익하다. APA 심리상담 비디오 시리즈의 시연 영상은 해당 시연에서 사용한 상담 이론에 대한 간략한 소개로 시작한다. 각 접근법을 배우고자 하는 사람은 APA 도서를 읽으면서 비디오 자료를 활용하면 더욱 효과적으로 학습할 수 있을 것이다.

1. 글로리아의 상담 시연에 대한 간략한 배경 정보

이 책에서 설명하는 일명 '글로리아 테이프'로 알려진 비디오 시연은 〈심리치료의 세 가지 접근〉(Shostrum, 1965)이라고 불린다. 많은 상담자와 심리학자가 이 고전적인 교육용 비디오를 시청했는데, 세계적으로 유명한 세 명의 전문가가 한 명의 내담자(글로리아)와 각각 상담을 하는 내용을 담고 있다. 여기서 칼 로저스(Carl Rogers)는 내담자 중심 상담을 시연하고, 프레드릭 펄스(Frederick Perls)는 게슈탈트 상담을 보여 주고, 앨버트 엘리스(Albert Ellis)는 합리적 정서행동 상담을 했다. 이 비디오 자료는 1964년 캘리포니아에서 에버렛 쇼스트럼(Everett Shostrum)에 의해 제작되었으며, 글로리아라는 자발적 내담자가 당시 삶에서 겪는 문제에 대해 각 심리상담 전문가에게 상담을 받는 모습을 촬영하는 데 동의하면서 제작될 수 있었다.

이 영상은 수십 년 동안 유명하고 영향력 있는 심리상담 시연 비디오 자료로 자리매김했다. 심리상담 회기의 비디오 자료가 교육용으로 널리 보급된 것은 이 영상이 처음이었다. 이 영상은 여러 언어로 번역되어 미국 및 여러 국가의 심리학 교육 과정에서 유용하게 사용되었다. 그 후에도 추가적인 시연 영상이 제작되었지만, 이 영상만큼 영향력을 끼치지는 못했다.

〈심리치료의 세 가지 접근〉의 비디오 자료는 실제 심리상담 회기를 녹화하는 데 영감을 주었다. 해당 시연 영상이 상담 현장과 APA 심리상담 시연 시리즈에 미쳤던 지대한 영향을 고려할 때, 한 내담자를 대상으로 주요 이론을 나란히 비교해 보는 것을 재시도할 때가 된 것 같았다. 이러한 배경에서 〈심리치료의 세 가지 접근: 여성 내담자 편〉과 〈심리치료의 세 가지 접근: 남성 내담자 편〉 DVD를 개발하게 되었다.

2. 세 가지 접근의 최신 경향

〈심리치료의 세 가지 접근: 여성 내담자 편〉과 〈심리치료의 세 가지 접근: 남성 내담자 편〉에서는 세 가지 이론적 지향을 가진 세 명의 저명한 심리상담 전문가가 동일한 남녀 내담자와 함께 50분 동안 각기 자신의 접근법으로 상담하는 모습을 보여 준다. 회기는 리허설 없이 즉흥적으로 진행되며, 내담자는 자발적으로 참여한다. 〈심리치료의 세 가지 접근〉 DVD에는 인지치료의 주디스 벡(Judith Beck), 정서중심 심리상담의 레슬리 그린버그(Leslie Greenberg), 정신역동 상담의 낸시 맥윌리암스(Nancy McWilliams)가 등장한다. 벡, 그린버그, 맥윌리엄스는 각자의 이론을 정의하면서 설명하고, 원탁회의에 참여하며, 각 회기에 대한 음성 해설을 제공한다. 이들의 열정적인 논의는 세 가지 주요 현대적 접근의 공통점과 차이점을 보여 준다. 시청자는 서로 구별되는 세 가지 이론의 관점에서 상담하는 세 명의 심리상담 거장의 기술과 자질을 관찰하는 기회를 얻게 된다.

책과 DVD를 함께 활용하면서 상담 실무자는 경험이 풍부한 전문가들이 이론적 개념을 실제에 어떻게 적용하는지를 배우고, 실제 회기에서 어떤 일이 일어나는지를 직접 관찰하며, 심리상담에서 특정 주요 사건을 상담자가 어떻게 다루는지를 경험하고, 구체적인 상담적 개입을 살펴볼 기회를 갖게 된다. 이번 장에서는 세 가지 접근의 접근 방식과 목적을 검토하고 이 책의 목표와 내용을 간결하게 요약하여 소개하고자 한다.

선택된 세 명의 심리상담 전문가는 흔히 세 가지 주요 심리상담 이론으로 꼽는 인지행동 상담, 정신역동/정신분석 상담, 인간중심 상담을 상담 장면에서 실제로 구현하는 모습을 보여 준다(Nelson-Jones, 2011). 우리는 독자와 시청자가 한 가지 접근법에 대한 판단이나 편견 없이 각 접근법을 접할 수 있기를 바란다. APA도, 제작 참여자도 특정 접근법을 지지하지 않는다.

한편 우리는 시연 영상과 이 책이 심리상담의 세 가지 접근에 대한 비판적 분석을 한층 심화하는 데 기여하기를 바란다. 이 DVD와 책은 세 가지 접근 간의 차이점과 유사점을 보여 주며, 세 가지 접근을 대표하는 세 가지 주요 이론 간의 차이점과 유사점도 보여 준다. 수련생이든, 상담 전문가이든, 교수이든 세 가지 주요 이론 체계를 잘 이해하면 새로운 접근을 추가적으로 배우는 것이 한결 수월하게 느껴질 것이다.

왜 이 세 가지 접근인가

오늘날에는 다양한 유형의 심리상담 방법이 존재하며, 그중 상당수는 그 효과에 대한 강력한 경험적 증거를 보여 주고 있다. 시청자와 독자는 왜 이 세 가지 접근을 선택했는지 궁금해할 수 있다. 이 세 가지 접근이 특별한 이유는 무엇일까? 이 질문에 대한 답을 얻기 위해 심리상담의 역사를 간략히 살펴보자.

심리상담은 지난 세기에 심리상담 이론의 '첫 번째 물결'이라고 불리는 정신분석과 아들러 상담 등의 정신분석적 접근 및 이를 계승하는 여러 이론 학파를 통해 발전했다. 두 번째 물결은 인지행동 심리상담 및 행동치료와 같은 학습 이론이며, 세 번째 물결은 게슈탈트 및 인간중심 또는 내담자중심 상담과 같은 인본주의 이론이다. 보다 최근의 접근 방식인 여성주의 상담, 다문화 및 구성주의 상담과 같은 포스트모던 이론은 네 번째 물결로 분류될 수 있다. 세 가지 주요 이론 학파에 대한 몇 가지 개념의 정의는 〈설명1-1〉을 참조하기 바란다. 현재 심리상담은 다양한 접근을 통해 실시되지만, 이 세 가지 흐름이 여전히 심리상담 분야의 대표적인 주요 흐름이라고 할 수 있다(Nelson-Jones, 2011).

이러한 학파들 안에는 다양한 하위 형태가 있다. 예를 들어, 학습 이론에 기반한 상담으로는 행동치료, 인지치료, 인지행동치료가 있고, 인본주의에 기반한 상담으로는 실존-인본주의 상담, 인간중심 상담, 정서중심 상담이 있으며, 정신분석에 기반한 상담으로는 관계중심 정신역동 상담, 단기역동 상담 등이 있다.

결국 우리는 인지치료, 정서중심 심리상담, 정신역동 심리상담을 각 주요 학파를 대표하는 것으로 결정하고, 이 세 가지 상담 접근법을 선택했다. 이러한 선택은 개별 접근법을 홍보하는 의미보다는 심리상담의 역사를 반영하고 원작이 되는 세 가지 접근 비디오에 대한 인정과 존중의 의미를 담고 있다.

설명 ❶-1

이론 및 임상적 정의

인지치료(Cognitive Therapy: CT)는 개인의 정서 및 행동 문제가 부분적으로 부적응적이거나 문제가 있는 사고방식과 자신과 타인에 대한 왜곡된 태도의 결과라는 개념에 기반한 심리상담의 한 형태이다. 상담의 목적은 이러한 잘못된 인지를 파악하고 이를 인지적 재구조화(cognitive reconstructing)라는 과정을 통해 좀 더 적응적인 인지로 대체하는 것이다. 상담자는 내담자가 왜곡된 사고 방식을 인식하도록 돕고, 이에 반대되는 증거를 인용하거나 내담자로부터 이를 끌어냄으로써 내담자가 자신의 인식과 태도를 수정하도록 돕는 적극적인 안내자의 역할을 수행한다. 이 접근은 미국의 정신과 의사 아론 벡(Aaron T. Beck, 1921~2021)에 의해 개발되었다. 인지행동치료도 참고하기 바란다.

인지행동치료(Cognitive Behavior Therapy: CBT)는 인지 및 학습 이론과 인지치료 및 행동치료에서 파생된 상담 기법을 통합한 심리상담의 한 형태이다. CBT는 인지 · 정서 · 행동이 기능적으로 상호 연관되어 있다고 가정한다. 상담은 변화를 달성하기 위해 인지적 재구조화와 행동 기법을 통해 내담자의 부적응적 사고 양식과 문제 행동을 파악하고 수정하는 것을 목표로 한다. 인지행동 수정 또는 인지행동적 심리상담이라고도 불린다.

정서중심 심리상담(Emotion-Focused Therapy)은 성격 발달과 심리상담을 통한 변화의 핵심 결정 요인을 정서로 보고, 정서에 초점을 맞춘 통합적인 개인 심리상담이다. 상담 회기에서 상담자는 내담자가 문제를 해결하고 성장을 촉진하는 방법으로 정서를 인식하고, 수용하고 이해하고 조절할 수 있도록 돕는다. 이러한 기법은 내담자중심 심리상담, 게슈탈트 심리상담, 인지행동치료에서도 활용된다. 이 접근법의 주요 창시자는 남아프리카 태생의 캐나다 심리학자 레슬리 그린버그(Leslie Greenberg, 1945~)이다.

인본주의 심리상담(humanistic therapy)은 정신분석적 접근과 행동주의적 접근을 거부하고 직접적인 경험을 통해 개인의 성장을 도모하며 인간의 잠재력 개발, 지금-여기, 구체적인 성격 변화, 자신에 대한 책임감, 자연스러운 과정과 자발적인 감정을 강조한다. 인본주의 심리상담에는 내담자중심 상담, 게슈탈트 상담, 실존주의 상담, 경험적 상담 등이 있다.

심리상담(psychotherapy)[1]은 개인, 가족 또는 집단의 역기능적 정서 반응, 사고방식과 행동 양식을 평가 · 진단 및 치료하기 위해 주로 의사소통 및 상호작용을 활용하는 훈련된 전문가가 제공하는 모든 심리 서비스를 의미한다. 심리상담에는 여러 유형이 있지만 일반적으로 정신역동 심리상담(예: 정신분석, 내담자중심 심리상담), 인지행동치료(예: 인지행동치료, 인지치료), 인본주의 심리상담(예: 실존주의 심리상담), 통합적 상담의 네 가지 주요 범주로 분류된다. 심리상담사(psychotherapist)는 정신적 · 정서적 · 행동적 문제를 심리학적 방법으로 상담하도록 전문적으로 훈련받고 면허 또는 자격증을 취득한 사람(미국에서는 주 정부에서 발급)이다. 임상심리학자, 정신과 의사, 상담사, 사회복지사 또는 정신과 간호사 등이 심리상담자로 활동할 수 있다. 심리상담은 심리치료(therapy)라고도 하며, 대화치료(talk therapy)라고도 불린다.

정신역동 심리상담(psychodynamic psychotherapy)은 개인이 무의식적 추동(예: 동기, 추진력)에 반응한다고 보고, 변화와 성장 과정, 자기 이해와 무의식적 추동의 의미를 이해하는 것을 강조하는 정신분석적 전통에 속하거나 그 전통에서 파생된 심리상담의 형태이다. 대부분의 정신역동적 접근의 상담은 무의식을 다루고 전이를 분석하는 것을 강조하며, 꿈 분석을 활용하는 등의 특징을 공유한다.

---

1 역주: 이 책에서는 '심리치료'와 '심리상담' 및 '상담'을 같은 의미로 보고 혼용하여 사용했다. 'therapy'는 직역하면 '치료'이지만 우리나라 상담 현장에서는 '심리상담' 또는 '상담'이 같은 의미로 더 많이 사용되기 때문에 그러한 맥락을 반영하고자 했다.

3. 이 책의 목적

이 책은 DVD 시연에 소개된 심리상담 접근을 비교하는 데 도움을 주려는 목적으로 쓰였다. 이 책은 세 가지 접근을 각 장에서 소개하는 방식으로 구성된다. 각 장을 구성하면서 저자들에게 다음 사항을 기술하도록 요청했다.

- 이론에 대한 설명
- 각 접근의 주요 기법
- 남성 내담자와 여성 내담자의 시연에 대한 논의

간단한 이론적 설명과 주요 기법에 대한 개요를 함께 제시하면서 시청자가 각 전문가의 면담 내용을 토대로 기본 지식을 보강할 수 있도록 했다. 시연에 대한 논의는 상담자가 내담자의 상담 작업에 대한 또 다른 이해의 창을 제공한다. 각 장은 DVD를 시청하지 않고 단독으로 읽을 수도 있지만, 가장 잘 활용하려면 DVD의 상담 회기를 시청하면서 교재를 함께 보는 것을 권장한다.

DVD 상담 시연의 목표는 특정 심리상담 전문가의 이론적 접근과 상담 방식을 포착하는 상담 회기 영상을 제작하는 데 있다. 각 상담자가 동일한 내담자를 상담할 수 있도록 구성하여, 시청자가 가능한 한 같은 사람과 같은 자료를 가지고 작업할 때 세 가지 다른 접근이 어떻게 다르게 보이는지 이해할 수 있도록 했다. 이를 통해 시청자는 세 가지 접근의 특정 기법과 상담의 특징을 직접적으로 비교해 볼 수 있는 특별한 기회를 갖게 된다.

〈심리치료의 세 가지 접근〉 DVD는 상담 훈련 및 교육을 위해 설계되었다. 보다 구체적으로 다음과 같은 목적을 이루고자 한다. (a) 심리상담의 세 가지 주요 학파를 대표하는 세 명의 저명한 상담 전문가가 내담자와 어떻게 상담하는지를 배우고 (b) 심리상담의 실제 장면에서 세 가지 접근의 이론적 특징을 구체적으로 설명하며 (c) 심리상담에서 어떤 일이 일어나는지를 직접 관찰하며 (d) 심리상담의 세 가지 주요 학파와 관련된 개입 기술 및 관계 역동을 비교하고 (e) 상담자가 상담에서 특정 주요 사건을 어떻게 다루는지를 배우고 (f) 이론에 따른 상담 기법을 훈련할 기회를 제공하고 (g) 심리상담 과정에 대한 연구 자료를 제공하고자 한다.

이 책을 DVD의 자료와 함께 사용하면 비디오 자료의 교육적 효과가 더욱 강화된다. 비디오 자료와 함께 책을 활용하는 것을 통해 독자는 세 가지 접근에 대한 이해를 높이고, 상담의 실제 모습과 상담이 그렇게 흘러가게 되는 이유에 대한 감각도 키울 수 있다. 책과 DVD, 읽기와 시청의 조합을 통해 심리상담의 세 가지 주요 학파에 대한 흥미로운 학습의 기회를 가질 수 있을 것이다.

4. 수업용 질문

각 DVD 자료에는 실제 상담 시연 외에도 세 명의 심리상담 전문가에 대한 인터뷰와 원탁회의 등 다양한 내용이 포함되어 있다. 몇 가지 질문을 가지고 시청하면 이 교육 프로그램을 더욱 유용하게 활용할 수 있을 것이다. 시청자는 〈심리치료의 세 가지 접근〉 DVD 시청을 위해 다음과 같은 질문을 먼저 던져 볼 수 있다.

DVD 시청 전 생각해 볼 질문

- 상담자의 이론적 배경에 대한 설명에서 당신은 해당 이론에 대해 무엇을 배웠나요?
- 상담자가 시연에서 어떤 주제와 문제를 다룰 것으로 예상하나요?
- 공개된 자료, 해당 상담자와의 대화 또는 기타 정보를 종합할 때 상담자의 작업이 어떨 것 같은가요?
- 심리상담을 진행할 때 각 상담자의 방식과 행동에 대해 어떤 기대를 하나요? 어떤 유형의 내담자, 장애, 상황이 각 심리상담에 가장 적합하다고 생각하나요?
- 그린버그, 맥윌리엄스, 벡 박사가 어떻게 상담할 것 같나요? 상담자는 적극적

일까요, 아니면 소극적일까요? 구조화된 방식을 사용할까요, 아니면 비구조화된 방식을 사용할까요? 과거에 초점을 맞출까요, 아니면 현재에 초점을 맞출까요? 상담 회기에서 행동에 초점을 둘까요, 사고에 초점을 둘까요, 아니면 정서에 초점을 둘까요? 기법에 주의를 두는 것과 관계의 상호작용에 주의를 두는 것 사이에 상대적 균형이 어떨 것으로 예상하나요?

DVD 시청 후 생각해 볼 질문

- 상담자가 설명한 이론적 접근이 각 시연에 잘 반영되었나요, 아니면 잘 반영되지 않았나요?
- 회기가 예상대로 진행되었나요? 내담자가 예상대로 행동했나요? 상담자는 예상대로 행동했나요?
- 시연을 보고 어떤 생각이나 감정이 드나요? 무엇이 효과적이었다고 생각하나요? 각 접근의 강점과 약점은 무엇이라고 생각하나요?
- 만약 이 접근이 '○○ 접근'이라는 것을 알지 못했다면 이 접근을 무엇이라고 불렀을 것 같은가요? 이 접근이 정서중심적 접근인지, 정신역동적 접근인지, 인지적 접근인지 어떻게 구별할 수 있나요?
- 상담자가 사용하는 이론적 체계에 따라 상담이 진행되었나요?
- 각 접근의 강점은 무엇인가요?
- 각 접근의 효과성을 지지하는 경험적 연구에는 어떤 것이 있나요?
- 세 가지 접근의 유사점과 차이점은 무엇인가요?
- 이러한 차이가 상담에서 어떤 모습으로 나타났나요?
- 서로 다른 이론적 접근을 가진 세 명의 상담자를 관찰하는 것이 당신이 상담자로 성장하는 데 어떤 식으로 도움을 주었나요?

5. 내담자 정보: 배경 정보 및 촉발 사건

상담 시연을 DVD로 녹화하기 몇 달 전, 두 내담자는 〈심리치료의 세 가지 접근〉 DVD에 포함되지 않은 면담을 실시하기 위해 카메라 앞에 앉았다. 이를 흔히 접수면접이라고 한다. 두 내담자는 여러 질문을 받는데, 여기에는 직업, 출신 지역, 현재 가족, 현재 겪고 있는 문제 등 그들의 삶에 대한 질문이 포함된다. 이러한 정보 수집은 각 상담자에게 내담자에 대한 배경 정보를 가능한 한 많이 제공하기 위해 실시되었다. 보통은 상담자가 접수면접에서 이러한 질문들을 하게 되는데, 이를 미리 실시하여 정보를 제공함으로써 각 상담자가 내담자의 현재 호소 문제에 대해 즉시 상담을 시작할 수 있도록 준비했다. 독자에게 상담자들이 제공받는 것과 동일한 정보를 제공하기 위해 접수면접에서 얻은 정보를 여기에 소개한다. 면담 전체 기록은 〈부록 A〉와 〈부록 B〉에 포함되어 있으며, 독자가 추가 배경 정보를 원할 경우에 참고할 수 있다.

내담자 1. 케빈

연령: 43
성별: 남성
인종/민족: 백인, 아일랜드계, 리투아니아계
결혼 여부: 미혼
학력: 학사
직업: 음악 교사 및 연주자

현재 상태 및 호소 문제: 케빈은 두려움과 불안을 호소하며 현재 심리상담을 받고 있다. 과거에 기분 전환용 약물과 알코올을 사용한 적은 있지만, 지난 1년 동안 약물(카페인 포함)을 사용하지 않고 있다. 그는 개인 사업을 하는데, 개인 과외와 공연에서 나오는 수입에 의존하기 때문에 수입이 불안정하다. "식탁에 음식을 차리는 것조차 힘들 때가 있다. 필요한 것을 충분히 갖추지 못하고 있다."라고 말한다. 천주교 신자로 자랐고, 천주교가 자신의 '영적 기반'이라고 표현했지만, 실제 종교 생활을 하지는 않는다. 그는 자신을 창의적이고, 체계적이며, 기민한 사람이라고 소개하면서 애정을 표현하는 것은 어렵다고 말한다. 4년간 장기 연애를 한 적이 있는데, 그가 데이트한 적이 있는 다른 여성(딸의 친모)이 임신을 하게 되면서 4년의 연애는 끝나게 되었다. 그 후 17년 동안 단기 연애(1~8개월)는 여러 번 했지만 장기 연애는 없었으며, 현재는 장거리 연애를 하고 있다. 이들은 이메일과 전화로 소통하며 서로에게 정서적 지지를 주고 있다. 1에서 10까지의 척도(10이 가장 높음)에서 케빈은 현재 자신의 대인관계 만족도를 1로 평가했다.

부모님: 아버지(사망, 천주교 신자, 아일랜드계)는 케빈이 9세 때 사망했다. 어머니(나이 미상, 천주교 신자, 리투아니아계)는 케빈의 아버지가 사망한 지 1년 반 후에 재혼했다.

케빈은 친부가 얼마나 멋진 분인지, 지금도 어떤 면에서 자신의 롤모델인지를 이야기한다. 그는 친부를 강인하고, 정직하며, 헌신적이고, 독실한 천주교 신자라고 묘사한다. 친부는 스트레스가 많았고, 흡연을 많이 했으며, 주말에는 음주를 하였고, 가끔 우울증을 겪기도 했다. 케빈의 부모는 19년 동안 결혼 생활을 했다. 케빈은 어머니가 다정하고 '아줌마스러운' 분이지만 가끔 무섭기도 했다고 말한다. 케빈은 계부가 재미있고, 여러 가지 '쿨한' 취미를 가진 사람이라고 소개했다. 케빈은 십대 때는 계부와 갈등이 있었지만, 현재는 좋은 관계에 있다고 했다. 케빈은 어머니와 새아버지가 자신에게 큰 버팀목이 된다고 생각한다. 케빈과 그의 딸은 10년간 케빈의 부모님과 함께 살다가 최근 타 주로 이사를 했으며, 현재는 가끔 부모님을 찾아뵙고 있다. 친모와 계부는 결혼 생활 33년 차가 되었다. 외조부모와 친조부모는 모두 자녀들에게 불안정한 가정환경을 제공했다고 설명한다. 외조모는 4명의 다른 남자 사이에서 6명의 자녀를 낳았다. 친조부는 가족을 버리고 떠났다.

형제자매: 케빈은 4형제 중 셋째로, 누나(51세), 형(46세), 남동생(40세)을 두고 있다. 누나는 여러 번 결혼했고, 형은 이혼한 상태이며, 남동생은 미혼이다.

자녀: 케빈에게는 17세의 딸이 있는데, 딸이 2세가 되던 때부터 그가 전담하여 키웠다. 케빈은 1부터 10까지의 척도(1이 가장 낮음)에서 딸과의 친밀도는 8 또는 9라고 한다. 하지만 현재 딸을 부양해야 한다는 부담감이 큰 편이며, 딸이 18세가 되면 '많은 법적 의무가 완화될 것'이기 때문에 상황이 더 나아질 것으로 보고 있다. 양육에 대한 압박감이 해소되면 그는 좀 더 편안한 태도로 딸을 대할 수 있을 것으로 기대하고 있다. 14~15세 때 딸은 친모와 1년 동안 살았지만 외상적 사건을 겪으면서 케빈에게 돌아왔다. 케빈과 그의 딸은 가족상담을 받은 적이 있고, 현재 딸은 정서 문제로 약물 치료를 받고 있다.

딸의 친모: 케빈과 딸의 친모는 임신했을 때와 출산 후 얼마 동안 동거했다. 케빈은 딸이 2세가 되던 해부터 딸의 양육권을 가졌다. 딸의 친모는 현재 타 주에 거주한다.

내담자 2. 치치

연령: 47세

성별: 여성

인종/민족: 백인, 이탈리아계, 멕시코계. 부는 이탈리아계 미국인이고, 모는 멕시코 출신이다. 치치는 어렸을 때 영어와 스페인어를 이중 언어로 구사했지만, 이탈리아계 정체성이 더 강하며 이탈리아어도 할 줄 안다.

결혼 여부: 미혼

학력: 대학 중퇴

직업: 전문 사무직, (파트타임) 바텐더

현재 상태 및 호소 문제: 치치는 스스로를 글도 잘 쓰고, 연기도 잘하고, 말도 잘하는 사람으로 소개한다. 친한 친구 집단이 있으며, 외향적이고, 사교적인 편이다. 취미는 정원 가꾸기, 독서, 글쓰기, 보드게임 등이다. 현재 음주를 즐기지만 과음은 하지 않는 편인데, 과거에는 과음을 했다. 여러 가지 불법 물질을 사용해 본 적은 있지만 '중독'된 적은 없다.

치치는 분노 조절과 6년간 만났던 사람과의 이별에 대한 슬픔을 다루기 위해 개인상담 및 집단상담을 이전에 받은 적이 있다. 당시 그녀는 상담에서 분노를 다스리는 데 큰 도움을 받았다고 한다. 이전 상담 경험에서 직접적인 행동 개입이 가장 효과적이고, 정서 상태에 대해 이야기하는 것은 별로 도움이 되지 않는다고 느꼈다. 그녀는 정서를 이야기하다 보면 "너무 화가 나서 그 상태로 상담을 이어 갈 수 없었다."고 설명한다.

치치는 세 명의 상담자와 함께 자신의 동기 및 주도성 문제를 작업하고자 한다. 그녀는 계속해서 활동을 시도하지만 성공적으로 마무리하지 못한다고 느낀다. 그녀는 진로 계획을 포함하여 운동, 체중 관리, 글쓰기 등의 활동에서 목표를 설정하고 실천할 수 있기를 바라고 있다. 삶이 표류하고 있다고 느끼는 치치는 통제력을 회복하고 명확한 방향을 설정하고 싶어 한다.

부모님: 치치의 부모님은 35년 동안 결혼 생활을 했다. 모친은 '매우 극적'인 사람이라고 한다. 치치의 어머니는 자녀에게 언어적 · 신체적 학대를 일삼았으며, 치치는 그중 '최악을 겪었다.' 부친은 10년 전 향년 65세에 심장마비로 세상을 떠났다. 치치는 아버지를 '차분하신 분'이라고 설명한다. 치치의 아버지는 미국 국무부에서 일했고, 아버지의 직업적 특성으로 치치의 가족은 도미니카공화국, 홍콩, 이탈리아 등 다양한 나라에 거주했다고 했다.

형제자매: 치치에게는 10개월 연상의 경미한 발달장애를 가진 언니가 있다. 언니는 어머니와 함께 살고 있다. 치치에 따르면, 언니는 아버지를 닮아 차분하고 조용한데, 자신은 어머니를 훨씬 더 많이 닮았다고 했다. 그녀에게는 두 살 어린

남동생도 있다. 남동생은 '문제가 있어서' 힘든 시간을 보냈다. 남동생은 이혼했고, 슬하에 두 명의 자녀가 있다고 했다.

참고문헌

Nelson-Jones, R. (2011). *Six key approaches to counseling and therapy* (2nd ed.). Thousand Oaks, CA: Sage.

Shostrum, E. L. (Producer/Director). (1965). *Three approaches to psychotherapy* [Motion picture]. (Available from Psychological and Educational Films, 3334 East Coast Highway, Suite 252, Corona Del Mar, CA 92625)

제2장 정서중심 심리상담

정서중심 심리상담(Emotion Focused Therapy: EFT)은 정서가 인간의 기능과 심리상담을 통한 변화에서 맡는 역할에 대한 이해에 바탕을 둔 접근법이다. EFT는 실제 심리상담 중에 일어나는 정서 변화 과정을 세밀하게 분석하는 데 기반을 둔다. 이처럼 정서에 초점을 맞춤으로써 상담자와 내담자 모두가 정서의 자각, 수용, 표현, 사용, 조절 및 변환을 잘할 수 있는 전략을 이끌어 낼 수 있고, 동시에 내담자가 상담자와 교정적 정서 체험을 할 수 있게 된다. EFT의 목표는 자기를 강화하고, 정동(affect)[1]을 조절하며, 새로운 의미를 창조하는 것이다.

EFT는 내담자 중심, 게슈탈트, 체험 및 실존적 심리상담에서 출발했으며, 현대

1 정동은 감정, 신경계의 각성, 행동화하려는 동작까지 모두 포괄하는 상태를 말한다. 그러나 이 글에서 그린버그는 affect, emotion(정서: 환경 자극에 대한 유기체의 무의식적이고 자동적인 반응), feeling(감정: 정서 반응 이후에 전전두엽피질에서 이루어지는 인지적이고 의식적인 반응)을 확실히 구분하지 않고 혼용하는 경우가 있어서 단어들을 주로 정서로 번역했으나, 맥락에 따라 필요한 경우에 정동, 감정, 느낌이라고 번역했다.

정서 이론의 관점을 취한다. 이와 같은 인본주의적이고 체험적인 접근 방식은 인간을 잠재력이 있으며, 인식, 성장, 선택이 가능한 존재로 본다. 또한 EFT에서 주관적 경험은 행동에 영향을 미치며, 인간은 주체성과 창의성을 발휘할 잠재력을 가지고 있다고 본다. EFT는 제3세력으로 출발했지만, 이를 극복하고 꾸준히 발전했다. 이것은 정서신경과학(affective neuroscience)[2]과 심리상담에서의 변화 과정 연구와 연계된 정서와 인지에 대한 이론 및 연구 분야에서의 성과로 인한 것이다(Greenberg, 1986).

EFT는 공감적 상담 관계의 제공과 정서를 다루는 상담 작업의 촉진이라는 두 가지 주요 상담 원칙을 기본으로 한다(Greenberg, Rice, & Elliott, 1993). 공감적 관계는 그 자체가 치료 요인으로 간주된다. 또한 공감적 관계는 사람들 사이에서나 상담 과정 전반에서 반복적으로 발생하는 특정 EFT 과업을 다루기 위한 촉진적 환경을 제공하기도 한다. 이는 상담자가 깊은 수준으로 현존하게 되는 공감적 따라가기(following)와 내담자가 다양한 형식의 정서 처리 과정에 참여할 수 있도록 상담자가 촉진하는 과정 지시(process directive guiding)가 서로 도우며 결합하여 몰입을 이끌어 내는 접근법이 된다. 상담은 내담자와 상담자가 서로 비강제적인 방식으로 영향을 주고받아 내담자의 체험을 심화하고 정서 과정의 탐색과 촉진을 이루어 내는 협력적 구성(coconstructive) 과정을 포함한다. EFT 상담자는 내담자의 경험 내용이나 행동의 의미를 다루는 전문가가 아니라 내담자가 자신의 정서와 욕구에 접근하여 이를 인식할 수 있게 돕는 방법에 대한 전문가이다.

EFT는 많은 무작위 임상 시험을 통해 개인과 부부상담 모두에서 효과적인 것으로 나타났다(Elliott, Greenberg, & Lietaer, 2004; Johnson, Hunsley, Greenberg, & Schindler, 1999). EFT는 우울증(Goldman, Greenberg, & Angus, 2006; Greenberg & Watson, 1998; Watson, Gordon, Stermac, Kalogerakos, & Steckley, 2003)과 복합 외상

2 신경과학, 심리학 정신생물학자인 쟈크 팽크셉(Jaak Panksepp) 박사가 감정의 신경기제를 연구하는 학문을 지칭하기 위해 만든 용어이다.

(Greenberg, Warwar, & Malcolm, 2008; Paivio & Nieuwenhuis, 2001; Pavio & Pascual-Leone, 2010) 상담에 관한 각각 세 개의 임상 시험에서 효과가 매우 높은 것으로 나타났다. 또한 EFT는 우울증 재발 예방에도 매우 효과적인 것으로 밝혀졌다(77%가 재발하지 않음; Ellison, Greenberg, Goldman, & Angus, 2009). 정서중심 부부상담은 또한 결혼 생활에서의 고통을 감소시키고 결혼 만족도와 신뢰, 용서를 증진시키는 데 효과적인 것으로 나타났다(Greenberg, Warwar, & Malcolm, 2010; Johnson, Hunsley, Greenberg, & Schindler, 1999).

이 장에서는 EFT 이론에 대하여 간략하게 다룬 후 상담 단계와 단계별 주요 지표들(markers)과 과업(task)에 대해 논의한다. 이후에는 EFT의 사례 개념화 방식을 제시하고, 마지막으로 DVD에 실린 두 사례에 대하여 논의한다.

1. 기능 이론

정서는 우리의 가장 기본적인 욕구와 연결되어 있는 것으로 밝혀졌다(Frijda, 1986). 정서는 우리의 욕구 충족 여부를 기준으로 우리 자신에게 무엇이 좋은 것이고 나쁜 것인지를 판단할 수 있도록 정보를 준다. 그리고 우리의 안녕(well-being)과 관련하여 중대한 상황인 경우에 이를 빠르게 알려 준다. 또한 중대 상황에서 우리가 욕구를 충족하는 행동을 취할 수 있도록 우리를 대비시키고 안내한다. EFT에서는 정서가 행동을 위한 처리 과정의 기본 방식을 정한다고 여긴다(Greenberg, 2002, 2011). 예를 들어, 두려움은 두려움 처리 과정을 작동시켜서 우리가 위험 요인을 찾도록 준비시키고, 분노는 분노 처리 과정을 작동시켜서 침해에 초점을 맞추도록 한다.

정서 경험은 내적 체계(정서 도식)가 되어, 이후 같은 정서를 경험하는 방식에 영향을 미친다. 이렇게 몸에 새겨진 생생한 경험(lived experience)은 그 당시 발생한 신체 상태의 표상과 연결되며, 그 결과 정서적인 의미를 갖게 된다. 이러한 방식으로 신체적인 상태, 즉 감각적 경험(visceral experience)은 특정 경험에 대한 지표가 되어 기억에 저장된다(Damasio, 1999). 따라서 이후에는 정서 도식을 불러일으키는 현재의 단서들로 이 신체적 지표들에 접근할 수 있게 된다. 이전에 자신에게 나쁜 결과를 가져왔던 일은 직감적으로 불쾌하게 느끼게 되며(Damasio, 1994), 이런 불쾌한 일을 피하려는 방향으로 결정을 내리게 된다. 신체는 이런 방식으로 안내 체계로서 이용된다. 또한 정서는 직관적 느낌을 활성화하는 정서 도식 안에 저장된 경험을 토대로 미래의 결과를 예측할 수 있도록 도와 우리가 결정을 내릴 수 있게 한다.

EFT는 정서 자체에 적응 잠재력이 내재되어 있어, 이를 활성화하면 내담자가 원하지 않았던 경험을 교정하고, 문제가 되는 정서 상태를 변화시키며, 상호작용을 변화시키는 데 도움이 될 수 있다고 제안한다. EFT는 내담자들이 자신의 정서를 인식하고 그것을 생산적으로 활용할 수 있도록 돕기 위해 고안되었다. 내담자들은 EFT에서 자신의 정서를 더 잘 식별(identify), 체험(experience), 수용(accept), 탐색(explore), 의미 부여(make sense of), 변환(transform)시키고, 유연하게 다룰 수 있도록 도움을 받는다. 그 결과, 내담자들은 정서에 담긴 자기 자신과 세상에 대한 중요한 정보와 의미에 더 능숙하게 접근할 수 있을 뿐만 아니라, 활기차고 적응적으로 살아가기 위해 그 정보를 더 기술적으로 사용할 수 있게 된다. 또한 내담자는 두려운 감정을 처리하고 변환시키기 위해 그 감정에 직면하도록 독려받기도 한다. EFT 개입의 주요 전제는 자기 자신을 있는 그대로 수용하지 않으면 자신을 변환시킬 수 없다는 것이다. 정서의 변화를 지속적인 인지와 행동 변화를 위한 핵심으로 여긴다.

EFT의 핵심 특징은 개념적 지식과 경험적 지식의 차이를 구분하고, 사람들은 자신이 가진 지적 능력보다 더 현명하다는 입장을 취한다는 점이다. EFT는 "나는 생각한다. 고로 나는 존재한다."가 아니라 "나는 느낀다. 고로 나는 존재한다."는 사고에 기반하여 우리는 모든 중요한 경험을 할 때 느끼는 만큼만 생각하게 된다고 한다. 아직 체계화되지 않은 정서적 경험에 주의를 집중하여 그 경험의 생생함을 강화하고 의식에 그것을 상징화하는 것을 돕기 위해 지향적 인식 실험(experiments in directed awareness)을 사용한다. 상담 장면에서는 정서 변화를 촉진하기 위해 정서를 직접 다루기도 하고, 그 감각적 경험에 초점을 두고 다루기도 한다. 끝으로 자신과 타인이 함께 존재하는 방식에 대한 서사에서 우리의 삶에 대한 이야기를 하기 위해서는 정서를 잘 설명해야 한다(Angus & Greenberg, 2011).

정서를 지침으로 삼아 정서가 주는 강력한 신호에 따라 변화해야 할 때, 정서를 변화시켜야 하는 때와 조절해야 하는 때를 분별할 수 있도록 돕는 것이 접근에서 중요한 부분이다. 사람들이 정서에 대한 정보를 얻고 그 영향을 받아 정서를 변화시킬 수 있도록 하기 위해서는 정서를 경험해야 한다는 것이 치료의 핵심 원칙이다. 단순히 정서에 관하여 대화를 하거나 그 기원을 이해하고 신념을 바꾼다고 해서 사람들이 정서를 바꾸지 않는다. 정서를 수용하고 경험하며, 그 정서를 변환시키기 위해 다른 정서로 대체하거나, 반대되는 정서를 경험해 보고, 새로운 서사적 의미를 만들어 내기 위해 그 정서들을 성찰함으로써 정서를 변화시킨다.

EFT에서는 정서의 변화를 인간 문제의 기원과 치료의 핵심으로 보지만, 그렇다고 해서 EFT가 정서를 다루는 데에만 집중하는 것은 아니다. 대부분의 문제에는 생물학적 · 정서적 · 인지적 · 동기적 · 행동적 · 생리적 · 사회적 · 문화적 원인이 있으며, 다양한 원인에 주의를 둘 필요가 있다. EFT는 동기, 인지, 행동, 상호작용에 통합적으로 초점을 맞추지만, 변화를 위한 주요 경로로서 사람들의 정서에 초점을 맞출 뿐이다.

정서 도식과 변증법적 구성주의의 관점: 생물학과 문화의 통합

사람들은 단순히 감정을 가질 뿐만 아니라 자신의 감정을 이해하려는 끊임없는 과정 속에서 살아간다. 따라서 신체적으로 느끼는 감각을 의식적으로 상징화하고 언어로 표현하여 새로운 경험을 구성함으로써 경험을 이해하는 지속적인 순환 과정을 통해 이성과 정서가 통합된다(Greenberg & Pascual-Leone, 1995; Greenberg, Rice, & Elliott, 1993). 정서적 경험이 어떻게 상징화되는지가 다음 순간에 그 경험이 무엇이 되는지에 영향을 미친다. 따라서 상담자는 정서 경험과 감정 그리고 의미를 모두 담고 있는 서사의 변화를 촉진하고 만들어 갈 때 감정과 의미를 모두 다루어야 한다(Greenberg & Angus, 2004).

정서 생성의 두 가지 기본적인 수준이 중요하다. 한 수준은 단순히 지각적으로 평가하여 일차 반응을 생성하는 자동적 과정(automatic process)과 관련이 있다. 이 수준의 정서는 출생 때부터 만들어지고, 성장 과정과 성인기에도 정서 경험의 초반부 대부분을 만들어 내는 원천이 된다. 개인이 더 체화된 경험을 하고 인지와 언어 능력이 점차 발달함에 따라 자동적 과정 이후에 더 복잡한 과정인 정서의 두 번째 기본 수준이 이어지는데, 이것은 감각, 기억, 관념적 정보가 결합하여 정서 도식을 형성하는 더 복잡한 과정이다. 이것은 우리의 정서적 경험과 더불어 그것을 활성화하는 상황을 표상하고, 정서 도식 기억을 만드는 정신의 조직화이다.

이런 정서 도식들은 경험의 기본 원천이며, 동시에 성인의 정서 반응 체계의 밑바탕인 것으로 보인다. 정서 도식들은 정동적 · 동기적 · 인지적 · 행동적 요인을 내부 조직들(internal organizations)로 통합하는 내부 기억 구조체들(internal memory structures)로 정의되며, 관련 단서들에 의해 무의식적으로 빠르게 활성화된다(Greenberg, 2011; Greenberg & Safran, 1987). 인지 도식과는 달리, 대개는 (때로는 전적으로) 전언어적(preverbal)이고 정동적 요인들(예: 신체 감각, 행동 성향, 시각적 이미지, 심지어 냄새)로 구성된다. 이는 처음, 중간, 끝, 주체, 대상, 의도로 구성된 무언의 서사라고 할 수 있는 내적 관계망(network)이다(Angus & Greenberg, 2011; Greenberg, 2011). 이 관계망은 체화된 경험을 바탕으로 구축되며, 이것이 활성화되면 경험의 고차원적 조직체를 이루고, 자기(self)의 기반을 이루게 된다(Greenberg, 2002, 2011).

그러나 EFT에 따르면, 경험은 하나의 정서 도식이나 어느 한 수준의 과정에 의해 만들어지는 것이 아니라는 점을 유의해야 한다. 그린버그와 동료들(Greenberg, 2011; Greenberg & Pascual-Leone, 2001; Greenberg & Watson, 2006)은 경험은 동시에 활성화되고, 함께 적용되는 많은 도식과 여러 수준의 과정이 암묵적으로 통합됨으로써 생성된다고 했다. 통합된 다양한 도식이 특정한 순간에 현재 우리의 자기 조직(self-organization), 즉 어떤 상황 속에서 발견하게 되는 자기의 기초를 이루며, 자기 자신을 경험하기 위해서 주목해야 하는 신체적 느낌(bodily felt)의 준거(Greenberg, 2011)를 제공한다. EFT에서 의식적인 경험과 개인적인 의미는 집중(attention)과 성찰(reflection)의 과정을 통해 암묵적인 신체적 느낌으로 이루어진 자기 조직에 주의를 기울이고, 탐색하고, 의미를 부여하는 데에서 비롯된다고 본다. 많은 도식과 다양한 처리 수준을 통합함으로써 생기는 내부의 복잡성을 고려할 때, 경험은 항상 다의적이고 다면적이다. 따라서 우리는 항상 신체적 느낌을 의식적으로 상징화하고, 성찰하며, 이를 설명하는 서사를 만들어 내는 변증법적 과정을 통해 매 순간 변하는 자기를 구성해 간다.

이와 같은 변증법적 구성주의 관점에서 EFT 이론은 정서를 인간 경험의 기초 자료로 보고 의미 부여하기와 서사 바꾸기의 중요성을 인식하며, 궁극적으로 정서와 인지가 뗄 수 없는 관계에 있다고 본다(Greenberg, 2011; Greenberg & Pascual-Leone, 2001; Greenberg & Watson, 2006). 궁극적으로 느낌은 사실이 아니다. 오히려 그 순간 우리에게 중요한 것이 무엇인지 알려 주고, 행동의 경향성을 만드는 하나의 과정이다. 따라서 우리는 항상 이 정보를 사용하여 세상에서 자신의 위치를 세우고, 의미를 구성하는 과정 안에서 살아야 한다. 우리는 정서가 제공하는 정보를 이해하고 행동 경향을 파악하여 무엇을 해야 할지 결정해야 한다.

정서 평가

EFT의 중요한 특성은 한편으로는 일차 정서(primary emotion)와 이차 정서(secondary emotion)를 구분하는 것이고, 다른 한편으로는 적응적 정서와 부적응적 정서를 구분하는 것이다(Greenberg, 2002, 2011; Greenberg & Safran, 1987). 일차 정서란 상실에 대한 슬픔이나 위협에 대한 두려움처럼 어떤 상황에서 사람이 가장 먼저 즉각적이고 본능적으로 보이는 핵심 반응이다. 대조적으로 이차 정서는 정서적인 반응에 선행하거나, 빈번히 일차적인 정서 반응을 모호하게 하거나 방해하는 반응이다(예: 적절하지 못함에 대한 수치심을 덮어 버리는 우울한 무망감, 자존감 상실에 대한 수치심을 덮어 버리는 분노). 이런 정서는 더 인지적인 과정에 의해 이차적인 영향(예: 파국적 사고에 반응하는 불안감)을 받을 수 있다. 대부분의 이차 정서는 공포증에서의 두려움, 피로감, 우울증에서의 무망감과 같은 증상으로서의 정서이다. 이차 정서는 일반적으로 부적응적이지만, 일차 정서는 적응적일 수도 있고 부적응적일 수도 있다. 적응적 일차 정서는 세상을 사는 한 개인의 목표, 욕구, 관심사에 기여하며, 적응적인 행동을 할 수 있도록 준비시킨다. 예를 들어, 위협에 대한 두려움은 개인이 위험한 상황에서 벗어나거나 피할 수 있도록 준비시키고, 침범에 대한 분노는 개인이 자신의 경계를 다시 주장할 수 있도록 준비시킨다. 부적응적 일차 정서는 현재 상황에 대한 적응적 반응이라기보다는 과거에 해결되지 않은 문제와 충족되지 않은 욕구(종종 트라우마 학습에 기반한)를 반영하는 고통스러운 핵심 감정이다. 따라서 이러한 정서는 개인이 세상에서 적응적으로 행동할 수 있도록 준비시키지 못한다. 가령, 유년 시절에 겪은 학대 경험에서 비롯된 인간적인 친밀감에 대한 두려움이나, 또래 집단이나 부모로부터 타당화되지 못한(invalidation) 경험에서 비롯된 비판을 받았을 때 느끼는 부적절함에 대한 수치심이 그 예이다.

EFT의 관점에서 일차 정서의 활성화가 치료라는 점에 주목할 필요가 있다. 일차 정서에 내재된 적응적 정보를 추출하고 그 정보를 문제 해결에 활용하기 위해서는 우선 적응적 일차 정서에 접근해야 한다. 부적응적 일차 정서가 활성화되고 거기에 가까이 다가가야 더 적응적인 정서 반응과 접촉하게 되고 적응적으로 변환할 수 있게 된다(Greenberg, 2002, 2011). EFT는 사람들이 어떤 장소에 우선 도착한 이후에야 그곳을 떠날 수 있다는 기본 원칙에 기반을 두고 있다. 반면, 기저에 있는 일차 원인(generator)에 도달하기 위해서는 증상으로서의 정서를 포함하는 이차 정서 경험으로 우회하거나 그것을 탐색하는 것이 가장 좋다. EFT가 도입한 정서 심화의 개념은 단순한 각성뿐만 아니라 이차 정서에서 일차 정서로 이동하는 것을 포함한다. 또한 증상으로서 정서 경험은 주요 개입 대상이 아니며, 오히려 주요 원인에 대한 접근권을 얻기 위해 탐색하는 대상이 된다.

기저의 정서 도식과 이후의 의미 부여 과정을 통해 우리는 경험을 이해하게 되는데, 이것이 EFT의 개입과 변화의 주요 목표이다. 상담 과정에서 내담자는 자신의 부적응적 경험을 변환시키기 위하여 고통스러운 핵심 감정에 도달함으로써,

그 감정들이 새롭게 입력되는 것과 접촉할 수 있도록 하고 새로운 적응 경험을 활성화시킬 수 있어야 한다. 또한 내담자는 경험을 기존의 인지구조에 동화시켜 이전과 다른 인지구조를 생성하는 새로운 서사를 개발해야 한다. 알다시피 정서 없이는 어떤 중요한 이야기도 의미가 없으며, 이야기의 맥락을 벗어나는 감정도 일어나지 않는다. 따라서 상담에서는 정서 경험과 그것이 포함된 서사 둘 모두의 변화를 다룬다(Angus & Greenberg, 2011; Greenberg & Angus, 2004).

역기능의 유형

EFT의 관점에서(Greenberg, 2011) 역기능은 네 가지의 주요 정서 처리 문제로 인해 발생한다. (a) 정서 자각의 부족, 즉 신체적으로 느낀 경험을 의식적으로 상징화하지 못하는 것으로, 종종 일차 경험의 회피 또는 부인으로 인해 발생한다. (b) 주 양육자와의 상호작용 상황에서 외상적인 학습(learning)의 결과로 만들어진 정서 도식에 의해 생성된 부적응적 정서 반응 때문에 발생한다. (c) 초기 이자 관계(dyadic)에서 정동 조절의 실패로 인해 발생되는 정서 조절 장애로, 이것은 정서를 과소 또는 과잉 조절하는 것과 관련된다. (d) 정서 및 서사 구조와 실존적 의미에서의 문제로, 이것은 사람들이 자신의 경험과 자기와 타자 그리고 세계에 대한 서사적 설명을 이해하지 못하는 것에서 비롯된다(예: 일관성 없는 서사, 침범 또는 상실에 대한 문제가 될 만한 서사). 또한 사람들은 자기 자신과의 관계 문제 그리고 자신과 타자 사이의 관계 문제로 어려움을 겪는 것으로 보이며, 이 둘 중 하나 또는 둘 모두를 상담에서 중점적으로 다루게 된다.

정서 변화의 원리

EFT이론은 상담에서 정서 변화를 위한 6가지 주요 원칙으로 정서 자각, 정서 표현, 정서 조절, 정서 성찰, 정서 변환, 교정적 정서 체험을 제안한다. 이 모든 과정은 공감적 상담 관계의 맥락에서 가장 잘 촉진될 수 있다.

정서 자각

가장 기본 원칙은 정서에 대한 자각을 높이는 것이다. 자신이 무엇을 느끼는지 아는 것을 통해 정서에 내재된 적응적 정보와 행동 경향에 접근할 수 있고, 정서에 내재된 욕구와 목표를 충족시킬 수 있는 동기와 재접촉할 수 있다. 정서 자각은 느낌에 대하여 생각하는 것이 아니라 자각 안에서 느낌을 체험하는 것이다. 단절되거나 분열된 것은 변화할 수 없다. 부인했던 것을 느낄 때 변화한다. 자각의 목표는 정서의 수용이다. 자기 수용과 자기 자각(self-awareness)은 상호작용한다.

정서 표현

표현(expression)은 자각과는 다르다. 표현은 자신이 느끼는 것을 언어나 행동으로 말하거나 보여 주는 것이다. 또한 표현은 무엇인가를 나타내거나 구체화하여 드러내는 것이다. 상담에서 정서를 표현하는 것은 이차 정서를 표출하는 것이 아니라 회피하지 않고 이전에 억눌렸던 일차 정서를 체험하고 표현하는 것이다.

정서 조절

조절(regulation)에는 정서의 강도를 관리하는 것이 포함된다. 모든 상담에서 중요한 문제는 어떤 정서를 조절해야 하는가이다. 하향식 조절(down-regulation)이 필요한 정서는 일반적으로 절망과 무망감 또는 불안과 같은 이차 정서나 쓸모없는 존재라는 수치심, 외상성 공포, 공황과 같은 부적응적 일차 정서이다.

정서 성찰

정서를 인식하고 언어로 상징화하는 것 외에도, 정서 체험에 대한 성찰은 사람들이 자신의 경험을 서사적으로 이해할 수 있게 하고, 그 경험이 이어 오고 있는 자기 서사에 동화될 수 있도록 돕는다. 정서 경험을 어떻게 해석하느냐에 따라서 우리가 누구인지가 결정된다. 성찰(reflection)함으로써 새로운 의미를 창출할 수 있고, 경험을 이해하기 위한 새로운 서사를 개발할 수 있다(Goldman, Greenberg, & Pos, 2005; Greenberg & Angus, 2004; Greenberg & Pascual-Leone, 1997;

Pennebaker, 1995).

정서 변환

가장 새로우면서 중요한 원리는 정서에 의한 정서 변환(transform)이다. 이는 두려움, 수치심, 외롭게 버려지는 것에 대한 애도와 같은 부적응적 일차 정서를 변환시킬 때 가장 구체적으로 적용된다(Greenberg, 2002, 2011). 이런 철수(withdrwal) 정서들은 종종 경계를 설정하고 장애물을 극복하도록 힘을 실어 주는 분노 같은 적응적 접근 정서와 자신에 대한 자비심(compassion)과 자기와 타자의 위로를 촉진하는 슬픔에 대한 애도라는 접촉 추구 형태로 변환된다. 이 정서 변화의 원리가 시사하는 것은 부적응적인 정서 상태가 더 적응적인 다른 정서 상태를 활성화함으로써 해소될 수 있다는 것이다. 이를 위해 우선은 부적응적인 정서에 도달하여 이를 변환할 수 있도록 해야 한다. 정서를 정서로 바꾸는 이 과정은 정화(catharsis), 해소(completion), 놓아 주기(letting go), 습관화(habituation) 또는 분리(detachment)와 같은 개념을 넘어선다. 부적응적인 정서는 제거되지도 않고 단순히 그 정서를 느끼는 사람에 의해 약화되지도 않기 때문이다. 오히려 더 적응적인 다른 정서가 이를 변환시키거나 되돌리는 데 사용된다. 또한 두려워하거나 회피하게 되는 내부 또는 외부 단서에 노출되는 것이 아니라, 무가치하거나 안전하지 않은 느낌과 같이 너무 자주 느끼는 감정을 변환하는 것이 이 과정에 포함된다.

변환에서 또 다른 중요한 과정은 기억의 재통합(reconsolidation) 과정이다. 기억에 대한 전통적인 관점에서는 일단 기억이 강화되어 장기기억의 일부가 되면 그 기억은 어느 정도 영구적이라고 했다. 그러나 기억을 다시 불러올 때마다 기저에 깔린 기억의 흔적은 다시 불안정하고 약해지며 추가적인 강화 기간이 필요하다는 사실이 밝혀졌다(Nader, Schafe, & LeDoux, 2000). 이를 재통합이라고 한다. 이 재통합 기간에 기억을 방해할 수 있는 또 다른 기회가 제공된다. 기억 재통합은 기억이 활성화된 후에만 일어나기 때문에 정서적 기억을 변화시키기 위해서는 상담에서 정서적 기억을 활성화해야 한다. 따라서 정서적 기억은 상담 중에 기억의 경험을 활성화함으로써 변화될 수 있으며, 새로운 정서를 체험하면 그 후 몇 분 이내에 그 경험은 기억에 통합되어 원래 기억에 있던 경험을 변화시킬 수 있다.

교정적 정서 체험

정서를 변화시키는 마지막 방법은 오래된 느낌을 변화시키는 교정적 정서 체험(corrective emotional experience)을 실제로 하는 것이다. 대인관계에서 교정적 정서 체험을 제공하는 데 있어 다른 사람(주로 상담자)과 새롭게 몸에 새기는 생생한 체험을 하는 것이 특히 중요하다. EFT의 목표는 내담자가 상담에서 더 호의적인 환경의 도움을 받아 과거에는 감당할 수 없었던 감정을 다시 경험할 때 통제감을 체험하는 것이다. 그 이후에 내담자는 이전 관계에서 겪은 해로운 영향을 복구하는 교정적 정서 체험을 하게 된다. 대인관계에서 위안을 주거나, 병리적인 신념을 반박하거나, 새로운 성공 경험을 제공함으로써 이전에 형성된 대인관계 양식을 교정할 수 있다. 예를 들어, 자신의 분노가 거부당하지 않고 상담자에게 수용되는 경험은 새로운 존재 방식으로 이어진다. 대체로 내담자와 상담자 사이의 진정성 있는 관계와 그 관계의 지속성 또한 교정적 정서 체험이 된다.

새로운 정서에 접근하는 방법

내담자가 정서를 변화시키기 위해 새로운 정서에 접근할 수 있도록 돕는 여러 가지 방법이 등장하고 있다(Greenberg, 2002, 2011). 공감은 내담자가 새로운 감정에 접근하도록 계속해서 돕는 것이다. 공감 외에도 상담자는 현재 표현되고 있지만 내담자 인식의 '주변부'에만 머무르는 감정에 주의를 돌리거나, 다른 감정이 나타나지 않을 때는 필요한 것이 무엇인지에 집중하여 새로운 감정을 일으킨다. 이로써 상담자는 내담자가 현재 발생하는 새로운 지배적 감정에 접근하도록 돕는다. 이것은 새로운 정서를 활성화하는 중요한 방법이다(Greenberg, 2002, 2011). 이러한 새로운 감정은 원래 상황에서 느꼈지만 표현되지 않았거나, 이전 상황에 대한 적응적 반응으로 지금 느끼는 것이다. 예를 들어, 가해자의 폭력에 대한 암묵적인 적응적 분노에 접근하면 트라우마 피해자의 부적응적 공포를 변화시키는 데 도움이 될 수 있다. 공포에 질려 도피하려는 경향이 분노의 추진력으로 바뀌면 가해자에게 잘못에 대한 책임을 묻게 되는 것처럼 관계에서 새로운 태도가 만들어진다.

새로운 정서에 접근하는 다른 방법으로는 시연(enactment)과 심상을 활용하여 그 정서를 경험했던 때를 기억하면서 새로운 정서를 불러일으키기, 내담자가 상황을 보는 방식을 변화시키기, 그리고 상담자가 내담자를 대신해서 감정을 표현해 보기 등이 있다(Greenberg, 2002, 2011). 이런 방식으로 정서에 접근하면, 새로운 정서 자원이 생겨나서 이전에 그 사람의 처리 방식을 결정했던 심리-정동 운동 프로그램(psycho-affective motor program)을 바꾸기 시작한다. 사람들은 새로운 정서 상태를 통해 부적응 정서와 연결된 자기 및 타자에 대한 인식의 타당성에 의문을 제기할 수 있고, 그 영향력을 약화시킬 수 있다. 적응적 욕구에 접근하는 것은 부적응적 감정과 신념을 부정하는 방향으로 자동적으로 작용한다. 부적응적 정서 반응의 지속적인 정서 변화는 통찰이나 이해의 과정이 아니라 오래된 상황에 대해 새로운 반응을 생성하고 이것을 기억에 통합함으로써 일어난다고 보는 것이 우리의 관점이다.

상담 중에 활성화된 과거 소아기의 상실과 외상에 대한 부적응적 정서 도식 기억은 기억 재구성 과정을 통하여 변화된다. 활성화된 과거 사건의 기억에 새로운 현재 경험이 추가되면 새로운 자료가 과거 기억에 동화되어 기억이 변환되는 것으로 나타났다(Nader et al., 2000). 이를 재구성된 기억(reconstructive memory)이라고 한다(Nadel & Bohbot, 2001). 현재에 활성화된 과거 기억은 안전한 관계 맥락에 놓여 있다는 새로운 경험과 더 적응적인 정서적 반응 그리고 새로운 성인 자원과 이전 상황에 대처했던 방식에 대한 이해 등이 함께 작용하여 재구성된다. 기억은 이러한 새로운 요소들을 포함하여 새로운 방식으로 재통합된다. 실제로 과거는 바뀔 수 있다. 적어도 과거에 대한 기억은 바뀔 수 있다!

변환에서 기본 정서 처리 단계

'나쁜 감정'을 불러일으키고, 탐색하고, 변환시키는 모델, 즉 이차 정서에서 부적응적 일차 정서를 거쳐 적응적 일차 정서로 이동하는 모델이 임상 이론과 실제에 근거하여 제안되고 검증되었다(Greenberg & Paivio, 1997; Hermann & Greenberg, 2008; Hermann, Greenberg, & Auzra, 2011; Pascual-Leone & Greenberg, 2007). 고통스러운 감정을 변환시키기 위해서는 우선 떠오르는 나쁜 감정(나는 기분이 나쁘다)에 주의를 기울인 후, 나쁜 감정을 유발하는 인지-정동의 고리(sequence, 나는 희망이 없다고 느끼므로 뭘 해도 소용없어!)를 탐색해야 한다. 결국 이는 슬픔이나 수치심('나는 혼자이고, 혼자서는 살아남을 수 없어.' 또는 '나는 쓸모없어.')을 동반한 버려짐에 대한 두려움이라는 고통스러운 핵심 감정에 기반하여 몇 가지 핵심적인 부적응적 정서 도식을 포함하는 자기 조직이 활성화되는 것으로 이어진다. 변환 과정 중 이 지점에서는 새로운 경험, 즉 적응적 경험에 접근해야 한다.

전반적으로 고통스러운 상태에 있는 내담자가 자신의 생각과 감정을 잘 설명하고 생각과 감정을 구별하기 시작할 때 다음의 두 가지 중 하나로 향하는 경향이 있는데, 이것은 핵심적인 부적응적 자기 조직화 또는 무망감이나 일종의 거부에 대한 분노와 같은 이차적 표현 방식으로 향한다. 부적응적 상태는 일반적으로 홀로 버려지는 것에 대한 두려움과 슬픔이나 무가치하다고 느끼는 수치심의 정서 도식에 기반한다. 이러한 핵심적인 고통 상태에서 내담자는 부적절감, 공허감, 외로움, 무력감을 경험한다. 이러한 핵심적인 부적응 상태들이 적응적 욕구와 차별화되어 인식될 때 변환이 일어난다. 자신의 욕구가 충족될 자격이 있다는 것을 경험하는 것은 핵심적인 부적응적 도식에 내재된 자기에 대한 핵심적인 부정적인 평가를 반박하는 역할을 한다. 따라서 '나는 필요하고 가치 있다.' 또는 '나는 가치를 인정받고 보호받을 자격이 있다.'라는 말은 수치심에 기반한 무가치감을 해소한다. 예를 들어, '나는 무가치하다고 느낀다.'는 '나는 가치 있다.'로, '나는 너무 외롭고 사랑받지 못한다고 느낀다.'는 '나는 사랑스럽다.'로 변환된다. 정서적 해소의 경험은 언제나 적응적 슬픔의 표현이나 분노에 힘 싣기 또는 자기 위로하기로 이어진다. 이렇게 새롭게 떠오르는 적응적 정서는 자기 수용감과 주체성을 촉진한다. 조금 더 자원이 풍부한 내담자는 이차적 감정에서 곧바로 자기주장적 분노(assertive anger)나 건강한 슬픔으로 옮겨 가는 경우가 많다. 하지만 상처가 많은 내담자는 핵심적 부적응 애착(core maladaptive attachment)과 관련한 두려움과 슬픔 또는 정체성과 관련한 수치심을 극복해야 한다(Greenberg, 2002, 2011; Greenberg & Paivio, 1997; Greenberg & Watson, 2006). 핵심 변화 과정을 정교하게 설명한 이 모델은 의미 수준은 낮고 정서적 고통이 높은 상태에서 의미 수준이 높고 정서적 고통이 낮은 상태로 성공적으로 전환한 내담자 집단의 사례들에서 검증되었다(Pascual-Leone & Greenberg, 2007).

이 과정의 본질은 부적응적 두려움, 수치심, 슬픔에 포함되어 있는 핵심적 적응 애착(core adaptive attachment)과 정체성 욕구(연결되고 타당화되려는 욕구)가 의식되고 타당화될 때, 이것들이 충족되지 않은 욕구와 관련된 적응적인 정서를 생성하는 데 도움이 된다는 점이다. 따라서 자신이 사랑받거나 가치를 인정받을 자격이 있음을 타당화하면 정서 체계는 자동적으로 자신의 욕구가 충족되지 않았다고 판단하게 된다. 이후 부당한 대우를 받고 있다는 분노나 자신의 욕구를 충족시킬 기회를 놓쳤다는 슬픔을 생성하고, 이러한 새로운 적응적 감정은 더 많은 부적응적 감정을 무효화한다. 결과적으로 그 사람은 사랑받고, 존중받고, 연결될 자격이 없다는 것에 암묵적으로 반박을 하게 된다. '나는 가치 있거나 사랑받을 만한 사람이 아니다.'와 동일하게 감정을 유발하는 상황에서도 적응적 분노 또는 슬픔에 도움을 받아서 '나는 사랑받거나 존중받을 자격이 있다.'의 두 가지 경험의 불가분의 대립이 부적응 상태를 극복한다. 따라서 새로운 자기 체험과 새로운 의미의 창출은 새롭고 더 긍정적인 자기평가의 출현으로 이어진다.

정서를 타당화하는 상담 관계라는 맥락 안에서 내담자는 상실이나 자신이 겪은 상처를 인정하고 '나는 필요한 것을 얻지 못하고 있고, 마땅히 받아야 할 것을 놓치고 있다.'라는 사실을 인식하면서 애도 단계로 나아간다. 이후 분노와 자기 위로 중 하나 또는 둘 모두를 당당하게 표현하게 된다. 새로 갖게 된 욕구가 경계 설정이나 위로 중 어느 것을 포함하는 것인지에 따라 내담자들은 경계를 보호하기 위해 자신들의 적응적 정서 표현을 외부(예: 분노)나 내부, 즉 자기에게로(예: 자비심이나 배려) 향하게 한다. 이것은 종종 상실에 대한 슬픔으로 변환된다. 이런 슬픔의 상태는 상실에 대한 슬픔이나 자신이 상처를 받았다는 인식(즉, 상처받음) 또는 두 가지 모두로 특징된다. 그러나 이제 전반적인 고통(global distress)의 초기 상태를 특징짓는 비난, 자기 연민, 체념과 같은 정서적인 분위기는 없다. 따라서 이전의 상실감은 새롭게 발견한 자기주장 및 자기위로와 관련된 자기감(sense of possibility)을 통합하는 방식으로 해소하게 된다. 이차 정서에서 일차 부적응적 정서를 거쳐 일차 적응적 정서에 이르는 이 과정에서 서술된 흐름은 EFT의 핵심적인 변화 과정을 나타낸다. 변환 과정 전반에 걸쳐 중등도에서 고도의 정서적 각성이 필요하긴 하지만, 항상 치유 과정을 촉진하는 정도로 유지해야만 한다. 따라서 상담자는 최적의 정서적 각성을 충분히 이끌어 그것을 정보로 느끼고 방향을 잡을 수 있도록 하되, 내담자가 조절 문제를 일으키거나 방향 감각을 잃지 않도록 주의해야 한다.

2. 상담의 실제에 관한 이론

상담 관계의 세 가지 원칙은 현존(presence)과 공감적 조율(Geller & Greenberg, 2012), 즉 인간 중심적 접근의 핵심 조건인 공감, 무조건적인 존중, 진정성을 바탕으로 한 소통 그리고 상담 동맹의 형성이다(Greenberg et al., 1993). EFT는 상담자가 진심으로 소중히 여기며 정서를 조절하는 공감적 관계, 즉 상담자가 내담자의 경험에 민감하게 반응하고 잘 조율하며 온전히 함께하는 관계에 기반을 두고 이루어진다. 상담자는 내담자를 존중하고, 수용하며, 진정성 있는 의사소통을 한다. 상담자의 공감과 수용이 고립을 깨고, 타당화, 자기 강화, 자기 수용을 촉진한다는 점에서 상담 관계 자체가 치료 효과가 있는 것으로 보인다. 우리는 상담자와의 관계가 정서를 함께 조절함으로써 내담자가 경험하는 고통에 대해 강력한 완충 역할을 한다고 본다. 조율되고, 호응하고, 비춰 주는 상담자와의 관계는 관계적 위로를 제공하고 정서 조절 능력의 발달을 촉진한다. 이런 방식의 관계는 내담자가 자신을 압도하고 무너뜨리는 고통스러운 정서를 조절하는 일에 도움이 된다. 시간이 지남에 따라 대인관계에서의 정서 조절은 자기 위로하기와 내적 상태를 조절하는 능력으로 내면화되어 간다(Stern, 1985). 상담자와 공감적 연결이 생기면 대뇌의 정동 처리 중추가 영향을 받아 내담자에게 새로운 가능성이 열린다. 이런 관계는 최적의 치료 환경을 조성하여 정서 조절에 도움을 줄 뿐만 아니라 내담자가 자기 탐색과 새로운 학습 과정에 온전히 참여할 수 있을 만큼 안전하다고 느끼도록 돕는다. 상담 관계는 치료적일 뿐만 아니라 새로운 의미를 탐색하고 만들어 내는 상담 작업을 촉진하기도 한다.

상담 관계의 또 다른 중요한 측면은 상담 목표와 과업에 협력함으로써 동맹을 맺는 것이다. 이는 문제를 극복하기 위해 '우리 둘'이 함께 작업하고 있다는 경험을 촉진한다. 목표와 과업에 대한 합의에 이르는 것은 내담자를 이해하는 것과 내담자에게 도움이 될 수 있는 것이 무엇인지에 따라 달라지며, 이것은 곧 공감을 실천하는 것(enactment)이다. EFT 목표의 합의는 행동 변화를 위한 목표를 설정하는 것보다는 만성적으로 지속되고 있는 내담자의 고통을 파악하고 이 고통을 해결하기 위해 노력하기로 합의함으로써 이루어진다.

이전과 차별화된 처리, 과업 완성, 주체성 및 선택 촉진이라는 과업의 세 가지 원칙은 인간의 존재는 내적 및 외적 환경을 탐색하고 숙달하려는 선천적 욕구를 가진 주체적이고 목적 지향적인 유기체라는 일반적인 가정에 기반한다. 상담자는 내담자의 개인적 목표와 상담 과업을 다룸으로써 내담자가 자기 내부의 정서 관련 문제를 해결할 수 있도록 돕는데, 이때 이 원칙들을 활용하여 상담의 방향성을 설정한다.

과업과 관련한 원칙들은 상담 과업에 맞는 작업을 하도록 안내하고 내담자의 상태에 따라 각 상황에 맞는 적절하고 다양한 과정을 촉진한다. 이 과정에서 내담자마다 상담 내의 문제 상태(client in-session problem state)가 다르게 나타나는데, 이것은 이 문제 상황에 대해 생산적인 해결을 할 수 있도록 돕는 가장 적합한 차별적인 개입을 할 수 있는 기회의 지표로도 간주된다. 상담 작업에서는 실험을 제안하기도 한다. 이때 기본적으로 상담자가 "이렇게 해 보세요."라고 제안한 후 "어떤 경험을 하셨나요?"라고 묻는다. EFT에서의 실험은 일차 정서와 욕구의 표현, 해결되지 않은 고통스러운 정서의 수용과 변환, 암묵적인 감정과 의미를 펼치는 것을 통해 쉽게 체험에 다가갈 수 있도록 돕기 위해 설계되었다. 상담 작업은 대처, 변화, 수정이 아니라 허용하고 수용하는 경험을 지향한다. 변화는 의도적으로 변화하거나 특정 목표를 달성하려는 직접적인 노력보다는 수용한 이후에 지속적으로 나아감으로써 촉진되는 역동적인 자기 재조직 과정으로 이루어진다.

그러므로 EFT에서는 따라가기(following)와 이끌기(leading)의 조합에서 항상 따라가기가 이끌기보다 우선되는 것으로 본다. 다양한 집단에 EFT를 적용하면서 점차 내담자의 정서 조절의 어려움의 정도에 따라 안내하기(guiding)와 구조 제공하기의 정도를 다르게 해야 한다는 것이 분명해졌다. 더 고통스럽고 더 회피적인 내담자일수록 위로하기와 자비심을 통한 정서적 회복을 담고 있는 과정 안내(process guidance)와 감정 코칭을 받는 것이 더 도움이 된다. 반면, 내적 통제 소재가 더 높고 반응성이 높은 성향이거나 더 취약한 내담자는 더 높은 수준의 반응적인 따라가기와 더 낮은 안내받기가 도움이 된다. 다양한 문화적 배경에 따라 내담자들의 상담자 지시성(directiveness)에 대한 기대치가 다르다. 그러므로 특히 상담 초기에는 내담자의 기대치에 맞게 상담자의 지시 정도에 변화를 줄 수 있다.

상담 단계

EFT는 세 가지 주요 단계로 나뉘며, 각 단계는 시간의 흐름에 따른 과정을 설명하는 일련의 순차적 과정(steps)으로 이루어져 있다(Greenberg & Watson, 2006). 유대감을 쌓고 자각을 촉진하는 첫 번째 단계에 이어 상기시키기(evoking) 및 탐색의 중간 단계가 이어진다. 마지막으로 새로운 서사적 의미를 창조하기 위해 새로운 정서를 생성하고 성찰하는 것을 통해 대안을 구성하는 변환 단계로 상담이 마무리된다. 첫 번째 단계는 다음의 네 가지 과정으로 이루어진다. (a) 내담자의 감정과 현재의 자기감과 함께하고, 공감하며 타당화하기 (b) 정서를 다루는 데 필요한 근거를 제공하기 (c) 내적 경험에 대한 자각을 촉진하기 (d) 협력적인 초점 세우기가 그것이다. 두 번째 단계도 다음의 네 가지 과정으로 구성된다. (a) 정서적 경험에 대한 지원 구축하기 (b) 문제가 되는 정서를 떠올리게 하고 상기시키기 (c) 정서에 간섭하는 것을 멈추기 (d) 일차 정서나 핵심적인 부적응적 도식에 접근하도록 돕기가 그것이다. 마지막 세 번째 단계에는 다음의 세 가지 과정이 포함된다. (a) 핵심적인 부적응적 도식을 변환시키기 위해 새로운 정서적 반응을 생성하도록 돕기 (b) 경험을 이해하기 위한 성찰을 촉진하기 (c) 새로운 감정을 타당화하고 새로운 자기감을 지지하기가 그것이다.

따라서 EFT에서는 일차 정서에 접근하여 일차 정서를 자원으로 사용했을 때 가장 깊은 변화가 일어난다. 힘을 실어 주는 분노와 같은 적응적인 기저 정서에 내담자가 접근하고 재조직화하여 경계를 주장하거나, 적응적 슬픔에 접근하여 상실을 애도하며, 철수하여 회복하거나 위로와 지원을 요청하게 되면서 단순하게 변화가 일어나는 경우도 있다. 이러한 상황에서 정서에 내재된 욕구와 행동 경향성에 접촉하는 것은 변화를 위한 동기와 방향성을 제시하고 대안 반응을 제공한다. 행위가 체념을 대체하고 동기부여된 소망이 무망감을 대체한다.

그러나 많은 경우에 핵심적인 일차 정서에 닿으면 슬픔이나 분노와 같은 표현되지 않은 적응적 일차 정서보다는 복잡한 부적응적 일차 정서 도식을 경험하게 된다. 부적응적인 핵심 도식은 통제감이 없는 듯한 핵심 감각, 투명 인간이 된 느낌, 깊게 상처받은 느낌, 수치심, 안전하지 않은 느낌, 무가치감, 사랑받지 못하거나 사랑할 수 없다는 느낌 등을 유발한다. 이런 느낌들은 절망, 공포, 무망감 또는 전반적인(global) 고통과 같은 부정적인 이차 정서보다 더 깊게 자리하는 것으로 평가된다. 변화를 위해서는 무가치함, 취약함, 안전하지 않다는 감각 등의 부적응적 일차 정서에 접근해야 한다. 정서 체험을 통해서만 정서적 고통이 치료될 수 있다. 이러한 무가치감이나 안전하지 못하다는 감각에 도달하기 전까지는 그 감정에서 벗어날 수 없다. 상담은 먼저 이러한 무가치감이나 취약함을 상징화할 수 있는 능력을 기른 이후에 대체할 수 있는 적응적 정서에 기반하는 자기 도식에 접근하는 것이다. 대안 도식의 생성은 현재 경험하는 정서적 고통에 대한 반응으로 활성화되는 적응적 느낌과 욕구에 접근하는 것을 바탕으로 한다. 자신의 상징화된 고통에 대한 개인의 반응은 적응적이며, 생명을 주는 자원으로서 접근하고 사용해야 한다.

사례 개념화

EFT는 맥락에 민감(context-sensitive)하고 과정 지향적인 사례 개념화법을 개발했다. 이것은 단기 상담에서 특히 중요한 초점 맞추기를 촉진하는 데 도움이 된다(Greenberg & Goldman, 2007). 사례 개념화는 개인별 또는 증상에 대한 진단보다는 과정 진단, 초점 확장, 지표 식별 및 주제 발달에 의존한다. 내용보다 과정, 그리고 사람에 대한 진단보다 과정 진단이 우선시된다. 과정 중심 접근법에서 사례 개념화는 지속적인 과정이며, 사례로서 한 사람을 이해하는 것만큼이나 매 순간과 상담 안에서의 맥락에 민감하며, 평가를 위한 최상의 정보원으로서 개입에 대한 반응을 필요로 한다. 상담자의 주요 관심사는 한 사람의 지속적인 인격, 성격 특성의 역동 또는 핵심 관계 양식에 대한 그림을 확장시켜 나가는 것이 아니라, 내담자의 과정을 따라가면서 핵심 고통과 현재 정서적 관심사의 지표를 식별하는 것이다.

사례 개념화에는 초점의 확장(development)이 포함된다. 또 사례 개념화는 내담자의 목표에 맞게 과업을 조정하여 생산적인 상담 동맹을 맺을 수 있도록 돕는다. 초점을 확장하기 위해 상담자는 내담자의 고통을 따라가는데, 이것은 내담자의 가장 사무치거나 고통스러운 경험을 따라가도록 하는 정서 추적 장치로서 나침반 역할을 한다(Greenberg & Watson, 2006). 또한 상담자는 새롭게 나타나는 다양한 지표에 주의를 기울인다. 내담자의 고통과 지표들은 진단이나 명시적인 사례 개념화를 하는 것보다 상담자가 개입하는 데 더 많은 도움을 준다.

일차적 · 이차적 · 도구적 정서 반응을 구분하는 것도 사례 개념화의 주요한 부분이다(Greenberg & Safran, 1987). 내담자의 핵심 욕구를 드러내는 것은 내담자의 일차 정서이다. 현재 어떤 어려움이 있는지와 문제 결정 요인들이 지금 접근 가능하고 개입할 수 있는 것인지 여부를 알려 주는 것도 내담자가 현재 느끼는 경험이다. 상담자와 내담자 공동의 초점과 일관된 주제는 상황 전반을 아우르는 경험 및 행동 양식을 탐색하는 것보다는 현재 경험에 초점을 맞추고, 특정 경험과 사건을 탐색하는 데에서 출발하여 그 주변부까지 탐색한 후에 일차 정서에 도달하는 것으로부터 발달한다. 증상적 경험의 기저에서 문제를 일으키는 인지-정서적 과정과 내담자의 만성적 고통을 식별하고 명확히 하는 것은 상담자와 내담자의 협력으로 이루어진다.

〈설명 2-1〉의 순차적 과정들은 상담자들이 사례 개념화를 할 때 지침이 되고

설명 2-1

상담자를 위한 사례 개념화 단계 안내

1단계: 서사를 전개하고 정서 처리 방식을 관찰하기

a. 내담자가 제시하는 문제를 경청하기(문제 해체 및 치료적 관계 쌓아 가기)

b. 잘 듣고 사무치고 고통스러운 경험이 있는지 알아보기

c. 인생 이야기/서사를 펼치기

d. 정서 처리 방식에 주의를 기울이고 관찰하기

2단계: 초점을 함께 만들고 핵심 정서 식별하기

a. 작업할 과업에 대한 지표 식별하기

b. 주제별 초점을 식별하기

i. 정서 자각

ii. 정서 조절

iii. 자기 자신과의 관계

iv. 자기-타자와의 관계

v. 실존적 의미 창조 주제

c. 적응적 또는 부적응적인 기저의 핵심 정서 도식 식별하기

d. 핵심 정서 도식에 접근하는 데 방해가 되는 요소를 식별하기

3단계: 핵심 문제와 관련된 지속적인 지표들과 과제를 개념화하기

a. 새롭게 나타나는 작업 지표를 식별하기

b. 과업 내의 초미세 지표들을 식별하기

c. 새로운 의미가 더 큰 서사 구조에 어떻게 영향을 미치는지 또는 부합하는지 평가하고 주호소 문제들과 다시 연결하기

있다(Goldman & Greenberg, in press; Greenberg & Goldman, 2007).

3. 지각 기술

상담은 다양한 유형의 정서와 문제 지표의 식별을 돕는 지각 기술과 개입을 안내하는 개입 기술을 통해 이루어진다. 여기서는 일반적인 지각 및 개입 기술 몇 가지를 우선 설명한다. 보다 구체적인 문제 지표와 각 지표에 대한 구체적인 개입 방법은 지표와 과업에 관한 절에서 설명한다.

각 유형의 정서는 각각 다르게 다뤄야 하므로 다양한 유형의 정서를 정확히 평가하는 것이 중요하다(Greenberg, 2002; Greenberg & Paivio, 1997). 다양한 정서 유형을 평가하는 것이 지각 기술이며, 이것이 일단 발달되면 상담자가 공감적 조율을 할 때 은연중에 자연스럽게 일어나는 경우가 많다. 상담자가 가장 먼저 하는 정서 평가는 내담자의 정서가 지나치게 과하거나 그 반대인지 여부이며, 그에 맞게 정서에 접근하거나 정서를 조절하기 위한 개입을 한다. 치료에서 모든 정서는 관계 맥락에서 나타나며, 정서가 어떤 것이 되느냐는 관계 맥락과 정서 표현에 대한 내담자의 문화적 규율에 영향을 받는다는 점을 유의하는 것이 중요하다. 따라서 내담자가 정서를 조절하지 못하거나 과도하게 조절하는 경향을 보이는 것은 단순히 내담자의 기능을 나타내는 것이 아니라 관계 및 문화적인 과정이다.

EFT 상담자는 단순히 자신의 참조의 틀로 평가하는 것이 아니라, 내담자와 협력하여 그 정서가 당시 내담자에게 어떻게 작용하고 있는지를 판단한다. 공감적 조율은 상대방의 정서가 무엇에 관한 것인지를 감지하는 데 필수적이다. 비언어적 단서, 특히 목소리, 얼굴, 동작 등 모든 것이 표현되는 정서의 성격에 대해 중요한 정보를 준다. 목소리나 얼굴은 자주 그 정서가 일차적이고 진정한 것인지, 아니면 다른 느낌을 가리는 이차적인 것인지를 알려 준다. 인간의 일반적 정서 반응과 정서의 발생 순서와 관련해서 상담자가 가지고 있는 지식과 상황에 대한 상담자 개인의 특정한 정서 반응이 무엇인지를 아는 것을 통해 일차 정서를 알 수 있다. 상실에 슬픔을 느끼고, 위로를 구하기 위해 가까이 다가가는 것과 같이 감정적 행동 경향과 욕구가 일치하는 경우는 일차 정서를 암시하는 반면, 상처를 받고 위로를 원할 때 화를 내고 밀쳐 내는 것은 이차 정서일 수 있다. 또한 사람들은 다른 사람의 정서 신호에 정서적으로 반응하도록 연결되어 있으므로 내담자에 대한 상담자 자신의 정서적 반응을 인식하는 것은 정서 평가에서 중요하며, 이것은 소중한 정보를 제공한다. 따라서 우리는 타인의 일차적인 고통과 아픔에는 자동적으로 자비심을 느끼게 되는 반면, 이차적인 징징거림에는 짜증을 내고, 부적응적이고 공격적인 분노에는 두려움이나 경계를 느끼지만, 힘을 실어 주는 적응적인 분노에는 지지를 보낸다. 이러한 특정 내담자의 일반적인 반응 방식과 특정 유형의 내담자에게서 자주 보이는 정서 반응의 종류에 대한 지식도 정서 평가를 하는 데 도움이 된다. 마지막으로 정서 표현의 전후 상황에 대한 지식이 맥락적으로 정서를 이해하는 데 가장 도움이 된다. 새로운 정서를 처음 표현하는 것과 오래된 똑같은 감정을 스무 번 표현하는 것은 매우 다르며, 정서 표현이 더 생산적인 처리나 적응적인 행동으로 이어지거나, 반대로 더 심각한 조절 장애로 이어지는 경우에 이는 정서가 일차적이고 적응적인지 혹은 그렇지 않은지 상담자가 결정할 수 있는 정보를 제공한다.

4. 개입 기술

몇 가지 일반적인 전략들, 정서 개입의 원칙과 정서의 진행 과정에 대한 이해, 그리고 여러 가지 문제 지표에 맞는 구체적인 개입 방법에 대한 설명을 바탕으로 개입 전략을 수립할 수 있다. 먼저 일반적인 전략을 설명한 이후에 정서 변화의 원칙과 상담의 국면을 기술하고자 한다. 다음으로 지표와 과업에 대한 논의가 이어진다.

정서를 다루기 위한 일반적인 EFT 전략

두 가지 주요 과업은 (1) 정서가 너무 적은 사람들이 더 많은 정서에 접근하도록 돕고 (2) 정서가 너무 많은 사람들은 정서를 품고 있도록 돕는 것이다. 내담자가 정서에 접근하도록 돕는 방법은 여러 가지가 있을 수 있다. 가령, 감정을 불러일으키는 신체 감각에 주의를 기울이도록 격려하기, 특정한 감정이 상기되기 직전의 정서적 삽화나 상황을 회상하도록 돕기, 내담자와의 의사소통 중에 신랄한 말이나 이미지 같은 생생한 정서적 단서들을 사용하기 등이 포함될 수 있다. 또한 상담자들은 내담자가 특정한 감정을 느끼는 것처럼 행동하도록 하거나, 내담자가 말이나 몸짓(예: 큰 소리로 화난 목소리로 말하거나 주먹을 흔드는 것)을 과장하거나 반복해서 해 보게 제안한다. 내담자가 감정을 안정하게 경험할 수 있도록 내담자 자신의 각성 수준을 스스로 관찰할 수 있게 하는 것이 중요하다. 대부분의 사람은 통제력을 잃고 있다고 느끼면 감정에 대한 접근을 차단하기 때문에 이 마지막 전략은 매우 중요하다.

우리는 내담자가 정서에 접근하고 상징화할 수 있도록 도울 수 있는 여러 가지 공감법을 설명했다. 공감적 재초점화와 더불어 순수하게 이해하는 공감 반응부터 타당화 및 상기시키기를 거쳐 탐색 및 추측하기까지 범위가 다양하다(Elliott, Watson, Goldman, & Greenberg, 2004; Greenberg & Elliott, 1997). 공감적 탐색은 EFT의 근본이 되는 개입 방식으로 여기며, 내담자의 경험 중 가장 생생하거나 사무치거나 암시적인 부분에 초점을 맞추어서 그 경험이 전개될 수 있도록 돕는 반응법이다. 상담자의 반응이 내담자의 상태에서 가장 생생하게 보이는 것에 초점을 맞추는 방식으로 구조화되면, 내담자의 주의는 경험의 이러한 측면에 초점을 맞추고 경험의 가장 선도적인 부분을 구별할 가능성이 높아진다. 내담자의 구어적 및 비구어적(비언어적) 서사에서 가장 사무치는 부분에 매 순간 민감하게 주의를 기울임으로써 상담자의 언어적인 공감적 탐색은 내담자가 직접 설명하는 것보다 훨씬 더 풍부하게 내담자의 경험을 포착하는 데 도움이 될 수 있다. 이를 통해 내담자는 이전에 암묵적으로 경험했던 것을 의식적으로 상징화할 수 있다. 추측

(conjecture)에는 내담자가 느끼고 있을 것에 대한 직감이나 추측을 공유하는 것이 포함된다.

내담자는 보통 자신의 문제에 대하여 이야기를 하는 것으로 상담을 시작한다. EFT 상담자는 공감으로 시작하여 내담자가 내면에 집중하고 자신의 경험에 깊게 들어갈 수 있도록 한다. 그래도 내담자의 경험이 깊어지지 않으면 신체에서 느끼는 감각으로 주의를 돌리는 방식으로 전환한다. 그다음에는 의자 대화나 심상 작업과 같은 더 자극적인 개입을 통해 정서를 더 강조하여 의식으로 생생하게 가져온다.

공감을 사용한 후, 상담자는 내담자가 신체적으로 느끼는 자신의 경험에 주의를 기울이고 "나에게 무엇이 문제인가?"라고 부드럽게 질문할 수 있게 돕는다. 상담자는 기다렸다가 내담자가 느낌에서 나오는 말을 하고, 이것이 가져오는 경험적 효과에 집중할 수 있도록 돕는다. 또한 상담자는 내담자가 '문제를 전체적으로 이해'하고 신체적 감각에서 중요한 것이 떠오르도록 돕는다. 이것이 초점화 과정(focusing process)이고, 내적 경험에 참여하는 기본 방식이며, 권장되는 방법이다.

또한 EFT 상담자는 내담자가 압도하는 느낌과 넘쳐나는 정서를 경험할 때, 그 느낌을 관찰하고 상징화하는 등 다양한 가능한 방법을 사용하여 정서를 담아내는(containing) 적응적인 전략을 개발하도록 돕는다(예: 관찰자의 자세를 취하여 명상적으로 안전한 거리를 만들고 두려움을 뱃속에 있는 검은 공으로 묘사하는 방법). 정서 조절을 위해 문제 목록을 작성하여 고통스러운 감정을 정리하도록 내담자를 격려하는 것 만큼이나, 지지하고 이해해 주고 다른 사람의 지지와 이해를 구해 보도록 내담자를 격려하는 것도 정서 조절에 도움이 된다. 내담자가 자기 위로하기(self-soothing)에 참여하도록 돕는 것은 중요한 전략이다. 여기서 상담자는 이완, 자기 위로, 자기 지지, 자기 관리를 장려한다(예: "슬퍼해도 괜찮다고 당신의 다른 부분에게 말해 보세요."). 예를 들어, 고통이 심한 내담자가 거꾸로 숫자를 세거나 안전한 장소로 가는 것을 상상하도록 하여 주의를 분산시킬 수 있도록 돕는 것은 정서 조절을 촉진하는 데 유용하다. 내담자가 상담 도중 감정에 압도당할 경우 숨을 쉬고, 발을 바닥에 대고, 의자에 앉은 자신을 느끼고, 상담자를 바라보고 보이는 것을 설명하도록 요청하는 것은 고통을 조절하는 데 도움이 된다.

역설적이게도 내담자가 정서를 품을 수 있도록 돕는 가장 효과적인 방법 중 하나는 감정이 떠오르는 즉시 이를 자각하고 표현하며, 그 감정에 대해 어떻게 해야 할지 결정하도록 돕는 것일 수 있다. 감정을 억제하고 아무것도 하지 않으면 원치 않는 감정의 침습이 더 많이 발생하여 감정이 더 압도적으로 되거나 두려운 것이 되는 경향이 있기 때문이다. 내담자와 상담자 모두의 딜레마 중 하나는 정서에 대한 자각과 경험을 촉진해야 할 때와 조절해야 할 때를 아는 것이다. 특히 압도적으로 파괴적인 정서를 경험하는 사람들에게 유용하고 실용적인 지침은 감정이 얼마나 강렬한지 인식하고, 이러한 인식을 대처의 지침으로 사용하는 것이다. 감정이 관리 가능한 수준, 예를 들어 70% 이하일 때는 정서적 접근과 자각을 사용해야 하지만, 감정이 이 수준을 넘어 관리할 수 없을 때는 주의 분산과 조절을 적용해야 한다.

정서를 다루는 이러한 일반적인 전략 외에도 앞서 설명한 여러 유형의 정서를 다양한 방식으로 다룰 필요가 있다. 일차 적응적 정서에 접근하여 정보와 행동 경향성을 보다 충분히 제공받아야 한다.

내담자가 자신이 느끼는 감정이 일차 적응적 정서인지 확인할 수 있도록 상담자는 공감적으로 반응하고, 대리 정보 처리자의 역할을 하며, 내담자가 자신의 경험과 맞는지 확인할 수 있도록 감정을 설명하는 상징적인 표현들을 제공한다. 정서가 일차적인 것인지 평가할 때 도움이 되는 상담자의 반응으로는 "이것이 당신의 핵심적인 느낌의 가장 밑바닥입니까?" 또는 "내면을 확인해 보세요. 이것이 가장 근본적인 느낌인지 보세요."와 같은 문장이 포함된다. 부적응적 정서는 내담자가 이러한 정서에 접근하고, 허용하고, 견디고, 상징화하고, 조절하고, 탐색하도록 도와줌으로써 가장 잘 다룰 수 있다. 피하기보다는 일단 접근하고 수용하면 다른 기저의 정서들(예: 부적응적 수치심으로 분노를 풀어내기, 자기 연민, 자존심)에 접근하고 그것에 대해 이해하기 위해 성찰함으로써 변화할 수 있다. 상담자는 내담자의 더 깊은 경험에 대한 공감적 탐색과 공감적 추측을 통해 내담자가 이러한 정서들에 접근할 수 있도록 돕는다. 또한 부적응적 정서에 접근하기 위해 상담자는

"당신이 기억할 수 있는 한 가장 초기에서부터 갖고 있었던 가장 취약한 느낌은 무엇인가요?" 또는 "이 느낌이 과거에 일어난 일에 대한 반응처럼 느끼나요? 아니면 주로 현재 일어나고 있는 일에 대한 반응처럼 느끼나요?"라고 질문할 수 있다. 도움이 되는 다른 질문으로는 "이 느낌이 오래된 익숙한 느낌처럼 느끼나요?" 또는 "이 느낌이 상황을 처리하는 데 도움이 되나요?"가 있다.

이차적 반응성 정서들은 그 감정이 파생된 근본적인 일차적 정서(예: 반응성 분노의 밑에 있는 일차적 두려움)를 발견하기 위해 공감적 탐색으로 대응하는 것이 가장 효과적이다. 이차 정서 그 아래를 파악하기 위해 상담자는 "그런 감정을 느낄 때 가장 잘 알고 있는 감정 외에 다른 뭔가를 느끼나요?" 또는 "잠시 시간을 내서 그 느낌 아래에 다른 무엇인가가 있는지 살펴보세요"라고 질문할 수도 있다. 마지막으로 도구적 정서는 대인관계 기능이나 다른 사람에게 의도적으로 영향을 미치려는 것과 같을 때 가장 잘 탐색된다. 상담자는 내담자가 슬프거나 화가 났다는 것을 이해한 후에 "혹시 이 느낌을 가지고 이 사람에게 무언가를 말하거나 중요한 것을 말하려고 하는 것은 아닌지 궁금합니다."라고 말할 수 있다. 따라서 사람들은 자기 보호, 위로, 타인을 지배하려는 갈망 등 정서적 경험에서 그 의도를 재인식할 수 있다.

지표 및 과업

EFT 접근법의 가장 큰 특징은 개입이 지표를 기반으로 이루어진다는 점이다. 연구에 의하면 내담자들은 문제가 되는 특정한 정서 처리 상태에 들어가며, 이 상태는 상담 도중의 발언과 행동을 통해 식별할 수 있는데, 이는 내재된 정동적 문제를 나타내며, 또한 특정 유형의 효과적인 개입을 위한 기회를 제공한다는 것이 입증되었다(Greenberg et al., 1993; Rice & Greenberg, 1984). 내담자의 지표들은 내담자의 상태와 개입 유형뿐만 아니라 이 문제를 해결할 수 있는 내담자의 현재 준비 상태도 나타낸다. EFT 상담자는 문제가 되는 다양한 유형의 정서 처리 문제의 지표들을 식별하고 이러한 문제에 가장 적합한 특정한 방식으로 개입하도록 훈련받는다. 각각의 과업은 집중적이고 광범위하게 연구되었으며, 해결 경로의 핵심 구성 요소와 해결에 필요한 특정 형태가 지정되었다. 따라서 변화의 실제 과정에 대한 모델은 상담자의 개입을 안내하는 지도 역할을 한다. 다음은 알려진 주요 지표들과 그것에 맞는 개입들이다(Greenberg et al., 1993).

불분명하게 느끼는 감각

내담자가 경험을 피상적으로 하거나 혼란스럽고 자신의 경험에 대해 명확하게 이해할 수 없을 때, "이런 느낌이 들지만 그것이 무엇인지는 모르겠어요."라고 말할 수 있다. 불명확한 느낌은 집중을 필요로 하는데(Gendlin, 1996), 상담자는 내담자가 호기심과 의지를 가지고 주의를 기울여서 경험의 구체화된 측면에 접근하게 하여 그것을 경험하고 몸으로 느낀 감각을 언어로 표현하도록 안내한다. 해결을 위해서는 신체적 느낌의 변화와 새로운 의미의 창조가 필요하다.

내담자가 내적 경험을 탐색하고 싶지만 자신이 무엇을 느끼고 있는지 명확하지 않을 때, 일반적으로 EFT 상담자는 초점 맞추기(focusing)를 사용한다. 이런 경우에 EFT 상담자는 내담자에게 불분명하거나 비어 있다고 느끼는 감각에 집중해 보라고 제안할 수 있다. 이를 위해서는 내담자가 보통 자신의 감정을 기록하는 신체 부위가 어디인지를 식별해야 한다. 그런 다음에 상담자는 내담자에게 그 내면의 공간에 주의를 기울이고 떠오르는 것에 이름을 붙여 보라고 요청한다. 내담자는 그곳에서 발견한 것을 숙고하거나 추적 관찰하지 말고, 자신과 상담자 모두를 위해 그것을 그냥 식별한 다음에 한쪽에 두도록 요청받는다. 내담자가 주관적 상태의 모든 미묘한 것을 명명하고 나면, EFT 상담자는 내담자에게 초점을 맞추고 싶은 감정이나 문제들 중 하나를 식별하도록 요청한다. 내담자는 그저 그 느낌에 주의를 기울이고 집중하며, 자신에게 무엇이 떠오르는지 살펴보도록 요청받는다. 만약 그것이 이름표(label)라면, 내담자는 그 이름표가 맞는지 맞지 않는지 내면을 확인하도록 요청받는다. 이름표가 맞지 않으면 내담자는 자신이 경험하고 있는 것을 더 잘 포착할 수 있는 이름표를 찾도록 요청받는다. 상담자는 이 과정에서 원래 이름표를 대신할 몇 가지 대안을 부드럽게 그리고 잠정적으로 제시함으로써 도움을 줄 수 있다. 상담자와 내담자는 경험에 맞는 이름표를 찾을 때까지 함께 찾는다. 적합한 이름표를 찾으면 내담자는 그 느낌이 무엇을 의미하는지 탐색하기와 해당 감정과 관련된 문제나 상황 파악하기를 시작할 수 있다.

초점 맞추기 과업을 통해 내담자를 안내하는 데에는 여러 가지 순차적 과정이 필요하다. 초점 맞추기의 필수 과정들은 다음과 같다. 첫째, 상담자는 내담자가 자신의 느낌에 대해 모호하거나, 막혀 있거나, 불분명하다는 것을 나타내는 지표를 확인한다. 둘째, 상담자는 내담자에게 불분명한 느낌에 주의를 기울여 달라고 요청한다. 셋째, 내담자에게 느끼는 감각의 질(감정 자각 및 상징화의 원리)을 설명하도록 권장한다. 넷째, 내담자는 완벽하게 일치할 때까지 단어(또는 이미지)와 느낌 사이를 오가도록 요청받는다(이 과정에서 내담자는 자신의 느낌이 명확해지면서 변화하는 것을 경험할 수 있지만, 항상 그런 것은 아니다). 다섯째, 내담자는 자신이 느끼는 것을 느끼도록 만든 감정이 무엇인지에 대해, 또는 그 느낌이 무엇을 느끼게 하는지 스스로에게 질문하도록 권장된다(감정에 대한 숙고의 원리). 여섯째, 내담자는 감정을 인식하고, 그 감정이 무엇인지 명확히 한 결과, 발생한 어떠한 감정의 변화에도 감사하고 통합하도록 권장되며, 그 느낌에 대한 비판적이거나 부정적인 모든 반응은 미뤄 두도록 요청받는다. 일곱째, 내담자는 발생한 감정을 받아들이고 이것을 최종이 아닌 문제 해결의 한 단계로 인식하도록 격려받는다(Gendlin, 1996). 초점 맞추기 과정의 이러한 측면은 상담자가 내담자의 주의를 신체적으로 느끼는 느낌으로 안내하는 구체적인 숙고를 통하여 촉진될 수 있다. 더 깊은 경험으로 이동하는 것과 더불어 신체 감각에 초점을 맞추는 것과 같은 많은 초미세 과정(microprocesses)은 다른 개입 방법들에 매끄럽게 짜여 들어갈 수 있다.

문제적 반응과 체계적인 연상 전개

문제적 반응(problematic reaction)은 특정 상황에 대한 정서 또는 행동 반응에 대한 의문을 통해 표현된다. 예를 들어, 한 내담자가 "상담에 오는 길에 귀가 길게 늘어진 강아지를 봤는데 갑자기 너무 슬펐어요. 그런데 그 이유를 모르겠어요."라고 말한다. 문제적 반응은 체계적인 연상 전개(systematic evocative unfolding) 과정을 위한 기회이다. 이러한 형태의 개입에는 경험을 생생하게 연상하기를 통해 상황을 재경험하는 것과 더불어 최종적으로 그 반응을 이해할 수 있는 상황의 내재적 의미에 도달하기 위해 상황, 사고, 정서적 반응 사이의 연관성을 파악하기 위한 반응이 포함된다. 해결을 위해서는 자기 기능에 대한 새로운 관점이 필요하다.

이러한 문제적 반응을 탐색하는 단계의 순서는 다음과 같다. 첫째, 내담자가 느끼는 반응에 의문을 제기한다. 둘째, 상담자는 내담자에게 그 반응이 일어났을 때 자신이 참여했던 장면을 생생하게 묘사해 달라고 요청한다. 내담자와 상담자는 함께 상황을 재구성하고 생생한 감각을 되찾기 위해 노력한다. 셋째, 참여자들이 장면을 생생하게 재현하면 상담자는 내담자가 자신의 내적 반응에 집중하고 상징화하도록 안내한다(정서 자각 및 상징화의 원리). 넷째, 우울한 반응을 촉발한 상황에서 특히 핵심적인 측면을 찾도록 내담자를 안내한다. 다섯째, 내담자가 상황의 핵심적인 측면을 파악한 후에는 자신이 자극을 어떻게 해석했는지 파악하여 그 자극의 개인적 의미에 대한 이해에 도달할 수 있다(성찰의 원리). 이를 의미 다리(meaning bridge)라고 한다. 여섯째, 상담자는 내담자가 문제 상황으로 활성화된 정서 도식을 인식하도록 도울 수 있다. 내담자는 개인적 방식과 일반적인 반응 방식을 인식하게 되어 자신의 반응 방식의 기원을 이해하고 그것이 여전히 유용한지 여부를 검토할 수 있게 된다(성찰의 원리). 일곱째, 정서 도식을 탐색한 후에 내담자는 정서적으로 대응하는 새로운 방법들(감정으로 감정 변화시키기)이나 상황을 구성하는 새로운 방법(성찰)을 생각해 낼 수 있다. 체계적인 연상 전개를 사용하는 목적은 내담자로 하여금 문제 상황을 가능한 한 충분히 재경험하게 하여 인식 속에서 보다 명확하게 상징화함으로써 그것의 개인적 영향이나 의미를 발견해서 대안적 욕구와 행동 경향을 파악하도록 하는 것이다(Rice, 1974).

내담자가 자기의 다른 부분 또는 다른 사람들과 대화하도록 초대하는 의자 기법 사용과 관련된 세 가지 지표가 있다. 지표에 대해 먼저 논의한 다음에 별도의 절에서 개입에 대해 살펴보도록 하겠다.

갈등 분열과 두 의자 대화

분열은 자기의 한 측면이 다른 측면과 대립하는 상태이다. 이때 보통 한 부분이 비판적이거나 강압적인 형태를 취한다. 예를 들어, 자매들의 눈으로 자신을 실패자라고 판단하는 여성은 이러한 비판에 직면하여 무망감과 패배감을 느끼는 동시에 분노를 느끼며 "나는 그들보다 열등하다고 느낀다. 나는 실패한 사람이고, 언니들만큼 잘하지 못하는 것 같아."라고 말한다. 내담자가 이와 같은 자기 비판적 분열을 보이면 두 의자 기법을 사용할 기회이다. 이 작업에서는 자기의 두 부분이 서로 생생하게 접촉하게 된다. 자기의 각 부분 안에 있는 사고, 감정, 욕구를 실제 대화를 통해 탐색하고 소통하여 비판적 목소리를 부드럽게 만든다. 해결을 위해서는 양측의 통합이 필요하다.

자기 방해 분열 및 두 의자 기법

자기 방해는 자기의 한 부분이 정서적 경험과 표현을 방해하거나 제한시킬 때 발생한다. "눈물이 올라오는 것을 느낄 수 있지만 눈물을 꾹꾹 눌러서 다시 빨아들일 뿐, 절대 울지 않을 거야." 두 의자 기법에서는 시연으로 자기의 방해하는 부분이 드러나도록 한다. 내담자는 자신이 방해하는 방식을 인식하고 신체적 행동(목을 조르거나 목소리를 차단하는 등), 은유적 표현(가두기), 언어적 표현("닥쳐. 느끼지 마. 조용히 해. 넌 이걸 이겨낼 수 없어.") 등 방해하는 방식을 시연하도록 안내받음으로써 스스로를 차단하는 과정의 주체로서 경험하고 방해하는 자기에게 반응하고 도전할 수 있다. 이전에 차단된 경험을 표현함으로써 해소가 이루어진다. 이 지표에 대한 개입 과제는 두 의자 대화에 대한 별도의 절에서 살펴보도록 하겠다.

미해결 과제와 빈 의자 대화

미해결 과제(unfinished business) 지표에는 중요한 타인에 대해 해결되지 않은 감정을 진술하는 것이 있다. 예를 들어, 첫 번째 상담에서 내담자가 매우 관여하는 방식으로 다음과 같이 말할 수 있다. "아버지는 제 곁에 있어 주지 않았어요. 한 번도 용서한 적이 없어요." 중요한 상대방에 대한 미해결된 감정에는 빈 의자 개입이 필요하다. 내담자는 빈 의자 대화를 통해 중요한 타인에 대한 내적 관점을 활성화하고 상대방에 대한 자신의 감정적 반응을 경험하고 탐색하고 이해한다. 충족되지 않은 욕구에 접근하고 상대방과 자기에 대한 관점의 변화가 일어난다. 상대방에게 책임을 묻거나 상대방을 이해하거나 용서함으로써 해소가 일어난다. 중요한 타인과의 미해결 과제와 대인관계의 많은 어려움 중에서 해결되지 않은 의존성 문제의 기저에는 해소되지 않은 상실감과 수치심이 있다. 포기/상실 과정은 종종 자기 비판보다 훨씬 더 근본적인 문제이다. 내담자가 빈 의자에서 상상 속의 상대방에게 해결되지 않은 감정을 표현하는 빈 의자 대화는 미완성된 관계를 해결하는 데 매우 도움이 되는 것으로 밝혀졌다(Greenberg & Malcolm, 2002; Paivio & Greenberg, 1995).

추가 지표들과 개입

공감적 긍정/타당화, 트라우마와 서사적 재구성, 동맹 균열(rupture)과 회복, 정서적 고통과 자기 자비, 불안 의존과 자기 위로하기, 혼란과 공간 비우기 등과 같은 여러 가지 추가적인 지표와 개입 방법이 이전의 6가지 지표와 과업에 추가되었다(Elliott, Watson, Goldman, & Greenberg, 2004; Greenberg, 2002, 2011; Greenberg & Watson, 2006 참조). 또한 정서와 서사를 결합하여 작업하는 새로운 서사적 지표들과 개입법들이 구체화되고 있다(Angus & Greenberg, 2011). 이러한 다소 자기 설명적인 지표에는 똑같은 옛이야기의 지표가 포함되는데, 이것은 개인이 갇혀 있는 어려움을 반복적으로 서술하는 것을 의미한다. 이때 특정 사건에 대한 기억을 다시 경험하도록 유도하는 것이 가장 효과적인 대처 방법이다. 언급되지 않은 이야기에 대한 지표에서는 공감적 탐색을 통해 새로운 이야기에 접근한다. 공허한 이야기, 즉 감정이 전혀 없는 이야기의 지표에서는 내재된 감정에 대한 공감적 추측을 통해 가장 감정이 풍부해진다. 깨진 이야기, 즉 예상치 못한 결과가 자신의 안정감을 위협하는 지표에서는 일관성을 유도하는 것이 효과적이다.

의자 대화 작업

앞서 언급한 세 가지 지표에는 다양한 형태의 의자 대화가 필요하다. 이러한 특정 개입은 복잡할 뿐만 아니라 EFT의 핵심이기 때문에 더 자세히 설명하려고 한다.

자기 비판적 지표에서의 두 의자 작업

이 과정에서 내담자의 표현에 '나는 충분히 좋은 부모가 아니다.' 또는 '나는 실패자처럼 느낀다.'와 같은 자기 비판적 지표가 나타나면 상담자는 먼저 내담자가 자신을 시각화하여 자기 비판을 시작하도록 권장하고, 자기의 비판적인 부분과 경험적인 부분 사이의 대화에 참여하도록 한다(Greenberg et al., 1993).

첫째, 초반의 대화에서는 내담자가 자기 비판적 목소리가 지속적으로 존재한다는 것과 그 영향을 인식하도록 돕는 것이다. 비판적 목소리는 '넌 너무 멍청해.' '넌 너무 못생겼어.' '넌 너무 뚱뚱해.' '넌 너무 이기적이야.' '넌 애정결핍이야.'와 같은 말을 한다. 무기력, 무능감, 무망감 등 나쁜 감정을 불러일으키고, 궁극적으로 더 근원적인 수치심을 불러일으키는 이러한 비판적 목소리에 동반되는 것은 자기 자신에 대한 경멸이다(Whelton & Greenberg, 2005). 비판적 사고뿐만 아니라 비판의 느낌과 동기를 포착하는 것이 중요하다. 내담자는 종종 내면의 대화 방식에는 주의를 기울이지 않고 내용에만 주의를 기울인다. 그들은 말하는 내용에만 집중할 뿐 부분들 간의 관계에는 집중하지 않는다. 상담자는 대화의 비언어적 요소에 특별히 주목함으로써 내용뿐만 아니라 억양, 몸짓, 자세, 표정까지 반영하여 내담자가 내용뿐만 아니라 자기 대화의 정서적 어조와 방식에 주의를 기울이도록 유도한다.

둘째, 비판적인 부분을 코칭하여 가능한 한 구체적으로 표현하도록 한다. 이는 내담자의 고통스러운 경험을 보다 세세하고 구체적으로 끌어올리기 위해 설계된 것이다.

셋째, 내담자는 자기 의자로 이동하여 거기에서 비평가에 대한 정서적 반응을 하도록 요청받는다. '기분이 나쁘다.'와 같은 일반적인 불쾌감에 대한 포괄적 반응

뿐만 아니라, 마비되거나 땅속으로 움츠러들고 싶은 느낌(자각 및 상징화)과 같이 그 순간 몸에서 실제로 생생하게 느끼는 차별화된 감각에 대한 반응이 요청된다. 예를 들어, 비평가에게 어제 회의에서 드러난 약점이나 실패와 같은 구체적인 경험 사례를 목표로 삼도록 하면 할수록 더 많은 에피소드, 상황 및 정서 기억이 올라올 것이다. 경험하는 자기가 자기 비판에 대하여 회복탄력성이 없는 무망의 상태로 무너지는 것이 보통 상담 초기 반응의 특징이다. 상담 중에 우리는 이차적 무망감 또는 절망감을 불러일으켜서 이를 극복하고 핵심 부적응적 상태에 접근하려고 한다. 이차 정서 상태를 구별하고 핵심 정서에 도달하기 위해 종종 이차 정서 상태에 접근하고 머물러야 한다. 그 이후 상담은 이차적이고 반응적인 상태를 거쳐 보다 핵심적인 수준의 고통에 도달해야 한다.

넷째, 대화에서 중요한 단계는 경험하는 자기가 비판에 대응할 수 있게 되는 것이다(정서 표현의 원리). 종종 핵심 감정은 자기의 결핍에 대한 수치심이나 혼자 생존할 수 있는 능력에 대한 불안/공포이다. 이런 두려움과 관련된 핵심 감정은 대부분 부적응적인 무가치감이나 수치심에 기반한 부적절감을 수반하는 경우가 많다. 이제 우리는 내담자가 부적응적 정서를 상징화하여 표현하고 생존과 안녕을 위한 일차 적응적 정서와 욕구에 접근할 수 있도록 도와야 한다. 내담자에게 존재하는 모든 강점은 처음에는 현재의 인식 너머에 있다.

다섯째, 상담자는 부적응적 정서 속에 있는 욕구에 접근할 수 있도록 돕고, 그에 따른 새로운 경험을 촉진하며, 이를 비판적인 내면의 목소리에 표현하도록 유도한다(표현의 원리). 이것은 더 회복탄력성 있는 정서의 출현(정서로 정서를 변화시키기), 자기주장, 비판적 목소리와의 싸움으로 이어진다(Greenberg, 1984). 이것이 회복탄력성 출현의 시작이다. 내담자의 기저 감정을 인식하고 긍정하는 것이 필수적이지만, 분열을 다룰 때 상담자는 관련 욕구를 경청하고 내담자가 이 욕구들을 자신의 비판적인 측면을 향해 단호하게 표현할 수 있도록 해야 한다. 생존과 번영을 위한 회복탄력적인 자기의 경향성 중심에는 적응적인 욕구가 있다. 욕구는 행동 경향성과 연관되며, 내담자가 자신의 안녕과 깊이 관련된 목표를 달성하도록 이끌고, 욕구 충족(정서로 정서를 변화시키기)을 위해 새로운 정서를 활성화하는 데 도움을 준다. 욕구에 접근하면 뇌에서 새로운 정서 상태와 그러한 상태를 달성할 수 있는 경로가 열린다(Davidson, 2000). 욕구에 접근하는 것은 회복탄력성을 이끌어 내는 데 중요한 단계이다.

마지막으로 자기 비판적 분열은 비판적 목소리가 보다 자비심을 불러일으키는 목소리로 부드러워짐으로써 해결되며(정서로 정서를 변화시키기), 이를 통해 욕구를 인정하고 통합하여 더 큰 자기 수용의 결과를 얻게 된다(Elliott, Watson, et al., 2004; Greenberg, Rice, & Elliott, 1993 참조).

두 의자 대화에서 발생할 수 있는 어려움은 경험하는 측면이 비판적인 목소리에 동의할 때 발생한다. 내담자는 비판에 동의하거나, 비판이 진실인지 논쟁하거나, 합리적으로 또는 근거에 기반하여 비판에 맞서는 반응을 하는 것보다는 비판이 자신에게 미치는 정서적 영향을 인식하도록 도움을 받는다. 내담자에게 "당신은 가치가 없다."라는 말을 들었을 때 기분이 어떤지 묻고, 몸으로 느끼는 수치심이나 무망감을 이야기하도록 요청한다. 따라서 내담자는 부정적인 사고의 타당성에 동의 또는 동의하지 않는 것보다 비판의 영향력을 경험하게 된다.

두 의자 대화에서 회복탄력성이 나타나지 않고 내담자가 고착된 것처럼 보일 때 패배를 다루는 또 다른 방법은 내담자를 비판 의자로 다시 이동시키는 것이다. 이때 상담자는 비평가가 비판적 행동을 더 강하게 하도록 부추기고, 자기의 붕괴를 일으키는 주체로서 비평가 그 자체를 더 명확하게 인식하도록 해야 한다. 내담자가 비평가의 경멸과 적개심, 그리고 비평가가 자기의 권한을 박탈할 때 느끼는 힘과 우월감을 더 잘 인식하도록 돕는 것이 필요하다. 이러한 박해적인 행동은 역설적으로 경험하는 자기의 '반격'을 자극하는 역할을 할 수도 있다. 이후 그 사람은 상대방에 맞서 싸워서 체념하고 희망 없는 상태를 극복한다. 또한 비판적 위치에서 공격자가 되게 하여 전체적, 즉 생리적 · 정서적 · 인지적으로 활성시키면 그 사람의 전반적인 에너지 수준이 높아진다. 그 사람이 대화에서 박해를 받는 부분으로 돌아갈 때 그 사람은 이미 각성된 상태이며, 이 '빌려 온' 각성 상태는 비평가에 대항하여 자기주장을 하는 임무를 수행하여 무망의 상태로부터 그 사람을 끌어올린다.

붕괴된 자기감을 수용하고 거기에 머무르는 것은 이 작업에서 가장 힘든 부분이다. 우선, 내담자는 이 끔찍한 감정을 피하거나 회피하려는 경향이 있다. 다음으로 상담자도 같은 경향을 가지고 있으며, 내담자를 '돕거나' 변화시키려고 노력하는 경향이 있다. 그러나 상담자는 수정하는 입장보다 수용하는 입장을 취해야 한다. 상담자의 첫 번째 행동은 현재의 경험에 머무르고 그 과정을 따르는 것을 장려해야 한다. 이를 위해서는 상담자와 내담자 모두 '있는 그대로'를 수용하는 연습이 필요하다. 상담자는 변화를 위해 이끌기보다는 내담자가 있는 그 자리를 수용하고, 내담자는 회복탄력성을 끌어내기 시작한다. 따라서 상담자의 목표는 안전하고 수용적인 환경을 제공하고, 경험을 타당화하고, 체험을 하고 있는 내면으로 내담자의 주의를 돌리는 것이다. 이를 통해 내담자는 무망감을 상황, 평가, 감각, 행동 경향, 욕구, 목표, 염려 등의 구성 요소로 구분하고 나서 이 구성 요소들을 핵심 감정으로 보다 발전시킬 수 있다. 목표는 공감적으로 조율되고, 정서가 조절되는 관계의 도움을 받은 내담자가 내면에 초점을 맞춤으로써 궁극적으로 내면에 있는 힘의 원천을 찾을 수 있도록 돕는 것이다.

부적응 상태에 대한 해독제로서 적응적 정서를 불러일으키기 위해 작업할 때는 항상 내담자 경험의 최전선(leading edge)에서 작업하는 데 초점을 둔다. 상담자는 내담자의 경험에서 드러나거나 내재해 있는 성장 지향적 가능성에 초점을 맞춘다. 그러나 상담자의 반응은 내담자의 적정 발달 영역 내에 있어야 하며, 내담자가 성취할 수 있는 선 안에 있는 가능성들에 초점을 맞춰야 한다. 이것은 내담자보다 너무 앞서거나 뒤처지지 않아야 함을 의미한다. 상담자의 반응은 반걸음 또는 한걸음 앞설 수 있지만, 내담자가 있는 곳에서 적절히 가까워야 한다. 이는 내담자가 고통에서 벗어나기 위해 사용할 수 있는 디딤돌을 마련해 주기 위함이다. 두 걸음 앞서가는 것은 너무 앞서가는 것이고, 두 걸음 뒤처지는 것은 잠재적으로 방해하고 있는 것이다.

자기 방해 분열을 위한 두 의자 작업

정서 방해를 시연할 때는 앞서 자기 비판에서 사용되었던 것과는 다른 방식으로 두 의자 대화를 사용한다. 자기 비판적 분열과 비교할 때, 자기 방해적 분열의 지표는 자기 자신에 대한 평가보다는 자기 자신에 대항하는 행동을 포함하며 일반적으로 비언어적이고 신체적인 측면이 더 크다. 자기 방해적 분열은 두통이나 가슴이 조이는 증상과 같이 순수하게 비언어적으로 표현되기도 한다. 자기 방해적 분열을 작업할 때 상담자의 목표는 방해 과정에 대한 자각을 높이고, 내담자가 접근하는 것이 차단되거나 거부된 내적 경험에 접근하여 이를 허용하도록 돕는 것이다.

자기 방해의 가장 보편적 징후는 체념, 막히거나 갇힌 느낌 또는 전반적인 무감각이다. 이는 종종 압박감, 부담감, 막힌 느낌, 가슴이 조이거나 목에 통증을 경험하는 등의 신체적 증상을 동반하기도 한다. 이러한 경우에 일차적인 느낌이나 욕구가 너무 효과적으로 차단되어 자각하지 못한다. 트라우마에서는 차단하기, 멍해지기, 해리와 같은 과정이 트라우마 사건 당시에는 적응적이었지만, 이제는 트라우마 경험의 통합을 방해한다. 이러한 장애물도 극복해야 한다. 두 의자 시연에서 자기 중단의 지표가 나타나면 내담자는 스스로가 어떻게 감정을 멈추는지를 시연하고, 사용된 특정 금지 명령을 말로 표현하거나, 방해와 관련된 근육 수축을 과장해 보도록 권장된다(Greenberg et al., 1993). 결국 이것은 반응, 종종 억제에 대한 저항감을 불러일으키고, 경험하는 자기는 명령, 억제하는 생각 또는 근육 수축에 도전하고, 억제된 정서는 수축을 뚫고 터지게 된다. 시연 초기에 상담자는 방해가 진행되는 방식을 내담자가 자각하도록 돕고 실제로 방해하는 행동에 참여하도록 한다. 내담자가 방해 과정을 동일시하도록 한 후에 상담자는 방해받고 있는 것이 무엇인지 표현하도록 촉진한다. 방해 과정을 자각하고 시연함으로써 방해 과정을 비자동화시키고 방해의 보호적인 측면을 식별하고 통제감을 경험한 내담자는 비로소 방해된 것을 경험할 준비가 된다. 마지막으로 상담자는 내담자가 자신의 분노를 많이 억제해 온 사람을 향하여 억제된 감정의 일부를 표현하도록 이끈다.

미해결 과제를 위한 빈 의자 작업

이 대화를 시작할 때 상담자는, 첫 번째, 내담자가 상상 속의 타인과 접촉하고 있는지 확인해야 한다. 문제가 되는 정서 도식 기억을 불러일으킬 때 내담자가 현재 실제로 또는 상상 속에 존재하는 누군가나 무언가를 직접적이고 즉각적인 방식으로 경험하고 있는지 확인하면서 존재를 느끼는 타자를 상기시키는 것이 중요하다. 두 번째, 상처를 주는 행동을 하는 상대방을 시연하는 것도 그 사람에 대한 정서적 반응을 불러일으키는 데 중요하다. 상대방을 역할 연기하는 것의 목표는 상대방에 대한 정서적 반응을 불러일으키기 위해 상대방 행동의 자극값[3] (stimulus value)을 높이는 것이다. 상대방의 부정적인 행동과 태도를 연기한 이후, 세 번째 단계에서는 이에 대한 내담자의 정서적 반응에 접근하게 된다. 상담자가 주의 깊고 조율된 상태로 내담자를 따라가고 반영해 주는 것을 통해 상대방과 관련된 느낌이 드러난다.

대화가 진행되는 내내 상담자는 내담자가 상대방과의 구체적인 경험과 정서를 표현하도록 장려하는 데 초점을 둔다. 네 번째 단계이자 대화의 주요 목표는 이러한 반응을 넘어 기저의 의미와 감정을 자각하고 구별하여 일차 정서 상태의 표현을 장려하는 것이다. 이차적 불만은 항상 더 근본적인 요소인 분노와 슬픔으로 분화되어야 한다. 빈 의자 작업에서 표현되는 다른 대표적인 이차 정서에는 무망감, 체념, 우울, 불안 등이 있다. 이러한 정서들은 외부로 향하여 비난하는 어조로 종종 다음과 같이 표현된다. 예를 들어, "당신은 나쁜 놈이야." 또는 "왜 나를 무시했어?"보다는 "당신을 원망해." 또는 "당신이 곁에 있던 시절이 그리웠어."라고 말이다. 상담자는 이런 표현을 인정하고 내담자가 이러한 이차 정서를 극복하도록 돕되, 일차 징서의 '순수한' 표현을 장려하고자 하는 목표는 계속 유지한다. 이차 정서와 일차 정서는 보통 처음 경험되고 뒤섞여 표현되며, 모두 섞여 있다. 예를 들어, 분노와 슬픔이 융합된 불만은 종종 다음과 같은 질문의 형태로 나온다. "왜 당신은 좀 더…… 할 수 없었나요?" 또는 "당신은 왜……? 나는 단지 그 이유를 알고

3 역주: 상대방의 역할을 시연하는 것은 내담자가 상대방에 대해 더 많은 반응을 할 수 있도록 내담자를 더 자극하게 된다는 의미이다.

싶어요." 내담자가 불만과 이차 반응의 표현을 넘어 상상 속의 상대방에게 슬픔, 분노, 두려움, 수치심과 같은 일차 정서를 표현할 수 있도록 돕는 것이 중요하다. 분노와 슬픔은 보통 함께 경험되므로, 이 두 가지 일차 정서 상태 각각을 경험하고 상징화하여 표현하도록 하는 것이 도움이 된다. 학대의 경우에 부적응적인 두려움, 수치심, 혐오감의 조합에 먼저 접근, 조절, 타당화한 이후(교정적 체험)에 내담자가 일차 분노와 슬픔에 접근할 준비가 되었을 때 재처리한다(Greenberg, 2002, 2011).

다섯 번째 단계에서는 핵심 정서에 접근하고 그것을 온전히 표현하는 것을 허용하기 위해 일차 정서의 표현을 방해하는 것들을 해결할 필요가 있다. 정서가 분화되고 방해물들이 해결되면, 이러한 유형의 문제를 해결하는 데 필요한 전제 조건인 정서적 각성 상태가 된다. 정서적 각성은 다음 단계의 상대방에 대한 관점의 변화를 위해 필수적인 전제 조건인 것으로 밝혀졌다. 각성이 되지 않으면 다음 단계가 일어날 가능성은 훨씬 낮아진다(Greenberg & Malcolm, 2002). 이 단계에서 정서를 다룰 때 상담자는 일차 정서가 완전하고 자유롭게 표현된 이후에 빠르게 움직인다는 것을 알고 있어야 한다. 분노와 슬픔은 순서대로 서로 뒤따르는 경향이 있다. 따라서 일차 슬픔이 완전히 표현되면 일차 적응적 분노가 빠르게 나타나고 경계가 만들어진다(정서로 정서를 변화시키기). 반대로 적응적 분노가 완전히 표현되면 상실과 배신의 고통을 인정하고 자신들이 놓친 것에 대해 애도할 수 있다.

여섯 번째 단계는 애착이나 분리 또는 타당화와 관련한 내담자의 충족되지 않은 기본적인 관계 욕구를 표현하고 확인하는 것이다. 이러한 욕구는 기존 관계에서는 표현된 적이 없다. 왜냐하면 자신들이 그렇게 할 자격이 없고 욕구가 충족되지 않을 것이라고 느꼈기 때문이다. 생산적이기 위해서는 이러한 욕구가 타인의 박탈이나 비난이 아니라 자기에게 속하고 자기에게서 나오는 것으로, 그리고 당당히 요구할 수 있다는 느낌(sense of entitlement)을 가지고 표현되어야 한다. 따라서 이러한 요구는 절박한 궁핍의 표현이 아니라 충족될 자격이 있다는 주장이다. 이 단계는 사람들이 타인과 분리되어 주체로서의 자기감을 확립하도록 돕는 데 매우 중요하다. 이 단계에서 상담자는 단순히 내담자를 따르며 새롭게 경험한 정서와 욕구들을 표현하도록 장려한다(정서로 정서를 변화시키기). 또한 상담자는 내담자가 경계를 상징화하고 주장할 수 있도록 돕는다. 예를 들어, 침입에 대해 거절하거나 자신의 권리를 다시 주장하도록 돕는다. 상담자는 사람들이 초기 경험으로 인해 자신의 기본 욕구들을 거부해야 할 필요가 있다는 것을 알게 되어 자동적으로 그러한 욕구에 주의를 기울이지 않거나 표현하지 않는다는 것을 알고 있다. 따라서 상담자는 욕구가 형성되는지 주의 깊게 듣고, 욕구가 형성되면 신속하게 이를 타당화하고(교정적 체험) 내담자가 이를 표현하도록 격려한다. 일반적으로 감정을 철저히 탐색한 다음에는 관련 욕구에 대한 이야기로 이어진다.

상대방이 욕구를 충족시킬 수 없거나 충족시키지 않는 상황에서도 내담자는 상대방을 통해 자신의 욕구를 충족시킬 수 있는 자신의 권리를 깨달을 수 있어야 한다. 이를 통해 충족되지 않은 욕구를 놓아주는 과정인 일곱 번째 단계로 넘어가게 되는 경우가 많다. 대화 중 이 시점에서 상담자는 충족되지 않은 희망과 기대들을 놓을 수 있도록 지지하고 촉진한다. 놓아주기가 일차 정서의 표현에서 자연스럽게 흘러나오지 않을 때, 상담자는 내담자가 충족되지 않은 기대가 타인에 의해 충족될 것인지 또는 될 수 있는지 그리고 충족되지 않을 경우에 기대에 매달리는 것이 어떤 영향을 미치는지 탐색하고 평가할 수 있도록 도울 수 있다. 이러한 상황에서 상담자는 내담자에게 "나는 당신을 놓아주지 않을 겁니다." 또는 "나는 당신이 변할 것이라는 희망을 놓지 않을 것입니다."라고 상대방에게 표현하도록 요청할 수 있다. 놓아주는 것은 종종 내담자가 애착 대상으로부터 욕구를 충족시킬 수 있는 가능성을 상실한 것에 대해 애도하는 또 다른 애도 작업을 촉진한다. 이 과정은 종종 가장 가슴 아프고 고통스러운 부분이다. 한 번도 가지지 못한 부모에 대해 사람들이 진정으로 애도할 수 있게 되면 그제야 비로소 놓아주고 앞으로 나아갈 수 있게 된다.

일곱 번째 단계에서 내담자는 정서적 각성과 자신의 정서와 욕구의 정당함을 직접적으로 표현함으로써 움켜쥐고 있던 지나치게 통제적인 생각들을 놓아 버리고 타인에 대한 관점을 확장하기 시작한다(성찰). 마지막으로 내담자가 자신이 가치 있는 존재라는 감각에 이르고, 이전에 미해결된 나쁜 감정을 놓을 수 있을 때 정서적 해소를 경험하게 된다. 이러한 놓아주기는 세 가지 주요 방법 중 하나를 통해 이루어진다. 경험한 학대에 대해 상대방에게 책임을 묻고 자신을 긍정하거나, 충족되지 않은 욕구를 놓아주거나, 상대방에 대한 이해를 높이고 가능한 경우에 과거의 잘못에 대해 상대방을 용서함으로써 이루어질 수 있다. 학대가 아닌 경우에 내담자는 상대방을 더 잘 이해하고 공감과 자비, 때로는 용서의 마음으로 상대방을 바라볼 수 있다. 학대 또는 트라우마와 관련된 상황에서 놓아주기는 대부분 상대방에게 책임을 묻고 앞으로 나아가는 것을 포함하지만, 공감과 용서도 가능하다.

미해결된 과제는 의자에 앉아 대화하거나 앞서 설명한 대로 빈 의자에 실제로 말을 걸지 않고 심상을 사용하여 작업할 수 있다. 심상은 또한 감정을 불러일으키기 위해 다양한 방식으로 사용될 수 있다. 시각 체계는 정서와 밀접한 관련이 있다. 그러므로 상상력을 사용하여 해결되지 않은 감정을 불러일으키거나, 상상 속에서 대화를 시연하여 새로운 감정을 경험하거나, 상황이나 장면에 사람이나 자원을 추가하여 새로운 방식으로 장면을 경험하는 데 도움이 되는 상상을 할 수 있다. 따라서 내담자에게 필요한 것을 표현하거나, 성인이 된 자기를 어린 시절의 장면으로 데려옴으로써 원래 손상된 장면을 심상을 통해 재구성해 보도록 할 수 있다. 성인 보호자는 부족한 보호를 제공하거나 방을 잠글 수 있는 자물쇠와 열쇠 또는 두려운 사람을 넣을 철창과 같이 내담자에게 힘을 실어 주거나 보호할 수 있는 보조 도구를 가져올 수 있다(Greenberg, 2002, 2011).

이런 가상으로 하는 재구성 과정에서 상담자는 다음과 같이 말할 수 있다.

> "눈을 감고 그 상황에서 자신이 했던 경험을 기억해 보세요. 가능하면 구체적인 이미지를 떠올려 보세요. 그 안으로 들어가세요. 이 장면에서 당신의 아이가 된다고 생각해 보세요. 무슨 일이 일어나고 있는지 말해 주세요. 그 상황에서 당신은 무엇을 보고, 냄새를 맡고, 듣고 있나요? 어떤 생각이 드나요?"

잠시 후 상담자는 내담자에게 관점을 바꾸도록 요청한다.

"이제 어른이 되어서 이 장면을 보면 좋겠어요. 당신은 무엇을 보고, 느끼고, 생각하나요? 아이의 표정이 보이나요? 무엇을 하고 싶나요? 해 보세요. 어떻게 개입할 수 있을까요? 지금 그것을 상상 속에서 해 보세요."

다시 관점을 바꾸어 상담자는 내담자에게 아이가 되어 보라고 요청한다.

"어린이로서 당신은 무엇을 느끼고 생각하나요? 어른에게서 필요한 것은 무엇인가요? 필요한 것이나 바라는 것이 무엇인지 요청해 보세요. 그 어른은 무엇을 하나요? 당신은 또 무엇이 필요한가요? 그것을 요청하세요. 도움을 요청하고 싶은 다른 사람이 있나요? 주어진 보살핌과 보호를 받습니다."

이 개입은 상담자가 내담자에게 지금 기분이 어떤지 묻는 것으로 마무리된다.

"이 모든 것은 당신 자신과 당신이 필요했던 것에 대해 무엇을 의미하나요?" "현재, 즉 어른이 된 자신에게 돌아오세요." "기분이 어떠세요?" "이제 그 아이에게 작별 인사를 하시겠어요?"

미해결된 과제 작업은 어떤 방식으로든 궁극적으로 정서 도식 기억을 변화시킨다. 정서는 관계 맥락에 내재되어 있는 경우가 많다. 정서는 기억 속에서 자신과 타인을 연결한다. 그래서 사람들은 업신여기는 표정의 부모 앞에서 수치심을 느끼고, 침범하는 타인에게 분노하고, 학대하는 타인에 대해 두려움을 느낀 기억을 가지고 있다. 따라서 타인의 관점에 접근하는 것은 감정을 불러일으키는 데 도움이 되며, 타인의 대안적 관점에 접근하고 타인에 대한 새로운 반응을 이끌어 내는 것은 정서 기억을 변화시키는 것에 도움이 된다. 개인적으로 관련된 사건은 해당 정서가 있을 자리에 기억으로 저장된다. 따라서 현재의 실망은 체면이 깎인 수치심과 같은 다른 실망으로 연결된다. 현재의 정서적 체험은 동일하거나 비슷한 이전의 정서적 경험 사례를 함께 떠올리게 하면서 항상 다층적이다. 우리가 상담 중에 사람들이 새로운 생생한 경험을 할 수 있도록 돕는 것은 그들이 정서 기억을 재구성하는 데 도움이 된다. 또한 새로운 정서 기억에 접근하는 것은 오래된 정서 기억을 바꾸는 가장 좋은 방법 중 하나이다. 이전에는 접근할 수 없었던 정서 기억을 불러일으키면 새로운 기억이 전면에 나타나거나(이전 기억은 배경으로 물러나거나) 새로운 기억이 결국 이전 기억과 융합하여 그것을 변환한다. 새로운 정서 기억은 어떻게 접근하든 서사를 변화시키는 데 도움이 된다. 사람들이 자신의 경험을 이해하고 정체성을 구성하기 위해 말하는 이야기는 사용 가능한 다양한 정서 기억에서 꽤 나온다. 기억을 바꾸거나 다양한 기억에 접근할 수 있게 되면 사람들은 자신의 삶과 정체성에 대한 이야기를 바꾸게 된다.

5. 사례 적용

이 절에서는 〈심리치료의 세 가지 접근: 여성 내담자 편〉과 〈심리치료의 세 가지 접근: 남성 내담자 편〉 DVD에 등장하는 두 명의 내담자에 대해 자세히 설명한다. 여기서는 비디오 시연 상담에 등장하는 내담자들에 대한 논의를 보강하고 그들과의 작업에 대한 몇 가지 심화된 생각을 덧붙이려고 한다.

치치

먼저 이 면담은 시연이기 때문에 실제 첫 면담과 유사하지 않다는 점을 언급할 필요가 있다. 이 비디오의 목적은 첫 번째 또는 두 번째 면담이 아닌 상담 중기에 이루어진 작업 과정을 시연한 것이다. 첫 면담에서는 좀 더 공감적인 방식을 취하면서 내담자의 서사를 경청한다. 그리고 신뢰 관계를 형성하는 데 초점을 맞추고, 이 면담에서처럼 지표를 사용하거나 과정을 지시하는 개입을 하지 않는다. 그러나 나는 이 면담이 충분히 좋은 면담이었다는 인상을 받았으며, 이 면담은 EFT 면담의 세 번째 또는 네 번째 회차에서 일어날 수 있는 내용을 보여 준다.

나는 평소처럼 내담자(치치)의 현재 호소 문제를 파악하고 그녀의 이야기를 듣는 것으로 면담을 시작했다. 초반에는 그녀가 자기 비판적이라는 말을 들었다. "저는 자제력이나 자기 주도성이 전혀 없는 것 같아요." "저는 저 자신에게 너무 화가 나서 실망스러워요."라고 했다. 이것은 자기 비판적인 분열의 표시이지만, 일을 완수하지 못하는 자신에 대한 이차 수준의 비판이다. 그녀의 삶에서 진짜 문제는 그녀가 일을 완수하지 못하고 있다는 것이고, 이에 대한 그녀의 반응은 화를 내고 자신을 비판한다는 것이다. 따라서 이 지점에서 나는 그녀가 자기 비판적이라는 것을 알지만, 그녀가 일을 완수하지 못하게 하는 더 기저의 과정(아마도 자기 비판적인 과정)에 우리가 도달해야 한다고 생각한다.

또한 그녀가 슬퍼하는 것을 보고 "네. 그렇게 말하면서 어떤 느낌이 드세요? 감정을 건드리는 것처럼 들렸어요."라고 말하며 지표보다 그녀의 즉각적인 경험을 우선적으로 따랐다. "이곳은 당신이 화를 내도 되는 곳이에요."라고 말함으로써 감정에 대해 허용하여 정서에 더 친화적인 환경을 만들고, "여기는 정말로 당신이 화를 내도 되는 곳이에요."라고 말함으로써 감정을 가지고 작업할 수 있는 근거를 제공하기 시작했다(감정은 당신의 안녕에 중요한 것이 무엇인지에 대한 정보를 제공한다).

치치의 감정에 접근하기 쉬웠기 때문에 나는 빠르게 진행하여 3분 정도 지났을 때, 그녀의 무망감에 초점을 맞춰 달라고 요청하면서 그녀의 체험을 심화할 수 있도록 돕는 쪽으로 진행했다. "알았어요. 그리고 눈물이 나면 곁에 머물러도 될까요?"라고 물었다. "그럼 몇 가지 작은 단계를 시도해 볼래요?"와 같은 대안 반응은 경험을 심화시키지 못하기 때문에 내 관점에서는 바람직하지 않은 반응이다. "이렇게 눈물을 흘릴 때, 실제로 내면에서는 어떤 일이 일어나죠? 몸으로 가 보면 어떨까요?"라고 말할 때, 이 접근법의 정서중심적 특성이 잘 드러난다. 나는 그녀의 감정에 초점을 맞추라고 분명히 요청했다. 다른 접근법에서는 일반적으로 이렇게 감정에 직접적으로 주목하지 않는다. 이후 "일종의 절망감인 것 같군요."라고 탐색적 공감 반응을 보인 다음에 "절망감에 계속 머무를 수 있을까요? 당신의 몸 어디에서 느끼나요?"라고 계속 집중할 것을 권유한다. 여기서 중요한 것은 몸으로 느끼는 경험에 초점을 맞춤으로써 정서적 체험에 머물도록 일관되고 부드럽게 격려한다는 것이다. 경험에서 느끼는 의미를 제공할 때 신체적 감각은 감각 이상의 것이 된다. 이 신체적 감각을 포함하는 신체적으로 느낀 경험에 머물게 함으로써 우리는 사람들을 현재로 데리고 온다. 이러한 방식으로 주의를 기울이는 것은 현재 자신에게 어떤 일이 일어나고 있는지 자각하고 있는 상태에서 상징화할 수 있도록 돕는다. 정서의 의미가 신체적 경험에서 완전히 형성되는 것은 아니라는 점에 유의해야 한다. 오히려 그 사람은 사회적 영역에서 일어나는 의미 생성 과정에서 능동적으로 의미를 조직화하는 주체이다. 따라서 생생하게 몸으로 경험한 체험은 그 경험이 이해되는 방식을 제약하고 영향을 미치기도 하지만, 사람들이 자신의 경험을 어떻게 구성하느냐에 따라 그 사람이 누구인지도 결정한다.

특정한 모양의 구름이 물고기나 화살은 될 수 있지만 말의 모양은 되지 않듯이, 신체적 느낌이 어떤 것으로 모양이 잡히는지도 마찬가지이다. 신체적으로 느끼는 감각은 있지만 그 안에 의미가 있기보다는 그 느낌은 조직되고, 어떤 느낌은 거기에 있는 것에 더 잘 맞거나 덜 맞다. 따라서 나는 결핍이나 고통의 신체적 느낌을 기쁨이나 혐오감으로 상징화할 수도 없고, 세상에서 올바른 방향으로 있게 할 수도 없다. 하지만 나는 결핍을 절망감으로, 고통을 부끄러움으로 상징화할 수 있다. 경험의 상징화 각각은 다른 의미를 함축하고 있다. 따라서 치치가 현재 자신의 경험을 "나는 익사하고 있어요……. 빛이 보이지만 닿을 수 없고, 빛에 절대 닿을 수 없다는 것을 알아요."라고 표현할 때, 언어로 구성하는 그녀의 방식에는 빛이 있다는 것, 즉 가능성에 대한 암시와 거기에 닿을 수 없다는 절망감에 대한 암시 모두를 품고 있는 의미와 함의가 있다.

그녀의 경험은 다면적이고 다차원적이며 다양한 방식으로 구성될 수 있다. 이 대화에서 경험이 어떻게 구성되느냐에 따라 그 내용이 달라진다. 이는 역동적인 과정이다. 느낌은 사실이 아니라 세상에 대한 현재의 방향성이며, 이것은 과정 중에 있는 것이라는 점을 기억하는 것이 중요하다. 이러한 경험에 대한 접근이 변화를 가능하게 한다. 그녀가 절망의 느낌에 갇혀서 거기에 머물러 있지 않음을 주목하라. 몸으로 느끼는 감각에 초점을 맞추는 과정을 통해 사람들은 의미 구성의 근간이 되는 주관적 경험에 접근할 수 있고, 이를 통해 발달과 변화에 접근할 수 있게 된다. 내 생각에 느끼지 않는 것은 그대로 똑같이 남아 있다. 그러나 그것을 느낄 때는 변화에 열리는 것이며, 그것을 자각하면서 주의를 기울이고 상징화하는 과정 자체가 변화이다. 기분 나쁘게 느끼거나 해결되지 않은 것이 있다면, 그것을 허용하고 수용하며 그것에 기운을 불어넣고 그대로 두어야 한다. 그러면 그것은 진화하고 변화하며, 종종 생존과 번영을 추구하는 유기체의 추동에 따라 더 적응적인 형태로 변화한다. 따라서 상담자는 정서적이고 경험적 과정에 인내심과 신뢰를 가져야 하고, 한 가지가 또 다른 것으로 이어진다는 점을 이해해야 한다. 젠들린(Gendlin, 1996)은 "나쁘게 느끼는 것은 결코 어떤 것도 마지막 단계가 아니다." 라고 했다.

치치의 상징화는 다음과 같이 발달했다. "내 인생에서 아무것도 하지 못하고 죽을 것 같아요." 그런 다음에 그녀는 "그래, 그게 바로 저예요. 움직이지 않는 게 저예요. 아무런 조치도 취하지 않고 있는 게 저예요. 이제 어떻게 나 자신이 되어야 할지 모르겠어요."라고 말하며 자기 비난으로 넘어간다. 복잡한 순간이었고, 나에게는 선택의 기로였다. 나는 그녀에게 언제 처음으로 이런 느낌이 들었는지 기억하냐고 질문했다. 나는 그녀에게 이 느낌에 그대로 머무르라고 하면서 스스로 나아가는 과정을 신뢰하며 그 느낌이 가는 곳으로 따라가라고 말해야 했다. 다음과 같이 대안 반응을 할 수 있을 것이다. "움직이지 않는 느낌으로 가 보세요. 몸에서 어떤 느낌이 드는지 보세요. 이 느낌에 머무르면서 그 느낌이 가는 곳으로 따라가세요." 이렇게 하면 좀 더 상징화되고 차별화될 수 있을 것이다. 나는 진행 과정을 이해하고 있었지만, 부분적으로는 맥락 때문에 이렇게 하지 않았다. 비록 닿을 수는 없지만 '빛'의 징후와 변화에 대한 그녀의 동기는 모두 회복력을 나타내는 좋은 지표였음에도 불구하고, 나는 그녀를 거의 알지 못했고 그녀가 얼마나 절망감을 느끼는지 몰랐다. 접수면접에서 그녀는 이전 상담에 대해 "개인적으로 무척 감정적인 일에 대해 그렇게 깊게 이야기하는 것이 그다지 도움이 되지 않았다고 생각해요. 너무 화가 나기는 했는데 그러면 계속 진행할 수 없었거든요."라고 말했다. 그래서 나는 그녀가 호소하는 문제에만 집중하여 함께 작업하고 싶었다. 또한 면담 초반에 이미 자기 비난의 지표를 들었기 때문에 나는 이것이 그녀의 경험에서 주의가 필요한 중요한 측면이라고 보았다. 이와 더불어 이후 단계에서 그녀를 정서적・신체적으로 학대했던 어머니와 힘든 어린 시절을 보냈으며, 6년 전에 끝났으나 여전히 정서적으로 해결되지 않았다고 느끼는 관계가 있다는 또 다른 정보가 나에게 중요하게 느껴졌다.

지표 식별 시작하기

치치가 행동하는 데 막힘(block)을 보였기 때문에 나는 이것이 그녀의 핵심 문제라고 판단하여 초점 맞추기에서 벗어나 다시 장애물로 돌아가도록 안내하기로 결정했다. 일을 완수하지 못하는 경험은 일반적으로 '나는 하고 싶지만 할 수 없다.' 또는 '나는 하고 싶지만 두렵다.'와 같은 감정으로 특징되는 자기 경험의 두 부분 간의 분열 경험을 수반한다. 이러한 갈등은 일반적으로 일을 끝낼 수 없음, 시작할 때의 막막함(writer's block), 결정 장애(Greenberg & Webster, 1982), 미루기 등의 문제가 나타나는 것과 관련이 있다. 막힘이 있을 때, 일반적으로 행동을 하고 싶은 부분과 동일시하고 원하지 않는 부분을 부인한다. 치치는 "글을 쓰고 싶은데 왜 쓰지 않는지 모르겠어요!"라고 말했다. 그녀는 글을 쓰고 싶다는 것과 동일시하고 글을 쓰는 것을 원하지 않거나 막는 부분을 자각하지 못했는데, 이 부분이 실제로는 더 강력하고 행동을 차단하는 데 성공하는 부분이다. 우리의 연구(Greenberg & Webster, 1982)에 따르면 이러한 상황에서는 해결해야 할 근본적인 어려움이 내면의 자기 비판적 과정인 것으로 자주 나타났다.

치치의 경험에 따르면, 대화는 결국 행동하지 못하는 자신을 탓하는 한쪽 면으로부터 '넌 가짜야.' '그런다고 달라지지 않아.'라는 더 깊은 수준의 비난에 이르는 것까지 발전한다. 이 두 가지 수준의 비판을 구별하는 것이 중요하다. 첫 번째 수준의 자기 비난적 목소리는 스스로를 더 나은 사람이 되도록 코치하려는 것이기 때문에 나는 이것을 '코치 비평가'라고 불렀다. 코치 비평가는 '넌 게을러.' '넌 절대 일을 끝내지 못할 거야.'와 같은 말로 스스로를 다그치는 그다지 자비롭지 못한 코치처럼 행동한다. 나는 이러한 유형의 코칭과 자책에서 벗어나게 하기 위해 작업하는데, 그것 자체가 잘못된 해결책이며 이제는 문제가 되기 때문이다. 치치는 변화를 이끌어 낼 바람으로 일을 끝내지 못하는 자신을 자책했다. 그녀는 자신의 어려움을 성격적 결함으로 여기고, 이로 인하여 기분이 더 나빠지고 심지어 절망감에 빠지기도 했다. 그것은 의욕을 떨어뜨리는 일이다. '넌 멍청해.' '넌 이기적이야.' '넌 쓸모없어.' '넌 무능해.'와 같이 행동을 방해하는 더 깊은 수준의 일반적 자기 비평에 접근하여 나는 문제를 일으키는 근본적인 결정 요인을 향해 치료적으로 나아가고 싶었다. 이러한 비판은 행동하는 것을 가로막고 있는 무가치함에 대한 수치심이나 유기에 대한 두려움이라는 기저의 정서 도식을 불러일으키기 때문에 우리가 해결해야 할 근본적 비판의 형태이다.

대화 작업 착수하기

이 면담에서는 몇 가지 초기 구조화와 지지를 하면서 대화를 소개했다. 갈등하는 두 부분을 명명하고, 과업에 참여하는 것에 동의를 얻었다. 이 대화를 할 때 주요 상담 목표는 성격의 반대되는 힘을 정확하게 식별하는 것이다. 이것은 항상 간단한 것만은 아니다. 나는 덜 이상적인 방식으로 대화를 시작하는데, "그렇다면 지금은 자신의 어느 쪽과 더 가깝게 느끼나요? 일을 하고 싶어 하는 부분인가요, 아니면 그냥 그만두자고 말하는 부분인가요?"라고 말한다. 이는 '나는 하고 싶다.'와 '나는 포기하고 싶다.' 사이의 대립을 설정하기 때문에 대화를 시작하는 가장 좋은 방법은 아닌데, 마치 결정과 관련한 갈등인 것같기 때문이다. 이것은 그런 경우가 아니다. 그녀가 가장 많이 접촉하는 것은 '네가 행동하지 않았기 때문에 너는 나쁜 거야.'라고 하는 비판적인 목소리이다. 결정과 관련된 갈등이 아니나. 어느 쪽과 가장 많이 접촉하고 있는가라는 내 질문에 그녀는 "아마 그만두자고 하는 쪽일 거예요."라고 대답했다. 이 시점에서 나는 내 질문을 수정하여 그녀에게 "당신은 그녀에게 '무슨 소용이야. 넌 또 도망쳐 버릴 거야.'라고 말하고 있네요."라고 말하면서 그녀의 목소리의 더 공격적인 면으로 이끌어 갔다.

수치심과 낮은 자존감을 유발하는 핵심이 되는 부정적 비판이 무엇인지 파악하려면 약간의 노력이 필요하다. 이상적으로 "어떻게든 자기 스스로를 차단하는 과정이 있습니다. 어떻게 그런 일이 생기는지 이해해 보도록 합시다."라고 하면서 그녀가 더 근본적인 비판에 도달하도록 더 많은 시간을 할애하여 그녀의 경험을 공감적으로 탐색했으면 좋았을 것이다.

일단 그녀가 두 의자 대화에 집중하면 그녀를 막는 목소리가 되어 보도록 한다. 하지만 "너는 일을 망칠 거야."라는 그녀의 자기 비난은 꽤 강하다. 그럼에도 어느 순간에 그녀는 "너는 가짜라는 사실이 드러날 뿐이야."라고 말한다. 시간이 얼마 없기 때문에 나는 계속해서 자기 비난보다는 근본적인 비판으로 그녀를 안내하려고 노력했다. "넌 실패하고 있으니 실패자야."라는 그녀가 깊게 빠져 있는 이 말을 작업해 볼 수 있을 것이다. 그럼으로써 그녀가 문제가 있다는 사실에 대해 스스로에게 화를 내지 않도록 도와줄 수 있다. 하지만 궁극적으로 이 대화가 작업하는 데 가장 도움이 될 수 있었던 수준은 아니다. 지속된 상담에서 그녀가 핵심이 되는 자기 비판에 도달하도록 돕기 위해 더 많은 탐색이 필요하다. 그녀가 자신의 자동화된 내부의 자기 비판적 과정에 접근권을 얻고, 내가 그녀에게 했던 "어떻게 스스로를 전념하지 않도록 만드나요? 어떻게 그녀가 결단력이나 꾸준한 실행력을 보이지 못하게 만드나요?"와 같은 질문에 대답하는 것은 당연히 어렵다. 그녀의 기능에서 이러한 측면은 쉽게 알아차릴 수 없으며, 비디오 시연을 위한 단회 면담이라는 성격상 나는 이상적이기보다는 더 적극적인 자세로 임했다. "그녀가 꾸준히 노력하지 못하게 만드세요?"라고 말함으로써 그녀의 행동을 차단하는 핵심이 되는 자기 비판적 프로세스에 도달하도록 도우면서 말이다.

하지만 그녀는 2단계의 비판적인 목소리를 조직하기 위해 계속해서 "그런다고 달라질 것은 없어. 넌 그냥 또 망칠 거야."라고 말했다. 이 시점에서 나는 그녀에게 체험 의자로 이동하여 핵심 분열로 이끄는 것이 도움이 될 수도 있는지 알아보기로 결정했다. 핵심이 되는 비판적 과정에 대한 접근은 종종 경험하는 자기 의자에서 발생하는데, 예를 들어 그녀는 화난 목소리에 "절망감(이차 정서)을 느껴서 무슨 일이 일어날지 모르겠어. 그냥 할 수 없을 것 같아. 그렇다고 해서 뭐가 달라질까 하는 생각이 들어."라고 말할 수도 있다. 또는 "나는 항상 내 앞길을 가로막아."라고 말할 수도 있다. 이럴 때 그녀는 글쓰기에 대한 동기를 빼앗는 내적 과정에 더 가까워질 수도 있다. 그러면 나는 "이제 와서 '달라질 게 뭐가 있겠어?" 이렇게 말하고

"그녀를 가로막아 보세요. 그걸 어떻게 할 수 있을까요?"라고 말할 수도 있다.

상담으로 되돌아가기

자기 의자로 이동하면 먼저 그녀는 "나는 작고 무력한 느낌이 들어요."라고 반응하는데, 이는 그 과정이 깊어지고 바른 방향으로 가고 있음을 시사한다. 그런 다음에 그녀는 비판적인 목소리에 자연스럽게 반항한다. 예를 들면, "그건 사실이 아니고, 사실이 아니고……. 네가 왜 그런 말을 하는지 모르겠어. 하지만 우리 둘 다 그게 사실이 아니라는 것을 알잖아." 그러나 더 유연한 이 자기 조직은 견디지 못하고 자기는 무너진다. "모르겠어. 나는 할 수 없어. 할 말이 없어. 난 못……." 그러고 나서 "그래, 네 말이 맞아……. 내 말은……"이라고 말한다. 자기 의자가 비판 의자에 동의할 때, 이것은 이 개입에서 기술적 위기를 만든다. 상담에서의 과제는 서로 반대되는 목소리를 분리하고 접촉할 수 있도록 돕는 것이다. 두 목소리 사이에 합의가 이루어지면 대화를 주도하는 반대되는 목소리 사이의 접촉이 끊어진다. 상담자가 인식해야 할 것은 이것은 핵심 정서를 불러일으키기 위한 대화이며, 진실이나 사실에 관한 것이 아니라는 점이다. 이 시점에서 상담자는 내담자를 자기 의자에서의 느낌으로 이끌어야 한다. 따라서 나는 그 느낌에 반응했다. "일종의 절망감이 들거나 포기하고 싶은 기분이 드나요?" 내담자는 이 말에 바로 공감하고, 합의보다는 반대되는 부분 간의 대화가 재구성된다. 비평가에게 비평가가 기분을 어떻게 만들었는지 말해 보라고 권유하는 나에 대한 응답으로 그녀는 "글쎄요, 이제…… 노력할 이유가 없는 것 같아요." 그리고 "나는 그냥 사라져 버려요."라고 말했다. 그녀의 절망감은 자기 자신을 향한 분노에 대한 이차적인 반응이다. 하지만 그보다 더 근본적이고 두려운 수치심에 대한 반응인데, 우리는 이것을 '그것은 내가 작아지는 것처럼 느끼게 해.'와 같은 그녀의 사라져 버리는 경향에서 엿볼 수 있다. 이러한 경향성은 자기 공격과 부적절함, 그리고 궁극적으로는 어머니의 학대에서 기인한 두려움에서 벗어나기 위해 발달한 것이다. 이것은 모두 변화에 대해 절망감을 느끼고, 포기로 대처해 온 그녀의 경험들이다.

우리는 또한 여기서 EFT에서 따라가기와 이끌기 사이의 변증법적 긴장을 볼 수 있다. 나는 "그러니 그녀를 사라지게 해."라고 하는 그녀의 경험에 가까이 머물고 싶지만, 한편으로 더 근본적인 핵심이 되는 비판 과정이 이후에 출현했을 때 거기에 도달하도록 돕고 싶다. "그건 거의 두 번째 단계(비판)에 가까운데, '자신을 드러내면 가짜라는 것이 드러날 거야.'라고 전에 말했잖아요."라고 대답하며 그녀가 좀 더 핵심적인 비판으로 다가가도록 안내하려고 또 한 번 노력했다. 하지만 그녀는 이번에도 자신을 매우 경멸적으로 비난했다. "너는 너의 모든 재능과 잠재력을 낭비했어. 너는 모든 것을 그냥 버렸어. 그래서 요점이 뭐지? 넌 분명히 좋은 게 하나도 없으니 그냥 구멍으로 기어들어 가는 게 낫겠어." 잠시 후 나는 다시 좀 더 비판적인 과정에 접근하기 위해 노력하며 "하지만 더 깊은 곳의 목소리는 '넌 할 수 없어……. 넌 실력이 충분하지 않으니까.' 아니면 스스로에게 '재능이 없어.' 같은 말을 해서 겁을 먹게 하나요?"라고 물었다. 그녀는 "재능이 부족해서 그래." 라고 대답한 다음에 "넌 결단력이 없어서 그래."라고 다시 말했다. 계속해서 좀 더 근본적인 비판 과정에 접근하려고 노력하면서 "그녀가 결단력이나 근면성을 갖지 못하도록 해 보세요. 그걸 어떻게 해 볼 수 있나요?"라고 제안했다. 지금까지의 모든 작업은 그녀가 차단되는 문제를 본질적으로 만들어 내는 암묵적인 과정에 도달하는 것이 얼마나 어려운지를 보여 준다. 하지만 그녀는 결국 자책하는 목소리를 다듬어 "……그런다고 달라지진 않을 거예요. 아무도 신경 쓰지 않을 거예요."라고 말했다. 나는 이것이 좀 더 암묵적인 비판으로 이어진다고 생각하여 "네가 뭘 하든 달라지지 않을 거고, 아무도 신경 쓰지 않을 거야."라고 반복하여 말하도록 요청했는데, 이 말들이 담고 있는 경험을 강화하기 위해서였다. 그녀의 어린 시절의 학대 경험에 대한 이해를 바탕으로 다시 한번 "당신의 과거 어디에서 그것이 나오나요?"라고 물었다. 이 질문은 통찰력을 얻기 위한 것이 아니라 어린 시절의 타당화 받지 못한 경험과 관련된 더 많은 정서적 기억과 고통스러운 경험에 접근하기 위한 것임을 이해하는 것이 중요하다. 나는 그녀의 비판적인 목소리가 지금 그녀가 스스로에게 말하는 것이지만, 그것은 그녀의 머릿속에 내면화된 어머니의 목소리, 즉 내사된 것이고, 그녀가 어머니 역할을 하여 이것을 시연하도록 하면 더 많은 감정을 활성화하고 그녀의 경험을 더 심화시킬 수 있다고 이해했다.

이 지점에서 그녀의 표정에 반응하고 그녀의 짧은 침묵을 들으면서 나는 어떤 일이 일어나고 있다고 공감적으로 자유롭게 추측했다. 그래서 이후에 그 목소리가 어머니에게서 나온 것인지 물었다. 이 지점에서 우리는 보다 생산적인 작업 단계로 들어갔다. 더 깊은 수준에서 더 주관적인 복잡성에 무언가가 연결되고, 이제 우리는 그녀의 어머니가 "내가 잘하는 것에 대해 매우 극찬하는 동시에 이런 것들이 인생에서 가치가 없을 것"이라고 말했던 혼재된 경험이 있었음을 포착했다.

어머니 역할을 해 보는 것은 비판적인 목소리에 대한 그녀의 화에 접근하는 데 도움이 된다. 우리는 그녀의 어머니의 이중 메시지가 그녀의 내부에서 만들어 내는 혼란에 다가갔다. 그런 다음에 "정말 넌 잘하지 못하니까 이쯤에서 포기하는 게 맞을 거야."라고 하는 비판적인 목소리로 향했다. 그로 인해 그녀가 얼마나 혼란스러웠고, 위축됐는지를 깊이 생각한 후에 그녀는 더 이상 면담의 초반에 만연했던 절망적이고 무력한 느낌이 아닌 자신의 학대에 대해 분노하는 방향으로 옮겨 갔다. 우리의 연구에 따르면, 화는 절망감에 대한 최고의 해독제 중 하나이다(Sicoli, 2005).

미해결 과제와 정서로 정서를 바꾸기

우리가 그녀의 더 일차적인 비판 과정에 접근하면 대화는 더 깊이 어머니와의 미해결 과제(unfinished business)로 옮겨 갔다. 이때는 더 이상 어머니로부터 내면화되어 그녀의 머릿속에 자리 잡은 자기 비평가에 대해 작업하지 않았다. 이제 우리는 그녀의 해결되지 않은 정서적 기억들, 충족되지 않은 애착 및 정체성 욕구들과 관련된 어머니와의 미해결 과제를 다루었다. 그녀는 어머니에 대한 해결되지 않은 분노와 울분에 가까이 가고 있는데, 이는 점차 이 감정을 인식한 상태에서 상징화할 수 있고, 충족되지 않은 욕구에 대해 그녀가 자기주장을 할 수 있게 하기 위해 작업해야 할 대상이다. 시간이 얼마 남지 않았다는 것을 인식한 후에 나는 그녀에게 필요한 것이 무엇인지 물어봄으로써 보다 주체적인 자기 감각과 새로운 정서 조직의 출현을 촉진하려고 노력했다. 나는 이 질문이 그 사람이 핵심적인 정서적 상처에 이르고 이를 받아들인 후에 사용해야 할 중요한 질문이라고 생각했다. 이상적으로는 분노 뒤에서 보호되고 있는 굴욕당하고 학대당했던 자기에 대한 수치심과 두려움을 더 온전히 경험하고 수용하도록 도왔어야 했다. 하지만 그렇게 했다면 시간이 더 소요되었을 것이다. 그녀는 "저는 그녀가 어떻게 그렇게 강한 사람이 되었는지 저에게 보여 주길 바랐어요. 저는 항상 그녀의 그런 점에 대해 존경해 왔어요."라고 하고서 "더 많은 지침이 필요했어요."라고 대답했다. 부연하자면 이것이 현재 아마도 그녀 자신의 자기 공격적인 부분을 필요로 하는 이유이기도 하다. 이제 대화는 학대 경험을 재작업하는 과정으로 나아갔다. 잠시 동안 그녀는 분노와 격분을 느끼고 자신의 핵심 두려움과 아마도 자기 비난의 근원에 있는 어머니로부터 미움을 받고 있다는 느낌에 연결되었다. 나는 이것을 거부당하고 사랑받지 못하는 느낌이라고 반영했지만, 이것은 증오보다는 약하기 때문에 완벽하게 조율된 것은 아니었다. 대안적으로 "미움 받는 기분이 어땠는지 그녀에게 말해 보세요."라고 말할 수 있다.

이상적으로는 이제 이 핵심이 되는 상처에 머물면서 이 경험의 일부를 더 온전히 상징화함으로써 상처, 분노, 수치심, 미움받는 것에 대한 두려움이라는 고통스럽고 혼란스러운 경험이 일관성 있게 표현되도록 해야 한다. 그러나 이 시점에서 욕구로 이동하는 것은 사랑받고 수용되고자 하는 그녀의 욕구를 더 당당한 감각으로 재조직하는 데 도움이 된다. 이러한 자기 긍정적이고 자기주장적인 자세는 교정적 정서 체험을 하게 하고, 수치심과 두려움을 변환시키는 데 도움을 준다. 이 수준에서의 더 많은 작업이 이후 지속적인 상담에서 필요하다. 그녀는 매우 고통스럽던 어린 시절의 경험을 재처리하고, 충족되지 않은 욕구를 충족시킬 자격이 있다는 감각에 더 많이 접근하고, 궁극적으로 상처받은 자기에 대한 자비심을 느껴야 할 것이다. 변화에는 자신의 고통에 대한 자기 자비가 필요한데, 그것 없이는 치료가 이루어지지 않는다. 격분과 두려움의 경험 일부를 허용하고 상담자가 이를 타당화한 이후에 그녀는 어머니에 대한 보다 긍정적인 관점 및 경험에 자연스럽게 접근하기 시작하고 어머니의 관점에 대해 약간의 공감적 이해를 표현하게 된다. 미해결된 과업에서 어머니에 대한 새로운 관점을 촉진하는 방법 중 하나는 어머니의 의도에 대한 그녀 자신의 관점을 탐색하는 것이다. 이를 위해 어머니가 그녀를 해치려는 것으로 이해했는지 물어본다. 이것은 비록 그 결과가 해로웠을지라도 어머니는 좋은 의도를 가지고 있었다는 점을 확실히 한다. 그런 다음에 경험하는 일이 생기고 가르칠 수 있는 순간에 일종의 따끈따끈한 심리 교육에 들어가는데, 이때 이런 상황에서 어떻게 변화가 가능하다고 생각하는지(기억을 재통합하고 현재의 새로운 경험을 기억에 통합하여 오래된 기억을 새로 고침으로써) 나는 설명한다.

시간이 지나면서 두려움 때문이든, 수치심 때문이든 행동하고 싶지 않아 하는 그녀의 내재적 경험과 그 경험에 수반되는 내재적 자기 비판에 접근하기 위해서는 더 많은 작업을 해야 한다. 그녀의 핵심이 되는 부정적인 목소리는 "네가 무엇을 하든 아무도 신경 쓰지 않을 거야. 달라질 게 없어."와 같은 것으로, 재능이 있지만 여전히 부적절하고 충분하다고 느끼지 못하는 복잡한 자기관의 일부이다. 그러나 우리는 그녀를 더 완전히 이해하고 다양한 문제를 다루어서 그녀의 핵심적인 상처받은 자기 감각과 두려움과 수치심이라는 핵심적인 부적응적 정서 도식, 그리고 특히 어머니와의 관계에서 비롯된 정서와 관련된 과거력으로 인해 형성된 자기 조직화 과정을 파악할 필요가 있다. 눈에 띄는 것은 행동화하는 아이에 대한 그녀의 자비심 부족이며, 시간이 지남에 따라 그녀는 어려운 아이로서 자신을 이해하고 더 많은 자비심을 느끼게 될 것이라고 그려 본다.

비판적인 목소리를 작업하는 것은 행동을 가로막는 장애물을 작업하는 데 있어서 핵심적인 부분이다. 왜냐하면 대부분의 사람은 지각된 장애물에 대처하기 위해 자기 비판을 사용하기 때문이다. 그들은 장애물을 극복하기 위해 무익하게도 자신을 가혹하게 공격한다. 비판자의 훈계는 강요받는다는 느낌에 대한 저항을 불러일으켜서 상황을 더욱 악화시킨다. 궁극적으로 두 부분이 싸움을 멈추고 서로의 밑바닥 감정에 자비심을 느끼고 수용하고 경청하는 데에서 해결(resolution)이 시작된다. 자기 비판적이거나 자기 방해적 상황에서 비판적이거나 차단하는 부분은 종종 과거에 일어난 어떤 두려움을 불러일으키는 일로부터 그 사람을 보호한다고 느끼게 한다는 점을 염두에 두어야 한다. 따라서 어머니의 혼재된 메시지와 분노 경험에서 비롯된 칭찬에 대한 기대감을 차단하기 위해 아무것도 소용이 없다고 스스로에게 말할 지도 모른다.

결론

우리는 잘 출발했고, 앞으로의 상담에서 나는 그녀의 자기 비판과 어머니와의 미해결된 과제에 주의를 기울이고, 그녀와 유대를 형성하고, 순간순간 그녀가 경험하는 것에 조율하는 데 집중할 것이다. 그러나 접수면접에서 중요해 보였던 다른 문제들, 특히 헤어진 남자친구와의 관계와 관련한 해결되지 않은 감정들이 일어났다. 상담의 초점은 그녀가 자기 자신에 대해 더 자비심을 느끼고, 자기감을 강화하여 더 큰 자기 효능감을 가지고 자신의 삶에 다가가서 타인에 대한 해결되지 않은 감정을 더 잘 보낼 수 있도록, 즉 자신 안에서 타인들과 함께, 특히 어머니와 더 평화롭게 지낼 수 있도록 돕는 데 맞춰 있다.

케빈

면담의 처음 15분 정도는 공감을 위한 노력이 아주 성공적이지는 못했다. 면담 중반에 그는 여성들과의 이별 그리고 외로움을 문제로 이야기하기 시작했고, 여기서 우리는 친밀함에 대한 그의 갈망과 어려움을 다루기 시작한 것 같다. 면담이 끝날 무렵에 우리는 그의 근본적인 경험 중 일부를 다룰 수 있었지만, 이후에는 오히려 더 빠르게 관념적으로 바뀌며 진행되었다. 이것은 첫 번째 면담에서는 드문 일이 아닌데, 일반적으로 내담자가 자신의 고통스러운 경험에 대해 매우 깊게 들어가기에는 아직 충분히 신뢰가 형성되지 않았기 때문이다. 마지막 몇 분 동안 우리는 어머니의 분노 폭발에 대한 그의 두려움과 공포의 몇 가지 원인에 잠시 접촉하기 시작했다.

면담을 살펴보면, 초반에 그의 두려움 아래에 깔려 있는 결정적 요인에 초점을 맞추려는 나의 열망으로 "9세 때 아버지를 잃었다고 말씀하셨다고 알고 있습니다."라고 말했다. 그러자 케빈은 심리적 문제가 생겼을 때 아버지가 9세 때 돌아가셨다는 사실이 '한 가지 원인이 될 것'이라고 대답했다. 이것은 그가 심리학적 소양이 있으며, 아버지의 죽음이 자신에게 영향을 미쳤음을 이해하고 있다는 것을 보여 준다. 그러나 문제는 이것이 개념적인 지식에 머물러 있을 뿐, 그 경험이 자신에게 어떻게 영향을 미쳤는지를 온전히 인식 안으로 가져온 상태는 아니라는 점이다.

이야기의 대상이 되는 것을 경험하는 것, 즉 단순히 영향을 미쳤다는 것을 이해하는 것이 아니라 부인된 경험과 행동 경향성을 되찾는 것이 EFT의 주요 목표 중 하나이다. 그는 아버지가 자신을 등교 시켰을 때 매우 강렬한 경험을 표현하며 자신이 "울며 겁에 질려 있었다."라고 말했다. 나는 공감하고 다음과 같이 말하며 그 느낌을 불러일으키려고 노력했다. "당신이 그걸 말할 때조차 거의 실제 같지 않은 느낌이 들지만, 그 두려움은 사실입니다. 미지의 세계와 마주할 때의 으스스한 두려움 말이지요. 정말 무서운 일이죠." 그리고 "어린아이인 상태로 두려움을 가지고 있었기 때문에 세상 밖으로 나가는 것이 안전하지 않은 것 같았던 거죠." 이 지점에서 나는 그가 눈물을 보였다고 생각했고, 그것에 대해 물었다. 감정이 나타날 때 현재의 감정에 집중하는 것이 바로 정서중심이 된다는 것이다. 그러나 그의 말대로, 눈에서 닦아 낸 액체는 슬픔보다는 더위 때문이었다. 나는 그가 두려움이나 공포에 초점을 맞추기보다는 두려움에 대한 자신의 반응을 설명하면서, "그런 것을 감당해야 한다는 것이 일종의 큰 부담"이라고 말하는 것에 주목했다. 이러한 부담감은 그의 이차 정서 반응이다. 이것은 일차 불안과 불안정감에 집중하기 어려워하는 그의 정서 처리 방식을 가리키는 한 예이다. 그런 다음에 그는 사건이 일어나는 동안에 자신이 느꼈던 것을 전달하는 내적 서사가 아닌 자신의 삶에서 일어난 일을 설명하는 외부에 대한 서사를 계속해 나갔다. "음, 흥미롭게도 4학년 내내 학교에 가는 것에 대한 두려움이 있었고, 매일 그렇지는 않았지만 여러 번 그랬어요. 사실 4학년 첫 주에는 매일 아침에 일어나서 '엄마, 오늘은 집에 있어도 돼요?' 라고 했고, 일주일 내내 학교를 결석했어요. 그 몇 달 후 아버지가 돌아가시고 다시는 그런 일이 없었어요." 이 교차점에서 그의 경험 수준은 2단계 정도로써 경험에 거리를 두고 비개인화하여 설명하고, 느낌이나 내적 경험의 탐색(4단계 경험하기)에 초점을 맞추기보다 그의 개인적 반응을 더 설명할 때는 3단계 정도에 해당했다. 4단계에서 내담자들은 자신의 유동적인 경험과 직접 접촉하고 그것에 대해 이야기하는 것이 아니라 그것으로부터 이야기한다. 그런 다음에 케빈은 낮은 수준의 경험에서 좀 더 외적인 서사를 한동안 지속했다. 이것뿐만 아니라 그의 이야기의 다른 측면들이 그의 정서 처리 방식이 훨씬 더 외부적이라는 것을 나타낸다. 이 지점에서 나는 케빈을 이해하고 내가 이해한 바를 공감적으로 전달하려고 시도했다.

비통함을 경청하기

우리는 이야기를 계속했고, 그는 어렸을 때 어린이집에 가는 것과 관련해서 가졌던 두려움과 공포가 아버지가 돌아가신 후에 사라졌지만, 몇 년 전 애인과의 결별과 십대 딸의 문제들을 경험하면서 다시 나타났다고 말했다. 이 지점에서 나는 그의 문제의 원인이나 무의식적 동기를 이해하려고 노력하는 것이 아니라 그에게 가장 고통스러운 것이 무엇인지 따라가는 데 초점을 맞추려고 노력했다. 나는 이것이 그의 정신 모델에 대한 패턴과 가설을 관찰하는 것보다 더 빠르고 정확하게 핵심에서 그를 괴롭히는 것에 닿는 방법이라고 믿었다. 그의 정서적 경험은 어린 시절과 관계에 대한 서사에서 나타났다. 나는 이를 이해하고 그의 서사의 실타래를 따라가며 내가 이해한 바를 그에게 전달하려고 노력했다. 때때로 나는 그의 서사가 이해하기 어렵다는 것을 깨닫고서, 아버지가 돌아가신 후 두려움이 사라진 것에 대해 어떻게 이해하고 있는지 물었다. 질문하는 대신에 대안적인 개입으로 다음과 같이 말함으로써 그의 감정을 반영했을 수 있다. “이 모든 것에 직면해야만 하는 것이 감정들을 다시 떠오르게 하고 끔찍한 공포감을 불러일으켰군요.” 두려움에 대해 이야기하기 시작한 케빈은 꿈속에서 아버지의 죽음을 직감한 것과 아버지가 퇴근했을 때 가족에게 미친 진정 효과에 대해 이야기하면서 복잡하고 다소 일관성 없게 이야기를 계속 풀어갔다. 나는 그에게 “그럼 그 얘기를 조금 해 봅시다. 거기로 들어가 봅시다. 그리고 접수면접에서 이런 슬픔에 대해서 이야기했잖아요. 맞아요. 그냥 슬퍼하고 때로는 이런 종류의 깊은 슬픔을 느낀다고요.”라고 말하면서 그가 슬픔에 초점을 맞출 수 있도록 노력했다. 나는 그의 서사가 자신의 속도대로 전개되도록 그냥 두고 그의 모든 복잡성 안에서 그를 이해하려고 하고, 점차 가장 두드러진 것으로 떠오르는 것에 더 자연스러운 속도로 초점이 모이도록 하는 것이 가장 좋았을 것으로 생각한다.

여자친구의 거절에 대한 그의 반응을 묘사하는 다음 부분은 매우 가슴 아프게 들린다. "월요일 아침마다 눈을 뜨면 말 그대로 누가 죽은 것 같은 기분이 들었어요. 아버지가 돌아가셨을 때 느꼈어야 했던 감정이 그런 게 아니었나 싶기도 했어요. 그런데 그때는 제가 겨우 아홉 살이었잖아요. 왜 그런 기분이 들었는지는 저도 모르겠어요. 슬픔이 너무 깊었어요. 숨쉬기조차 힘들 정도였죠." 여기서 이 상황은 약간 불분명하다. 그래서 나는 이 상황을 명확히 이해하려고 노력했다. 그의 내적 경험에 더 초점을 맞춘 대안 반응은 '그냥 깊고 깊은 슬픔'이었을 수 있다.

이때 상황이 다소 혼란스러워졌다. 나는 다시 그가 언급하고 있는 여성에게 거절당했다고 느꼈기 때문에 이런 슬픔을 느낀 것인지 명확히 이해하려고 노력했다. 그는 그것이 양방향이 아니라고 대답하고, 매우 표면적이 되어 3인칭으로 이야기했다. 나는 "하지만 최근에도 가끔씩 그런 일이 있잖아요? 내 말은 이런 일에 두려움, 슬픔과 두려움이 결합되어 있지 않나요?"라고 말하며 그의 현재 삶의 상황으로 되돌려 놓으려고 노력했다. 그는 다른 여성 친구와의 상황을 가져와서 대답했다. 나는 그와 함께 머무르며 주제의 변화를 따라가려고 했지만, 가장 고통스럽고 비통했을 것 같은 그의 깊은 슬픔을 놓치고 말았다.

기본적으로 EFT에는 세 가지 개입 방식이 있다. 공감적 상징화에서는 주로 언어를 사용하여 이해한 바를 전달하고 내담자가 자신의 느낌을 인식하여 상징화할 수 있도록 돕는다. 이를 위한 세 가지 개입 방식에는 내담자가 하는 말에서 외현적인 것을 이해하는 공감적 이해와 암시적이지만 아직 명확하게 표현되지 않은 내용을 포착하는 공감적 탐색 및 유발하기, 그리고 내담자가 무엇을 느끼고 있는지 짐작한 것을 제안하는 공감적 추측이 있다. 그리고 우리는 이 세 가지 방식의 균형을 맞추기 위해 노력한다. 케빈의 경우처럼 이러한 형태의 공감적 반응이 경험을 심화시키는 데 도움이 되지 않는다면 상담자가 더 이끌어 가는 방식으로 전환하는 선택지가 있다. 그 방식으로, 첫 번째는 초점화하기나 자각 실험(바로 그 순간에 자신의 자각에 주의를 두는 것)을 하는 것이고, 두 번째는 심상, 의자 대화, 시연 등을 이용하여 정서적 각성이 더 많이 되도록 자극하는 조금 더 주도적인 개입 방식이다. 여기서 나의 공감적 노력이 그의 경험을 심화시키거나 외적 처리 방식에서 내적 처리 방식으로 전환하는 데 성공하지 못했다고 케빈과 함께 느꼈기 때문에 나는 초점 맞추기를 사용하기로 결정했다. 면담 후반부에 나는 의자 대화를 소개했다.

면담 시 주의 사항

케빈과의 면담은 EFT에서 따라가기와 이끌기의 조화가 얼마나 어려운지, 특히 유대감 형성하기(bonding) 단계에서 불균형이 발생하면 얼마나 문제가 될 수 있는지를 보여 주는 역할을 한다. EFT는 이끄는 것보다 따라가는 것을 우선으로 하지만, 이번 면담에서는 짧은 만남에서 초점 맞추기를 하기 위해 너무 빠르게 그리고 너무 주도적으로 면담을 진행했다고 생각한다. 그리고 이것이 케빈과 연결되는 데 방해가 된 것 같다. 또한 면담 초반에 케빈처럼 복잡하게 조직된 사람에게 어떻게 나의 접근 방식을 보여 줄 것인지 지나치게 신경을 쓰다 보니 그와 함께 있을 수 있는 능력을 잃어버린 나 자신을 발견했다. 상담의 다음 단계에 대해 너무 많은 생각을 한 것은 현재에서 나를 벗어나게 했고, EFT를 성공적으로 수행하는 데 필요한 정도의 공감을 하지 못하게 했다. 접수면접을 지켜본 후, 나는 그가 고통의 깊은 우물을 가지고 있다는 것을 인식하고 면담에 들어갔다. 하지만 이것은 그가 나와 직접적으로 공유한 경험이 아니기 때문에 마치 말하지 않은 비밀처럼 느껴졌다. 내가 그것을 더 직접적으로 언급했어야 더 도움이 되었을 것이라는 생각이 들었다.

나는 케빈이 자신을 드러내는 것, 특히 남성에게 자신을 드러내는 것을 주저한다는 것을 느꼈고, 이는 이후 종결 인터뷰에서 확인했다. 나는 시연을 위해 케빈을 두 번 만났지만, 우리는 그의 핵심 문제를 제대로 다루지 못했다. 우리가 단단한 공감적 유대를 형성하지 못한 것이 부분적으로 이유가 될 텐데, 그렇지 않았다면 더 명확히 의사소통할 수 있었을 것이다. 세 번째 면담에서 나는 케빈이 우리 면담에 대해 어떻게 느끼는지 물어보고 내가 바라는 만큼 케빈과 연결되어 있지 않다고 느낀다는 점을 케빈과 공유하는 것으로 이 문제를 다뤘어야 했다.

따라서 특히 이 면담의 처음 15분 정도는 EFT에서 하지 말아야 할 것을 보여 주는 놀라운 예이다. 즉, 지나치게 목표에 집중하지 말아야 하는 것과 사람들에게 무언가를 느끼게 하려고 애쓰지 말라는 것이다. 대신, 특히 초기에는 경청하고, 따라가고, 연결해야 한다. 나는 계약 전 접촉(contact before contract), 즉 치료 목표를 설정하기 전에 유대감을 형성하는 것을 중요하게 생각한다. 그러나 그가 접수 면접에서 얼마나 개념적인지를 목격했기 때문에 처음 몇 분 동안 너무 빨리 "지금은 불안이 어떤가요? 그러니까 지금 불안을 느끼고 있나요?"라고 말함으로써 그의 내적 경험으로 이끌어 초점을 맞추려고 노력했다. 그는 "바로 지금이요?"라는 질문으로 대답한 다음 "꼭 그렇지는 않아요."라고 말했다. 나는 헛발을 디디며 시작했는데, 곧바로 내가 이끌고 자리에 앉히고 그는 응답해야 하는 역할 관계를 설정했고, 이로 인해 바람직하지 않은 상호작용 양식이 자리 잡았다.

모호하거나 불분명한 느낌에 대한 개입

다시 면담으로 돌아와서 케빈이 친구들과의 상황에 대해 이야기하고, 내가 초점을 맞추지 못하는 것 같아서 체험적 초점 맞추기 개입법(Gendlin, 1996)을 사용했다. 나는 그것을 그의 막연하거나 불분명한 느낌을 상징화하도록 돕는 모호한 감각에 대한 지표로서 적용하는 것이 아니라, 그가 머리가 아니라 자신의 몸에 집중할 수 있도록 돕기 위한 시도로 사용했다. 그가 주제와 주제를 뛰어넘는 방식을 보면 알 수 있듯이, 그는 자신이 경험하고 있는 정서 과정과 상당히 거리를 두고 정서와 단절되어 있어서 초점을 맞추도록 돕는 것이 어려웠나. 나는 케빈에게 초기의 초점 맞추기 지침을 다음과 같이 안내했다.

> "네, 네. 그래서 친구들과의 그 사건에 대해 이야기할 때, 지금 이야기하면서 내면의 감정이 어떤지 또는 실제로 우리가 당신이 감정을 느끼는 장소로 간다고 하면 지금 어떤 느낌이 드나요?"

다시 몇 분 후, 나는 그에게 다음과 같이 안내했다.

> "어쩌면 당신이 느끼는 것의 내부의 장소로 들어가고 싶을 수도 있습니다. 우리의 내면에는 우리가 느끼는 어떤 장소가 있는데, 그곳으로 가서 지금 그곳에서 느끼는 것을 보거나 지금 당신 삶에서 행복하거나 괜찮아지는 데 방해되는 것이 무엇인지 볼 수 있습니다. 당신은 자신에게 가장 중요한 것에 집중하려고 노력하지만, 당신 몸의 그 느낌의 장소에서 오기도 하고, [침묵] 때로는 시간이 걸리기도 합니다. 다른 생각들을 마음에서 비워야 하고, 그냥 자신에 대해 생각해야 합니다."

여기서 초점 맞추기 측면에서 케빈에게 가까운 지인과의 문제처럼 마음속을 빠르게 스쳐 지나가는 모든 것을 제쳐 두고 몸으로 느끼는 주요 문제에 집중하도록 요청하는 것이 더 낫지 않았을까 생각한다. 공간을 비운 후에는 다음과 같은 대안 반응이 있을 수도 있다. 예를 들어, "당신에게 가장 염려되는 문제를 하나 골라서 그 감정을 느끼는 곳에 초점을 맞추고 그것에 대해 어떻게 느끼는지 전부 살펴봅시다."라고 할 수 있다. 대신, 나는 그가 자신의 감정을 느끼는 곳에 손을 대라는 나의 요청에 응답하여, 어떤 식으로든 자신의 몸과 머리에서 진행되고 있는 과정을 정확하게 표현하려는 다소 복잡한 그의 머릿속 과정을 따라가 보려고 노력했다. 나는 그의 진행 과정을 따라가면서 무엇이 떠오르는지 확인했고, 그는 약간의 분노 감정에 이른 다음 책의 이미지로 이동했다. "나는 어린 시절의 나 자신을 보고 슬픔을 느끼고 있으며, 조용한 슬픔을 깊이 생각하고 있어요."라고 말했다. 그런 다음에 케빈은 복합적으로 느끼는 의미를 상징화했다. "세상은 슬픔으로 가득 차 있기 때문에 저 같은 사람에게 꼭 맞는 곳은 아닙니다. 하지만 저는 여기 있습니다." 그의 목소리와 말투가 가리키듯이 이 말에는 가슴 아픈 실존적 특성이 담겨 있다. 그런 다음에 그는 "많은 부분이 여성들과의 이별과 관련이 있습니다."라고 말했다. 여기에는 의미가 내포되어 있는 것 같다. 그래서 나는 그에게 다음과 같이 모호한 느낌으로 들어가도록 초대했다. "가능하다면 실제로 그 슬픔 안으로 들어가서 그 슬픔에서 우러나온 말을 해 보세요. 어떤 느낌인가요? 여성들과의 이별에서 느끼는 것이요."

이 면담에서 중요한 무언가에 깊이 들어갈 가능성이 가장 높아 보이는 부분이다. 케빈이 자신의 경험에서 벗어나 슬픔의 복잡성과 관계에서 경험하는 핵심 갈등, 즉 친밀해지고 싶은 욕구와 욕구가 충족되지 않는 것에 대한 실망에 대해 좀 더 분석적으로 성찰할 때 그는 "복잡하다고 느낍니다. 헤어지는 것도 아프지만 함께 있을 때 상대하는 것도 그리 즐겁지 않기 때문에 슬픔은 복잡해요. 그들은 제게 필요한 것을 주지 않으니까요. 그리고 그들은 저를 정신적으로 복잡하게 해요."라고 말했다. 그런 다음에 그는 그들과 대화하는 것은 답답하지만 '그들이 가 버렸을 때' 그것은 슬픈 것이라고 말했다. 다시 한번 그의 목소리는 '그들이 가 버렸을 때'라고 말할 때 비통함을 전하고, 나는 그가 느끼고 있을 감정을 공감적으로 추측하며 다음과 같이 응답했다. "나는 사람들이 가 버렸을 때는 외로움을 느끼지만, 내가 당신들과 함께 있을 때는 힘겹습니다." 대안 반응은 내가 말했던 순서를 바꿔서 그의 외로움에 대한 내 반응의 앞부분을 다음과 같이 남겨 두는 것이다. "당신들과 함께 있을 때는 힘들지만, 나는 사람들이 가 버리면 외롭거나 혼자라고 느껴요." 그런 다음 그는 갈등적인 측면을 포착하고 다음과 같이 응답했다. "맞아요. 분노, 좌절, 의견 불일치." 나는 케빈이 현재 경험에 계속 연결될 수 있도록 다시 몸으로 돌아가서 초점화하는 과정을 계속하도록 안내했다.

미해결된 과제와 상담을 심화하기

나는 케빈에게는 여성들과의 관계가 그에게 핵심 문제이며(그가 여성에 대해 말하는 것을 주목해 보자. 아마도 자신의 경험에 거리를 두는 방식일 것이다), 그는 갈등을 말하지만 나는 이것이 그가 다루고 있는 분리와 상실, 친밀감과 거리감의 어려움이라는 더 광범위하고 근본적인 문제의 일부라고 생각하므로 그의 어머니와의 대화를 제안했다. 왜냐하면 이것이 갈등보다는 관계에서의 친밀감에 대한 해결되지 않은 감정을 더 다루는 것이기 때문이다. 케빈은 어머니와의 대화를 시작하면서 어머니가 폭발할까 봐 두렵다고 선뜻 말했다.

사람들이 의자 대화에 참여할 때 나는 그들이 무엇과 접촉하고 있는지, 그리고 자신과 상대방 둘 모두와 얼마나 접촉하고 있는지 관찰한다. 여기서 접촉이란 그들의 인식에서 중심이 되는 것 또는 형상화된 것을 의미한다. 따라서 나는 그들이 개념적 또는 정서적 처리에 참여하고 있는지, 즉 머릿속에 있는지 또는 정서적인 신체에 있는지, 그리고 상상 속의 타자에게 표현하고 있는지, 빈 의자를 보고 있지만 나에게 말하고 있는지 관찰한다. 그래서 엄마에게 '무서워요.'라고 말하는 것에 대해 나는 "지금 그렇게 말하면서 어떤 기분이 드세요?"라고 물음으로써 그가 어떤 경험을 하고 있는지 확인한다. 케빈이 다음과 같이 대답했다. "한편으로는 내가 생각하고 느끼는 것을 말하지 않는 것이 더 낫네요." 그는 웃으며 비밀을 지켜서 아무도 상처 주지 않는 것이 얼마나 더 괜찮은 일인지에 관해 이야기했다. 이것은 분명히 개념적인 것이고, 그는 자신의 경험과 접촉하지 않았기 때문에 나는 그를 그의 경험으로 다시 이끌었다. 그런 다음에 그를 어머니의 의자로 옮겨 앉게 하고 두려움의 경험을 실제로 생성하기 위해 무서운 어머니의 자극을 강화하여 정서 도식의 활성화를 자극하도록 도와 달라고 요청했다. 내가 보기에 두려움을 변화시키는 가장 좋은 방법은 먼저 두려움을 느낀 다음에 철수에서 원상회복하기 위하여 침범에 대하여 분노하는 것과 같은 대안적 접근 정서를 생성하여 두려움을 변환시키는 것이기 때문에, 나는 케빈이 자신의 핵심 두려움에 닿도록 도왔다.

면담의 이 시점에서 우리는 점차 해결해야 할 중요한 자료에 조금 더 가까워지고 있는 것 같다. 케빈이 어머니를 연기할 때 갑자기 폭발적인 분노의 표정을 지으며 어머니를 표현했지만, 그가 하고 있는 행동과 경험적으로 그다지 연결되어 있지는 않았다. 즉흥적인 경험이라기보다는 미리 생각한 의도적인 표현이지만, 어머니가 어땠는지에 대한 행동 상징(action symbol)으로 작용한다. 그런 다음에 현재의 경험과 그때의 느낌에 대한 기억으로 그를 안내했다. "지금 이 순간에도 내면에서는 어떤 일이 일어나고 있나요? 그 말을 들었을 때 어떤 느낌이 들었나요?" 그의 반응은 어머니가 느끼는 것을 느끼는 것과 자신이 느끼는 것을 느끼는 것의 차이를 깊이 생각하는 것이다. 그런 다음에 그는 한 부모로서 어머니의 감정과 어머니의 무거운 부담에 대한 이해를 표현하는 쪽으로 갔다. 야단을 맞았을 때의 반응에 대한 자신의 경험에 접촉하도록 계속 이끌기 위해 애쓰면서 어머니의 분노를 받았을 때의 기분이 어땠을지 공감적으로 추측해 보니 그가 느낀 것은 충격과 두려움, 죄책감이었다고 확인했다. 나는 실시간 심리 교육, 즉 그 경험이 생생할 때 가르치는 교육으로 들어갔다.

> "당신도 알고 있듯이, 이 작업의 일부는 감정을 분리해 내어 그 감정을 온전히 당신이 느낄 수 있도록 하는 것이죠. 왜냐하면 그 안에 각인된 것은 두려움과 공포이니까요. 하지만 이해해요. 제가 듣기에는 당신이 말하고 싶은 것은 '그래도 나는 상대방에게 깊은 연민과 이해를 가지고 있다.'는 것 같아요. 하지만 동시에 제가 상상하기에 당신은 이런 느낌을 말하고 있는 거겠죠. 그때가 정말로 두려운 순간이었다고요, 맞죠?"

케빈이 이를 인정하고, 다시 한 번 "그래서 어떤 느낌이 들었나요? 그냥 거기로 가서 시작하는 의미로 이름이라도 붙여 보세요."라고 물었다. "그리고 이후에 그 고함을 들었을 때 어땠나요?"라고 질문했다. 그는 자신이 느꼈던 충격이 무엇이었는지 확인하고 어머니와의 어린 시절에 있었던 작은 외상 경험에 접근하기 시작했다. 나는 그와 함께 이 외상 경험의 일부를 구분해 내기 위해 노력했고, 그는 다음과 같이 자각한 상태에서 상징화했다. "많은 경우에 예상치 못한 일이었어요. 그러니까 당신한테는 발자국 소리가 들리지 않았어요……." "온몸으로 충격을 받았어요……. 충격, 공포, 죄책감……." 나는 어린아이였던 그의 경험을 대신해서 반영했다. "다가오는지도 모른 채 그 아이는 옆으로 쓰러질 수도 있었어요. 나는 무서웠어요."

그런 다음에 케빈은 어린아이인 자신에게 그것이 어땠을지를 상징화했다. "너는 화가 나 있지만 무력해서 화를 표현할 수 없어. 네가 화를 내면 무슨 일이 벌어질지 알잖아?" 이후 그의 어머니가 한 부모로서 얼마나 힘들었는지 반영하고 그것을 이해하는 서사를 발전시킨 다음, 나는 그에게 "당신이 어렸을 때의 어머니에게 무슨 말을 하고 싶습니까?"와 그가 필요했던 것이 무엇이었는지를 물으며 대화를 마무리했다. 그는 "필요한 것을 얻었다고 생각하지만 거기에 다른 것들이 추가되었다고 생각해요. 충격은 제가 필요한 것이 아니었어요."라고 대답했다. 나는 그가 어머니를 용서하면서도 자신에게 무언가가 필요하다는 것을 인정하기 시작했다는 것을 알아차렸고, 다음 면담에서 가능하다면 초점을 맞추어 이 작업을 계속할 것을 제안하면서 다음 면담으로 넘어가는 다리를 놓고 종료했다.

우리는 처벌에 대한 두려움, 굴욕적인 수치심과 학대에 대한 무력감이라는 부적응적인 철수 정서에 대응하는 데 도움이 될 수 있는 힘을 실어 주는 분노라는 전환 정서에 접근할 수 있는 잠재력을 케빈에게서 보았다. 그러나 그는 분노를 3인칭으로 말했는데, 이는 자신의 경험으로부터 거리를 두는 방식을 나타낸다.

여기서 그는 어머니에 대한 어느 정도의 이해와 자비심과도 접촉하는 것 같지만, 이것이 앞으로 처리하고 변환시켜야 할 고통, 분노, 두려움, 수치심과 같은 더 고통스러운 정서에 접근하는 데 장애물이 될 수 있다. 그래서 면담이 끝날 무렵, 우리는 그의 경험에 대해 조금 더 깊게 들어갔다. 우리는 케빈이 어린아이로서 어머니로부터 필요했던 것에 초점을 맞추는 것으로 상담을 정리했는데, 이것이 케빈이 생존과 번영을 시도하는 능동적인 주체로서 자신을 조직화할 수 있도록 돕는 방법이기 때문이었다. 마지막으로, 나는 현재 케빈이 느끼는 감정이 무엇인지 자각하여 상징화함으로써 자기 자신에게 돌아오도록 하는 것으로 마무리했는데, 자신이 어디에 있는지 명확히 아는 것이 현재에서 방향을 잡는 데 도움이 될 것이기 때문이었다.

케빈에 대한 나의 이해

케빈은 정서적으로 매우 예민한 사람임이 분명했지만, 일종의 잘못된 자기 조직화에 의해 방어되고 있었기 때문에 다른 사람들과 더 분리되고 자신의 경험으로부터 멀어졌다. 나는 그가 고립감과 단절에 대한 불안감을 동시에 느끼고 있다고 생각했다. 또한 그는 자신의 이미지에 대한 우려와 정체성에 대한 수치심에 취약하다고 느꼈고, 이러한 상황에서 자신의 경험과 이미지를 관리하려는 욕구가 나와의 상호작용에 작용하고 있었다.

접수면접의 과정을 지켜본 후, 나는 그가 깊은 슬픔과 고통을 안고 있음을 알았다. 또한 접수면접에서 그가 슬픔과 고통의 감정을 닫아 버리고 고통을 다루는 것을 회피하는 것이 눈에 띄었기 때문에 이 고통에 접근하고 그것을 다루는 것이 그에게 도움이 될 것이라고 가정하고 면담에 들어갔다. 그러나 이 면담에서 그는 다소 과도하게 이성적이고 자기 보호적으로 보였고, 모든 것을 알고 있다는 일종의 책임감 있는 자세를 취함으로써 불안을 관리했다. 언어적, 비언어적, 표정뿐만 아니라 그의 서사와 관계 맺는 방식에 기반한 나의 초반 경험에서는 마치 내가 거리를 두고 있는 것처럼 느꼈다. 그 결과 내 몸은 조금 더 긴장감을 느꼈고, 나는 그가 좀 더 내적인 처리 방식으로 들어가도록 하려고 더 적극적으로 대응했다. 그의 처리 방식을 관찰하면서 유추한 것은 그가 자신을 괴롭히는 것 같은 상당히 고통스러운 소재에 대해 이야기하고 있음에도 불구하고 자신이 취약하다는 것을 경험하기 어려워한다는 것이었다. 이는 첫 만남, 특히 자신의 감정을 열고 경험하는 것이 어려운 남성과의 첫 만남의 대표적인 예라고 이해할 만한 모습이다. 그래서 나는 그를 매우 예민하고 불안한 사람으로 보았고, 그의 경험에서 거리를 두는 것처럼 보였고, 이로 인해 나는 약간의 벽이 생긴 것처럼 느끼고 있었다. 당시 그는 자신의 문제를 탐색하기보다는 자신의 이야기를 하고 자신을 표현하는 데 더 관심이 있는 것처럼 보였다. 내가 느낀 바에 따르면 그는 고립감과 단절에 대한 불안감을 느끼고 있었으며, 정체성에 대한 수치심과 자존감 문제도 느끼고 있었다.

수치심은 종종 남성들의 내적 경험에서 가장 중요한 측면 중 하나이며, 남성들은 적절하고 통제력이 있는 것처럼 보이기 위해 애쓴다. EFT에서 남성을 치료하는 것을 어렵게 하는 부분은 일반적으로 남성들은 여성들처럼 자신의 정서적 고통을 명확하고 직설적으로 표현하지 않기 때문이다. 그러나 분노와 철수가 남성들의 '눈물'이라는 것을 인식하는 것이 중요하다. 따라서 남성들은 종종 치료를 받는 것이 잠재적으로 수치심을 유발할 수 있는 경험이라고 생각하기 때문에 자신들의 수치심에 대한 불안에 대처하기 위해 어떤 식으로든 자신의 이미지를 관리해야 할 필요성을 가지고 상담에 들어온다. 이들은 자신을 판단하거나 거부할 수 있는 타인에게 마음을 여는 것에 대해 취약하다고 느끼며, 통제 불능 상태가 되어 나약해 보이는 것에 대한 깊은 두려움을 가지고 있다. 이들은 통제력을 유지하기 위해 많은 노력을 기울인다. 이런 일이 케빈에게 일어나고 있는 것 같았기 때문에 타당화와 안전감이 가장 먼저 필요했고, 이를 제공하는 것이 나의 주된 관심사였다.

그래서 케빈과 함께 상담자로서 내가 해야 하는 일은 이런 종류의 관계, 특히 다른 남성과의 관계에 쉽게 의존하지 못하는 남성과 신뢰를 쌓고 친밀한 분위기를 조성하는 것이었다. 또 다른 복잡한 점은 매우 예민한 남자인 그가 예민한 남자의 이야기를 하고 있지만, 적어도 나에게는 여전히 자신의 취약함에 대해 개방적이지 못하다는 것이다. 상담을 진행하면서 나도 같은 어려움과 갈등을 경험했음을 인정하면서 신중하게 계산된 만큼 나 자신을 드러내는 것이 케빈의 개방성을 높이는 데 도움이 될 수 있다. 나는 케빈의 방어기제를 필요한 보호 수단으로 존중하면서 상담을 받고자 하는 그의 의도를 존중하고, 감정을 표현하도록 너무 부담을 주지는 않아야 할 것이다.

결론

앞서 말했듯이, 향후 면담에서는 동맹을 강화하고 초점을 맞춰 나가는 데 중점을 두고 이후에 케빈의 정서를 자극하기 위한 더 적극적인 방법들을 사용해야 할 것이다. 성격이 취약할수록 EFT에서는 관계를 더 중심이 되게 해야 하므로, 처음에는 그와 공감적으로 조율된 관계를 맺고 그를 위해 안전감을 보장하고 그의 어려움에 더 공감할 수 있는 공간을 제공하기 위해 그의 삶의 서사를 완전히 이해하고자 했다. 이 상담은 점차 케빈의 슬픔과 상실감, 그리고 그의 정체성을 다루게 되는 장기 상담이 되어야 할 것이다. 정상적으로 회피적이거나 반어적이고 또는 관념적인 사람과 정서를 작업하는 방법의 문제 혹은 자신의 정서에 익숙하지 않은 남성과 정서를 다루는 방법의 문제는 내 생각으로는 다음과 같이 말하는 것이 가장 좋은 것 같다. '불안을 줄이기 위해 올바른 종류의 신뢰 관계를 발전시켜야 하고, 감정을 다루기 위해 동맹을 맺어야 한다. 그런 다음에 자신의 감정에 주의를 기울일 수 있도록 명시적으로 도와야 한다. 모든 사람은 감정을 가지고 있으므로 결국에는 자신의 감정을 다룰 수 있다. 어떤 사람은 다른 사람보다 더 많은 시간이 걸린다.'

우리는 그다지 성공이지 못했지만, 그의 핵심에 있는 고통스럽고 두려운 정서적 경험의 여러 지점에 접근했다. 케빈은 자신의 방어기제를 내려놓기가 어려웠던 것 같다. 나는 그가 나의 공감과 자비심을 받는 데 열려 있지 않다고 느꼈다. 그리고 이것이 그가 불편하게 여기는 남성 대 남성의 상호작용의 함수 관계인지 궁금했는데, 그가 종결 인터뷰에서 남성 상담자와 함께한 것은 처음이고 남성에게 마음을 여는 것이 더 어렵다는 것을 알았다고 했을 때 나는 타당화된 느낌을 받았다. 상담자와의 안전하고 신뢰할 수 있는 관계(아버지를 잃었기 때문에 남성과의 관계일 수도 있음)는 그 자체로 치료적일 수 있으며 더 깊은 정서적 작업도 촉진할 수 있다고 생각한다. EFT에서 더 깊은 작업은 나와의 관계를 시연할 때 일어나는 것이 아니라 가족 구성원 및 중요한 동료 관계에서 불안감이 발생한 맥락에서 그의 불안감(insecurities)을 보다 직접적으로 언급할 수 있는 가상 상황을 시연을 해 봄으로써 일어난다.

6. 향후 방향

다양한 집단과 문화에 적용한 더 많은 연구가 필요하다. 불안장애에 대한 EFT의 효과성 연구뿐만 아니라 성격 장애 및 기타 장애군에 관한 연구도 절실히 필요하다. 또한 정서 변화에 관한 EFT 이론에 대한 더 많은 연구가 필요하다. 가장 시급한 것은 정서를 통한 정서 변화의 효과와 욕구 활성화를 통해 부적응적 이차 정서에서 부적응적 일차 정서를 거쳐 적응적 정서로 이동하는 효과에 대한 근거이다. 경험하기, 정서적 각성 및 표현, 치료적 존재 및 공감과 같은 치료의 중심 과정에 관한 추가적 연구가 필요하다. 개인 작업과 기술 훈련의 상대적 장점에 관한 의문을 다루는 상담자 교육에 관한 연구도 도움이 될 것이다.

중요한 다음 단계는 대학원 과정과 수련 과정에 EFT 수련을 도입하는 것이다. 첫째, 일반적인 관계와 정서에 대한 접근 및 조절 기술은 모든 수련생에게 도움이 될 수 있다. 다른 접근법을 배제하고 인지행동치료를 강조하는 근거 기반 치료를 가르치는 수련 과정에서 이제 EFT를 수련 과정의 일부로 요구하고, 증상에 초점을 맞추고 대처 기술을 습득하는 접근법들에 중요한 추가 기법으로 제공해야 한다고 권고할 만큼 근거가 충분해졌다.

사람들이 정서적 이해력을 키울 수 있게 훈련하는 예방 프로그램의 개발이 매우 필요하다. 감정을 사용하고, 관리하고, 변화시키는 방법에 대한 체험 기반의 심리 교육 프로그램이 포함될 수 있다. 아동, 청소년, 청년, 부모, 교사, 관리자를 위한 예방 프로그램, 즉 자신의 감정에 대해 배우고, 자신의 감정에 주의를 기울이는 연습을 하고, 자신과 타인에 대한 자비심을 키우고, 감정을 조절하고 성찰하고 변환하는 법을 배울 수 있는 프로그램이 EFT 작업을 보다 광범위하게 적용하는 데 있어 중요한 디딤돌이다.

참고문헌

Angus, L. E., & Greenberg, L. S. (2011). *Working with narrative in emotion-focused therapy: Changing stories, healing lives*. Washington, DC: American Psychological Association.

Damasio, A. R . (1994). *Descartes' error: Emotion, reason and the human brain.* New York, NY: Grosset/Putnam.

Damasio, A. R . (1999). *The feeling of what happens: Body and emotion in the making of consciousness.* Fort Worth, TX: Harcourt College.

Davidson, R. (2000). Affective style, psychopathology and resilience: Brain mechanisms and plasticity. *American Psychologist, 5*, 1193-1196.

Elliott, R., Greenberg, L., & Lietaer, G. (2004). Research on experiential psychotherapy. In M. Lambert (Ed.), *Bergin and Garfield's handbook of psychotherapy and behavior change* (pp. 493-539). New York, NY: Wiley.

Elliott, R., Watson, J. E., Goldman, R. N., & Greenberg, L. S. (2004). *Learning emotion-focused therapy: The process-experiential approach to change.* Washington, DC: American Psychological Association. doi:10.1037/10725-000

Ellison, J., Greenberg, L., Goldman, R. N., & Angus, L. (2009). *Maintenance of gains following experiential therapies for depression. Journal of Consulting and Clinical Psychology, 77*(1), 103-112.

Frijda, N. H . (1986). *The emotions*. Cambridge, England: Cambridge University Press.

Geller, S. M., & Greenberg, L. S. (2012). *Therapeutic presence: A mindful approach to effective therapy*. Washington, DC: American Psychological Association.

Gendlin, E. T. (1996). *Focusing-oriented psychotherapy: A manual of the experiential method*. New York, NY: Guilford Press.

Goldman, R., & Greenberg, L. (in press). *Case formulation in emotion focused therapy*. New York, NY: Guilford Press.

Goldman, R. N., Greenberg, L. S., & Angus, L. (2006). The effects of adding emotion-focused interventions to the client-centered relationship conditions in the treatment of depression. *Psychotherapy Research*, *16*, 537-549. doi:10.1080/10503300600589456

Goldman, R. N., Greenberg, L. S., & Pos, A. E. (2005). Depth of emotional experience and outcome. *Psychotherapy Research*, *15*, 248-260. doi:10.1080/10503300512331385188

Greenberg, L. (1984). Task analysis of intrapersonal conflict resolution. In L. Rice & L. Greenberg (Eds.), *Patterns of change: Intensive analysis of psychotherapy* (pp. 67-123). New York, NY: Guilford Press.

Greenberg, L. (1986). Change process research [Special issue]. *Journal of Consulting and Clinical Psychology*, *54*, 4-9.

Greenberg, L. S. (2002). *Emotion-focused therapy: Coaching clients to work through their feelings*. Washington, DC: American Psychological Association. doi:10.1037/10447-000

Greenberg, L. S. (2011). *Emotion-focused therapy*. Washington, DC: American Psychological Association.

Greenberg, L., & Angus, L. (2004). The contributions of emotion processes to narrative change in psychotherapy: A dialectical constructivist approach. In L. Angus & J. McLeod (Eds.), *Handbook of narrative psychotherapy: Practice, theory, and research* (pp. 330-349). Thousand Oaks, CA: Sage. doi:10.4135/9781412973496.d25

Greenberg, L., & Elliott, R. (1997). Varieties of emotional expression. In A. Bohart & L. Greenberg (Eds.), *Empathy reconsidered: New directions in theory research and practice* (pp. 209–231). Washington, DC: American Psychological Association.

Greenberg, L., & Goldman, R. (2007). Case formulation in emotion focused therapy. In T. Ells (Ed.), *Handbook of psychotherapy case formulation* (pp. 379–412). New York, NY: Guilford Press.

Greenberg, L. S., & Paivio, S. C. (1997). *Working with emotions in psychotherapy*. New York, NY: Guilford Press.

Greenberg, L. S., & Pascual-Leone, J. (1995). A dialectical constructivist approach to experiential change. In R. A. Neimeyer & M. J. Mahoney (Eds.), *Constructivism in psychotherapy* (pp. 169–191). Washington, DC: American Psychological Association. doi:10.1037/10170-008

Greenberg, L. S., & Pascual-Leone, J. (1997). Emotion in the creation of personal meaning. In M. J. Power & C. R. Brewin (Eds.), *The transformation of meaning in psychological therapies: Integrating theory and practice* (pp. 157–173). Hoboken, NJ: Wiley.

Greenberg, L., & Pascual-Leone, J. (2001). A dialectical constructivist view of the creation of personal meaning. *Journal of Constructivist Psychology, 14*, 165–186. doi:10.1080/10720530151143539

Greenberg, L., Rice, L., & Elliott, R. (1993). *Facilitating emotional change*. New York, NY: Guilford Press.

Greenberg, L. S., & Malcolm, W. (2002). Resolving unfinished business: Relating process to outcome. *Journal of Consulting and Clinical Psychology, 70*, 406–416. doi:10.1037/0022-006X.70.2.406

Greenberg, L. S., & Safran, J. D. (1987). *Emotion in psychotherapy: Affect, cognition, and the process of change*. New York, NY: Guilford Press.

Greenberg, L. S., Warwar, S. H., & Malcolm, W. M. (2008). Differential effects of emotion-focused therapy and psychoeducation in facilitating forgiveness and letting go of emotional injuries. *Journal of Counseling Psychology, 55*, 185–196. doi:10.1037/0022-0167.55.2.185

Greenberg, L., Warwar, N., & Malcolm, W. (2010). Emotion-focused couples therapy and the facilitation of forgiveness. *Journal of Marital and Family Therapy, 36*, 28-42. doi:10.1111/j.1752-0606.2009.00185.x

Greenberg, L., & Watson, J. (1998). Experiential therapy of depression: Differential effects of client-centered relationship conditions and process experiential interventions. *Psychotherapy Research*, *8*, 210-224.

Greenberg, L. S., & Watson, J. C. (2006). *Emotion-focused therapy for depression*. Washington, DC: American Psychological Association. doi:10.1037/11286-000

Greenberg, L. S., & Webster, M. C. (1982). Resolving decisional conflict by Gestalt two-chair dialogue: Relating process to outcome. *Journal of Counseling Psychology, 29*, 468-477.

Hermann, I., & Greenberg, L. (2008). Emotion types and sequences in emotion-focused therapy. *European Psychotherapy, 7*, 42-60.

Hermann, I., Greenberg, L., & Auzra, L. (2011, June). *Emotion sequences*. Panel presented at the International Meeting of the Society for Psychotherapy Research, Berne, Switzerland.

Johnson, S. M., Hunsley, J., Greenberg, L., & Schindler, D. (1999). Emotionally focused couples therapy: Status and challenges. *Clinical Psychology: Science and Practice, 6*, 67-79.

Nadel, L., & Bohbot, V. (2001). Consolidation of memory. *Hippocampus, 11*, 56-60. doi:10.1002/1098-1063(2001)11:1〈56::AID-HI PO1020〉 3.0.CO;2-O

Nader, K., Schafe, G. E., & LeDoux, J. E. (2000). The labile nature of consolidation theory. *Nature Reviews Neuroscience*, 1, 216-219. doi:10.1038/35044580

Paivio, S. C., & Greenberg, L. S. (1995). Resolving "unfinished business": Efficacy of experiential therapy using empty-chair dialogue. *Journal of Consulting and Clinical Psychology, 63*, 419-425. doi:10.1037/0022-006X. 63.3.419

Paivio, S. C., & Nieuwenhuis, J. A. (2001). Efficacy of emotion focused therapy for adult survivors of child abuse: A preliminary study. *Journal of Traumatic Stress, 14*, 115-133. doi:10.1023/A:1007891716593

Paivio, S., & Pascual-Leone, A. (2010). *Emotion-focused therapy for complex trauma: An integrative approach*. Washington, DC: American Psychological Association.

Pascual-Leone, A., & Greenberg, L. (2007). Emotional processing in experiential therapy: Why the only way out is through. *Journal of Consulting and Clinical Psychology, 75*, 875-887. doi:10.1037/0022-006X. 75.6.875

Pennebaker, J. W. (Ed.). (1995). *Emotion, disclosure, and health*. Washington, DC: American Psychological Association. doi:10.1037/10182-000

Rice, L., & Greenberg, L. (Eds.). (1984). *Patterns of change: An intensive analysis of psychotherapeutic process*. New York, NY: Guilford Press.

Rice, L. N. (1974). The evocative function of the therapist. In D. Wexler & L. N. Rice (Eds.), *Innovations in client-centered therapy* (pp. 289-311). New York, NY: Wiley.

Sicoli, L. (2005). *Development and verification of a model of resolving hopelessness in process-experiential therapy of depression*. Unpublished doctoral dissertation, York University, Toronto, Ontario, Canada.

Stern, D. (1985). *The interpersonal world of the infant*. New York, NY: Basic Books.

Watson, J. C., Gordon, L. B., Stermac, L., Kalogerakos, F., & Steckley, P. (2003). Comparing the effectiveness of process-experiential cognitive-behavioral psychotherapy in the treatment of depression. *Journal of Consulting and Clinical Psychology, 71*, 773-781. doi:10.1037/0022-006X.71.4.773

Whelton, W., & Greenberg, L. (2005). Emotion in self-criticism. *Personality and Individual Differences, 38*, 1583-1595.

제 3 장 정신역동 심리상담

◆◆◆

한 세기가 넘는 역사를 지닌 정신역동(psychodynamic)[1]이론과 실제를 짧게 요약하기는 어려운 과제이다. 특히 심리치료 전공 학생들이 정신분석적 개념들(analytic ideas)에 대해 거의 접해 보지 못했거나 혹은 잘못된 정보를 갖고 있는 상황이라면 더더욱 그러하다. 그러나 다양한 독자가 정신역동 심리상담의 발전과 임상적 도전들에 대해 정신분석적 개념을 적용하는 것에 관한 이 요약본에 관심을 가질 수 있길 바란다. 왜냐하면 정신분석은 다른 대부분의 심리치료법이 발전할 수 있는 기반을 마련해 주었고, 초기에 다른 치료법들이 등장할 때 비교할 수 있는 기준이 되었기 때문이다.

현대의 분석적 사고는 역사적 맥락에서 가장 쉽게 이해할 수 있기에 나는 먼저

1 일부 심리학자들은 '정신분석'이 좀 더 고전적이고 광범위한 유형의 치료를 의미한다는 것을 함축하기 위해 '정신분석'과 '정신역동'을 구분하는 경향이 있다. 그러나 나는 '정신역동적'이라는 용어와 단순히 '분석적'이라는 용어를 혼용하면서 프로이트의 '정신분석적'이라는 용어를 포괄적으로 사용했다.
이 장에 대한 유용한 의견을 제공해 준 Kerry Gordon, William MacGillivray, Dolores Moris, Sherwood Waldron, 그리고 자문 그룹 구성원들에게 감사드린다.

지그문트 프로이트(Sigmund Freud)의 견해를 따르는 요약부터 시작해 보려고 한다. 나는 프로이트에게 빚을 졌음에도 불구하고, 현재의 정신역동적 사고가 초기 프로이트 개념과 동일시할 수 없다는 점을 강조하고 싶다. 프로이트를 숭배하는 정통파 정설로서의 정신분석에 관한 잘못된 묘사 때문에 많은 임상가는 정신분석 전통으로부터 무엇을 유용할 수 있는지 고려하지 못하게 되었다. 다음 글들에서 나는 주요하고 지속적인 분석적 개념들로 보이는 것은 고딕으로, 그리고 구시대적 용어, 구어체, 역설적 용어는 따옴표 안에 넣어 표시했다.

1. 정신역동 심리상담의 이론적 기초

'정신분석적 이론(psychoanalytic theory)'은 하나의 전체적인 지식 덩어리로 이해된다. 그러나 사실 이 이론은 다양한 철학적 지향, 공유된 임상적 경험, 잘 훈련받아 시행된 자연적 관찰 내용, 그리고 과학적 연구 결과들로 유발된 하나의 진화하는—그리고 다소 경쟁적인—이론들의 집합체로 구성되어 있다. 심지어 '프로이트의 이론(Freudian theory)'도 단일하지 않다. 프로이트는 주기적으로 자신의 아이디어를 평가하고 임상적 정보들을 더 잘 설명할 수 있다고 생각되는 모델로 대체했다. 여기에서 변화하고 경쟁하는 정신분석적 이론들의 방대한 영역을 모두 다룰 수는 없지만, 가장 영향력 있는 이론 체계들을 역사적 순서대로 소개해 보려고 한다.

초기 프로이트 이론과 실제: 추동과 갈등

정신병리를 이해하고 개선하려는 정신분석적 노력은 19세기 후반에 심각한 '신경증(neuroses)'으로 진단받은 사람들을 대상으로 한 프로이트의 연구(Gay, 1988)와 함께 시작되었다. 그 당시에 이 용어는 정신증이 아닌 모든 장애를 초래하는 정신병리를 의미했다. 원래 프로이트의 관심을 끌었던 내담자들은 우리가 현재 외상 후 장애, 경계선 장애, 신체형 장애라고 명명하는 질환을 앓고 있었다. 그 당시에는 그러한 문제들(의식 상태의 변화, 심인성 신체 기능 상실, 신체적 원인을 알 수 없는 간질 발작과 같은)은 '히스테리(hysterical)'라고 불렀다. 카리스마 넘치는 장 샤르코(Jean Charcot)의 방식을 이어받아 프로이트도 처음에는 이 증상들을 완화시키기 위해 최면을 사용했다(Breuer & Freud, 1893-1895/1955). 그러나 자신의 의식의 흐름을 보고해 달라는 요청을 한 재능 있는 내담자의 영향을 받아(Freud, 1895/1955) 프로이트는 곧 **자유 연상**(free association)을 중요하게 여기기 시작했고, 그의 내담자들에게 마음에 떠오르는 것은 아무리 사회적으로 부적절하고, 비합리적이고, 부끄러운 것일지라도 무엇이나 말해 달라고 촉구하기 시작했다. 그렇게 해서 '대화 치료(talking cure)'가 탄생했다.

프로이트의 초기 환자들은 성적 학대와 근친상간에 관한 이야기를 털어놓았는데, 이를 통해 그는 히스테리 증후군은 어린 시절의 '유혹'[2]의 기억을 표현하는 것이라고 결론짓게 되었다. 이 어린 시절의 기억은 의식에서 사라졌지만, 신체적 질환으로 **전환**(conversion)되어 상징적으로 표현되고 있다고 보았다(Freud, 1894/1962b). 그는 당대의 물리학 개념을 이러한 심리작용에 적용하여 불안한 기억이 무의식화되는 과정을 **억압**(repression)이라고 명명했다(Freud, 1894/1962b). 불쾌한 경험을 의식에서 벗어나게 하는 자동적인 방법이 존재한다는 아이디어는 우리가 견딜 수 없는 생각, 감정 및 감각으로부터 자신을 보호하는 무의식적인 방식이라는 보다 포괄적인 개념인 방어기제의 시초가 되었다. 프로이트는 내담자들이 고통스러운 기억에 대해 **강한 감정을 갖고**(with their emotional intensity) 회상할 때 그들의 증상이 감소한다는 점에 주목했다. 따라서 초기 정신분석 치료(예: Breuer & Freud, 1893-1895/1955)에서는 기억하는 것과 감정 표현('정화' 혹은 '발산') 두 가지를 모두 강조했다.

2 역주: 여기서 '유혹'의 기억이란 내담자들이 어린 시절에 성적으로 유혹당한 경험을 가리킨다. 즉, 내담자들이 다른 사람에 의해 성적으로 학대당하거나 착취당한 사건을 의미한다.

한 세기 후에 프로이트는 트라우마 피해자를 치료하는 상담자들이 직면하는 문제와 유사한 문제에 부딪혔다. 예를 들면, 어떤 '기억'들은 정확한 회상이 아니라 의사들이 듣고 싶어 하는 것을 말하려고 하거나, 원인을 알 수 없는 증상을 이해하려는 시도 등의 복잡한 동기에 의해 영향을 받는 창작물과 같은 것이었다. 그리고 기억이나 정화가 프로이트가 기대했던 것만큼 영구적인 치료 효과를 보이지 않는 것으로 드러났다. 그리하여 그는 자신의 이론을 수정했다(Freud, 1898/1962c). 히스테리 증상이 있는 많은 사람들이 성적 학대를 받았다는 것을 부인하지 않았지만, 동시에 내담자들이 드러내는 추동(drive), 소망, 환상, 상충하는 감정들도 강조했다. 그는 자신에게도 비슷한 동기를 발견하고, 이러한 동기가 보편적이라고 결론지었다. 그리고 다른 '신경증'(강박사고, 강박행동, 공포증, 비정신증적 우울증)에서도 이러한 동기들을 찾을 수 있었다. 그는 내담자들의 자유 연상을 통해 증상들은 두 가지 상반되는 내적 태도(예: 성적 만족에 대한 욕구와 그러한 욕구에 대한 도덕적 거부감)를 표현하고 있다고 추론했다. 그리고 이 내적 태도는 한 가지 혹은 둘 다가 무의식적일 수 있다고 보았다. 이때부터 프로이트는 헤르만 폰 헬름홀츠(Hermann von Helmholtz)와 구스타브 페히너(Gustav Fechner)와 같은 물리학자로부터 '역동성(dynamism)'이라는 개념을 도입하여 **정신역동**(psychodynamic)이라는 용어의 근원이 되는 **역동적 무의식**(dynamic unconscious)에 대해 언급하기 시작했다.

내담자들이 그들의 문제를 이해하기 위해 어린 시절로 추적해 나가면서, 프로이트는 신경증이 연속적인 신체 중심의 주제들과 관련된 정상적인 아동기 시절의 갈등에 뿌리를 두고 있다고 추측하기 시작했다. 과학에 대한 계몽주의적 신념으로 가득 찬 신경과 의사로서 그는 심리학 이론을 기존과 같은 철학적 토대가 아니라, 생물학적 관점에서 구축했다(Sulloway, 1992). 그는 기질이나 양육 환경으로 인해 정상적인 성숙을 위한 과제들을 해 내기 어렵게 되면 그 단계에 무의식적인 '고착(fixation)'이 발생한다고 주장했다. 그는 우울증을 생후 몇 개월된 초기 아동의 '구강'에 대한 집착과 연결했고, 강박사고와 강박행동을 약 2세 정도에 정점을 이루는 화장실-숙달 이슈 혹은 '항문'의 이슈와 연결했다. 또한 공포증은 약

3세 정도에 나타나는(프로이트 시대의 남성 중심적 용어인 '남근기') 것으로서 성별 차이에 대한 불안과 연결 지었다. 그리고 히스테리는 그다음 몇 년 동안의 '오이디푸스' 이슈와 연결했다(Freud, 1905/1953b).

프로이트는 3세에서 6세 사이의 아이들이 보복을 두려워하면서도 한 양육자와 경쟁하면서 다른 양육자를 이기려는 환상에 몰두하는 점에 매료되었다. 이와 유사한 주제 때문에 프로이트는 그 시기를 그리스 신화 오이디푸스의 이름을 따서 지었다. 그는 오이디푸스 단계를 잘 극복하는 것이 전반적인 정신건강 상태를 좌우한다고 생각했다. 즉, 오이디푸스 단계와 전반적인 정신건강 상태를 동일시하면서 이 단계를 최종적으로 강조했는데(A. Freud, 1963 참조), 그러한 환상을 가지는 능력이 자아 중심성을 넘어서는 중요한 발전임을 반영했다. 미취학 아동은 자신에 관한 것이 아닌 다른 사람들 사이의 관계를 상상할 수 있다. 현대적인 용어로 말하면, 이제 그 아동은 분리된 다른 사람들의 마음을 **정신화**(mentalize)하기 시작한 것이다(Fonagy & Target, 1996). 프로이트의 후계자들은 **전 오이디푸스**(preoedipal) 대 **오이디푸스**(oedipal) 심리학이라고 표현했으며, 후자인 오이디푸스가 더 건강하다고 간주되었다. 이 생각은 아동의 추동 대 현실, 혹은 도덕적 제한 간의 갈등에 초점을 맞추고 있다. 따라서 프로이트의 이러한 초기 아이디어는 **추동 이론**(drive theory) 혹은 **추동-갈등 이론**(drive-conflict theory)이라고 불렸다.

프로이트는 매일 내담자들과 만나면서 치료적 관계가 내담자의 어린 시절의 이슈들로 가득 차게 된다는 사실에 즉시 깊은 인상을 받게 되었다. 엄격한 전문성을 지키려는 그의 노력에도 불구하고, 어떤 내담자는 그와 사랑에 빠졌고, 다른 이는 그와 경쟁하려고 했다. 어떤 내담자는 불안해 하며 그에게 의존하려고 했다. 그들의 연상을 통해 내담자들은 프로이트를 그들의 어린 시절에 중요했던 인물로 경험하고 있다는 것이 시사되었다. 처음에는 과거에서 현재로의 **전이**(transference)를 치료에 방해가 되는 요소로 보았으나, 프로이트는 결국 그것이 치료적 잠재력이 있다는 것을 인식하게 되었다. 만일 누군가가 반복되는 어린 시절의 드라마에서 부모의 감정적 영향력을 부여받은 역할로 캐스팅된다면, 아마도 그는 과거의 어린 시절의 이야기를 새롭게 써 내려갈 수도 있을 것이다. 이에 **전이를 분석하는**

것(analyzing the transference)은 분석 치료의 핵심적인 특징이 되었다(Freud, 1911-1915/1953a). 프로이트는 그가 개발한 치료 유형—현재는 **고전적 정신분석**(classical psychoanalysis)이라고 불리는—이 신경증[정신증이나 중독 혹은 정신병질적(반사회성) 성격이 아닌]이 있는 성인에게만 적합하다고 생각했다. 그러나 동시에 무의식적 동기, 반복, 갈등, 방어에 대해 알게 된 것들이 좀 더 다양한 사람을 돕는 데에도 적용될 수 있기를 바랐다.

프로이트는 주저함 없이 일반화하는 경향이 있었다(Garcia, 1991 참조). 그리하여 그는 내담자와 자신에 대한 역동을 추론할 수 있다면, 모든 사람에게도 그런 역동이 존재할 것이라고 가정했다. 비록 문제점이 있긴 하지만 그가 일반화한 내용은 모든 사람을 포함하는 포괄적이고 평등주의적인 분위기를 조성했다. 정신분석은 건강한 사람과 아픈 사람, 정상과 비정상 사이에 질적 차이를 두지 않았다. 분석가들은 심리적 문제를 연속선상에 있는 정도의 문제로서 보편적 인간이 투쟁하고 있는 다양한 측면과 표현으로 생각한다. 비록 현대 분석 치료들은 처음 프로이트의 기초 내용과는 상당히 달라졌지만, 프로이트의 초기 연구의 핵심 요소들[예: 역동적 무의식 과정에 대한 평가, 모든 정신적 삶의 경향성(방향성 또는 기울임)의 가정, 발달적 관점, 갈등과 방어의 보편성에 대한 감각, 전이 과정에 대한 관심]은 오늘날의 정신역동 상담에서 어떤 형태로든 여전히 존재하고 있다(Pincus, 2006).

자아 심리학 시대

대략 1930년대부터 북미 분석가들은 **자아 심리학**(ego psychology)으로 알려진 접근법을 개발했다. 이 접근법은 프로이트(Freud, 1923/1961)의 **구조적 모델**(structural model)을 기반으로 한다. 구조적 모델에서는 마음이란 **원초아**(원초적 충동), **자아**('나'에 대한 감각), 그리고 **초자아**(양심과 개인적 이상)의 경쟁적 요구들이 충돌하고 상호작용하는 하나의 장으로 간주된다. 그리고 자아는 의식적 대처 기술이나 무의식적 **방어기제**(억압, 부정, 투사, 전치와 같은)를 사용하면서 원초아와 초자아 그리고 현실 세계 사이를 중재하는 것으로 묘사된다. 정신병리는 어렸을 때는 적응적이었지만 이후의 삶에서는 원시적이고 융통성이 없으며 효과적이지 못한 방어기제의 관점에서 이해되었다. 그리고 심리적 건강함은 삶의 여러 도전에 대해 현실적이고 유연하며 적응적으로 대처할 수 있는 능력이라고 할 수 있는 **자아 강도**(ego strength)와 동일시되었다(Hartmann, 1958).

프로이트의 계몽주의적 합리주의와 일관되게 자아 심리학자들은 내담자가 그들의 방어기제를 인식하여 의식적으로 좀 더 적절한 대처 방법을 선택할 수 있도록 돕고자 했다. 이를 위해 내담자가 분석가들을 따뜻한 협력자로 경험할 수 있도록 견고한 **작업 동맹**(working alliance)을 맺으려고 노력했다(Greenson, 1967). 불안을 유발하는 모든 상황에서와 마찬가지로, 내담자의 방어기제 경향은 상담 관계에서도 **저항**(resistances; 자유로운 표현과 감정의 진정성을 방해하는 장애물)의 형태로 나타나게 된다. 분석가는 자동으로 작동되는 이 저항에 대해 언급한다. 그리하여 내담자가 불안이나 고통스러운 감정들을 다룰 때 다른 방법들을 고려할 수 있도록 돕는다(Brenner, 1976).

자아 심리학적 관점을 가진 분석가들은 내담자들에게 기억하라고 강요하거나 그들에게 무의식적 갈등으로 추정되는 것에 대해 가르치는 대신, 상담 시간 동안에 저항으로 나타나는 방어기제에 대해 주목했다(Fenichel, 1941). 예를 들면, 분석가는 내담자의 어린 시절에 가졌던 무의식적 적대감을 추측하는 대신, "당신은 저에 대한 부정적인 감정을 느낄 때마다 주제를 바꾸는 것 같습니다. 그것에 대해 어떤 생각이 드나요?"라고 언급할 수 있다. 분석가는 내담자의 전이를 자유롭고 충분히 설명할 수 있도록 **중립성**(neutrality; 조언, 설득, 자기 감정에 대해 공개하지 않음)과 **절제**(abstinence; 어떤 식으로든 내담자를 이용하지 않는 것, 그리고 내담자의 소망이나 욕구를 충족시켜 주기 보다는 이를 이해하도록 돕기 위해 욕구나 소망을 충족시켜 주지 않는 것)의 태도를 보이려고 노력한다. **해석**(interpretation)은 분석가의 주요 치료 활동으로 이상화되었으며, **통찰**(insight)은 변화의 주요 요인으로 여겨진다.[3]

3 흥미롭게도 프로이트의 저서에는 '빈 화면(blank screen)'이나 '백지 상태(blank slate)'라는 문구가

이러한 탐색적 접근은 히스테리, 강박, 공포, 우울 유형의 신경증적 갈등과 성격장애가 있는 사람들에게 적합한 것으로 간주되었다(Blanck & Blanck, 1974; Eissler, 1953; Waelder, 1960). 한편, 정신증적 경향성을 가진 내담자와 같이 '자아가 약한(ego weakness)' 내담자들에게는 **지지치료**(supportive therapy) 치료법이 고려되었다. 지지치료는 상대적으로 최근까지 명확하게 정의되지 않고 있다(Pinsker, 1997; Rockland, 1992). 그러나 적극적인 정서적 지지, 교육적 개입, 그리고 대안 행동이 미칠 수 있는 영향에 대한 강조 등의 방법을 통해 자아의 힘과 회복탄력성을 쌓는 노력을 포함한다. 자아 심리학의 중요하고 지속적인 기여 중 하나는 치료 접근 방식을 선택하기 전에 기저에 있는 정신적 구조를 평가하는 것을 강조했다는 점이다(Sugarman, 2007 참조).

자아 심리학 시대 이후에 분석적 관점을 지향하는 연구자들은 방어기제, 자아 강도, 발달적 도전, 개인적 차이 등 관련 주제들을 연구해 왔고, 현재 풍부한 경험적 연구들이 축적되었다(예: Bellak & Goldsmith, 1984; Cramer, 2006; Fisher & Greenberg, 1985, 1996; Masling, 1986; Vaillant, 1992). 그러나 자아 심리학자들이 심리치료를 주도하는 동안, 정신분석 훈련 기관들은 대부분의 연구 학계 환경에서 상대적으로 고립되었다. 이는 그 당시 대부분의 의학계 정신분석 커뮤니티의 오만한 신념 때문인데, 그들은 오직 의사만이 심리적 문제를 치료할 수 있으며 의사들의 임상적 지혜에 대한 추가적인 경험적 검증이 필요하지 않다고 믿었기 때문이다. 이러한 지역주의적 태도로 인해 분석적 개념을 뒷받침하는 경험적 연구에 대해 무시하는 풍토가 형성되었으며, 정신분석가들의 과학적 지위를 의심하는 편

나오지 않는다. 비록 프로이트가 분석가들에게 절제력을 유지하고 내담자와 함께 행동화하지 않도록 권장한 것은 사실이지만, 그의 실제 스타일은 따뜻하고 개인적인 것이었다(Lohser & Newton, 1996). 분석가가 가능한 한 '백지' 상태로 존재해야 한다는 생각은 미국의 자아 심리학자들이 만든 이론적 개념으로 보인다. 그들은 프로이트의 치료적 과잉 개입에 대한 경고를 선택적으로 받아들여서 그것을 중요한 분석적 원칙으로 격상시킨 것 같다. 월러스틴(Wallerstein, 1998)은 이러한 중립적이고 객관적인 분석적 기법이 인기를 끌게 된 배경에는 정신분석이 '제어되지 않는 거친(wild)' 것이나 비과학적인 것으로 비칠 수 있다는 불안감이 작용했을 것이라고 제안했다.

견이 확산되었다(Eagle, 2010; Leichsenring & Rabung, 2008; Shedler, 2010; Westen, 1998 참조).

한편 오늘날의 분석가들은 자아 심리학 모델의 내용이자 기법인 중립성(분석가가 백지 상태로 존재해야 한다는 태도)에 대한 접근법을 거부한다. 그리고 정신분석과 여러 정신분석적 심리상담에 관한 인기 있는 교재들(예: Gabbard, 2010)에서는 이 분야의 다원주의에 주목하고 있으며, 최신 연구에 기반하여 임상적 조언을 제시하고 있다. 또한 과학 · 심리학 · 철학의 발전에 따라 프로이트 이후의 분석가들은 심리치료 이론과 임상 실제 내용들을 지속해서 수정해 왔다. 이는 다양한 내담자 집단과 문화적 환경, 그리고 심리상담의 실제에서 경험하는 압박 등에서 오는 여러 요구를 다루기 위한 노력이었다. 그럼에도 불구하고 그들은 독립적 연구소와 실무자 커뮤니티에서 고립되면서 대학 동료들과 효과적으로 의사소통하지 못했으며, 그 결과 몇몇은 여전히 20세기 초의 정신분석 치료에 대한 고정관념을 유지하고 있다.

대상관계 이론 및 대인관계 정신분석

1950년대에 이르러 윌리엄 페어베언(William Fairbairn), 멜라니 클라인(Melanie Klein), 도날드 위니컷(Donald Winnicott)과 같은 분석가들은 내재화된 관계와 그 정서적 주제에 초점을 맞추기 시작했다(Guntrip, 1971; Hughes, 1989). 이 연구의 흐름은 프로이트가 주장한 사랑과 공격성이 하나의 원천과 목표, 그리고 대상(object; 대개 그 대상은 사람임)을 가진다는 개념화와 일치하는데, 영국에서는 이 연구를 **대상관계 이론**(object relations theory)이라고 불렀다. 미국에서는 해리 스택 설리번(Harry Stack Sullivan)과 그 동료들(Mitchell & Black, 1995 참조)에 의해 주도된 같은 맥락의 움직임이 있었는데, 그들은 이 흐름을 자칭 **대인관계 정신분석**(interpersonal psychoanalysis)이라고 불렀다. 이러한 변화는 여러 요인에 영향을 받은 것인데, 특히 편집증, 반사회성, 자기애성, 중독, 복합 외상과 같이 신경증과는 다른 역동을 보이는 사람들이나 아동, 정신증적 내담자들과의 치료 경험에 영향을 받아 반영된 것이다(Fromm-Reichmann, 1950). 대상관계와 대인관계 정신분석 커뮤니티가 발전함에 따라 연구의 진보가 자극되었으며, 이후에는 특히 마가렛 말러(Margaret Mahler)나 존 볼비(John Bowlby)의 애착과 분리에 관한 연구에 영향을 받았다(Blatt & Levy, 2003 참조).

대상관계 및 대인관계 분석가들에게는 프로이트가 초점을 둔 추동, 갈등, 방어기제에 비해 내담자들의 핵심적 관계 이슈가 내담자 문제와 관련성이 더 커 보였다(Guntrip, 1971). 그들은 특정 발달 시기에 대한 고착보다는 어린 시절의 맥락을 참고하여 정신병리를 설명했다. 그들은 만족과 조절의 이슈보다 안전과 관련된 심리적 기제(security operation)나 자기감(sense of self)을 더 강조했다. 예를 들면, 그들은 강박적 완벽주의를 설명하는 데 있어 항문기의 고착이라는 측면보다는 통제적인 부모와의 경험 측면에서 설명하려는 경향이 있었다. 이 두 가지 설명은 서로 배타적이지는 않지만, 내담자에게 말할 때 초점을 어디에 두느냐에 따라 다른 의미가 있다(예: "당신은 엉망으로 만들고 싶지만, 자신을 그냥 놔두는 것이 두렵군요."의 언급과 "당신은 완벽하게 깔끔하지 않으면 어머니의 비판을 받을까 봐 두려워하는군요."라는 언급의 차이).

분석가들이 대상관계의 관점으로 좀 더 이해하기 쉬운 내담자군은 시간이 지나서 '경계성(borderline)'으로 부르게 된 내담자들이었다. 이 용어는 일부 사람들은 심리적으로 신경증과 정신증 사이의 경계에 있는 것처럼 보인다는 임상적 합의를 반영한 것이다. 이 사람들은 '지속적인 불안정감(stable instability)'을 보이며(Grinker, Werble, & Drye, 1968), 일관된 정체성의 감각이 부족하고, 강렬하고 조절되지 않는 정서로 인해 고통을 받는다. 또한 **분열**(splitting; 모든 것을 좋은 것 아니면 나쁜 것으로 보는 방어기제)과 같은 원시적인 방어기제를 사용하지만, 현실에 기반을 두고 있기에 환각이나 망상 또는 사고장애는 보이지 않는다(Kernberg, 1975). 또한 클라인(Klein, 1952)의 **편집-분열 자리**(paranoid-schizoid position)와 **우울 자리**(depressive position)의 경계에 갇혀 있는 것처럼 보인다(이 두 가지의 '자리'라고 하는 것은 가설적 개념으로서 기본적이고 보편적인 심리적 성향을 말한다. 전자는 절대주의적인 사람이며, 자기중심적인 특성을 보인다. 후자는 좀 더 복잡하고 다양한 측면을 고려할 수 있는 사람이며, 타인과 분리된 존재를 인식할 수 있는 특성을 보인다).

이 경계선 성격장애 내담자들은 관계 속에서는 통제당하고 압도당하는 느낌을 갖게 되지만, 혼자 있을 때는 버림받는 느낌과 절망적인 느낌을 받는다(Masterson, 1976). 또한 그들은 치료 과정에서 강렬한 전이 반응을 보이지만 이를 인식하지 못한다(예: "내가 엄마랑 똑같은 상담자를 만난 건 불운이야!"라고 주장하는 식이다). 분석가들은 그들에 대한 강력한 반응(**역전이**, countertransferences)이 일어나는 것에 주목했다. 경계선 성격장애 내담자들은 상담자를 어떤 날은 자애로운 구원자로 대했다가 다음 날에는 악한 박해자로 대하는데, 대상관계 이론은 이들에게 공감을 유지하고 안정감을 줄 수 있는 존재로 남을 수 있도록 도움을 준다.

결국, 이 내담자군에게 필요한 것을 해결하기 위해 몇 가지 특정한 정신분석 치료법이 개발되었다[예: 피터 포나기(Peter Fonagy)와 그 동료들이 개발한 정신화 기반 치료, 오토 컨버그(Otto Kernberg)와 그 동료들이 개발한 전이 초점 치료, 러셀 미어스(Russel Meares)의 정신역동/대인관계 치료]. 이 모든 치료법은 대상관계 개념에 기반한다(Bateman & Fonagy, 2004 참조). 비록 각각의 치료법에서 강조하는 것은 다르지만, 이들은 모두 명확한 경계 설정, 자기 파괴적 행동을 직면하기, 감정의 폭풍을 견디기, 자신에 대한 성찰 능력을 키우기, 그리고 다른 사람의 개별적인 주관적 상태를 인식하기와 같은 내용을 포함하고 있다.[4]

대상관계 관점에서 볼 때 기본적 안정감, 친밀감, 그리고 자기 주체성의 이슈는 추동의 충족 문제보다 더 중요한 문제이다. 사랑은 인간에게 필요한 원초적인 조건이며(Balint, 1968), 성적 · 공격적 욕구나 갈등에 대한 이해보다 애착에 대해 이해를 더 중요하게 보고있다. 치료에 대한 함의를 살펴보면 상담 과정에서 내담자가 어떤 초기 관계를 내면화하거나 '내사(introjected)'했는지 알아차리는 것이 포함된다. 대상관계 이론에 영향을 받은 상담자는 자기를 공격하는 내담자에게 초자아 대 원초아의 요구에 관해 언급하기보다는 "그 비판적인 목소리는 누구인가요?"

4 리네한(Linehan, 1993)의 변증법적 행동치료는 주로 인지-행동적 이론 기반임에도 불구하고, 이러한 전반적인 특징들을 공유한다는 점은 흥미롭다.

라고 질문할 가능성이 더 높다.

자기 심리학의 흐름

1970년대에 이르자 대가족과 전통적 공동체가 붕괴되고, 사회 변화와 기술적 변화가 가속화되었으며, 이동성이 증가했다. 이에 따라 서양의 분석가들은 공허감이나 낮은 자존감(종종 거창한 욕구나 야망과 공존하는), 그리고 정체성과 방향성에 대한 혼란으로 고통을 받는 비정신증적 내담자들을 점점 더 많이 목격하기 시작했다. 이들의 심리는 갈등/방어 또는 내면화된 사랑의 대상과 같은 관점으로 표현하기 어려웠다. 부서지거나 발달이 멈춘 것으로 보였던 것은 그들의 기본적인 자기감(basic sense of self)이었다. 자기 자신을 믿을 만하게 평가할 수 없었던 그들은 외부로부터의 인정을 갈망했다. 이들은 타인을 **이상화**(idealization; 우월한 존재에 대한 애착을 느끼면서 자존감의 결핍을 보상함)하거나 **평가절하**(devaluation; 다른 사람보다 우월하다고 느끼면서 낮은 자존감을 상쇄함)하면서 대하는 경향이 있었다. 그들의 과거력을 살펴보면, 양육자가 그들을 **자기애적 확장**(narcissistic extension)으로 이용했음을 알 수 있다. 그리고 그들은 부모의 실패한 야망과 충족되지 않은 자존감 욕구를 보상하는 역할을 했다. 그들은 자신의 현실적인 강점과 약점을 있는 그대로 사랑받는 기분을 느껴 보지 못했기에, 그들 또한 다른 사람들을 있는 그대로 사랑할 수 없는 것처럼 보였다.

프로이트(Freud, 1914/1957)는 이러한 내담자들을 치료할 수 없다고 생각했다. 이들은 치료적 동맹을 맺는 것을 거부하고, 분석할 수 있는 전이를 보이지 않았으며, 해석에 대해서는 판단적이거나 무관한 것, 혹은 그 둘 다로 경험하는 것 같았다. 그리하여 이러한 결핍된 자아 상태와 보상적 태도들에 관한 정신분석적 용어인 **나르시시즘**(narcissism)에 대한 풍부한 임상 및 경험적 문헌들이 점차 생겨났다. 컨버그(Kernberg, 1975)는 자아 심리학과 대상관계 이론을 혼합하여 그들의 방어적 평가절하와 이면에 있는 시기심에 관해 해석하는 것을 주장했다. 코헛(Kohut, 1971, 1978)은 상담자에 대한 그들의 반응을 수용이 필요한 **자기-대상 전이**(self-object transference)로 이해했다. 그리고 해석이 아닌 **공감적 조율**(empathic attunement)의 회복 경험이 필요하다고 주장했다. 대부분의 분석적 상담자는 자존감 결핍이 만연한 사람들과 함께 작업할 때 이러한 개념을 결합하여 활용하고 있다.

코헛의 아이디어는 **자기 심리학**(self psychology)에 영감을 주었다. 그의 공감, 비판단적 수용, 진정성에 관한 관심은 로저스(Rogers, 1951)의 아이디어를 반영한 것이다. 한편, 어린 시절의 수치스러운 경험들이 상담 관계에서 반복될 것이 예측되기에 상담자는 불가피하게 내담자의 감정을 상처 입히게 되고 방어적이지 않게 이러한 균열을 복구해야 한다는 핵심 내용이 추가되었다. 상담에서의 진전은 내담자가 이전과는 다르게 **변형된 내면화**(transmuting internalization)를 발전시키면서 일어난다. 상담자의 공감적 목소리를 내담자의 내면 세계에서 신뢰하게 될 때까지 천천히 받아들인다. 자기 심리학자들은 이전의 분석가들이 강조했던 죄책감의 역동보다는 스스로 가치 있다고 느끼고 싶은 욕구와 그 욕구에 수반되는 수치심(특히, 그 욕구가 충족되지 않았을 때)에 관해 이론화했다. (프로이트가 죄책감에 집중하는 한편 상대적으로 수치심을 무시한 것은 프로이트가 자신에 대한 의식적인 이해를 중심으로 일반화하는 좋은 예시이다. 그는 자신의 인식 범위 밖에 있는 역동들은 간과한 것 같다)

1970년대에 이르러 분석가들은 자기 경험의 구조가 다른 집단주의적이고 수치심 기반 문화의 역동에 대해 점점 더 세심하게 주의를 기울이게 되었다(Roland, 1996, 2003). 그리하여 자기 심리학은 심리분석을 할 때 개인을 고립된 정신과 순전히 개인적 양심을 지닌 자로 보도록 하는 서구의 경향에서 벗어나게 했다(Atwood & Stolorw, 1993). 분석가들이 자존감 문제에 점점 더 민감해지면서 자기 심리학적 접근이 모든 내담자에게 적용될 수 있음을 인식하기 시작했다. 코헛과 그 이후의 자기 심리학자들은 공감을 치유의 배경이 아닌 전면에 내세웠고, 상담 실제에서 더 큰 유연성의 시대를 열었다. 자기 심리학자들은 임상적 개입을 선택할 때 그 개입이 표준 기법에 부합하는지에 따라 선택할 것이 아니라, 그것이 공감적으로 조율된 경험으로 받아들일지를 기준으로 선택할 것을 권장했다.

자기 심리학의 이론은 무의식적 갈등보다 발달적 결핍을 우선시하기 때문에 이 이론을 지향하는 상담자들은 갈등을 의식화하는 것보다 충족되지 않은 발달적 필요를 민감하게 다루는 것이 상담자의 역할이라고 보았다(Lichtenberg, Lachmann, & Fosshage, 1992). 예를 들면, 내담자의 도발적 행동에 직면했을 때 자기 심리학 상담자는 내담자의 행동에 대해 무의식적인 공격적 욕구와 방어의 관점으로 해석하기보다는 그 뒤에 있는 고통에 귀 기울이고 그 행동의 적응적 기능을 이해하고자 하며 그 고통에 대한 공감적인 반응을 표현하고자 할 것이다.

상호 주관 및 관계 중심적 흐름

앞서 언급한 이론들에서는 내담자뿐만 아니라 상담자 역시 무의식적 정신 세계를 지니고 있음을 인식하면서도, 자기 분석을 성공적으로 수행한 경우에는 비교적 객관적이며 감정에 휘둘리지 않는 관찰자가 될 수 있다고 가정한다. 그러나 현대 분석가들은 중립성이라는 개념에 도전하며, 이상적인 개념으로서도 가능한지 의문을 제기했다(Stolorow & Atwood, 1997). 그들은 상담자의 주관성이 상담에 참여하는 양측의 무의식적 역동에 끊임없이 영향을 미치고, 그 역동 때문에 영향을 받는다고 주장했다(Wachtel, 2007 참조). 이러한 관점에서 전이는 백지 상태의 상담자에게 투사된 왜곡된 어떤 것이 아니라, 상담자와 내담자의 **상호주관성**(intersubjectivity)이 **반영된 공동 구성물**(co-construction)이다.

영아에 관한 연구, 감정 신경과학, 포스트모던 철학, 시스템 이론, 동양의 영적 전통, 관계 중심적 접근법을 시향한 선구자들, 그리고 엄격한 '중립적인(neutral)' 분석가들에 대한 개인적 좌절에 영향을 받아 관계 중심적 접근법을 지향하는 학자들은 정신분석에서 중요한 패러다임의 전환을 이루어 냈다. 이는 일반적으로 정신분석에서 **관계 중심적 전환**(relational turn)이라고 불린다(Aron, 1996; Hoffman, 1998; Mitchell, 2000). 부분적으로는 트라우마를 겪은 내담자에 대한 연구와 임상 경험에 대한 영향으로(Bromberg, 1998; Davies & Frawley, 1993; Herman, 1992; Howell, 2005; Stern, 1997) 대부분의 관계 중심적 분석가는 고통스러운 정신적 내용을 억제하는 과정에 대해 억압보다는 해리(dissociation)를 좀 더 고려한다. 그들은 프로이트의 심리 현상에 대한 표면에서—심층으로의 이미지(방어는 불안을 가리며, 불안은 욕구 충동에 대한 갈등을 가림)를 거부하고, 대신 의식적인 정신 상태와 다양한 자아 상태가 동시에 공존할 수 있다고 가정한다. 그리하여 그중 일부 자아 상태는 해리될 수 있다고 생각한다.

관계 중심적 분석가들은 내담자와 상담자의 관계가 동등하진 않지만, 상호적 특성이 있다고 설명한다(Aron, 1996). 그들은 상담자의 임상적 혹은 과학적인 객관성이나 중립성에 관해 회의적인데, 그들은 자신들이 내담자의 삶에서 반복되는 주제를 외부 세계에서 재현하는 행위(내담자 삶의 주제에서 반복되는 행동들이 분석가의 내면에서 특정 반응을 이끌어 내는 것)에 참여하게 될 것이라고 가정한다. 상담자의 역할은 그러한 재현된 패턴들을 인식하고, 그것에 이름을 붙이고, 그 의미와 함의를 성찰하는 것이다. 관계 중심적 분석가들은 '전이를 해석하기(interpreting the transference)'(예: "당신은 마치 내가 당신의 비판적 아버지인 것처럼 반응하는군요.") 보다는 상호적 관계의 재연에 주목한다(예: "당신과 나는 비판적인 아버지와 비판을 받는 자녀처럼 관계를 맺고 있는 것 같군요."). 만일 상담자 자신의 반응을 공개하는 것이 상담 작업을 심화시킬 수 있다고 믿는다면, 그들은 신중하게 자신의 감정적 반응을 공유할 수 있다. 중요한 관계적 주제로 많은 심리적 경험을 조직화하는 '행위자와 피행위자(doer and done-to)'(Benjamin, 1995)의 무의식적인 이분법을 줄여 가는 것이 있다. 또한 고통스럽거나 혐오스러운 자기의 측면을 해리시키기보다는 서로 다른 자기 상태 사이에서 '공간에 서 있는 것(standing in the spaces)'은 내담자와 상담자 모두가 견뎌야 하는 중요한 관계적 주제이다(Bromberg, 1998).

많은 정신분석 학파는 다양한 임상적 도전에 대응하여 발전해 왔다. 나는 이 학파들이 강조한 것에 따라 일반적인 선상으로 분류했지만(Pine, 1990 참조), 그 학파를 창시한 분석가들[예: 칼 융(Carl Jung), 카렌 호나이(Karen Horney), 멜라니 클라인(Melanie Klein), 자크 라캉(Jacques Lacan), 제임스 매스터슨(James Masterson), 할로드 샘프슨(Harold Sampson), 조셉 와이즈(Joseph Weiss), 하이먼 스포니츠(Hyman Spotnitz), 해리 스택 설리번(Harry Stack Sullivan), 스톤 센터(the Stone Center)]의 영향력의 관점으로도 설명될 수 있다. 그리고 상담이론과 치료가 발전함에 따라 각 상담 접근들은 인간 경험의 차원에 대한 중요성과 이에 초점을 맞춘 치료 방법을 강조해 왔다. 대부분의 현대 분석적 상담자들은 각 내담자의 고유한 심리적 필요에 따라 이러한 접근법들을 유연하게 활용하고 있다.

단기 집중 정신분석 심리치료

대부분의 정신분석 이론 창시자는 상담자란 내담자가 고용한 사람이며, 상담자와 내담자가 서로 적합하다고 판단하는 한 상담은 계속 지속될 수 있다고 가정한다. 비록 프로이트는 대부분의 내담자를 몇 년이 아닌, 몇 주 혹은 몇 달 동안만 만났지만, 이후 분석가들은 지속적인 변화를 이루기 위해서는 좀 더 많은 시간이 필요하다고 생각했다. 장기 치료의 필요성에도 불구하고 치료의 효율성을 높이려는 시도는 지속해서 있어 왔다(Bellak, Abrams, & Ackermann-Engel, 1991; Messer & Warren, 1995 참조). 이러한 시도는 1900년대 초 베를린 폴리 클리닉에서 노동자 계급의 내담자들에게 단기 상담을 제공하려는 칼 아브라함(Karl Abraham)의 노력으로부터 시작되었으며, 프로이트도 이러한 움직임을 열렬히 지지했다(Danto, 2007). 점점 상담에 대한 부정적 편견들이 사라지고 더 많은 사람이 상담에 관심을 두게 되면서 시장의 힘과 다른 제한적 요인들로 인해 단기 및 제한적 분석 상담을 개발해야 한다는 압력이 가해져서 많은 단기 치료법이 개발되었다.

정신분석적 아이디어는 다양한 내담자와 문제를 치료하는 데 있어 탐색적 치료에서 지지치료까지, 치료 기간이 정해져 있지 않은 치료에서 시간 제한적 치료에 이르기까지 다양한 범위의 치료법들에 영향을 미쳤다. 특정 집단(예: 영아, 아동, 부부, 트라우마 피해자, 약물 남용자, 정신증 내담자, 성적 · 종교적 · 민족적 소수자로서 고통 받는 사람들)을 상담하는 분석적 상담자들은 특정 내담자들을 위해 다양한 접근법을 고안해 왔다. 이러한 치료법들은 너무 많아서 여기서 검토하기는 어렵지만, 정신역동 상담의 핵심은 특정 대상이나 기법에 있지 않다는 점을 언급하고 싶다. 오히려 무의식적 과정, 특히 상담자와의 관계에서 나타나거나 잠재적으로 영향을 미치는 과정에 주의를 기울이는 것이 정신역동 상담의 특징이라고 할 수 있다.

정신분석적 상담에 관한 연구

정신분석적 상담은 복잡하고 상담 기간이 정해져 있지 않으며, 내담자의 개별적 특성에 따라 다르게 진행되기 때문에 무작위 대조 실험을 통해 연구하기가 어렵다. 이미 언급한 바와 같이, 오래전부터 분석가들은 자신들의 세심한 예술 작업에 관한 연구의 필요 여부나 가능 여부에 대하여 확신이 없었다. 그러나 효과의 근거에 대한 요구가 계속됨에 따라 구조화된 분석 치료에 관한 무작위 대조 실험을 포함하여 연구를 중시하게 되었다. 그리하여 근거-기반의 정신역동 상담에 대한 문헌들이 등장했다(예: Summers & Barber, 2010; Weiner & Bornstein, 2009).

정신역동 접근법에 관한 경험적 연구는 주로 네 가지 주요 영역에서 이루어져 왔다. 첫째, 여러 메타 분석에 따르면 치료 유형을 포함한 다른 어떤 요인보다도 상담 관계 변인(relationship variables)이 상담 결과에 가장 큰 영향을 미치는 것으로 나타났다(Ackerman & Hilsenroth, 2003; Norcross, 2002; Shedler, 2010; Wampold, 2001, 2010). 특히 치료 동맹의 질(quality of the therapeutic alliance)은 상담 결과에 중요한 것으로 나타났다(Safran & Muran, 2000). 이러한 메타 분석은 관계 속에서의 성장에 대한 정신분석적 강조를 입증하고 있다. 프로이트의 전이의 발견으로부터 자아 심리학에서의 치료 동맹에 대한 강조, 대상관계와 자기 심리학에서의 애착에 관한 관심, 현재의 관계 중심적 접근에서의 상호주관성과 상호성에 대한 강조에 이르기까지 정신분석적 전통은 정서적으로 의미 있는 대인관계적 연결성을 지속해서 강조하고 설명해 왔다. 이는 모든 분석 학파의 사상을 관통하는 중요한 요소이다.

둘째, 메타 분석은 개인차가 상담 결과와 상관관계가 있음을 보여 준다. 성격 변인이 치료 결과에 미치는 영향에 관한 연구 결과는 그러한 요인들에 대해 전통적으로 강조해 온 분석적 접근의 지혜를 확인시켜 준다. 또한 이러한 발견은 심리장애를 겪는 사람들 사이에 존재하는 성격 변인의 차이를 무시한 채 『정신질환의 진단 및 통계 편람(Diagnostic and Statistical Manual of Mental Disorders: DSM)』의 개별 장애에 일대일로 대응하는 특정 치료법을 찾는 연구 패러다임이 심리상담의 연구에 있어서 불충분한 접근 방식임을 시사한다(Blatt & Zuroff, 2005).

셋째, 정신분석과 정신분석적 치료에 관한 성과 연구는 그 유용성을 입증한다. 일부 연구, 특히 오래된 연구들은 심각한 방법론적 결함이 있지만(McWilliams & Weinberger, 2003 참조), 전반적인 메시지—특히 최근의 메타 분석의 메시지—는 다음과 같다. (a) 정신분석적 상담은 유용하다. (b) 사람들이 상담을 오래 받을수록 그 효과가 더 크다. (c) 분석적 상담이 끝난 후에도 전반적으로 정신 기능의 향상은 지속된다(Abbass, Hancock, Henderson, & Kisely, 2006; Blomberg, Lazar, & Sandell, 2001; Doidge, 1997; Fonagy, 2006; Galatzer-Levy, Bachrach, Skolnikoff, & Waldron, 2000; Leichsenring, 2006; Leichsenring & Leibing, 2003; Leichsenring & Rabung, 2008; Sandell et al., 2000; Westen, Novotny, & Thompson-Brenner, 2004). 최근 몇 년간 특정 분석 상담에 대하여 세심하게 설계된 무작위 대조 실험들이 수행되어 긍정적인 결과가 보고되었고(예: Clarkin, Levy, Lenzenweger, & Kernberg, 2007; Levy et al., 2006; Milrod et al., 2007), 고무적인 후속 자료도 나타나기 시작했다.

넷째, 애착, 방어기제, 감정, 성격, 그리고 분석 이론 및 치료와 관련된 기타 영역 등에 대한 방대한 경험적 문헌들은 분석적 상담자들의 모델과 추론을 뒷받침한다. 또한 현대 뇌과학자들(예: Damasio, 1999; Panksepp, 2004; Panksepp & Biven, 2012; Solms & Turnbull, 2002)은 이전 세대에서는 가정적 구조나 은유로만 설명했던 무의식적 과정을 이제는 물리적 및 화학적 용어로 설명한다. 우뇌와 우뇌의 의사소통에 대한 쇼어(Schore, 2003)의 연구는 비언어적 전이와 역전이의 신경학적 근거를 밝혀 냈으며, 많은 연구에 따르면 모든 상담이 뇌에 변화를 일으킨다는 사실을 보여 주고 있다(Karlsson, 2011).

조셉 와이스(Joseph Weiss)와 해럴드 샘프슨(Harold Sampson)은 효과적인 치료의 독특한 원리에 대한 경험적 근거를 제시했다(Silberschatz, 2005 참조). 자료에 따르면, 모든 내담자는 무의식적으로 자신의 **정신적 문제를 유발하는 신념**(pathogenic beliefs)이 반증되길 희망하면서 치료에 접근한다. 그리고 상담자와의 관계가 개선됨에 따라 내담자의 문제도 개선된다. 이러한 발견들은 인지 치료자들의 생각과도 일치한다. 그러나 분석가들은 이에 덧붙여 내부의 무의식적 도식의 정서적 측면 또한 강조한다. 라이너 크라우제(Rainer Krause)의 상담자와 내담자의 얼굴 정서에 관한 연구는 비언어적 정서 전달 수준에서 정서적 측면을 강조하는 여러 연구 결과와 유사한 현상을 보여 주었다(예: Merten, Anstadt, Ullrich, Krause, & Buchheim, 1996).

개별성에 관한 다른 연구에서 블랫(Blatt, 2008)은 개인이 자신의 정체성에 더 많이 집중하는지, 아니면 공동체에 더 집중하는지에 따라 치료적 함의가 달라지는지에 관한 광범위한 연구를 수행했다. 또 다른 많은 경험적 연구(Holmes, 2009; Mikulincer & Shaver, 2007; Wallin, 2007 참조)에 따르면, 애착 유형이 다른 개인들은 서로 다른 치료적 요구가 있다. 분석적 상담자들은 내담자들이 겉으로 보기에 같은 증상이 있다고 하더라도 내담자마다 매우 다르게 경험할 수 있다는 것을 알게 되었다. 따라서 분석적 상담자들은 DSM이 정의한 개별 장애들에 대해 특정 치료법에 관한 무작위 대조 실험보다는 앞서 언급한 유형의 연구에 더 관심을 두어 왔다. 분석가들은 몇몇 정신분석적 개념을 반증하는 과학적 발견을 해 왔다는 점도 덧붙이고 싶다. 예를 들어, 우리는 이제 삽화(에피소드) 기억을 관장하는 해마가 트라우마 경험 중에 분비되는 당질코르티코이드에 의해 그 기능이 멈추어질 수 있다는 사실을 알게 되었다(Solms & Turnbull, 2002). 이것은 학대 경험이 있는 일부 내담자들이 자신의 학대를 기억하지 못하는 이유를 설명한다. 그들의 기억은 억압된(repressed) 것이 아니라 아예 형성되지 않았다. 어린 시절에 트라우마를 겪은 피해자들은 그들이 보유하고 있는 의미적 · 절차적 · 감정적 기억을 설명하기 위해 프로이트가 '스크린 기억(screen memories)'[후대 비평가들의 언어로는 '거짓 기억(false memories)']이라고 불렀던 것을 생성한 것일 수 있다. 그러나 '나는 거기에 있었고, 그 일이 내게 일어났다.'는 경험이 빠져 있기에 회상할 수 없다. 따라서 우리가 할 수 있는 최선의 일은 트라우마에 대한 잠정적 가설을 가지는 것뿐이다. 내담자가 트라우마를 겪었다는 명확한 증거가 있더라도, 우리는 종종 어떻게 혹은 누구에 의해서 겪었는지 정확히 알 수 없는 경우가 많다.

진화 가설을 처음 주장한 찰스 다윈(Charles Darwin)의 보고서나 조지프 리스터(Joseph Lister)의 초기 관찰이 없었다면 우리는 진화 가설을 연구할 수 없었다는 관점과 같이, 정신역동 상담자들은 자연주의적 관찰을 과학의 필수적인 부분으로 여긴다. 따라서 정신역동 상담자들은 현재 선호되는 경험적 연구의 패러다임에서 사용되는 것보다 덜 통제된 근거 출처들을 존중한다. 따라서 사례 보고서(Fishman, 1999)는 비록 제한점은 있지만 질적 연구(Gergen, 2001)와 마찬가지로 우리에게 여전히 가치가 있다. 우리는 가설 검증을 지지한다. 그렇지만 가설을 생성하는 원천으로서 역사적으로 풍부한 임상 지혜들이 단번에 일괄적으로 거부된다면, 과학과 정신역동 치료 모두의 발전이 제한될 수 있기에 우려되는 바이다(Greenberg, 1991 참조).

여러 세대에 걸쳐 분석적 상담자들은 연구 가능한 많은 아이디어를 제시해 왔다. 라이헨바흐(Reichenbach, 1938)는 '발견의 맥락(context of discovery)'(가설을 생성하는 데 적합한 방법)과 '입증의 맥락(context of justification)'(가설을 검증하는 데 적합한 방법)을 대조시켰다. 역사적으로 정신분석은 신뢰할 수 있는 입증의 맥락이 부족했고, 현재 '근거 기반(evidence-based)'의 치료들에 대한 요구는 종종 신뢰할 수 있는 발견의 맥락이 부족하다. 나는 미국 심리학회(American Psychological Association: APA)에서 세 명의 숙련된 상담자가 동일한 내담자를 상담하는 촬영을 통해 그동안 일반인들(상담자가 아닌) 사이에 퍼져 있는 가정, 즉 경험 많은 상담자들의 축적된 지혜(상담 기법으로 표현되는)가 고통 받는 사람을 돕는 방법에 관한 지식의 출처로서는 분명 열등할 것이라는 가정에 의문을 제기하게 만드는 부작용[5]이 있었으면 좋겠다.

정신분석 흐름이 전문적 영역과 문화적 영역에 미친 영향

분석적 상담자들은 상담 관계적 요인이 치료적 진전의 원인이라고 생각한다. 그리고 이 관계적 요인은 다른 치료법에도 적용되어 정신분석의 개념들이 다

5 역주: 여기서 부작용의 표현은 맥윌리엄스 박사가 경험 많은 상담자의 지혜를 무시하는 현 분위기를 비꼬는 표현임.

른 접근법들에서도 받아들였다[예: '훈습(working through)' '이차적 이득(secondary gain)' '투사(projection)' '부인(denial)' '불안정성(insecurity)' '애착 문제(attachment problems)']. 그리고 마이어스-브릭 성격 유형(Myers-Briggs Type Indicator: MBTI), 미네소타 다면적 인성 검사(Minnesota Multiphasic Personality Inventory: MMPI), 로르샤흐 잉크 얼룩 검사(Rorschach Inkblot test)와 같은 심리 도구들도 정신역동 개념에 기반을 두고 있다. 또한 정신분석적 주제는 예술, 사회과학, 문학, 전기(인물 평전) 및 다른 지적 생활 영역에도 영향을 미쳤다. 정신분석이 한때 '최신 유행(latest thing)'이었을 때는 과대평가되었고, 유행이 한 세기 이상 지속된 후 지금에는 그것이 구식으로 치부되는 경향이 있다. 그러나 이 두 가지 태도 모두 복잡한 현실을 왜곡하는 것이다.

프로이트 시대에는 놀랍거나 새롭게 드러난 많은 것이 그 이후의 세상에서는 상식적인 지식으로 받아들였다. 예를 들면, 어떤 사람이 '정체성 위기'라고 보고하는 것은 에릭슨(Erikson, 1959)의 말을 인용하는 것이고, 누군가를 '방어적'이라고 표현하며 비난하는 사람은 자아 심리학(A. Freud, 1936/1966)을 참고하여 말하는 것이다. 자신의 지나친 꼼꼼함을 '항문기'라고 칭하는 사람들이나, 자녀가 "지금 어떤 발달 단계를 겪는 중이다."라며 스스로를 안심시키는 부모들은 초기 추동 이론(Freud, 1908/1959a)을 언급하는 것이다. 이렇게 정신분석은 좋든 나쁘든 간에 서구 문화에 스며들어 있다(Eisold, 2005; Hale, 1995; Safran, 2012; Zaretsky, 2005 참조).

일반화를 많이 했던 프로이트와는 다르게 많은 정신분석적 상담자는 임상적 경험을 통해 그들이나 그들과 비슷한 사람들에게는 진실인 것이 다른 사람들에게는 진실이 아닐 수도 있다는 사실을 서서히 깨닫게 되었다. 사람들은 저마다 독특하고 고유한 내적 삶을 지니고 있기 때문이다. 아마도 정신분석 문헌의 가장 큰 공헌은 개인의 주관성과 그 주관성이 영향을 미치는 관계에서 나타나는 다양성을 깊이 있게 묘사한 점일 것이다. 성격, 발달, 정서 패턴, 성, 인지의 조직화, 불안의 근원, 그리고 그 밖의 무의식적이고 주관적인 삶의 영역 등에서의 차이에 관한 정신분석적 연구는 상담 접근 방식과 상관없이, 상담자가 새로운 임상적 도전에서 자신의 전문성을 발휘하는 데 도움이 될 수 있다. 프로이트가 일반화하고 보편화한 작업은 역설적이게도 궁극적으로 사람들의 내적 경험의 미묘한 특수성에 대해 민감해지도록 영향을 준 것 같다(Bacal & Carlton, 2010 참조).

2. 주요 상담 기법

모든 세대의 지식인들은 이전 세대의 언어를 고리타분하게 여기는 경향이 있기에 다른 상담 접근보다 그 역사가 오래된 정신분석은 그 난해한 용어가 걸림돌이 될 수 있을 것 같다. 한편 앞에서 언급한 바와 같이, 현재의 많은 비정신역동적 상담 접근은 이전의 정신분석적 개념들(예: 동맹, 저항, 동일시)을 차용하거나 그들 자신만의 관점으로 핵심적인 분석 개념들에 대해 이름을 바꾸기도 한다[예: '무의식적(unconscious)'을 '암묵적(implicit)'으로 바꾼다든지, '내면화된 대상관계(internalized object relation)'를 '도식(schema)'으로 바꾸기도 하고, '해석(interpretation)'에 대해서는 '인지적 재구성(cognitive reframing)'이라는 용어로 바꿈]. 〈**심리치료의 세 가지 접근**〉 비디오에서 다른 상담자들을 보면서 나는 우리의 차이점만큼이나 유사점이 많은 것에 대해서 놀랐다. 그러나 현재 이 글의 목적상 여기서는 분석적 전통 그 자체의 독특하고 특징적이며 중요한 부분을 강조함으로써 차이점을 부각하고자 한다.

여기서 먼저 언급하고 싶은 부분은 유일하고도 기본적인 '정신역동적 기법(psychodynamic technique)'이란 존재한 적이 없으며 앞으로도 없을 것이라는 점이다. 특정 임상적 상황에서 무엇을 해야 하는가 하는 내부분의 질문에 대한 분석적 대답은, '상황에 따라 다르다(It all depends).'이다. 무엇보다도 상담의 맥락(예: 단기 상담인지 장기 상담인지, 입원 환자인지 혹은 외래 환자인지, 자발적 내담자인지 비자발적인 내담자인지, 주 1회 상담을 받고 있는지 아니면 더 집중적 상담을 하고 있는지, 개인, 커플, 혹은 집단 상담인지), 상담을 받으려는 내담자의 연령과 발달 상태, 내담자의 민족, 문화적 배경, 성, 종교적 신념, 사회경제적 지위 및 기타 속성들에 따라 달라진다. 그리고 내담자의 성격과 선호도, 상담자의 성격과 이론적 성향, 상담 목표, 상담의 단계, 그리고 그 순간의 정서적 분위기에 따라 달라진다. 상담자는 이러한 모든 요인에 대해 조율하는 것이 중요하다.

따라서 나는 본론에 들어가기 전에 간단히 배경 설명을 하면서 시작하고 싶다. 많은 분석가 사이에서 교조적인 '(상담) 기법'이라는 용어는 혐오스러운 개념이다. 최근 국제 관계 정신분석과 심리치료 협회(International Association for Relational Psychoanalysis and Psychotherapy)의 리스트서브(메일링 리스트)에서 논의된 바에 따르면, 우리 중 많은 이가 그런 용어로 생각하는 것조차 꺼리고 있다는 점이 드러났다. 대신, 우리는 관계 안에서 진정성 있게 참여하는 데 초점을 둔다. 관계 안에서 유기적이고 강요되지 않는 방식으로 상담 과정이 전개된다. 우리는 상담이란 한 사람이 '다른 사람에게 하는(does to)' 혹은 '다른 사람을 위해 제공하는(provides for)' 것으로 보지 않고, 두 당사자가 고유한 경계가 정해진 조건 아래에서 상호적으로 작업하는 것으로 생각한다. 그럼에도 불구하고 분석적 상담에서는 일상적인 사회적 대화와 다른 관계 방식으로 촉진하는 상담자의 활동들이 명확히 존재한다(예: Fink, 2007; Maroda, 2010; Stark, 1999). 우리는 어떤 과정에 우리를 내맡길 수도 있지만 그 과정의 일부이기도 하며, 또한 우리가 하는 것이나 하지 않는 것에 대해서 적어도 어느 정도는 명명할 수 있다. 따라서 기법을 설명하는 것을 피하는 사람들도 있으나 조율, 반영(Rowe & MacIsaac, 1989), 명료화, 직면, 해석(Clarkin, Yeomans, & Kernberg, 2006)과 같은 특정 절차를 강조하는 분석 치료법도 존재한다. 나는 우리가 하는 일을 단지 기법적 개입으로만 보는 관점에 대한 불신의 태도와 분석가들이 특정 과정을 의도적으로 촉진하고 이에 관여한다는 인식의 태도를 모두 아우르는 관점에서 설명해 보겠다.

정신분석적 감수성

나는 먼저 각자 고유한 특성을 지닌 내담자들을 치료할 때 필요한 정신분석적 '태도' 혹은 '감수성'에 대해 이야기하고자 한다. 어떤 학자들(예: Frank & Frank, 1993)은 우리의 직업을 보편적이고 오랜 역사에 걸쳐 존재해 온 치유자의 역할로 보면서 그에 수반되는 모든 도덕적 의무를 강조해 왔다. 한편 현대 분석 상담에서는 특정 상담 기법을 구체적으로 명시하는 것에 대해 경계하고 있는데, 이것은 '아무거나 다 된다.'의 의미가 아니다. 오히려 이는 내담자가 상담자에게 필요로 하는 것이 무엇인지 미리 알 수 없으며, 개입 기법의 선택은 전반적인 정신분석 윤리의 맥락에서만 발생한다는 점을 인식한다는 의미이다. 쉐이퍼(Schafer, 1983)는 여기서 윤리란 양자택일적 사고를 피하는 것, 가르치거나 조언하기보다는 이해하려고 노력하는 것, 그리고 도움이 되려고 노력하는 것의 측면에서 설명했다. 나는 정신분석적 감수성에 대하여 호기심, 경외심, 복잡성에 대한 가정, 공감적 감정을 느끼기 위해 기꺼이 내담자와 동일시하려는 태도, 공감적 몰입, 훈련된 주관성에 의존, 정서적 교감, 애착에 대한 이해, 신앙[6]에 관해 쓴 바가 있다(McWilliams, 2004). 뷰클러(Buechler, 2004)는 호기심, 희망, 친절, 용기, 목적의식, 정서적 균형감, 상실을 견디는 능력, 성실성을 강조했다. 물론 이러한 가치는 다른 심리상담의 접근에도 적용될 수 있다. 그러나 분석적 전통은 상담자와 내담자의 분리된 개별적 활동보다는 관계성을 강조하기 때문에 이러한 가치들은 정신역동적 사고와 상담에서 명시적으로 전면에 드러나는 경향이 있다.

이 포용적인 감수성은 우리가 아는 것과 알지 못하는 것에 대해 솔직해지려는 치열한 노력을 포함한다. 그 노력 안에는 자기 인식적 겸손함(분석가 개개인이 이러한 자질이 부족할 수 있다고 하더라도)이 있다. 이는 프로이트가 자신의 이론적 한계에 부딪혔을 때 이를 계속해서 변경할 준비가 되어 있던 태도와도 연속선상에 있다. 그리고 '우리가 다른 사람의 경험을 얼마나 이해하겠는가?' 혹은 '우리가 타인의 독특한 딜레마에 대한 최상의 해결책을 어떻게 상상할 수 있겠는가?'와 같이 회의하는 겸손함과도 같다. 물론 이 태도가 심리적 문제에 대한 상담자의 현실적 능력과 정당한 권위에 의문을 제기하는 것은 아니다. 하지만 이 태도는 본질적으

6 역주: 맥윌리엄스 박사는 신앙(faith)이란 '상담자와 내담자가 진지하게 노력한다면 내담자가 과거에 경험한 부정적 사건에 의해 멈추었던 자연적인 성장 과정이 진행되면서 장애가 치유될 것이라는 믿음에 관한 것'이라고 그의 책 『정신분석적 심리치료(Psychoanalytic Psychotherapy: A practitioner's Guide)』(McWilliams, 2004)에서 설명했다.

로 평등주의적이며 상호 발견 과정을 통해 새로운 학습을 열어 간다.

다시 말하지만 이러한 태도는 다른 상담에서도 확산되어 있는 것 같다. 그러나 분석적 전통[칼 로저스의 상담과 이후 인본주의적 혹은 '제3세력(third force)' 문헌가들의 관점과 공유하고 있는] 안에서 이 태도는 배경이 아니라 주요 요소이다. 이 태도는 단순히 치료 개입을 좀 더 성공시키는 데 필요한 배경 조건이 아니라, 여러 요인의 치유 과정에서 중심적인 것으로서 간주한다. 이에 상담 초기에 분석적 상담자들은 치료 동맹을 발전할 가능성을 높이는 분위기를 조성하고자 하며, 이러한 분위기 속에서 분석적 상담자는 "저와 함께 있을 때 어떤 감정을 느끼나요?" "우리의 대화에 대해 어떻게 느끼고 있나요?" "우리가 함께 작업하는 방식에 대해 궁금한 점이나 불안한 점이 있나요?" 등의 질문을 하게 될 것이다.

상담자의 자기 이해

많은 분석가는 심리치료자가 되기 위해 가장 중요한 준비 과정은 자신을 치료하는 것[대학원에서는 **교육 분석**(training analysis)이라고 불리는 것]이라는 데 동의한다. 우리가 내담자의 무의식적 동기와 상호작용의 힘을 진지하게 받아들인다면, 상담자 자신의 무의식적인 삶도 내담자의 무의식적인 삶만큼이나 중요하게 살펴봐야 한다. 이상적으로는 상담자 본인이 내담자로서 상담을 받는 경험(더 집중적이고 광범위할수록 좋은)은 우리 자신의 특정 역동, 자기애적인 취약성, 자기에 대해 인식하지 못하는 맹점, 감정 패턴, 관계 성향, 세상을 해석하는 편향 등에 대해 인식할 수 있도록 한다(Fromm-Reichmann, 1950; McWilliams, 2004; Yalom, 2002). 자기 분석을 통해 자신을 이해하게 되면 겉으로는 우리와 유사해 보이는 내담자의 불안, 우울, 섭식 장애 등의 현상들도 우리의 것과 다르게 느껴지고, 다른 의미로 해석하게 된다. 따라서 자기 분석은 우리가 내담자와 과도하게 동일시함으로써 내담자를 잘못 이해하는 것을 피할 수 있게 도와준다.

또한 자기 분석은 내담자의 경험을 대상화하고 거리를 두는 등 내담자와 충분히 동일시하지 않는 태도를 피할 수 있게 도와준다. 즉, 자기를 치료하는 과정에서 내담자로서 겪는 감정들(예: 수치심, 취약함, 비판이나 착취에 대한 두려움)과 이 감정들을 다루기 위한 방어기제들(예: 이상화나 평가절하, 주지화를 통한 거리 두기, 퇴행, 투사)에 스스로 익숙해져서 내담자를 좀 더 잘 공감할 수 있게 된다. 나는 처음 분석가의 상담소에 찾아갔을 때, 내 모습에 스스로 놀랐던 기억이 있다. 당시 나는 의식적 수준에서는 '도움을 구하는 건 부끄러운 일이 아니며, 특히 전문적인 이유로 상담을 받는 일에 사회적 편견은 없을 것'이라고 굳게 믿고 있었다. 그럼에도 불구하고 상담소 문으로 들어갈 때 누가 나를 볼까 봐 걱정하고 있는 나 자신을 발견하고 놀라지 않을 수 없었다.

자신의 감정을 지속해서 인식하고 자신의 역동을 주의 깊게 살핌으로써 상담자는 내담자와 상호작용할 때 내담자에게 혹은 상담 과정에 해를 끼치는 것을 방지할 수 있다. 해로운 시나리오의 예로는 상담자가 상담 회기 전에 느끼는 두려운 감정을 감당하기 어려워서 내담자와 상담 관계의 종료를 정당화하거나, 내담자가 상담자의 결점에 관해 이야기할 수 있는 자유를 주지 않음으로써 자기 능력에 대한 확신을 갖는 등 자기애적 욕구를 충족시키는 것이 있다. 혹은 관계에서 힘을 좀 더 갖기 위해 성적으로 매력적으로 보이려고 하거나, 구원 환상에 빠져서 내담자가 스스로 문제를 해결할 수 있는 능력을 약화하는 것 등이 있다. 상담자가 똑똑할수록 도움이 되지 않는 자신의 상담 개입에 대해서, 심지어 정서적 해를 끼칠 수 있는 개입에 대해서도 합리화할 위험이 커진다(Strupp, Hadley, & Gomez-Schwartz, 1977). 아마도 상담자 본인이 상담 받는 것의 최고 성과는 겸손일 것이다. 즉, 자신의 한계, 약점, 그리고 오류 가능성에 대한 깊은 인식(Orange, 1995 참조)은 진정성 있고 평등한 치유적 관계를 위한 좋은 기반이 된다.

치료 동맹

편안하고 신뢰할 수 있는 작업 동맹은 다른 목표를 달성하기 위한 전제 조건이자 그 자체로도 치유적 현상이라고 할 수 있다. 어떤 내담자들은 첫 회 상담의 아주 초반부터 상담자의 선의를 당연하게 받아들이면서 안정적인 애착을 느낄 수 있다. 그러나 어떤 내담자들은 기본적인 안전감, 일관성, 자기 자신으로 있을 수 있는 자유를 느끼는 감각에 어려움이 있어서 상담자가 지속적으로 혹은 반복적으로 관심을 가져야 할 필요가 있다. 미쿨린서와 쉐이버(Mikulincer & Shaver, 2007)의 연구에 따르면, 헌신적이고 장기적인 관계(집중적인 치료도 포함됨)를 통해 불안정 애착 유형에서 안정 애착 유형으로 변화한다. 어떤 내담자(예: 심각한 편집증이 있는 내담자)에게는 다른 사람과 깊은 신뢰감을 형성하는 것이 상담의 주요 목표이며, 이 목표를 달성하는 데 몇 년이 걸릴 수도 있다.

여러 임상 전문가의 임상 경험과 체계적인 경험적 연구를 통해 치료 동맹과 치료성과 사이의 밀접한 관계가 확인되었다(Norcross, 2002; Safran & Muran, 2000; Summers &Barber, 2010; Wampold, 2001, 2010). 따라서 치료 동맹을 구축하는 것은 상담의 중요한 목표이며, 동맹이 손상된 경우에 이를 회복하는 것이 상담의 최우선 과제이다. 그린슨(Greenson, 1967)이 지적했듯이, 많은 상담이 실패하는 이유는 상담자가 치료 동맹이 생겼다고 잘못 가정하여 내담자가 안전하게 보호받으면서 상담 과정의 파트너로서 존중받는다고 느끼기 전에 '상담을 시작했기(do therapy)' 때문이다. 내담자가 진심으로 이야기하기를 어려워하거나 꺼려할 때, 치료협력의 가치에 대해 회의적 태도를 보일 때, 상담을 중단하려고 할 때, 자신의 안전 혹은 치료 자체의 토대를 위협하는 행동을 할 때 정신분석적 상담자는 즉시 상담 관계의 안전과 가치를 회복하는 데 주의를 기울여야 한다.

이러한 회복을 위해서 상담자를 신뢰할 수 없거나 심리적으로 위험하다고 느끼는 내담자의 경험에 대한 공감적 관심 두기, 내담자의 자기 파괴적 행동이 상담을 위협하고 있음을 직면하기, 상담에서의 경계를 명확히 하기, 오해에 대해 사과하기, 단절된 관계를 해결하고 이전의 유대감을 회복하기 등과 같은 노력을 상담자가 할 수 있다. 초기 분석가들(예:Fenichel, 1941)의 조언, "내용보다 저항을 먼저 분석하라(analyze resistance before content)."는 이러한 우선순위를 언급했다고 볼 수 있다. 한편 현대 분석가들(예: Josephs, 2000; Safran & Muran, 2000)은 '관계의 단절과 회복의 순환(cycle of rupture and repair)'을 더 강조하는 경향이 있다.

상담의 위기 상황에서 결정적 요인은 내담자가 상담자나 상담에 대해 부정적 감정을 솔직하게 표현하는 것에 대해 상담자가 견딜 수 있는 능력이다. 따라서 분석 훈련 프로그램에서는 초보 상담자들이 비판이나 증오, 경멸의 대상이 되는 것, 그리고 욕망이나 이상화의 대상이 되는 것을 견딜 수 있도록 돕는 데 큰 중점을 둔다. **부정적 전이**(negative transferences)를 기꺼이 받아들이는 것은 우리가 현재 성격장애라고 부르는 것에 관한 라이히(Reich, 1933/1972)의 연구 이래로 효과적인 치료의 조건으로 강조됐다. 만약 이 부정적인 감정이 신속하고 직접적으로 다루어지지 않으면 내담자는 다양한 해로운 방식으로 행동에 옮길 수 있다는 것을 우리는 알게 되었다. 그중 특히 주목할 만한 것은 갑자기 상담을 중단하는 것이다.

심리상담 과정을 비교한 광범위한 리뷰 문헌에서 블래기스와 힐센로스(Blagys & Hilsenroth, 2000)는 치료 관계에 대한 강조가 정신역동치료와 인지행동치료를 구별 짓는 7가지 요소 중 하나라는 사실을 발견했다. 그 밖의 다른 6가지 요소는 다음과 같다. (a) 정서와 감정 표현에 대한 집중 (b) 특정 주제를 회피하거나 치료적 진행을 방해하는 활동에 대한 내담자의 노력 탐색 (c) 내담자의 행동, 생각, 감정, 경험, 관계에서의 패턴 식별 (d) 과거 경험에 관한 관심 (e) 대인관계 경험에 대한 초점 두기 (f) 소망, 꿈, 환상에 대한 탐색이 그것이다. 이러한 요소들에 대하여 분석적 임상 문헌에서는 감정적 참여, 저항의 탐색, 내면화된 대상관계나 내적 작동 모델에 관한 관심, 발달적[성숙 단계의 또는 '유전적(genetic)'] 고려, 전이 및 역전이 과정, 그리고 환상과 꿈 분석이라고 언급하고 있다. 이러한 요소들은 프로이트 이후 모든 정신분석 학파에서 찾아볼 수 있는 부분이지만, 특정 학파에 따라 이 요소들에 대해 다르게 강조할 수 있다.

그런데 앞과 같은 모든 활동에 필수적인 **전제조건**(preconditions)—연구자들과 그들의 연구 대상인 임상가들이 아마 당연하게 여겼던 조건—이 있는데, 이는 다음과 같다. (a) 내담자가 자유롭게 이야기하도록 격려하는 것 (b) 상담자가 반응하며 듣는 특별한 종류의 경청 (c) 내담자의 성격이나 문제에 대한 잠정적 진단이나 역동적 이해를 포함하여 내담자의 의사소통에서 의미를 찾는 노력이 그것이다. 이 주제에 관한 좀 더 자세한 설명은 다음과 같다.

자유 연상

앞에서 언급했듯이, 프로이트는 초기 환자들을 만나면서 마음에 떠오르는 모든 것을 말하는 것의 가치를 알게 되었다. 그리고 그는 작은 세부 사항까지도 끊임없이 솔직하게 이야기하는 과정을 분석의 '기본 규칙(basic rule)'이라고 불렀다(Thompson, 2003). 일주일에 여러 번 정신분석을 받는 사람(이 치료법은 분석 훈련을 받는 사람들과 이를 경제적으로 감당할 수 있는 사람들에게 점점 제한되고 있음)은 지금까지도 누워서 긴장을 풀고 "모든 것을 말하세요."라는 요청을 받는다. 그러나 요즘 대부분의 정신역동 상담은 일주일에 한 번의 빈도(서로 얼굴을 마주 보고 하는)로 진행하고, '기본 규칙'은 덜 구체적인 방식으로 전달되는 경향이 있다. 예를 들면, 상담자는 내담자에게 가능한 한 솔직하게 말하도록 권유한 후에 그것이 어려워 보일 때(즉, 자신에 대한 모든 측면을 드러내라는 권유에 저항이 있을 때) 함께 살펴보는 방식으로 진행된다.

우리는 이제 자유 연상을 격려함으로써 신경 연결망을 활성화시키고, 치료 과정이 이를 재구성하는 데 도움을 준다는 것을 알고 있다(Bucci, 2002). 그런데 이와 관련하여 흥미로운 역설은 내담자들에게 모든 것을 말하라고 권유하면서도 그들에게 불가능한 것을 요청하고 있다는 점을 우리가 알고 있다는 것이다. 에드거 레벤슨(Edgar Levenson, 2008)은 약간의 농담을 섞어 정신분석이란 "내담자가 할 수 없다는 것을 알지만 해 달라고 요청한 후, 왜 그것이 불가능한지 함께 이해하려는 노력의 과정"이라고 정의했다. 왜 특정한 것을 말하기가 어려운지 같이 탐색하는 것은 전이 이슈로 이어진다(예: "나는 당신에 대해 불만을 느꼈지만, 당신에게 말하기가 망설여졌다. 왜냐하면 내가 나의 아버지에게 비판적 의견을 표현하면 그는 화가 나서 제정신을 잃기 때문이다." 또는 "나는 부끄러웠고, 당신이 나의 엄마처럼 나를 경멸할 것 같았다.").

정신분석이 전통적으로 자유 연상을 강조해 왔기 때문에 분석적 상담자는 다른 상담자들보다 내담자가 숨기고 있는 것이 없는지 주시하는 데 아마도 좀 더 관심을 기울일 것이다. 우리 자신이 내담자로서 경험을 해 봤기에 우리는 지속해서 솔직해지는 것이 얼마나 어려운지 잘 알고 있다. 많은 내담자에게 그들이 우리를 어떻게 보고 있는지 물어본 결과, 비록 우리가 내담자들에게 수치심을 주지 않고 자비롭게 대하더라도, 내담자들은 자신을 돕기 위해 상담자가 알아야 할 모든 것을 우리에게 자유롭게 말할 것이라고 가정할 수는 없다는 것을 알게 되었다. 내가 존 칼슨(Jon Carlson)에게 카메라 앞에서 말했듯이, 나는 상담을 시작한 지 몇 년이 지나서야 내담자에 관한 중요한 사실을 알게 되는 경우가 종종 있었다(예: 내담자가 폭식증이 있다는 사실이나, 이전에는 부인했지만 물질 의존장애가 있다는 사실, 또는 불륜 관계가 있다는 사실). 그러한 정보를 숨겨 온 내담자는 상담자의 반응에 대한 두려움을 극복하기 위해 상담자인 나와 충분한 시간을 함께 보낼 필요가 있었다. 혹은 그들이 해리시켰던 것을 느끼고 나누는 것에 대해 견딜 수 있을 정도로 성장해야만 했다. 따라서 분석적 상담자는 내담자가 꺼내기 어려워하는 것이 있는지 주기적으로 조심스럽게 질문해 볼 필요가 있다.

존중하며 유연한 생각과 열린 마음으로 경청하기

'존중하며 유연한 생각과 열린 마음으로 경청하기'를 통해 나는 프로이트(Freud, 1912/1958)의 '고르게 떠 있는 주의', 레이크(Reik, 1948)의 '제3의 귀로 듣기', 오그던(Ogden, 1997)의 '무아지경(reverie)', 케이스먼(Casement, 1985)의 '초점을 맞추지 않은 채 듣기', 그리고 비온(Bion, 1970)이 분석가들에게 권고한 '기억이나 욕망 없이 듣기'의 개념을 담아내고 싶다. 비록 내담자의 임상적 상태에 따라 상담자가 선택적으로 주의를 기울이는 요소는 다를 수 있다(Hedges, 1992). 그러나 분석적 상담에서 경청 과정의 전반적인 '느낌'은 깊은 이완과 높은 집중의 상태로, 이는 가벼운 최면이나 명상과 유사한 상태의 특징을 보인다. 이러한 수용적인 정신 상태에 관해 설명하기는 어렵지만, 내적 고요함과 같은 감각 혹은 통제를 내려놓고 내어 맡기는 감각과 비슷하다(Ghent, 1990). 이는 영적 지향성을 가진 사람들이 '경외감(reverence)'이라고 부르는 것과 비슷할 수 있다.

정신분석적 경청은 종종 능동적이고 공감적인 것으로 해석되기도 하지만, 흡수적이고 존중하는 것으로도 해석된다. 비록 **존중**(respect)이 분석적 문헌에서 포괄적으로 이론화되어 있지는 않지만, 이 태도는 정신역동 상담자의 경청 자세에 있어 매우 중요하다. 블래스(Blass, 2006)는 내담자에 대한 존중이라는 주제에 관하여 숙련된 분석가들을 인터뷰했는데, 이들은 존중과 공감을 구별하고 있었으며 많은 경우에 존중 유지를 공감보다 더 어렵게 생각한다는 것을 알게 되었다. 그들은 몇몇 내담자의 범주(예: 소아성애자, 약물 남용자, 신뢰를 깬 부정한 파트너)를 언급하며, 그들의 고통스러운 이야기를 들을 때 공감하기는 쉬우나 일관되게 존중하는 감정을 유지하기는 어려웠다고 말했다. 그들은 이러한 어려움에 대해 항상 염두에 두고 있었다.

내 생각에 존중의 본질은 내담자를 아래로 내려다보는 것 혹은 심지어 동등한 위치에서 바라보는 것이 아니라 **내담자를 위로 바라보는**(looking up) 태도이다. 그것은 공감을 포함하지만, 그 이상을 의미한다. 이렇게 위를 올려다보는 것은 반드시 존경심을 갖고 있을 필요는 없다. 그러나 우리가 뭔가 배울 수 있을 것이라는 기대, 즉 내담자가 우리에게 가치 있는 무엇인가(예: 새로운 아이디어, 감동적인 경험, 영감을 주는 은유, 잘 살아가는 삶의 예시)를 줄 것이라는 기대를 갖는 것이다. 프로이트(Freud, 1912/1958)는 내담자로부터 배우는 것에 대해 개방적이었으며, 실제로 그의 이론은 당시 시대에 경시되고 무시되었던 히스테리 장애 여성들을 존중하면서 경청한 데에서 도출되었다. 몇십 년 전, 시얼스(Searles, 1975)가 '분석가에게 치료자가 되는 내담자'라는 개념에 관해 글을 썼는데, 이 개념은 그 이후로 더욱 정교화되어 왔다(예: Jacobs, 1996).

몇몇 초기 분석가는 내담자의 통찰에 놀랄 수 있는 개방된 태도를 유지하도록 노력하는 것에 관해 강조한 프로이트의 접근 방식을 따랐다(Reik, 1937). 반면, 다른 분석가들(예: Strachey, 1934)은 분석가가 무의식적 과정에 대한 지식이 풍부하기에 좀 더 권위적인 입장을 취할 수 있다는 생각을 바탕으로 표준 기법을 개발하려고 노력했다. 한편 최근 관계 이론 문헌에서는 후자의 권위적 입장을 취할 수 있다는 일부 분석가들의 논조에 대한 반발로 존중에 관하여 심도 있게 다루었으며(Aron, 1996; Stern, 1997), 주로 **상호성**(mutuality) 및 주체 대 주체의 관계라는 주제를 논의했다(Benjamin, 1995).

정신역동 상담의 주요 목표는 내담자가 자신의 문제를 스스로 해결하는 능력을 키우는 것이다. 이러한 노력에는 한 쪽(내담자)이 다른 쪽(상담자)의 전문적 계획을 따르는 것이 아니라 공동으로 탐구하는 분위기가 필요하다(Sullivan, 1970). 그렇다고 내담자의 잠재적 자율성을 존중하는 원칙 때문에 분석 상담자가 긴 침묵을 지켜야 하고, 유용한 정보를 제공하지 말아야 한다는 의미는 아니다. 그러나 우리가 해석(예: "아마도 당신은 스스로 인식한 것보다 더 화가 나 있을 수 있습니다."), 관찰(예: "당신이 그렇게 말씀하실 때, 표정에 깊은 슬픔이 보입니다."), 제안("당신이 스스로에 대해 더 잘 이해하기 전에 행동하는 것이 좋은 생각인지 모르겠네요.")을 할 때 우리의 어조는 일반적으로 조심스러워야 하며, 내담자가 자유롭게 질문하거나 거부할 수 있는 가설로서 제시하는 것이 좋다. 그리고 우리가 잘못했거나 상처를 주었을 땐 사과해야 하며, 관계에 있어서 정서적으로 안전하다는 느낌이 깨진 상황에 대해서는 내담자의 반응을 살펴봐야 한다.

미국에서는 활동성, 실용성, 문제 해결을 중시하는 반면, 성찰, 숙고, 명상적 경험 등에 대해서 그리고 한계나 역설, 타협 등을 수용하는 것에 대해서는 상대적으로 덜 중요하게 여긴다. 그런데 분석적 전통은 좀 더 유럽적인 감수성['희극적'인 것보다 '비극적'인 지향성(Messer & Winokur, 1984)]을 반영하는 것 같다. 분석적 전통은 고통스러운 현실을 마주할 때 위로가 필요하다는 것을 가정하고 있기 때문이다. 즉, 고통 받는 사람은 되돌릴 수 없는 것에 대해 애도할 정서적 공간이 필요할 수 있다고 가정한다. 오늘날 서양인들은 문제를 '해결'하기 위해 서두르는 경향이 있다(그래서 활동적이고 실용적인 태도는 심리상담의 효과를 평가하려는 노력에서도 점점 더 두드러지고 있다). 그러나 정신역동 상담자들은 특히 이전에 자신의 내적 삶에 대한 존중을 받아 본 경험이 적은 내담자들이 경청 **자체**(in itself)를 치료적 경험으로 여긴다는 것을 알고 있다. 또한 정신역동 상담자들은 인생이 가져오는 많은 어려운 상황들을 다루는 법을 배우고, 수용, 평온, 그리고 연민의 감각을 발달시키는 것을 강조한다.

의미 찾기

앞에서 언급한 것처럼, 분석적 상담자들이 몰두는 하고 있지만 (신기하게도) 특정한 초점을 두지 않는 방식으로 내담자의 말을 경청하는 동안, 그들은 내담자의 경험에서 의미를 찾으려고 노력한다. 좌뇌(보다 논리적이며 경험을 객관적으로 받아들이는)와 우뇌(보다 주관적이고 직관적이며 경험을 본능적으로 받아들이는)의 모든 과정을 통해 내담자의 경험에 대한 의미의 근원을 찾는다. 즉, 내담자의 고통을 이해하는 서사(하나의 통일된 이야기)를 도출하기 위하여 우리는 성격, 애착, 갈등, 발달, 성, 다양성, 심리학의 다양한 영역에 대한 지식뿐 아니라 내담자에 대한 동일시, 감정 반응, 신체 감각, 순간적인 인상 등을 활용한다. 우리는 내담자의 의사소통을 통해 드러나는 성격, 스트레스, 상황, 인지, 감정, 감각, 행동의 상호작용을 전체적으로 이해하려고 노력한다.

우리는 법의학적 혹은 연구 목적이 아니면 상담의 초기에 심리 평가 도구를 사용하지 않는 편이다. 진단하는 데 혼란스러운 상황에 직면했을 때(예: 뇌 손상을 시사하는 행동, 내담자가 알지 못하는 해리의 증거, 사고장애의 징후)는 진단되지 않은 이 잠재적인 환자를 심리 검사에 의뢰할 수 있다. 연구, 상담, 법의학적 목적으로 시행하는 평가 도구는 중요하다. 그러나 일반적으로 우리는 면담에서 얻는 다양한 정보를 통해 좀 더 총체적으로 파악하는 것을 선호한다. 우리가 갖고 있는 축적된 임상적 지식과 자신의 성격에 대한 지식(상담을 받으며 자신을 치료하는 것으로 심화된)으로 인해 우리는 우리 자신을 '분석적 도구'로 사용하여 대부분의 임상적 정보를 받아들이고 처리할 수 있게 된다(Lasky, 2002 참조).

첫 회 상담에서 우리는 보통 내담자들이 도움을 청하게 된 고통스러운 경험의 의미와 원인에 대하여 호기심을 갖고자 노력한다. 그리고 이 과정에서 우리는 "만일 우리가 함께 이 문제를 이해할 수 있다면 우리는 그것에 대해 어떻게 해결할지 알아낼 수 있을 것입니다."라는 메시지를 언어적 · 비언어적으로 전달하고자 한다. 따라서 우리는 왜 이 문제가 발생했는지, 그리고 왜 지금 발생했는지에 대한 내담자의 생각을 물어볼 수 있다. 그리고 증상이 나타나게 된 이유에 대한 가설을 제시하고 그 가설이 내담자의 이해와 일치하는지 물어볼 수도 있다. 전반적으로, 우리는 심리적 고통이 무작위로, 자의적으로, 그리고 무의미하게 발생하지 않는다는 점, 심리적 고통이 약함이나 나쁨 또는 불운과 같은 것이 아니라는 점, 그리고 부끄러워할 이유가 없다는 점에 대한 확신을 전달하고자 노력한다. 거듭 말하지만 이와 같은 기본적인 신념은 다른 많은 상담에서도 특징적으로 나타난다. 그러나 정신분석가들은 앞서 언급한 내용들이 프로이트가 만난 초기 환자들의 의미없어 보이는 증상들에도 의미를 부여할 수 있다고 확신했던 그의 통찰과 일맥상통한다는 점을 특히 더 인식하고 있다.

진단적 개념화

분석적 상담자들은 심리진단을 대하는 태도에서 각자 차이를 보인다. 어떤 상담자는 내담자의 고유성을 강조하며 진단의 이름을 붙이는 것이 무의미하다고 보지만, 어떤 상담자들은 치료해 나가는 데 있어서 진단을 중요한 지침으로 여기기도 한다. 또한 상담자마다 진단적 과정에 얼마나 의식적이고 신중하게 참여하는지도 차이를 보인다. 그러나 나는 진단적 개념화를 하지 않는 일부 분석가들도 여전히 그들이 상담 작업을 할 때 개인차에 대한 기본적인 분석 개념에 영향을 받고 있다고 생각한다. 정신역동적 진단에서는 DSM이나 국제 질병 분류(international Classification of Diseases)와 같은 범주적 개념에는 관심을 덜 둔다. 그보다는 정상 수준부터 신경증 수준, 경계선 수준, 정신증 수준에 이르기까지 추정된 성격 조직의 성숙 수준(Kernberg, 1984; Steiner, 1993)이나 개인의 성격 조직과 방어기제(McWilliams, 1994, 2011; PDM Task Force, 2006)에 좀 더 관심을 기울인다.

역동적 개념화

진단적 명명에 대해 그다지 중요성을 부여하지 않는 분석가들조차 내담자 개인이 타고난 기질적 특성, 성장 과정에서의 도전, 방어기제 및 대처 전략, 정서적 패턴, 동일시 및 역동일시, 관계 패턴, 무의식적 신념 체계, 자존감 유지 방식(McWilliams, 1999) 등에 대한 가설을 세우려고 노력한다. 만일 진단이라는 개념에 대해 '이해한 바를 조직화하는 방식'으로 이해한다면, 앞에서 언급한 모든 요소는 당연히 일종의 진단을 구성하고 있다고 할 수 있다. 우리는 "왜 이 증상이 나타났나?" 그리고 "왜 지금 나타났나?"의 질문에 대한 여러 답을 도출하면서 내담자의 현재 문제와 반복되는 패턴의 원인과 의미를 파악하려고 노력한다. 우리는 대부분의 심리적 문제가 복합적인 요인에 의해 결정된다는 것(Waelder, 1960), 즉 여러 원인이 상호작용하여 생기게 된다고 생각하게 되었다. 그리고 각 결정 요인을 이해하게 될 때, 우리는 그 추론 내용을 내담자와 공유할 수 있다.

치료 개입을 평가하기 위한 주요한 분석적 기준은 치료 개입 이후에 내담자가 이에 대한 반응으로 새롭고 의미 있는 연상이나 정서적 경험을 하는지 여부이다. 내담자가 우리의 가설에 의식적으로 공감하길 바라지만, 우리는 방어기제의 힘을 알고 있기에 내담자가 우리 생각에 동의한다고 해서 항상 우리의 가설이 옳다고 가정하지 않는다. 마찬가지로 내담자가 반대한다는 것이 우리의 가설이 틀렸다고 가정하지 않는다. 어떤 사람들은 무의식적으로 부정적인 반응을 독립적인 자아 감각 유지와 연결하기 때문에 독립성을 지키는 수단으로 반대하는 경향이 있다. 대신, 우리는 치료 과정이 앞으로 나아가고 있는지, 관계가 점점 더 진정성 있는 느낌이 드는지, 정서적으로 의미 있고 창의적인지, 새로운 행동을 발달시키고 있는지를 살펴본다.

말하지 않은 것에 주목하기

치료의 언급되지 않은 측면들을 탐색하는 것은 분석적 임상가들의 감수성에 있어서 독특한 특징일 수 있다. 있는 그대로의 진솔함을 중요하게 생각하는 우리의 관점에 따라 우리는 무엇이 이야기되지 않는지, 당연하게 여기는 것이 무엇인지, 무엇을 피해 가고 있는지, 명명하고 수용함으로써 명확하게 인식할 수 있는 것이 무엇인지 자문한다. 우리는 "의식하지 못했지만, 알고 있는 것(unthought known)"(Bollas, 1987)에 초점을 맞추면서 어쩌면 내담자와 함께 공모하여 무시하고 있을지 모르는 것들을 탐색한다. 이 부분에 대한 주의를 기울인다는 것은 부정적 전이에 대한 개방뿐 아니라 치료의 조건에 초점을 맞추는 것도 포함한다. 예를 들면, 우리는 약속 시간의 변경, 우리가 상담을 늦게 시작하거나 늦게 끝낸 것, 사무실 인테리어, 우리가 체중이 줄었거나 수염을 기른 것과 같은 변화 등에 대해 내담자가 어떤 반응을 보이는지 주의 깊게 탐색할 수 있다. 이렇게 일상적이고 자명한 것에 대하여 묻는 것은 사회적으로 이례적일 수 있으나, 치료적 관계에서는 일상적이고 말로 표현되지 않은 측면에 대한 반응 속에 내담자의 중요한 문제가 숨어 있을 수 있기에 질문을 할 수 있다. 상담자와 내담자는 다소 무의식적으로 방에 있는 코끼리를 무시하는 데 공모할 수 있는 영역이 많이 있다. 이러한 코끼리에는 민족, 종교, 인종, 성별, 성적 지향성, 사회경제적 지위, 신체적 외모, 장애 및 사람들이 일상적인 사회적 대화에서 피하는 주제들이 포함될 수 있다. 이를 두고 나의 슈퍼바이저 중 한 명은 "정신분석은 사교 모임이 아니다."라고 말한 적이 있다.

저항에 주의 기울이기

사람들이 상담자를 찾는 이유는 그들이 문제를 해결하기 위해 했던 시도들이 모두 실패했기 때문이다. 그리고 자신이 추구하는 변화를 방해하는 심리적인 부분이 있다는 것을 깨달았거나 단순히 무력감을 느껴서 상담을 찾는다. 그런데 인간이라는 유기체는 복잡한 관료 조직과 비슷한 면이 있다. 즉, 건강한 유연성을 향한 변화를 시도할 때 불안감이 생기며, 그 결과 아무리 그동안 부적응적이었던 방식이라도 기존의 방식을 고수하려는 경향이 있다(Schlesinger, 2003 참조). 분석가들이 내담자들의 '저항(resisting)'에 대해 '비난(accuse)'을 한다는 대중적 고정관념과 달리, 지금 언급한 시스템—여기에는 인간의 행동, 사고, 감정 관리, 신체 경험, 타인과 관계를 맺는 방식을 포함—이 변화에 저항한다는 인식에는 어떤 비난의 의도도 내포하고 있지 않다. 실제로 우리가 변화에 저항하지 않는다면 우리는 모든 종류의 교묘한 조종에 방어하기 어려운 취약한 상태가 될 것이다. 이에 정신역동적 상담자들은 선의의 영향력에도 저항하는 현실을 존중하며 내담자와 상담자가 이를 해결할 수 있는 방법을 찾으려고 노력한다. 그리고 변화하는 것이 얼마나 어려운지에 대한 내담자의 수치심을 줄이려고 노력한다.

그리고 우리는 내담자의 약점뿐만 아니라 강점에도 주목한다. 정신병리가 내담자를 괴롭히는 부정적 결과이기도 하지만 문제를 해결하기 위한 긍정적인 노력의 표현이기도 하다는 우리의 믿음을 전달한다. 내담자에게 문제가 되는 인지, 정서, 행동적 패턴이 반복적으로 표현되는 **훈습**(working through)의 과정, 특히 이러한 패턴들이 현재에 드러나고 이를 명명하는 과정에서 우리는 내담자가 감정적으로 진실한 새로운 관계에 참여함으로써 관계에 대한 무의식적인 기대를 수정하기를 희망한다. 인지 신경과학의 관점에서 이 과정은 어린 시절에는 최선의 방법이었으나 현재는 부적응적인 자동적 해결책에 대해 전두엽이 '반박(talk back)'하는 새로운 학습에 참여하는 것이다(Lane & Garfield, 2005).

전이와 역전이에 주의 기울이기

분석적 접근과 다른 접근들의 가장 큰 차이점은 아마도 전이와 역전이에 관한 관심 여부에 있을 것이다. 내담자들은 종종 상담실 **밖에서**(outside) 문제가 되는 행동에 대해서는 기꺼이 이야기할 수 있으나, 상담 관계에서 고통스럽고 수치스러운 자기 상태는 드러내지 않으려고 할 수 있다. 그러나 정신역동 상담에서는 새로운 정서적 학습이 지금-여기에서의 경험에서 촉진된다는 원칙에 따라 내담자들에게 그들의 부정적인 부분(그리고 그들의 더 사랑스러운 특성도 함께)을 **상담 관계 안에서**(in the therapy relationship) 찾도록 권유한다. 이 과정이 상담자에게도 가장 큰 스트레스를 주기 때문에 상담자가 내담자의 역할을 경험하는 것(상담을 받는 경험)이 매우 필요하다.

내담자의 가장 고통스러운 감정과 부정적인 속성을 흡수하거나 방어하지 않고 단순히 **담아 주는 것**(contain; Bion, 1967)은 어려운 작업이다. 또한 내담자가 칭찬할 때 상담자가 자아도취적으로 되지 않으면서 상담자를 이상화하려는 내담자의 문제가 되는 욕구의 측면을 무시하지 않는 것, 내담자가 성적 욕망을 표현할 때 내담자를 유혹하지 않으면서 평정심을 갖고 받아들이는 것 등은 어려울 수 있다. 이러한 어려움들 때문에 분석적 상담자들은 평생 슈퍼비전과 동료들에게 자문하는 것을 강조한다(Levenson, 1982 참조). 특히, 전이 이슈들을 다루는 방법에 대한 슈퍼비전과 자문은 중요하다. 전이를 알아차린다고 반드시 상담자가 전이를 해석해야 한다는 의미는 아니다. 만약 해석을 하게 된다면 신중함과 타이밍이 중요하다. 이러한 임상적 지혜는 단기 정신역동 상담에 대한 몇몇 연구에서 뒷받침되고 있다. 연구 결과에 의하면 내담자의 전이를 직접적으로 다룰 때 능숙하고 존중하는 태도로 다룬다면 도움이 될 수 있지만(Hoglend et al., 2007), 너무 성급하게 접근한다면 역효과를 낼 수 있다(Piper, Azim, Joyce, & McCallum, 1991).

분석적 치료가 유년기의 경험만을 끝없이 이야기한다는 통념이 있다. 그러나 실제로 분석적 치료에서는 지금 바로 이 순간, 상담실에서 그리고 내담자의 삶에서 일어나는 감정, 인식, 행동에 초점을 맞춘다. 우리가 내담자에게 그것들에 대해 탐색하도록 요청하면 종종 중요한 기억들이 떠오르게 되지만, 우리는 상담자와 내담자 양측의 현재 순간의 자신에 대한 인식을 강조한다. 이러한 인식의 강조는 통찰을 통해 반드시 변화를 일으키고자 함은 아니다[물론 변화 과정의 요소이거나 결과인 경우도 종종 많이 있다(Messer & McWilliams, 2006)]. 그보다는 무언가에 대해 의식하지 못하면 우리는 그것을 해리하거나, 행동화하거나, 신체적으로 대신 경험하기 때문이다. 즉, 이해하는 과정 그 자체가 치료적이다. 탐구하는 습관은 전반적인 성찰의 기능을 강화하며, 이를 통해 애착의 안정성을 향상시키는 데에도 경험적으로 효과가 있음이 입증되었다(Blatt & Auerbach, 2003; Fonagy, Gergely, Jurist, & Target, 2002).

상담자인 우리가 내담자의 불쾌한 귀인과 감정의 대상이 되었을 때 가장 어려운 점은 부정적 감정 그 자체보다 우리를 고의로 오해하는 것 같은 느낌이다. 그러나 우리는 내담자가 종종 우리를 특정한 방식으로 보도록 허용해야 한다는 점을 상기해야 한다. 그래야지만 그들의 애착 과거사로 인하여 친밀한 관계에서 필연적으로 발생하는 그들의 강렬한 부정적 반응에 대해 스스로 미쳤다고 느끼지 않을 수 있기 때문이다. 초기 분석가들은 이 과정에서의 내담자의 왜곡을 강조했다. 그러나 현대 임상가들은 이에 대하여 상담자에게 존재하지만, 잘 인식되지 않는 특성에 대한 내담자의 선택적 지각이라는 관점으로 보려는 경향이 있다. 그런데 여기서 상담자의 맹점이 존재하는데, 내담자와의 상호주관적 관계는 상담자가 다른 사람들과의 관계에서는 거의 나타나지 않는 특성이 유발될 수 있기 때문이다.

해럴드 샘프슨(Harold Sampson)과 조셉 와이스(Joseph Weiss)는 내담자들이 자신에게 필요한 것을 무의식적으로 알고 있으며, 상담자가 그것을 제공할 수 있는지 알아보기 위해 상담자를 끊임없이 시험한다는 것을 발견했다(Silberschartz, 2005 참조). 내담자들은 "당신은 나의 부모처럼 반응할 건가요? 아니면 내가 새로운 경험을 하도록 해 줄 건가요?"의 암묵적 질문을 던지면서 **전이 테스트**(transference test)를 통해 우리를 시험한다. 또는 **수동을-능동으로 전환**(passive-into-active transformation)하여 그들이 어렸을 때 대우받은 방식으로 상담자를 대한 후에 그들이 어렸을 때 대응한 것에 비해 상담자는 더 효과적으로 반응할 수 있는지를 확인한다. 첫 번째 유형의 테스트에 대한 반응으로 상담자는 **상보적**(complementary) 역전이 반응 경향을 보인다(상담자는 내담자의 어린 시절의 양육자처럼 느끼게 된다). 두 번째 유형에 대한 역전이 반응은 **일치적**(concordant) 반응 경향성이다(내담자의 양육자가 그를 대했을 때 내담자가 느꼈던 것과 같은 감정을 상담자가 느끼게 된다; Racker, 1968).

이러한 정서 과정에 대한 인식을 통해 우리가 그 감정 과정에 이름을 붙일 수 있게 되면 과거 경험이나 감정이 현재에 극단적으로 재현되는 것을 피할 수 있으며, 새로운 학습을 할 수 있게 된다. 관계 분석가들은 관계의 상호주관적 특성상 상담자들이 내담자의 주요 도식의 감정적 반복에 참여하기 때문에 재현되는 것을 피하기는 어렵다고 강조한다. 그러나 우리 상담자들은 현재 무엇이 일어나고 있는지 의식할 수 있으며, 우리 자신이 **변형적 대상**(transformational object)으로 사용되도록 노력할 수 있다(Bollas, 1987). 이 과정에서 익숙하지만 문제가 되는 내담자의 심리적 서사를 좀 더 건강한 다른 방향으로 변화시키는 데 도움을 줄 수 있다.

내담자의 전이 감정을 정교화함으로써 얻게 되는 가장 의미 있는 결과는 자신의 가장 혐오스러운 특성과 이해하기 힘든 행동에도 불구하고 상담자에게 자신이 받아들여졌다는 사실을 깨닫는 것이다. 상담자가 내담자의 파괴적 비난에서 살아

남을 수 있다는 사실 자체가 치유적일 수 있다. 화를 낸 후에도 관계가 회복될 수 있다는 사실은 적대감이나 소원한 관계 경험의 역사가 많은 사람에게는 놀라운 것이다. 이 과정은 부정적 시기를 겪으면서 부모를 공격해도 부모는 여전히 곁에 있고 헌신적이라는 것을 깨닫는 정상적인 성숙의 과정을 제공하거나 강화할 수 있다(Winnicott, 1971 참조). 이를 통해 자기 경험의 불편한 요소들을 분리하지 않고 자신을 더 온전히 받아들이는 것이 가능해진다.

전반적으로 우리는 내담자가 가능한 한 빨리 기분이 나아지고 그들이 상담 받으러 오게 된 주된 불만을 변화시키는 데 도움을 주려고 한다. 나는 정신역동 상담이 현재 문제를 해결하는 데 있어서 다른 상담보다 더 느리다는 근거를 본 적이 없다. 그러나 우리는 치료적 성장을 평가하는 데 있어 증상 완화 외에도 정체성 통합, 주체성, 대상 항상성, 회복탄력성, 현실적인 자존감과 가치관, 다양한 사고와 감정을 견디고 수용하는 능력, 감정 조절, 자기 성찰, 타인의 정신 상태를 이해하는 능력, 방어기제의 유연성과 성숙도, 친밀감, 생동감, 자신을 명확하게 정의하면서도 타인과 소통할 수 있는 균형감, 변하지 않는 것을 슬퍼하고 받아들이는 능력과 같은 요소들의 성장에 주목한다. 우리는 대부분의 증상이 다른 기능 영역들과 분리되어 존재한다고 보지 않으며, 상담 과정을 통해 내담자가 자기 성격의 깊이와 폭을 인정하게 될 때 지속적인 변화가 일어난다는 것을 배웠다.

정신역동 상담에 대한 적합성

정신역동 상담에 잘 적응하는 내담자는 호기심이 많으며, 적어도 자기 성찰 능력이 있고, 애착에 대한 두려움이 너무 크지 않은 사람들이다. 이러한 자질이 부족한 사람들과도 작업하는 방법이 개발되었지만, 이들은 보통 이 치료 과정에 익숙해지는 데 좀 더 긴 시간이 걸린다. 정신분석적 상담은 일상생활에 깊이 뿌리내리고 있는 문제나 성격장애에 대한 치료로 널리 인식되고 있다. 한편 중독이나 극단적인 거식증, 심각한 반사회적 성향, 강박 장애, 주요 우울증, 급성 경계성 및 정신증적 상태 등으로 고통 받고 있는 내담자들은 심리치료 외에도 특정한 개입과 특정한 경계 조건(의료적 개입 및 기타)이 필요할 수 있다. 이들에게는 보통 정신역동 상담만으로는 충분하지 않다. 분석가들은 이 사실을 처음에 힘들게 배워 나갔다. 예를 들면, 중증 알코올 의존자를 돕기 위해 표준적 치료만으로 도우려고 해 보았으나, 대개 실패로 끝나게 되었다.

분석적 상담이 많은 실증적 연구의 대상이 되기 전에는 '분석 가능성(analyzability)'에 대한 임상 문헌들이 있었다(Greenson, 1967; Karon, 2002 참조). 그러나 누가 분석에 잘 맞는지에 대한 의견이 너무 상충하게 되자 이 주제는 결국 사라지게 되었다(Fine, 1990). 또한 누가 효과를 보는지에 대한 답변 중 일부는 분석적 상담 외의 다른 모든 상담에서도 적용될 수 있었다. 예를 들어, 윌리엄 스코필드(William Schofield)의 YAVIS(Young, Attractive, Verbal, Intelligent, Successful: 젊고, 매력적이며, 언어적 능력이 있으며, 지적이고, 성공적인) 약어(Schofield, 1964)로 일컫는 내담자들은(다소 단순화하며 가볍게 일컫는 경향이 있다) 분석적 상담에 좋은 후보자일 수 있다는 것은 사실이다. 그러나 이들은 또한 인지, 행동, 가족 체계, 인본주의적, 정서중심 심리상담 등 다른 상담에서도 좋은 후보자이다. 모든 상담자는 유능하고, 협조적이며, 동기가 높은 사람들을 좀 더 쉽게 도울 수 있기 때문이다.

정신증, 성격장애, 해리 및 기타 어려운 문제들에 관한 방대한 분석적 문헌들을 고려할 때, 정신역동적 전통은 어려운 내담자들을 고군분투하며 치료하고 있는 모든 상담자에게 풍부한 도움의 자원이 될 수 있다. 한편 지시적 상담자를 원하는 내담자에게는 구조화된 상담이 상식적으로 더 맞아 보이지만 이에 대해 일반화하기는 어렵다. 왜냐하면 나는 분석적 상담에 잘 적응할 수 있는 모든 특성을 가졌으나 분석적 상담이 도움이 안 된 사람과 분석적 상담에 거의 모든 부정적 예후를 보인 사람이 자신과 잘 맞는 정신역동적 상담자를 만나 놀라운 진전을 이룬 사람도 알고 있기 때문이다(Bach, 2011 참조).

3. 사례 적용: 치치 사례

이번 장에서는 바로 앞에서 설명한 정신역동적 접근의 요소들(정신분석적 감수성, 상담자의 자기 이해, 치료 동맹, 자유 연상, 존중하며 유연한 생각과 열린 마음으로 경청하기, 의미 찾기, 말하지 않은 것에 주목하기, 저항에 주의 기울이기, 전이와 역전이에 주의 기울이기)을 치치 사례의 예시를 통해 되돌아보고자 한다.

정신분석적 감수성의 구현

나는 촬영된 영상에서 보여 준 나의 행동들이 정신분석적 감수성을 잘 보여 줬으면 좋겠다. 난 치치를 좋아했고, 진심으로 그녀를 이해하려고 했다. 정신분석적 감수성이라는 것은 일련의 절차라기보다 배경적 태도에 가까우므로 내가 언급했던 분석적 가치를 얼마나 잘 구현했는지는 시청자의 평가로 남겨 두겠다.

그런데 촬영하는 상황에서는 정신분석적 과정을 보여 주는 것이 불가능하다는 것을 절실히 깨달았다. 물론 나는 정신분석적 내용의 일부를 전달했다고 생각하지만, 내담자가 치유의 원천을 자기 안에서 찾는 지속적이고 안전한 관계에 대한 그 전반적인 감각은 짧은 비디오 촬영에서는 제대로 전달되기 어려웠다. 나는 치치와 짧은 상담 시연을 할 때에도 전문적인 원래의 내 모습 그대로 있었다. 그러나 평소 상담 때보다는 좀 더 말을 많이 했고, 지속적으로 유지되는 상담 관계에서보다는 더 많이 연결하려고 노력했으며, 좀 더 교육적인 자세로 있었던 것 같다.

상담자의 자기 이해 활용

APA 촬영 중에 나는 잠재적으로 방해가 될 수 있는 내 안의 몇 가지 역동을 인식하려고 노력했다. 예를 들면, APA가 이 프로젝트의 목적을 어떤 치료 접근이 가장 좋은지 경쟁하는 것이 아니라 세 접근법이 어떻게 다른지 비교하기 위해 신중하게 구성했음에도 불구하고—그리고 나 또한 이러한 구성을 인지적으로 강하게 동의한다—나는 꽤 경쟁적인 사람이라서 '최고가 되어야 한다.'라는 미묘한 내적 압박을 느꼈다. 나는 의식적으로는 공적 태도에 일치되어 있었기 때문에 이전에 혼자 개인 상담자로 참여했던 APA 비디오 촬영 때보다 내가 더 불안해 하고 있다는 것을 알아차리고서야 내 안에 이러한 욕구가 있다는 것을 인식하게 되었다. 내가 그 불안한 감정에 대해 연상했을 때 내 마음에 떠오른 것은 "'정신분석' 팀을 위해 이겨라!"라는 격려의 구호였다. 이렇게 내 안의 경쟁적 목표를 인식함으로써 나는 나의 행동화 경향성(유사점과 다른 점을 이해하려는 내 안의 '더 나은 자기'가 원하는 정당한 노력을 평가하는 방식으로 훼손하는 경향성)이 줄어들기를 기대했다.

나는 또한 보통의 상담에서처럼 내담자를 최대한 도우려는 시도와 이 상담이 불가피하게 조작된 상황(즉, 시연 목적의 만남으로서 촬영되고 있고, 두 번의 예정된 만남 이후에는 함께 작업하지 않는 상황)이라는 두 측면을 강하게 인식하면서 그 사이에서 긴장을 느끼고 있었다. 이는 전형적인 임상 상황과는 거리가 멀었다. 존 칼슨(Jon Carlson) 박사는 우리가 접수면접 상황이나 사례 개념화하는 데 시간을 덜 쓰고 바로 '상담을 할 수 있게' 하려는 의도로 그가 직접 접수면접을 진행했지만, 치치와 처음 만나는 날 나는 아직 그녀가 낯설었으며 그녀와 이미 치료 동맹을 맺은 것처럼 그녀의 정신세계에 단번에 뛰어들 수는 없었다.

마지막으로, 나는 현재와 미래의 청중이 있다는 사실과 이 만남의 목적은 분석적 개념이 어떻게 치료 과정으로 전환되는지를 보여 주는 것이라는 것을 인지하고 있었다. 나는 관찰자가 있다는 감각을 완전히 잊고 치치와의 상호작용에 몰입한 순간도 있었다. 그러나 다른 때는 '나중에 논리적으로 잘 설명할 수 있도록 여기서 의미 있는 뭔가를 만들어야겠다.'라는 생각이 드는 순간도 있었다. 그런데 이때 가치 있는 무언가를 가르치고 싶다는 좀 더 수용 가능한 건강한 바람과 자기애가 뒤섞여 복잡한 마음을 일으켰다.

치료 동맹의 구축과 유지

〈심리치료의 세 가지 접근〉 비디오 상담의 제한적 특성 때문에 나는 기간이 정해져 있지 않은 치료에서 처음 내담자를 만날 때보다 좀 더 자기 공개를 많이 했다. 내가 치치에게 왜 이 프로젝트에 자원했는지 물었을 때(최종 DVD에는 사용되지 않은 상담 장면임) 그녀는 연기하는 것을 좋아한다고 말했지만, 내가 그 동기에 대해 비판적일까 봐 걱정하는 듯한 표정으로 나를 바라보았다. 그래서 나도 연기를 좋아하며, 그것이 얼마나 만족스러운지 이해한다고 언급했다. 이러한 자기 공개는 시연 상황의 인위성으로부터 비롯되었다. 나는 그녀의 경험을 이해하는 데 있어 나의 생생한 개인적 경험에서 우러나왔음을 전달함으로써 치료 동맹을 형성하려고 했다. 그러나 보통 상담에서라면 나는 이런 말을 하지 않는다. 내담자가 어떻게 받아들일지 충분히 알기 전에 개인적인 삶에 관한 자기 공개를 하는 것은 정신분석 과정에서 문제가 될 수 있다.

하지만 이 상황에서 나는 내 익명성을 유지할 이유가 없다고 보았다. 충분히 다룰 시간이 없는 전이를 '오염시킬까 봐(contaminating)' 걱정할 필요가 없었기 때문이다. 만약 내가 치치와 장기적인 상담을 진행한다면 나는 그녀의 얼굴에 나타난 표정에 관하여 물어보고, 내가 비판적일지도 모른다는 걱정을 표현하도록 초대했을 것이다. 그리고 그러한 인식을 탐색함으로써 다른 사람들이 그녀의 나쁜 면을 보고 그녀를 거부할 것이라는 깊은 두려움을 깨달을 수 있도록 독려했을 것이다. 감정을 잘 드러내지 않는 그녀의 부모님은 어린 시절에 감정 표현이 풍부하고, 청소년기에 반항적이었던 그녀를 과하게 극적인 아이로 보았을 것이다. 만일 그렇다면 내가 그녀에 대해 자기 과시적이라고 느끼며 받아들이기 어려웠을 것이라는 그녀의 걱정은 결국 나에 대한 전이 경험으로 나타났을 것이다. 그녀가 나의 정식 내담자였다면 내가 과시적인 성향이 있으며, 연기하는 것을 좋아한다고 그녀에게 말하는 것은 그녀가 자기에 대한 이해를 높이는 중요한 기회를 차단했을 수도 있다. 그러나 그 시연 상담 상황에서 나의 주된 목표는 단 하루 동안이라도 치료적으로 도움이 되는 것이었다.

나는 동맹을 맺으려고 다음과 같은 명백한 노력을 했다. 나는 대화식 어조를 사용했고, 협력적인 대화에 초대하며, 내 생각을 조심스럽게 표현하려고 했다. 때로는 내가 어떤 것에 관한 질문을 왜 했는지 설명하기도 했다. 예를 들면, 내가 어떤 의견을 제시한 것이 그녀와 공감대를 형성할 가능성이 있는지 탐색하고자 하는 의도였다고 알려 주기도 했다. 그리고 나는 그녀를 압박함으로써 그녀의 안전감을 깨고 싶지 않다는 것을 언어적으로든, 비언어적으로든 표현했다. 또한 나에 대하여 혹은 상황에 대하여 어떤 부정적인 반응도 환영하려고 노력했다. 이 마지막 부분은 치치와 충분히 하지 못한 것 같지만, 이 부분에 대해서는 나중에 더 자세히 설명하도록 하겠다.

자유 연상 독려하기

치치의 표현은 분명하고 솔직했다. 그리고 그녀는 상담에 대해 잘 알고 있었고, 상담에서 검열 없이 자기 개방을 하는 것이 중요하다는 것을 잘 알고 있어서 가능한 한 솔직해야 한다는 점을 강조할 필요는 없었다. 그러나 그녀는 자신이 느끼고 있는 고통을 그만큼의 정서적 강도로 나누는 데에는 상당한 저항이 있어 보였다. 그녀는 특히 성인기에 가장 심각한 영향을 끼친 실연 경험에 관해 이야기하기를 꺼려 했다. 그녀는 고통의 심연에 끝없이 빠지거나, 자신이 관계에서 실패자인 것이 수치스럽게 드러날까 봐 두려워하는 것 같았다. 그럼에도 그 연애에서 일어난 일이 그녀가 해결하려고 하는 현재의 불행에 상당히 결정적인 역할을 하는 것처럼 보였기 때문에 나는 그녀에게 그 이야기를 하도록 강하게 권유했다.

존중하며 유연한 생각과 열린 마음으로 경청하기

다시 말하지만, 이 비디오 영상이 그 자체로 위 제목, '존중하며 유연한 생각과 열린 마음으로 경청하기'의 내용에 관해 설명해 줄 수 있기를 기대한다. 나는 치치에게 관심이 있었고, 그녀의 이야기에 감동했으며, 그녀로부터 배우기를 기대했다. 그러나 단 한 번의 촬영 상황이라는 스트레스 때문에, 내가 그녀와 일반적인 상담 환경에서 작업했다면 자연스럽게 발전했을 편안한 상태(오그던이 언급한 무아지경의 상태와 같은)로 이완할 수 없었다. 그럼에도 불구하고 나는 주어진 조건에서도 내가 할 수 있는 한 그녀의 말과 그에 수반되는 배경 음악에 대해 최대한 수용적이고 감정적으로 깊이 영향받으려고 노력했다.

의미 추론

나는 그녀가 중요하고 반복적인 심리적인 문제들(즉, 그녀의 삶의 역사에 흐르며 그녀의 성격에 스며든 주제들)과 싸우고 있다고 보았다. 그러나 치치가 성격'장애(disorder)'를 갖고 있다고 생각하진 않았다. 왜냐하면 그녀는 많은 분석가들이 '신경증 범위'의 성격 조직으로 간주하는 방식(McWilliams, 2011)으로 기능하는 것처럼 보였기 때문이다. 이러한 추론은 그녀의 내적 갈등에 대한 인식, 자신과 다른 사람의 심리에 대한 성찰 능력, 그리고 우호적이고 협력적인 동맹을 맺을 수 있는 능력에 근거한 것이다.

진단적 개념화

나는 치치가 기본적으로 우울한 심리를 방어하기 위해 경조증적 방어를 사용한다고 보았다[무기력한 부정적 정서를 반대로 전환하는 패턴인 경조증적 부인으로 인해 그녀는 아마도 아론 벡(Aron Beck) 박사가 시행한 벡 우울척도(Beck Depression Inventory)에서 높은 점수를 받지 않았을 것이다]. 비록 모든 기분 관련 문제를 축 I(Axis I)에 포함하기로 한 결정(과학적으로 의문이 제기될 수 있는)으로 인해 이 성격 유형이 더 이상 DSM에 포함되지는 않지만, 경조증적 및 순환적 성격 패턴에 관해서는 오랫동안 임상 문헌(예: Akiskal, 1984; Kernberg, 1984; Lewin, 1941)에 존재한다. 치치는 칼슨 박사와의 접수면접 인터뷰에서 분노 폭발, 충동적 지출, 과도한 성욕, 그리고 과음과 관련된 어려움을 언급했는데, 이는 모두 이 유형 성격의 특징이다(Akhtar, 1992). 그녀는 다른 사람과 대화할 때 유난히 재미있고 활기차 보였다. 그러나 칼은 박사와 내 앞에서 과거의 상실을 언급할 때 주체할 수 없이 울음이 터져 나오는 모습도 동시에 존재했다. 나는 그녀의 삶의 역사와 대인관계 방식을 통해 그녀의 애착 유형이 매우 양가적이라고 추론했다.

역동적 개념화

외교관 딸인 치치는 어린 시절 내내 이 나라 저 나라로 이사를 했고, 그녀의 아버지는 오랫동안 가족과 떨어져 있는 경우가 많았다. 그녀는 이러한 고통스럽고 원치 않는 상실의 영향을 축소하려는 경향이 있었는데, 나는 이것이 그녀의 자기 파괴적인 주호소 문제와 밀접한 관계가 있다고 보았다. 치치의 첫 기억에 대한 묘사는 인상적이었다. 그녀의 첫 기억은 4세 때 어린이집에 가게 되었을 때 소리 지르고 발작을 일으켰지만, 결국 최선을 다해 극복해서 새로운 친구와 좋은 시간을 보냈다는 것이다. 정신분석적 경험에 따르면, 첫 기억은 반복되는 문제와 패턴에 대한 중요한 정보가 포함되어 있다(이 현상은 흥미로운 실증 연구에도 영감을 주었다. 예: Cogan, Stringer, Aldredge-Clanton, & Porcerelli, 2004). 치치의 첫 기억에는 분리에 대한 고통, 그리고 슬픔을 차단하며 주요 애착 대상 없이 잘 지내는 해결책이 강조되어 있다.

칼슨 박사와의 면담에서 치치가 디킨스의 소설 『황폐한 집(Bleak House)』에 대한 사랑을 이야기할 때 나는 그녀의 목소리에 감동했다. 소설 제목에서조차도 그녀의 성장 과정에서의 감정적 빈곤을 느낄 수 있었다. 나는 그녀를 만나기 전에 그 소설의 줄거리와 등장인물을 찾아보았는데, 이 소설의 주인공은 모든 영문학에서 가장 친절한 인물 중 한 명으로 꼽힌다는 것을 알게 되었다. 나는 그녀가 그 소설에 대해 묘사할 때 언급했던 연민에 끌렸다고 느꼈다. 그러나 무의식적으로 그녀 스스로는 그런 연민을 받을 자격이 없는 것처럼 느끼는 것 같았고, 그 연민이 지속될 리 없다고 믿는 것 같았다.

치치는 일과 사랑에 있어 자신의 성공을 스스로 방해하고 있다고 보고했는데, 그것은 애착 형성을 한 후에 그 애착을 외상적으로 잃는 패턴을 강박적으로 반복하는 것처럼 보였다. 즉, 그러한 외상을 극복하려는 노력으로 **이번에는**(this time)

스스로 상실을 만듦으로써 무의식적인 외상을 재창조하는 것이다. 나는 페어베언(Fairbairn, 1952a)의 '내면의 방해자(internal saboteur)' 라는 개념을 떠올렸다. 나는 치치가 자신의 어린 시절의 경험을 이해하기 위해 깊고 강력한 무의식적인 병리적 신념을 내포한 내사된 유형의 우울 심리가 있다고 보았다(Blatt & Bers, 1993).

> "나는 내가 충분히 괜찮은 사람이 아니라서 고통스러운 상실을 겪었다. 나를 깊이 알게 되는 사람은 나의 나쁜 면을 보게 될 것이고, 내가 어렸을 때 사랑했던 장소나 관계를 상실했듯이 그들을 잃게 될 것이다. 따라서 피할 수 없는 상실이 일어나기 전에 내가 먼저 촉발시킬 것이다. 그렇게 하면 적어도 언제, 어디서, 어떻게 그런 일이 일어날지 알 수 있기에 어느 정도 통제할 수 있을 것이다."

이 부분에 대해서 좀 더 설명해 보겠다.

애착과 분리에 대해서는 방대한 임상 및 연구 문헌이 있으며, 이는 제2차 세계대전 동안에 부모와 떨어져서 시골로 가게 된 영국 아이들에 대한 벌링햄과 안나 프로이트(Burlingham & A. Freud, 1944)의 연구에서 시작된다. 연구에 의하면, 대피한 아이들은 신체적으로는 안전했지만, 폭격을 받으며 런던에서 가족과 함께 머문 아이들에 비해 심리적으로는 덜 건강했다. 집이나 부모로부터 비자발적으로 너무 이르게 분리된다는 직접적인 이유와 혼자 남아 대처하고 있는 부모의 우울 반응이라는 간접적인 이유로 인해 아이의 애착 능력에 손상을 끼칠 수 있다(Massie, Bronstein, & Afterman, 1996). 내 생각에 치치의 어린 시절에 여러 차례 강제로 이사를 하게 된 경험과 어머니의 우울증이 치치의 일과 사랑에 영향을 미친 것 같다.

나에게도 그녀의 경조증적 방어와 동일시할 수 있는 면이 있다. 나도 우울한 심리 특성과 우울에 대한 방어적 특성이 있다. 예를 들면, 내가 분석을 받기 전에는 여러 번의 심각한 상실과 이사에도 불구하고, 난 '행복한 어린 시절'을 보냈다고 말하는 습관이 있었다. 그러나 치치 경험의 의미에 대한 가설을 발전시키는 과정에서 객관성이 떨어질 수 있는 자의식적 진단이나 기법을 적용하지 않았으며, 우리 사이에 있는 유사성을 찾으려고 하지 않았다. 대부분의 분석가처럼 나는 분석 작업을 유기적으로 경험하고 있다. 즉, 나의 분석 작업은 나를 상담해 준 분석가, 슈퍼바이저, 여러 선생님, 신비한 심리적 현상을 밝혀 주는 은유나 개념을 제공한 작가나 이론가들과의 동일시 등에서 비롯된 복잡한 결과라고 할 수 있다. 나는 내담자와 앉아 있을 때 지적으로 작업하지 않는다. 보통은 상담이 끝난 후에야 그 내담자의 이야기나 존재가 떠올리게 한 진단적 개념, 역동적 개념, 이론적 모델을 명확히 설명할 수 있다. 따라서 치치와의 상담 순간에는 그저 그녀의 고통과 동일시되는 지점 하나하나에 나를 개방하고 있었으며, 그녀의 주관적 세계에서 살아가는 것이 어떤 느낌인지 느끼려고 했다.

나는 그녀의 주호소 문제에 관한 가설을 내담자가 이해하기 쉽게, 그리고 조심스럽게 공유하려고 노력했다. 나는 치치가 이해받기를 바랐고, 약함, 어리석음, 혹은 삐뚤어진 성향으로 치부될 수 있는 자신의 문제를 이해함으로써 자존감이 향상되기를 바랐다. 만일 그녀가 내가 틀렸다고 느꼈다면 내 잘못된 이해를 바로잡고 그녀의 고통을 이해하려는 과정을 수정해 달라고 그녀에게 요청했을 것이다. 치치는 어린 시절의 상실에 대한 영향을 최소화했는데, 그녀에게 버림을 받는 것과 덧없음은 자아-동질적인 것이었기 때문이다. 즉, 그것은 물고기에게 물과 같이 보이지 않고 의식되지 않는 삶의 사실이었다. 그래서 난 그녀와 함께한 짧은 시간 동안, 그러한 상실 경험을 좀 더 자아-이질적으로 만들기 위해 노력했다(그리고 내가 그렇게 했을 때, 그녀는 확증적 연상으로 기숙학교로 가게 된 영국 친구들이 그들의 부모를 절대 용서하지 않았다는 그녀의 기억을 보고했다).

말하지 않은 것에 주목하기

조나단 쉐들러(Jonathan Shedler)는 언젠가 나에게 APA 심리상담 비디오 시리즈에서 어떤 상담자도 내담자에게 왜 시연 녹화에 자원했는지를 물어본 적이 없는 것 같다고 말한 적이 있다. 그의 관찰은 중요하게 느껴졌고, 나는 이 문제를 치치와 함께 다뤄 보았다. 사람들이 자주 간과하는 관계의 측면에 대해 질문했을 때 종종 보게 되는 반응과 마찬가지로 나의 질문(이는 APA DVD에는 나오지 않음)에 대한 그녀의 답변은 나를 놀라게 했고, 그녀의 심리 상태에 대한 중요한 단서를 제공했다. 그녀는 APA 심리상담 비디오 시리즈에 여러 번 내담자로 자원했다고 했다. 그녀는 무대에 서는 것이 좋았고, 그 과정에서 뭔가를 얻는 것처럼 느낀다고 했다. 이 반응으로 인해 나는 그녀가 짧고 일회적인 방식으로 심리적 문제에 대한 도움을 받고자 한다는 가설을 세우게 되었다.

이런 방식은 그녀가 한 상담자와 깊은 애착을 맺지 않음으로써, (어렸을 때 상실한 관계처럼) 무의식적으로 예상되는 외상적인 관계의 상실을 피하게 해 준다. 즉, 나는 치치의 단발적인 상담 패턴이 외교관 아버지의 딸로서 그녀가 여러 번 애착을 포기해야 했던 경험과 관련이 있다고 이해했다. 이는 참을 수 없는 고통을 재경험하지 않기 위해 그녀 자신을 지키는 무의식적인 노력으로 보였다. 즉, "당신이 나를 떠나서 나에게 상처를 남기기 전에 내가 먼저 당신을 떠날 거야."와 같은 방식이다. 그런데 이는 과거에는 중요한 문제였지만 현재 그녀의 삶에는 적용되지 않는 과거 문제에 집착하는 해결 방식처럼 보였다. 그녀가 관계와 직장에서 점점 만족스러워질 때 스스로 그것을 방해하는 습관은 의도치 않게 이 외상적 역사를 재현하고 있는 것 같다. 이러한 현상을 프로이트(Freud, 1909/1959c)는 '억압된 것의 귀환(return of the repressed)'이라고 불렀고, 모우러(Mowrer, 1950)는 '신경증적 역설(neurotic paradox)'이라고 불렀다. 이는 어린 시절의 트라우마를 피하려고 하는 행동이 그 트라우마를 재현하는 경향이 있다는 뜻이다. 나는 치치가 촬영에 자발적으로 참여한 이유에 관한 질문 이후에 대화에서 보인 치치의 감정이 이 해석을 뒷받침한다고 생각했다.

나는 그녀가 언급하지 않은 것에 관한 이야기를 할 수 있도록 치치와 있었던 어떤 사건에 관해 먼저 이야기를 꺼냈다. 그녀는 신중하게 행동하는 사람이기에 내가 먼저 이야기에 초대하지 않고서는 카메라 앞에서 그것을 말하지 않을 것 같았기 때문이다. 비록 이 주제를 최종 DVD에 사용하지 않은 상담 시간에 꺼냈으나, 최종 교육 비디오를 위해 선택된 상담 회기에서는 이를 '분장 사건'으로 언급하고 있다. 사건은 다음과 같다. 분장 아티스트가 나를 '자연스럽게 보이게' 만들겠다고 하며 촬영을 위한 화장을 해 주었는데, 화장이 끝났을 때 나는 내가 알아볼 수 없는 사람이 되어 있었다. 남자 내담자와 첫 번째 상담을 하기 직전에 거울 앞에 있는 내 모습을 보고 깜짝 놀라서 난 크게 동요된 상태로 분장 아티스트에게 가서 톤을 낮춰 달라고 요청했다.

내가 이렇게 동요하며 분장 아티스트에게 부탁하고 있는 동안, 나는 다른 메이크업 의자에 앉아 있는 여자가 한 시간 후에 만나게 될 또 다른 내담자임을 깨달았다! (우리가 카메라 앞에서 '만나기' 전까지 상담자와 내담자를 분리하려는 APA의 신중한 노력이 다 무슨 소용이람!) 치치는 내가 당혹해 하는 것을 보자마자 "화장이 잘 안 되면 정말 기분이 나쁘죠!"라고 공감하며 다가왔다. 그리고 우리가 촬영하기 위해 함께 앉아 있었을 때 나는 그녀가 나의 그 불안정한 상태를 보고 무슨 생각을 했는지, 그 경험이 그녀에게 어떤 자극이 되었는지 알 수 없었다. 그래서 첫 만남에서 일찍 이 문제를 꺼내 보았다. 난 그녀가 이 사건에 대해 느끼고 생각한 모든 것을 솔직하게 말했는지 확실하지 않다(만약 내가 내담자였다면 난 상담자가 미쳤거나 프리마돈나,[7] 혹은 둘 다라고 생각했을 것 같다). 그러나 우리는 여성끼리 공감하는 이야기를 하며 한바탕 웃을 수 있었다. 그리고 나는 이 문제를 꺼냄으로써 상담자를 당황하게 하는 주제를 포함하여 모든 주제를 환영한다는 전반적인 분위기가 조성되기를 바랐다.

저항 작업하기

중요한 개인적 상실에 대해 주저하며 이야기하는 치치의 정서적 특성처럼, 그녀는 친밀한 관계를 원하면서 동시에 그것을 원하지 않는 것 같았다. 그녀는 무의식적으로 어머니 같은 사람들에게 복잡한 여러 감정을 갖는 것 같다. 그녀는 어린 시절에 아버지를 이상화했고, 어머니는 다소 엄격하고 공감을 잘 못하는 사

7 역주: '프리마돈나'는 오페라에서 주인공 여성 가수를 의미하는데, 일상적 사용에서는 '자기중심적이고 자만심이 강한 사람' 혹은 '변덕스럽거나 다루기 어려운 성격의 사람'을 묘사하는 데 사용된다.

람으로 생각했다고 했다. 그녀는 나에게 다정하게 대했지만, 나는 그녀로부터 다소 미묘한 거리감을 느꼈다. 나는 나중에 치치를 섭외한 여성으로부터 치치가 이전에 집중적이고 장기적인 상담에 대해 부정적 경험이 있어서 나의 상담 접근에 대해 부정적 감정을 갖고 촬영에 임했다고 들었다. 어쩌면 내가 느꼈던 그녀의 저항감의 일부는 촬영하는 동안에 내가 알지 못했던 이런 배경과 관련이 있을 수 있다.

치치가 갖고 있는 전이 공포, 즉 깊은 애착은 피할 수 없는 외상적 상실을 가져올 것이라는 공포에 대해 내가 해석했을 때 그녀는 겉으로는 수용하는 듯했지만, 내적으로는 내가 말한 것에 대해 회의적이었던 것 같다. 그러나 이때 난 그녀가 '진짜' 상담(여기서 진짜 상담이란 반드시 분석적 상담을 의미하지는 않는다. 단발적인 상담이 아닌 지속적이고, 개방적이며, 헌신적인 치료 관계가 있는 상담을 말하는 것이다)을 받는 것이 좋겠다는 나의 제안에 대해 그녀가 완전히 동의하고 있지 않다는 나의 직감을 충분히 주의 깊게 살펴보지 못했다. 오후에 진행된 이 한 번의 짧은 상담에서 내가 전달할 수 있는 주요한 치료적 메시지를 치치가 갖고 갔으면 하는 열망으로 인해 나는 내가 하는 말에 대한 그녀의 부정적 반응을 함께 살펴볼 기회를 놓쳤던 것이다. 촬영이 끝난 후에 인터뷰에서 그녀는 나와의 상담에서 완전히 안전하다는 느낌을 받지 못했다고 언급했다. 이는 아마도 깊은 치료적 애착을 맺으라는 권유에 대한 위협감이나 의심을 충분히 표현할 여유가 제공되지 않았음을 반영하는 것일 수 있다.

전이와 역전이 작업하기

치치의 초기 애착 경험은 사람들이 선의로 행동하고 도움이 될 수 있는 존재라는 인식의 토대를 쌓기에 충분히 긍정적이었던 것 같다. 그리고 그녀에게서 느낀 나의 따뜻한 역전이 감정을 통해 그녀가 다른 사람으로부터 사랑스러운 반응을 이끌어 낼 만큼 충분히 사랑받았다는 결론을 내렸다. 이 상담에서는 충분한 시간이 없었기에 일반적인 상담에서라면 자연스럽고 자발적으로 나타날 전이-역전이 경험이 명확히 드러나지 않았다. 그러나 나는 그녀에게서 전이 반응을 일으킬 수 있는 몇 가지 요소를 감지했다.

예를 들어, 나는 그녀가 분장 사건을 어떻게 생각했는지 궁금했다. 또한 상담 내내 치치가 나에게 '네, 맞아요(yessing).'라고만 하고 있었을지도 모르겠다고 생각했다. 이는 아마도 그녀가 엄마에게 많이 했을 법한, 겉으로는 순응하나 속으로는 반대하는 태도일 수 있다. 그녀의 자세도 연결을 피하려는 일종의 가벼운 회피를 보여 주는 것 같았다. 치치의 상담에 대한 혼합된 소감은 내담자가 순응적이고 공손하다는 사실만으로 상담자가 말하는 것이 도움이 된다고 결론지을 수 없다는 좋은 예시이다. 앞에서 언급한 바와 같이, 개입의 옳고 그름을 알 수 있는 보다 정확한 지표에는 확증적 연상, 개방성의 증가, 행동의 변화, 그리고 전반적 기능의 향상이 포함된다.

그리고 우리 관계에 있어서 아쉬운 측면을 다시 한 번 짚어 본다면, 치치에게 익숙한 패턴이 상담에서도 나타났지만 이에 대해 탐색하지 못했다는 점이다. 내가 치치에게 한 상담자와 꾸준히 장기적인 상담을 받도록 권유하는 과정에서 그녀는 그 계획을 강요로 느끼며 자유롭게 선택하지 못하는 느낌을 경험할 수 있었을 것이다. 이는 가족이 이사할 때마다 매번 그녀의 어머니가 그녀에게 이사하는 것에 동의하도록 했을 때 느꼈을 감정과 유사할 수 있다. 따라서 우리의 상호작용은 청소년기에 그녀를 분노하게 한 역동을 미묘하게 재현한 것으로 볼 수 있다.

마지막 논평

어쩌면 치치의 깊은 애착에 대한 갈등과 기존의 탐색적 상담에 대한 선입견으로 인해 그녀와 효과적인 분석적 작업을 하기 어려웠을 수 있다. 일부 동료들은 그녀가 이 접근법에 좋은 대상이 아닌 것 같다고 말할 수도 있다. 그러나 나는 그녀가 나의 상담 방식에 대한 부정적 감정을 좀 더 말하도록 격려했어야 했다는 생각이 든다. 그 부분에 대한 좀 더 깊은 탐색을 했다면 그녀가 좀 더 안전하게 느끼면서 더 도움을 받지 않았을까 궁금하다.

4. 사례 적용: 케빈 사례

다음 장에서는 앞에서 설명한 정신역동적 접근의 주요 요소들을 검토하고, 어떻게 그 요소들이 케빈의 심리적 상황을 이해하고 개선하기 위해 구현되었는지 살펴보도록 하겠다.

정신분석적 감수성의 구현

나는 케빈에게 빠르게 편안한 감정을 느낀 편이었는데, 정신분석적 감수성이 그에게 잘 전달되었기를 바란다. 앞에서 말한 바와 같이, 이 촬영 작업에서 정신분석적 상담 과정을 보여 주는 것은 어렵기에 이 촬영 상담 회기가 내가 일상적으로 진행하는 '전형적인' 작업이라고는 할 수 없다. 나는 케빈과 상담할 때(일시적 상담자 역할임에도) 평소의 전문가적인 나로서 있었지만, 보통 때보다 더 말을 많이 했고, 지속적인 상담을 할 때보다 더 많은 해석적 연결을 시도했으며, 평소보다 더 교육적 태도를 보였던 것 같다. 평소의 차분하고 더 수용적인 태도와 다른 이유는 짧고 인위적인 만남이지만 그에게 뭔가 유용한 것을 주려는 노력 때문이었다. 그러나 이 모든 것에도 불구하고, DVD에서 보여 주는 상담 회기는 나의 치료적 존재와 가치를 꽤 잘 나타내고 있다.

상담자의 자기 이해 활용

치치와의 상담 내용에서 언급했듯이, 나는 이러한 환경에서 나의 자기애적이고 경쟁적인 역동을 예리하게 인식하면서 그것이 케빈이나 이 프로젝트의 교육적 목적에 부정적 영향을 주지 않도록 노력했다. 나는 그와 상담하는 내내 나의 이 심리적 부분을 의식적으로 잘 제어하고 있었다.

더불어 나는 상담을 진행하는 동안에 다른 내적 반응들, 특히 케빈과 동일시하는 것(어쩌면 과잉 동일시의 가능성)에 주목했다. 그와 마찬가지로 나도 매우 예민한 기질을 갖고 있다. 나도 음악에 끌리며, 아일랜드계 혼혈인이고, 세 명의 동성 형제 중 둘째 아이였으며, 아홉 살에 같은 성별의 부모를 잃었다. 또한 나의 어머니가 돌아가신 후에 스트레스를 받고 있는 가족 안에서 나는 문제를 일으키지 않기 위해 노력하면서 사랑하는 나의 남아 있는 부모(아버지)를 위로하려고 노력했다. 그러한 유사점 외에도 케빈의 히스테리적인 방어기제—예를 들면, 얼굴 표정으로 감정을 극적으로 표현하는 것—를 잘 느낄 수 있었는데, 내 성격 역동에 히스테리적 주제가 포함되어 있었기 때문이다. 나는 개인 분석을 통해 위협적으로 느끼는 감정 상태를 약간 과장하며 연기함으로써 그 감정들과 거리를 두는 경향성(불안에 기반하는)을 이해하고 극복한 경험이 있다.

치료 동맹의 구축과 유지

치치의 경우와 마찬가지로, 케빈과의 첫 만남에서도 평소 상담의 첫 만남에서보다 나 자신에 대해 좀 더 많이 개방을 했다. 이는 비교적 짧은 시간에 깊은 연결을 이루어 동맹을 형성하고 강화하기 위한 의도적 행위였다. 케빈과의 첫 상담 회기(이는 DVD에서 사용되지 않은 회기이다)에서 나는 어머니가 아홉 살에 돌아가셨고, 그와 마찬가지로 부모님의 마지막 생일 이후의 일수를 세어 왔다는 사실을 알렸다(그는 녹화된 만남에서 이 고백을 언급하며 "당신도 똑같이 그랬잖아요."라고 언급한 적이 있다). 이와 비슷한 경험들은 나에게 생생하게 남아 있다. 나는 마흔네 살이 되었을 때 가벼운 우울증을 겪었는데, 이때가 나의 어머니가 돌아가신 나이였다. 그 해 어느 날 나는 갑자기 마음이 가벼워졌고 더 이상 막연한 우울감이 들지 않았다. 그때 내 44번째 생일 이후 며칠이 지났는지 세어 보고 어머니보다 내가 하루를 더 살았다는 사실을 알게 되었다. 이렇듯 무의식적인 시간 계산은 참으로 신기할 때가 있다.

일반적인 상담에서라면 케빈과 비슷한 상실에 관한 나의 경험을 너무 일찍 밝히는 것은 그가 어린 시절에 겪었던 고유한 경험을 탐색하는 데 방해가 될 수 있다. 그의 경험이 나의 경험과 다르기 때문이다. 그리고 그가 나에게 어떤 식의 전이 감정을 갖게 될지는 모르지만, 그는 그가 겪은 감정을 상담자가 이해하지 못한다고 가정할 필요가 있었을지도 모른다. 즉, 아버지가 돌아가신 후 바쁘기만 한 어머니에게 느꼈던 감정과 비슷하게, 어머니를 돕는 태도 뒤에 숨겨 놓은 자신의 고통을 어머니가 충분히 알아 주거나 인정해 주지 않는 것에 대한 분노를 (나에 대한 전이 감정을 통해) 치료적 경험에서 그가 느낄 수 있도록 허락해야 했을 수 있다. 그러나 이러한 일반적이지 않은 치료 환경에서는 그와 같은 고려 사항들은 적용되지 않았다.

우리의 동맹을 강화하기 위해 관심을 기울인 또 다른 부분은 대화적인 어조를 사용하는 것과 내가 말한 것이 그에게 맞게 느끼는지 케빈 스스로가 평가하도록 하는 노력이었다. 특히 그가 다른 사람의 생각이나 필요에 습관적으로 순응하는 것처럼 보였기에 내가 관찰한 것을 그의 느낌과 비교하여 검토하도록 하는 것에 좀 더 강조점을 두었다. 나는 그가 진정한 친밀감에 대해 깊은 갈등을 느낀다는 것을 바로 알아챘다. 그래서 그 갈등의 양면을 모두 존중하려고 노력했다. 즉, 감정 표현에 능숙한 부분과 마음속 깊은 곳의 솔직한 이야기를 하려고 할 때 얼굴에서 드러나는 강한 불편감에 대해서 모두 존중하려고 했다.

자유 연상 독려하기

치치와 마찬가지로, 케빈도 가능한 한 나에게 솔직하게 대화하라고 명시적으로 안내할 필요는 없었다. 그는 이미 상담 기간 통찰 지향적 상담 관계를 유지해 왔고, 상담의 비판단적이고 개방적인 분위기에 익숙했다. 그러나 그는 친밀한 관계에 대해 미묘하고도 의미있는 방어기제를 가지고 있는 것처럼 보였다. 그는 능숙하게 친밀한 애착을 형성하고 있는 것처럼 보였으나, 주관적으로는 다른 사람들과 거리감을 느끼고 있었다. 나는 이런 심리적 특성을 가진 사람들에게 특별한 애정을 느낀다. 이러한 감정은 내가 분열성 성격 역동에 관해 쓴 글(McWilliams, 2006)에 대해 그들이 따뜻하게 반응해 주면서 더 깊어진 듯하다. 케빈이 민감한 음악가들에게 흔히 보일 수 있는 경미한 분열성 해리를 보였을 때, 나는 그 특성에 이름을 붙이고자 했다(진단적 용어를 사용하지 않고). 이를 통해 비록 그의 강한 기질적 특성을 바꾸기는 어렵더라도 자신이 이해받고 수용된다고 느끼길 바랐다.

존중하며 유연한 생각과 열린 마음으로 경청하기

나는 케빈에게 진정으로 관심이 있었으며, 그의 이야기에 깊이 공감하면서 그로부터 배울 수 있기를 기대했다. 캐빈과 상담할 때 일반적인 상담 상황에서 자연스럽게 생기는 완전한 이완 상태로 머무를 수는 없었지만, 촬영이라는 상황 속에서도 할 수 있는 한 그의 주관적 세계 안에서 의식적이거나 덜 의식적인 측면 모두에 대해 최대한 열려 있으려고 노력했다.

의미 추론

나는 케빈에게 분열성 경향이 있고 노출되는 것에 대하여 지나치게 히스테리적 방어기제가 있다고 보았음에도 불구하고, 그를 성격'장애'가 있다고 보지는 않았다. 경계선적 성격 조직을 가진 혹은 '전오이디푸스(preoedipal)' 수준에서 기능하는 사람과는 달리 케빈은 내적 갈등을 설명할 수 있었고, 자신의 심리에 대해 성찰할 수 있었다. 또한 강한 감정을 견딜 수 있었고, 나를 전체적인 사람(완전히 선하거나 완전히 나쁜 대상이 아닌)으로 보면서 관계를 맺을 수 있는 능력이 있었다. 그는 고통스러운 정신 상태를 완전히 분리하지는 않았다. "나는 그 모순을 이해한다."라는 그의 진술에서 볼 수 있듯이, 그에게는 분명히 복잡한 감정을 견딜 수 있는 능력이 있었다.

진단적 개념화

나는 케빈에게 불안장애(아침에 일어나는 공황 발작) 외에도 분열성 성격을 갖고 있다고 보았는데, 이는 DSM에서 이해하는 바와는 다른 정신분석 문헌 기술에 근거한다(Guntrip, 1969). 그의 애착 스타일은 회피적이고 다소 거부적인 것처럼 보였다(Blatt & Levy, 2003). 칼슨 박사와의 면담에서 그는 친밀감에 대한 주요 문제, 타인의 침해에 대한 경계의 필요성, 그리고 매우 시각적인 사고방식에 대해 묘사했다. 그는 젊었을 때의 자신은 "현실에서 너무 벗어났다."라고 자책했고, 딸과의 관계에서는 "나는 현재에 존재해야 하고, 그것은 힘든 일이다."라고 언급했다. 나와의 상담 중에도 보이지 않는 방패 뒤로 반복해서 물러나곤 했는데, 결국 그는 이에 대해 인정했다.

앞에서 언급한 바와 같이, 그는 히스테리성 방어기제를 가지고 있는 것 같다. 케빈은 주로 얼굴 표정을 통해 정서 반응을 다소 과장되게 표현하는 경향이 있었다. 많은 예민한 사람은 미묘한 방식으로 고통스러운 감정을 연기하며 방어하곤 한다. 이러한 연극적 특성은 감정을 인정하는 동시에 감정에서 거리를 두는 기능을 한다(Bromberg, 1996). 누군가가 자신의 감정에 깊이 들어오거나 자신의 감정을 '들여다보는' 것에 대해 불안한 사람들은 이와 같은 행동을 하는데, 이러한 행동은 종종 짜증스러운 역전이를 불러일으킨다. 따라서 상담자들은 그러한 내담자의 자기-극화 뒤에 있는 두려움에 대해 공감을 유지하는 것이 중요하다.

마지막으로 나는 케빈의 전반적 심리에 대해 개념화할 때 그의 민족적 배경도 고려했다. 나는 그와 비슷한 배경을 가지고 있으며, 아일랜드의 문화적 현상과 치료적 현상의 관련성에 대한 맥골드릭(McGoldrik, 2005)의 글을 높이 평가하는 사람인데, 케빈은 자신의 아일랜드 배경으로 인해 감정을 직접적으로 표현해 보는 연습의 기회가 거의 없었을 것이다.

역동적 개념화

나는 케빈이 끔찍한 죽음에 대한 공포를 느끼며 깨어난다는 주호소 문제를, 본질적으로는 외상 후 반응이며, 프로이트(Freud, 1926/1959b)가 **신호 불안**(signal anxiety)이라고 불렀던 개념과 동일하다고 이해했다. 나는 케빈이 공포 속에서 깨는 현상이 다가오는 딸과의 이별에 대해 무의식적으로 어린 시절에 겪은 아버지의 죽음만큼 비참한 상실로 느끼기 때문은 아닌지 궁금하다고 말했다. 나는 '우리가 두려워하는 트라우마는 이미 일어난 트라우마이다.'라는 위니컷(Winnicott, 1974)의 날카로운 관찰을 연상했다. 이런 정서 상태가 기념일 반응에 의해 강화된다는 것을 배웠는데(Pollock, 1989), 케빈은 증상이 나타나기 전 생일에 그의 아버지가 돌아가셨을 때의 나이와 같아졌다.

앞에서 언급했듯이, 나는 케빈과 쉽게 동일시할 수 있었다. 그러나 그의 경험의 의미에 대해 생각을 발전시키는 과정에서 나를 의식하면서 진단하거나 기법을 적용하진 않았다. 또한 우리 사이의 유사점과 차이점을 평가하지도 않았다. 나는 그의 마음 상태를 좀 더 직관적으로 받아들이면서 케빈의 고통과 동일시할 수 있는 부분에 감사했다. 나는 다양한 사람을 만나고 그들의 주관적 삶에 몰입하면서, 과잉 자극과 침해에 대한 분열적 대처방식으로 인한 고통을 이해할 수 있게 되었다. 완전하지 않을지라도 케빈에 대해 내가 이해한 바를 전달하고자 한 노력이 케빈에게 이해받는 느낌을 주길 바랐다. 그리고 있는 그대로 자신이 인정받고 받아들여지는 경험을 통해 자존감이 향상되길 바랐다.

케빈과 같은 성격(MBTI—마이어스 브릭스 성격 유형 지표—에서 드물게 나타나는 INFJ 유형: 내향형-직관형-감정형-판단형)을 가진 친구나 내담자들로부터 분열성 역동을 가진 사람들이 자신과 다른 기질을 가진 사람들로부터 오해를 받거나 심지어 경멸받고 있다는 것을 알게 되었다. 따라서 단지 자신이 누구인지 안전하게 설명할 수 있는 것만으로도 그들에게는 강력한 치료적 효과가 있을 수 있다. 그가 언어적 혹은 비언어적으로 내가 그를 '이해'하지 못한다는 것을 전달했다면 나는 그가 내 말에 대해 편하게 수정할 수 있도록 노력했을 것이다(물론, 내 자존심에 상처를 주지 않으려고 애쓰는 그의 전이 성향을 본다면 이는 쉽지는 않았을 것이다).

말하지 않은 것에 주목하기

치치와 마찬가지로 나는 케빈에게 왜 상담 시연 촬영에 자원하게 되었는지 물어봤다. 그는 고차원적 목적과 저차원적 목적이라는 관점의 틀에서 대답해 주었는데, 그 내용은 그의 증상, 성격, 삶의 패턴으로 보였던 어떤 내적 분열 혹은 분열성 경향에 대해 말해 주었다. 그리고 그가 시연 촬영에 자원하게 된 중요한 부분이 돈이라고 퉁명스럽게 말했을 때 나는 깜짝 놀랐다. 나는 내담자들에게 돈이 지급되는 것을 몰랐고 생각도 못 했다. 나는 내가 모르는 우리 만남의 환경에 대한 부분이 흥미로웠는데, 이로 인해 보이지 않는 또 다른 뭔가가 있을지 궁금했다.

나는 여기서 케빈이 돈을 받고 상담 시연을 하는 것에 대해 느꼈을지 모르는 수치심에 관해 탐색할 기회를 놓쳤던 것 같다. 나의 이러한 실수는 성별 차이의 반영일 수 있다. 보통 경제적 성취는 여성보다 남성에게 좀 더 자존감의 중심적인 역할을 하는 것 같다. 그래서 여자인 나는 남자 내담자와 상담할 때, 돈을 충분히 벌고 있는지와 관련된 수치심 문제에 관해 그들이 직접적으로 드러내기 전까지 종종 간과하곤 했다. 그러나 케빈의 발언으로 인해 나는 그의 경제적 불안 정도를 훨씬 생생하게 느끼게 되었다. 그가 자신과 그의 딸을 부양하기 위해 경제적으로 얼마나 고군분투하고 있는지 크게 공감하게 되었다.

나는 상담 시연에 참여하게 된 이유를 물었던 질문이 치료적 효과가 있기를 바랐다. 즉, 케빈이 좀 더 '기본적인' 동기를 표출하고, 그것이 이해받고 현실적인 것으로 받아들여지는 경험을 통해 그가 수치심 없이 더 깊이 이해받는 느낌을 느끼길 바랐다. 나는 그를 친밀한 관계에서 안전한 느낌을 쉽게 느낄 수 없는 회피형 애착 유형의 아주 민감한 사람으로 이해하고 있다. 따라서 이 상담 경험이 그에게 한 여성과 깊은 수준의 친밀감을 추구할 수 있는 초석이 되는 수용 경험이길 바란다. 특히 그의 딸이 곧 대학 진학을 위해 떠나기 때문에 외로움을 느끼게 될 수 있는 이 시점에서 말이다.

저항 작업하기

한 번의 상담으로 습관적인 방어기제가 변화할 수 없다는 점을 잘 알고 있지만, 나는 고통스러운 감정으로부터 자동으로 해리하는 케빈의 방식을 다루려고 했다. 그러나 그의 불안한 웃음과 변덕스럽고 다소 과장된 표정을 주목하면서 그를 지금보다 더 강하게 밀어붙일 수는 없겠다고 느꼈다. 때때로 저항적 요소를 직접적으로 언급하기도 했는데, 예를 들면 "당신은 솔직한 감정을 이야기하기보다 다른 이야기로 넘어가려고 하는 것 같아요."라는 식으로 그의 특성을 짚어 주기도 했다.

여러 번 나는 그가 내가 듣고 싶어 하는 것을 말하는 경향이 있는 것 같다고 부드럽게 언급했다. 예를 들어, 상담이 끝나기 직전 몇 분을 남기고 그는 자신이 받는 정기적 상담과 나와의 일회적 상담을 비교하면서 자신의 정기적 상담에 대해 다소 부정적으로 평가했을 때 나는 그가 일회성 만남을 이상화하려는 경향이 있음을 맥락 속에서 설명하려고 했다. 나는 그의 이상화를 편하게 받아들이지 못했다. 그것은 다른 사람을 기분 좋게 해 주려는 그의 강박적 욕구의 재현으로 경험되었다. 마치 그의 아버지가 돌아가신 후 어머니가 제대로 기능할 수 있도록 어머니를 기분 좋게 하려고 노력한 것처럼 말이다. 나는 그의 진정성을 의심하지 않았고, 그의 칭찬에 감사했다. 그러나 한편으로 그것의 방어적인 면을 보았고, 우리의 만남이 상담자와 거리를 두기 위한 수단으로 사용되지 않을까 걱정스러웠다.

전이와 역전이 작업하기

케빈은 인생 초기를 '충분히 좋은(good enough)'(Winnicott, 1965) 삶으로 시작했고, 이런 배경은 그로 하여금 적어도 다른 사람을 잠재적으로 선한 의도를 가진 사람으로 볼 수 있게 한 것 같다. 나는 그가 상담 초반에 나에게 호의적인 전이를 보였다고 생각했으나, 상담을 마친 후 인터뷰에서 그가 나에 대한 첫인상이 부정적이었다는 것을 알고 놀랐다(아마도 팬케이크 같은 화장 때문이었나?). 나는 그에게 따뜻한 역전이를 느꼈는데, 이를 근거로 그가 다른 사람들로부터 사랑스러운 반응을 이끌어 낼 만큼 충분히 사랑받았다고 생각했다. 일반적인 상담에서와 같이 전이-역전이 경험이 드러날 만큼 충분한 시간이 부족했지만, 나는 그에게서 몇 가지 전이 반응의 요인들을 본 것 같다.

내가 케빈과 작업을 할 때, 주로 나의 역전이 감정을 통해서 그가 어머니 같은 인물들에게 자신감을 불어넣어 주는 데 능숙하다는 점을 깨달았다. 나는 그로부터 보살핌을 받는 기분이 들었다. 이를 기반으로 그가 특정 방식(특히, 그가 혼자 잘 지내고 있다고 어머니를 안심시킴으로써)으로 아버지의 사망으로 충격을 받은 어머니를 돌보려고 했던 것은 아니었는지에 대해 같이 생각해 보았다. 부모를 잃은 아이들에 관한 정신분석적 문헌(Akhtar, 2011; Furman, 1974)에서는 슬픔에 잠긴 아이는 이중의 상실감을 느끼는 경향이 관찰된다고 보고되고 있다. 하나는 사망한 부모에 대한 상실감이고, 다른 하나는 살아남은 부모가 무너져서 배우자 사망 전에 했던 양육자의 책임을 다하지 못하는 것으로 인한 상실감이다. 케빈과 처음 만났을 때 내가 제시했던 이러한 개념화는 그의 연상에 의해 지지되었다. 그리고 두 번째 만남에서 그는 그전에는 이러한 패턴을 인식하지 못했다는 점을 언급하면서 상담을 시작했다.

마지막 논평

나는 케빈과 함께 작업한 것에 만족감을 느낀다. 내가 공감을 풍부하게 형성할 수 있는 사람과 촬영하게 된 것은 내게 행운이었다. 나는 이전에 분열성 성격의 내담자를 만나고 있는 임상가들은 그 내담자가 통찰한 바를 상담소 밖의 자기 삶 속에 적용하는지 잘 봐야 한다고 쓴 적이 있다(McWilliams, 2011). 왜냐하면 그들은 상담 장면에서는 기분이 훨씬 나아지지만, 다른 사람들과의 관계에서는 여전히 고립된 채 남아 있는 경우가 많기 때문이다. 그러한 맥락에서 케빈이 우리가 상담한 이후 그날 밤에 나에게 이메일을 보낸 내용은 특히 고무적이었다. 이메일에서 그는 지난 몇 달 동안 딸이 대학으로 떠나는 것을 예상하면서, 은연중에 그녀로부터 물러나 있었다는 깨달음을 딸에게 이야기한 소식을 전해 주었다. 그녀는 이 점에 대해 언젠가 아버지에게 말하려고 했다고 했다. 그리고 그들은 그날 깊고 만족스러운 대화를 나누었다고 했다. 이렇게 치료 효과를 실제 삶 속에서 확인하는 것은 단순히 듣기 좋은 말이나 '아하(Aha)'의 경험보다 더 의미 있는 것이다.

5. 최종 고찰

최근 몇 년 동안 심리치료의 지배적 학문 패러다임은 특정 유형의 연구를 촉진하는 다음의 가정들을 반영하고 있다. (a) 외적으로 관찰 가능한 증상과 특성으로 정의된 '장애' 범주에 집중한다. (b) 측정 가능한 현상을 개선하기 위한 표준화된 치료법을 개발하는 데 중점을 둔다. 그런데 이러한 패러다임은 분석적 상담자들의 감수성, 철학적 성향, 지식 기반, 그리고 경험과 잘 조화되지 않는다. 비록 우리는 특정한 문제를 지닌 내담자를 돕기 위해 특정한 개입(예: 약물, 인지행동치료 요소)을 존중하고 우리의 작업에 통합할 수도 있지만, 우리의 상담은 엄격하게 제한된 내담자 집단에 적용되는 제한된 기법을 우선시하지 않는다. 그 대신 개인의 정신역동을 강조하고, 경험적 정보가 제공되는 주관적 경험에 몰입하는 것을 중요시한다. 즉, 우리가 중요하게 보는 것은 상담자의 경험, 내담자의 경험, 그리고 내담자와 상담자가 상호적으로 만들어 내는 언어적 및 비언어적 관계이다.

우리는 전이에서 나타나는 무의식적인 역동의 주제들을 기반으로 내담자에게 하는 말이나 해석을 구성한다. 여기서 역동적 주제들은 내면화된 대상관계(Fairbairn, 1952b), 내적 작동 모델(Bowlby, 1969), 반복 구조(French, 1958), 핵심 갈등(Malan, 1976), 일반화된 상호작용의 표상(Stern, 1985), 핵심적 갈등 관계 패턴(Luborsky & Crits-Cristoph, 1990), 내적 관계 모델(Aron, 1991), 정서 도식(Bucci, 1997), 근본적으로 반복적이며 부적응적인 정서 구조(Dahl, 1988), 암묵적 관계 지식(Lyons-Ruth, 1999), 개인적 도식(Horowitz, 1998) 등으로 다양하게 불린다. 이러한 패턴을 이해하기 위해 우리는 애착, 발달, 신경과학, 성격, 방어기제, 그리고 개별성 및 체계의 다양성에 관한 과학적 연구에서 많은 도움을 받는다. 또한 우리는 훈련된 자기 인식과 무의식적 과정에 대한 깊은 개인적 통찰에 의존한다.

범주적 특질 모델과 증상 완화 모델의 관점에서 보면 치치가 강한 감정을 부정하고 회피할 뿐만 아니라 이 감정들을 강렬하게 느낀다는 사실을 놓치게 된다. 그녀는 진정으로 낙관적이기도 하지만(외향성과 순응적 성향을 지닌), 또 한편으로는 깊이 불행을 느끼고 있고, 자기 비판적인 면이 있으며, 그녀의 내적 긴장이 반복적으로 표출되기도 한다. 케빈은 친밀한 애착에서 위축될 뿐만 아니라 그것을 갈망하기도 한다. 친밀감 대 거리감의 주제는 여러 가지 다양한 방식으로 그의 심리적 경험을 조직화한다. 그는 단순히 내향성이라는 측정 가능한 특성이 있는 것이 아니다. 그는 정서적 친밀감에 대한 갈등이 있으며, 그의 행동은 그 갈등의 양 측면을 모두 드러낸다. 나는 어떤 상담 접근법을 지향하더라도 효과가 있는 상담을 하고자 하는 상담자라면 결국 이러한 내적 역동을 이해해야 한다고 생각한다. 아마도 이것이 분석적 경험에서 비롯된 많은 아이디어가 현재 다른 이름으로 재발견되어 다른 상담 접근법들에 통합되는 이유일 것이다.

나는 이 글에서 정신역동 상담의 핵심적 가치, 가정, 그리고 실증적 근거를 검토했고, 치치와 케빈과 작업할 때 이러한 감수성이 어떻게 표현되었는지 논의했다. 이러한 정신역동적 지향 태도 자체가 매 순간 임상적 결정(예: 질문하기, 반영하기, 혹은 직면시키기)에 직접적인 영향을 끼치기에 분석적 기법에 대하여 구체적으로 자세히 다루지는 않았다. 이러한 임상적 선택은 성격, 발달, 방어기제에 대한 이해에서 자연스럽게 따라오는 것이기에 최근까지 대부분의 임상 훈련 프로그램에서 강조되고 있다. 나는 이 분야에 대한 중요성을 다시 한 번 독자들에게 강조하고 싶다.

요약하자면, 분석적 상담자들은 복잡한 인간에 대한 전반적인 이해 없이 상담 기법만 숙달하는 것보다는 인간의 모든 복잡한 특성을 이해해야만 내담자를 더 효과적으로 도울 수 있다고 믿는다. 분석적 상담의 미래를 위해서는 정신역동 연구자들이 현재 지배적인 모델의 가정을 암묵적으로 수용하며, 표준화된 정신분석적 상담에 대한 무작위 대조 실험을 계속 진행하는 것은 중요할 것이다[그렇지 않으면 우리는 '근거 기반(evidence based)'이 아니라는 이유로 점점 더 신뢰를 잃게 될 것이다]. 그러나 동시에 정신건강 커뮤니티 전체가 과정 연구, 질적 연구, 사례 연구, 그리고 축적된 임상 지혜의 가치를 인정하는 것도 중요하다. 상담 과정이나 관계의 미묘한 측면에 비해 상담 실제와 과정의 개별적 요소에 관한 연구가 경험적 연구로서 좀 더 쉬울 수 있다. 그러나 이러한 상담 실제와 과정의 개별적 요소에 관한 연구(경험적 연구)만으로는 효과적인 심리상담이 무엇인지 정의내리기에는 한계가 있을 수 있다.

참고문헌

Abbass, A. A., Hancock, J. T., Henderson, J., & Kisely, S. (2006, October). Short-term psychodynamic psychotherapies for common mental disorders. *Cochrane Database of Systematic Reviews, 4*, CD004687.

Ackerman, S. J., & Hilsenroth, M. J. (2003). A review of therapist characteristics and techniques positively impacting the therapeutic alliance. *Clinical Psychology Review, 23*, 1-33. doi:10.1016/S0272-7358(02)00146-0

Akhtar, S. (1992). *Broken structures: Severe personality disorders and their treatment*. Northvale, NJ: Aronson.

Akhtar, S. (2011). *Matters of life and death: Psychoanalytic reflections*. London, England: Karnac.

Akiskal, H. S. (1984). Characterologic manifestations of affective disorders: Toward a new conceptualization. *Integrative Psychiatry, 2*, 83-88.

Aron, L. (1991). Working through the past-Working toward the future. *Contemporary Psychoanalysis, 27*, 81-109.

Aron, L. (1996). *A meeting of minds: Mutuality in psychoanalysis*. Hillsdale, NJ: Analytic Press.

Atwood, G. E., & Stolorow, R. D. (1993). *Faces in a cloud: Intersubjectivity in personality theory*. Northvale, NJ: Aronson.

Bacal, H. A., & Carlton, L. (2010). *The power of specificity in psychotherapy: When therapy works and when it doesn't*. Northvale, NJ: Aronson.

Bach, S. (2011). *The how-to book for students of psychoanalysis and psychotherapy*. London, England: Karnac.

Balint, M. (1968). *The basic fault: Therapeutic aspects of regression*. London, England: Tavistock.

Bateman, A., & Fonagy, P. (2004). *Psychotherapy for borderline personality disorder:*

Mentalization-based treatment. New York, NY: Oxford University Press.

Bellak, L., Abrams, D. M., & Ackermann-Engel, R. (1991). *Handbook of brief and emergency psychotherapy* (2nd ed.). New York, NY: CPS.

Bellak, L., & Goldsmith, L. A. (1984). *The broad scope of ego function assessment.* New York, NY: Wiley.

Benjamin, J. (1995). *Like subjects, love objects: Essays on recognition and sexual difference.* New Haven, CT: Yale University Press.

Bion, W. R. (1967). *Second thoughts*. London, England: Karnac.

Bion, W. R. (1970). *Attention and interpretation*. New York, NY: Aronson.

Blagys, M. D., & Hilsenroth, M. J. (2000). Distinctive of short-term psychodynamic-interpersonal psychotherapy: A review of the comparative psychotherapy process literature. *Clinical Psychology: Science and Practice, 7*, 167-188. doi:10.1093/clipsy.7.2.167

Blanck, G., & Blanck, R. (1974). *Ego psychology: Theory and practice*. New York, NY: Columbia University Press.

Blass, O. (2006). *Respect for the patient: A qualitative study*. Unpublished doctoral dissertation, Rutgers, The State University of New Jersey, New Brunswick, NJ.

Blatt, S. J. (2008). *Polarities of experience: Relatedness and self-definition in personality development*. Washington, DC: American Psychological Association. doi:10.1037/11749-000

Blatt, S. J., & Auerbach, J. (2003). Psychodynamic measures of therapeutic change. *Psychoanalytic Inquiry, 23*, 268-307. doi:10.1080/07351692309349034

Blatt, S. J., & Bers, S. (1993). The sense of self in depression: A psychoanalytic perspective. In Z. V. Segal & S. J. Blatt (Eds.), *The self in emotional distress: Cognitive and psychodynamic perspectives* (pp. 171-210). New York, NY: Guilford Press.

Blatt, S. J., & Levy, K. N. (2003). Attachment theory, psychoanalysis, personality development, and psychopathology. *Psychoanalytic Inquiry*, *23*, 102-150. doi:10.1080/07351692309349028

Blatt, S. J., & Zuroff, D. C. (2005). Empirical evaluation of the assumptions in identifying evidence based treatments in mental health. *Clinical Psychology Review,*

25, 459-486. doi:10.1016/j.cpr.2005.03.001

Blomberg, J., Lazar, A., & Sandell, R. (2001). Outcome of patients in long-term psychoanalytical treatments: First findings of the Stockholm Outcome of Psychotherapy and Psychoanalysis (STOPP) study. *Psychotherapy Research, 11*, 361-382. doi:10.1093/ptr/11.4.361

Bollas, C. (1987). *The shadow of the object: Psychoanalysis of the unthought known*. New York, NY: Columbia University Press.

Bowlby, J. (1969). *Attachment and loss: Vol. 1. Attachment*. London, England: Hogarth Press.

Brenner, C. (1976). *Psychoanalytic technique and psychic conflict*. New York, NY: International Universities Press.

Breuer, J., & Freud, S. (1955). Studies on hysteria. In J. Strachey (Ed. & Trans.), *The standard edition of the complete psychological works of Sigmund Freud* (Vol. 2, pp. 1-305). London, England: Hogarth Press. (Original work published 1893-1895)

Bromberg, P. M. (1996). Hysteria, dissociation, and cure: Emmy von N revisited. *Psychoanalytic Dialogues, 6*, 55-71.

Bromberg, P. M. (1998). *Standing in the spaces: Essays on clinical process, trauma, and dissociation*. Hillsdale, NJ: Analytic Press.

Bucci, W. (1997). *Psychoanalysis and cognitive science*. New York, NY: Guilford Press.

Bucci, W. (2002). The referential process, consciousness, and the sense of self. *Psychoanalytic Inquiry, 22*, 766-793.

Buechler, S. (2004). *Clinical values: Emotions that guide psychoanalytic treatment*. Hillsdale, NJ: Analytic Press.

Burlingham, D., & Freud, A. (1944). *Infants without families*. London, England: Allen & Unwin.

Casement, P. J. (1985). *Learning from the patient*. New York, NY: Guilford Press.

Clarkin, J. F., Levy, K. N., Lenzenweger, M. F., & Kernberg, O. F. (2007). Evaluating three treatments for borderline personality disorder: A multiwave study. *The American Journal of Psychiatry, 164*, 922-928. doi:10.1176/appi.ajp.164.6.922

Clarkin, J. F., Yeomans, F. E., & Kernberg, O. F. (2006). *Psychotherapy for borderline personality: Focusing on object relations*. Washington, DC: American Psychiatric

Association.

Cogan, R., Stringer, A. C., Aldredge-Clanton, J., & Porcerelli, J. H. (2004). Diagnosis of ovarian cancer: Regression to early memories in the face of danger. *Journal of the American Psychoanalytic Association, 52*, 1242-1243.

Cramer, P. (2006). *Protecting the self: Defense mechanisms in action*. New York, NY: Guilford Press.

Dahl, H. (1988). Frames of mind. In H. Dahl, H. Kachele, & H. Thomae (Eds.), *Psychoanalytic process research strategies* (pp. 51-66). New York, NY: Springer-Verlag. doi:10.1007/978-3-642-74265-1_4

Damasio, A. (1999). *The feeling of what happens: Body and emotion in the making of consciousness*. New York, NY: Harcourt Brace.

Danto, E. A. (2007). *Freud's free clinics: Psychoanalysis and social justice*. New York, NY: Columbia University Press.

Davies, J. M., & Frawley, M. G. (1993). *Treating the adult survivor of childhood sexual abuse*. New York, NY: Basic Books.

Doidge, N. (1997). Empirical evidence for the efficacy of psychoanalytic psychotherapies and psychoanalysis: An overview. *Psychoanalytic Inquiry, 17*(Suppl. 001), 102-150. doi:10.1080/07351699709534161

Eagle, M. N. (2010). *From classical to contemporary psychoanalysis: A critique and integration*. New York, NY: Routledge.

Eisold, K. (2005). Psychoanalysis and psychotherapy: A long and troubled relationship. *The International Journal of Psychoanalysis, 86*, 1175-1195. doi:10.1516/8RMN-4EQF-LG1E-JG03

Eissler, K. R. (1953). The effect of the structure of the ego on psychoanalytic technique. *Journal of the American Psychoanalytic Association*, 1, 104-143. doi:10.1177/000306515300100107

Erikson, E. H. (1959). *Identity and the life cycle*. New York, NY: Norton.

Fairbairn, W. R. D. (1952a). Endopsychic structure considered in terms of object relationships. In *Psychoanalytic studies of the personality* (pp. 82-132). London, England: Routledge & Kegan Paul.

Fairbairn, W. R. D. (1952b). *An object relations theory of personality*. New York, NY:

Basic Books.

Fenichel, O. (1941). *Problems of psychoanalytic technique*. Albany, NY: Psychoanalytic Quarterly.

Fine, R. (1990). *The history of psychoanalysis*. Northvale, NJ: Aronson.

Fink, B. (2007). *Fundamentals of psychoanalytic technique: A Lacanian approach for practitioners*. New York, NY: Norton.

Fisher, S., & Greenberg, R. P. (1985). *The scientific credibility of Freud's theories and therapy*. New York, NY: Columbia University Press.

Fisher, S., & Greenberg, R. P. (1996). *Freud scientifically reappraised: Testing the theories and therapy*. New York, NY: Wiley.

Fishman, D. (1999). *The case for pragmatic psychology*. New York, NY: New York University Press.

Fonagy, P. (2006). Evidence-based psychodynamic psychotherapies. In PDM Task Force (Ed.), *Psychodynamic diagnostic manual* (pp. 765-818). Silver Spring, MD: Alliance of Psychoanalytic Organizations.

Fonagy, P., Gergely, G., Jurist, E., & Target, M. (2002). *Affect regulation, mentalization, and the development of the self*. New York, NY: Other Press.

Fonagy, P., & Target, M. (1996). Playing with reality: I. Theory of mind and normal development of psychic reality in the child. *The International Journal of Psychoanalysis, 77*, 217-233.

Frank, J. D., & Frank, J. B. (1993). *Persuasion and healing: A comparative study of psychotherapy*. Baltimore, MD: Johns Hopkins University Press.

French, T. (1958). The integration of behavior: Vol. 3. *The reintegrative process in a psychoanalytic treatment*. Chicago, IL: University of Chicago Press.

Freud, A. (1963). The concept of developmental lines. *The Psychoanalytic Study of the Child, 18*, 245-265.

Freud, A. (1966). *The ego and the mechanisms of defense*. New York, NY: International Universities Press. (Original work published 1936)

Freud, S. (1953a). Papers on technique. In J. Strachey (Ed. & Trans.), *The standard edition of the complete psychological works of Sigmund Freud* (Vol. 12, pp. 89-173). London, England: Hogarth Press. (Original work published 1911-1915)

Freud, S. (1953b). Three essays on the theory of sexuality. In J. Strachey (Ed. & Trans.), *The standard edition of the complete psychological works of Sigmund Freud* (Vol. 7, pp. 135-243). London, England: Hogarth Press. (Original work published 1905)

Freud, S. (1955). The psychotherapy of hysteria. In J. Strachey (Ed. & Trans.), *The standard edition of the complete psychological works of Sigmund Freud* (Vol. 2, pp. 255-311). London, England: Hogarth Press. (Original work published 1895)

Freud, S. (1957). On narcissism: An introduction. In J. Strachey (Ed. & Trans.), *The standard edition of the complete psychological works of Sigmund Freud* (Vol. 14, pp. 67-102). London, England: Hogarth Press. (Original work published 1914)

Freud, S. (1958). Recommendations to physicians practicing psychoanalysis. In J. Strachey (Ed. & Trans.), *The standard edition of the complete psychological works of Sigmund Freud* (Vol. 12, pp. 111-120). London, England: Hogarth Press. (Original work published 1912)

Freud, S. (1959a). Character and anal eroticism. In J. Strachey (Ed. & Trans.), *The standard edition of the complete psychological works of Sigmund Freud* (Vol. 9, pp. 169-175). London, England: Hogarth Press. (Original work published 1908)

Freud, S. (1959b). Inhibitions, symptoms and anxiety. In J. Strachey (Ed. & Trans.), *The standard edition of the complete psychological works of Sigmund Freud* (Vol. 20, pp. 75-176). London, England: Hogarth Press. (Original work published 1926)

Freud, S. (1959c). Some general remarks on hysterical attacks. In J. Strachey (Ed. & Trans.), *The standard edition of the complete psychological works of Sigmund Freud* (Vol. 9, pp. 227-234). London, England: Hogarth Press. (Original work published 1909)

Freud, S. (1961). The ego and the id. In J. Strachey (Ed. & Trans.), *The standard edition of the complete psychological works of Sigmund Freud* (Vol. 19, pp. 3-66). London, England: Hogarth Press. (Original work published 1923)

Freud, S. (1962a). Heredity and the aetiology of the neuroses. In J. Strachey (Ed. & Trans.), *The standard edition of the complete psychological works of Sigmund Freud* (Vol. 3, pp. 141-156). London, England: Hogarth Press. (Original work published 1896)

Freud, S. (1962b). The neuro-psychoses of defence. In J. Strachey (Ed. & Trans.), *The standard edition of the complete psychological works of Sigmund Freud* (Vol. 3, pp. 45-61). London, England: Hogarth Press. (Original work published 1894)

Freud, S. (1962c). Sexuality in the aetiology of the neuroses. In J. Strachey (Ed. & Trans.), *The standard edition of the complete psychological works of Sigmund Freud* (Vol. 3, pp. 261-285). London, England: Hogarth Press. (Original work published 1898)

Fromm-Reichmann, F. (1950). *Principles of intensive psychotherapy*. Chicago, IL: University of Chicago Press.

Furman, E. (Ed.). (1974). *A child's parent dies*. New Haven, CT: Yale University Press.

Gabbard, G. O. (2010). Long-term psychodynamic therapy: A basic text (2nd ed.). Washington, DC: American Psychiatric Association.

Galatzer-Levy, R. M., Bachrach, H., Skolnikoff, A., & Waldron, S., Jr. (2000). *Does psychotherapy work?*. New Haven, CT: Yale University Press.

Garcia, E. E. (1991). The life and work of Josef Breuer. *The International Review of Psycho-Analysis, 18*, 572-576.

Gay, P. (1988). *Freud: A life for our time*. New York, NY: Norton.

Gergen, K. J. (2001). Psychological science in a postmodern context. *American Psychologist, 56*, 803-813. doi:10.1037/0003-066X.56.10.803

Ghent, E. (1990). Masochism, submission, surrender-Masochism as the perversion of surrender. *Contemporary Psychoanalysis, 26*, 108-136.

Greenberg, L. S. (1991). Research on the process of change. *Psychotherapy Research, 1*, 3-16. doi:10.1080/10503309112331334011

Greenson, R. (1967). *The technique and practice of psychoanalysis* (Vol. 1). New York, NY: International Universities Press.

Grinker, R. R., Werble, B., & Drye, R. C. (1968). *The borderline syndrome: A behavioral study of ego functions*. New York, NY: Basic Books.

Guntrip, H. (1969). *Schizoid phenomena, object relations and the self*. New York, NY: International Universities Press.

Guntrip, H. (1971). *Psychoanalytic theory, therapy, and the self: A basic guide to the human personality in Freud, Erikson, Klein, Sullivan, Fairbairn, Hartmann, Jacobson, and Winnicott*. New York, NY: Basic Books.

Hale, N. G. (1995). *The rise and crisis of psychoanalysis in the United States: Freud and the Americans, 1917-1985*. New York, NY: Oxford University Press.

Hartmann, H. (1958). *Ego psychology and the problem of adaptation* (D. Rapaport, Trans.). New York, NY: International Universities Press. doi:10.1037/13180-000

Hedges, L. E. (1992). *Listening perspectives in psychotherapy*. Northvale, NJ: Aronson.

Herman, J. L. (1992). *Trauma and recovery: The aftermath of violence-from domestic abuse to political terror*. New York, NY: Basic Books.

Hoffman, I. Z. (1998). *Ritual and spontaneity in the psychoanalytic process: A dialectic-constructivist view*. Hillsdale, NJ: Analytic Press.

Hoglend, P., Johansson, P., Marble, A., Bogwald, K.-P., & Amlo, S. (2007). Moderators of the effects of transference interpretations in brief dynamic psychotherapy. *Psychotherapy Research, 17*, 160-171. doi:10.1080/ 10503300701194206

Holmes, J. (2009). *Exploring in security: Towards an attachment-informed psychoanalytic psychotherapy*. New York, NY: Routledge.

Horowitz, M. J. (1998). *Cognitive psychodynamics*. New York, NY: Wiley.

Howell, E. F. (2005). *The dissociative mind*. Hillsdale, NJ: Analytic Press.

Hughes, J. M. (1989). *Reshaping the psychoanalytic domain: The work of Melanie Klein, W. R. D. Fairbairn, and D. W. Winnicott*. Berkeley, CA: University of California Press.

Jacobs, T. J. (1996). The patient as instrument of change in the analyst. *Psychoanalytic Inquiry, 16*, 314-339. doi:10.1080/07351699609534086

Josephs, L. (2000). Self-criticism and the psychic surface. *Journal of the American Psychoanalytic Association, 48*, 255-280. doi:10.1177/000306 51000480011101

Karlsson, H. (2011). *How psychotherapy changes the brain: Understanding the mechanisms. Psychiatric Times, 28*(8), 21-25.

Karon, B. P. (2002). Analyzability or the ability to analyze?. *Contemporary Psychoanalysis, 38*, 121-140.

Kernberg, O. F. (1975). *Borderline conditions and pathological narcissism*. New York, NY: Aronson.

Kernberg, O. F. (1984). *Severe personality disorders: Psychotherapeutic strategies*. New Haven, CT: Yale University Press.

Klein, M. (1952). The origins of transference. *The International Journal of Psychoanalysis, 33*, 433-438.

Kohut, H. (1971). *The analysis of the self*. New York, NY: International Universities Press.

Kohut, H. (1978). *The restoration of the self*. New York, NY: International Universities Press.

Lane, R. D., & Garfield, D. A. (2005). Becoming aware of feelings: Integration of cognitive-developmental, neuroscientific, and psychoanalytic perspectives. *Neuropsychoanalysis, 7*, 5-30.

Lasky, R. (2002). Countertransference and the analytic instrument. *Psychoanalytic Psychology, 19*, 65-94. doi:10.1037/0736-9735.19.1.65

Leichsenring, F. (2006). Review of meta-analyses of outcome studies of psychodynamic therapy. In PDM Task Force (Ed.), *Psychodynamic diagnostic manual* (pp. 819-837). Silver Spring, MD: Alliance of Psychoanalytic Organizations.

Leichsenring, F., & Leibing, E. (2003). The effectiveness of psychodynamic therapy and cognitive behavior therapy in the treatment of personality disorders: A meta-analysis. *The American Journal of Psychiatry, 160*, 1223-1232. doi:10.1176/appi.ajp.160.7.1223

Leichsenring, F., & Rabung, S. (2008). Effectiveness of long-term psychodynamic psychotherapy: A meta-analysis. *JAMA, 300*, 1551-1565. doi:10.1001/jama.300.13.1551

Levenson, E. (1982). Follow the fox: An inquiry into the vicissitudes of psychoanalytic supervision. *Contemporary Psychoanalysis, 18*, 1-15.

Levenson, E. (2008, April). *Striking the elusive mutative experience*. Workshop presented at the spring meeting of the Division of Psychoanalysis (39) of the American Psychological Association, New York, NY.

Levy, K. N., Meehan, K. B., Kelly, K. M., Reynoso, J. S., Weber, M., Clarking, J. M., & Kernberg, O. F. (2006). Change in attachment patterns and reflective function in a randomized control trial of transference-focused psychotherapy for borderline personality disorder. *Journal of Consulting and Clinical Psychology, 74*, 1027-1040. doi:10.1037/0022-006X.74.6.1027

Lewin, B. (1941). Comments on hypomania and related states. *Psychoanalytic Review, 28*, 86-91.

Lichtenberg, J. D., Lachmann, F. M., & Fosshage, J. L. (1992). *Self and motivational systems: Toward a theory of psychoanalytic technique*. New York, NY: Routledge.

Linehan, M. M. (1993). *Cognitive-behavioral treatment of borderline personality disorder*. New York, NY: Guilford Press.

Lohser, B., & Newton, P. M. (1996). *Unorthodox Freud: The view from the couch*. New York, NY: Guilford Press.

Luborsky, L., & Crits-Cristoph, P. (1990). *Understanding transference: The CCRT method*. New York, NY: Basic Books.

Lyons-Ruth, K. (1999). The two-person unconscious: Intersubjective dialogue, enactive relational representation, and the emergence of new forms of relational organization. *Psychoanalytic Inquiry, 19*, 576-617. doi:10.1080/07351699909534267

Malan, D. H. (1976). *The frontier of brief psychotherapy*. New York, NY: Plenum Press. doi:10.1007/978-1-4684-2220-7

Maroda, K. J. (2010). *Psychodynamic techniques: Working with emotion in the therapeutic relationship*. New York, NY: Guilford Press.

Masling, J. (Ed.). (1986). *Empirical studies of psychoanalytic theories* (Vol. 2). Hillsdale, NJ: Analytic Press.

Massie, H., Bronstein, A. A., & Afterman, J. (1996). Role of depressive affects in close maternal involvement with children. *Psychoanalytic Psychology, 13*, 53-80. doi:10.1037/h0079638

Masterson, J. F. (1976). *Psychotherapy of the borderline adult: A developmental approach*. New York, NY: Brunner/Mazel.

McGoldrick, M. (2005). Irish families. In M. McGoldrick, J. Giordano, & N. Garcia-Preto (Eds.), *Ethnicity and family therapy* (3rd ed., pp. 595-615). New York, NY: Guilford Press.

McWilliams, N. (1994). *Psychoanalytic diagnosis: Understanding personality structure in the clinical process*. New York, NY: Guilford Press.

McWilliams, N. (1999). *Psychoanalytic case formulation*. New York, NY: Guilford Press.

McWilliams, N. (2004). *Psychoanalytic psychotherapy: A practitioner's guide*. New York, NY: Guilford Press.

McWilliams, N. (2006). Some thoughts about schizoid dynamics. *Psychoanalytic Review, 93*, 1-24. doi:10.1521/prev.2006.93.1.1

McWilliams, N. (2011). *Psychoanalytic diagnosis: Understanding personality structure in the clinical process* (Rev. ed.). New York, NY: Guilford Press.

McWilliams, N., & Weinberger, J. (2003). Psychodynamic psychotherapy. In G. Stricker & T. Widiger (Eds.), *Comprehensive handbook of psychology: Vol. 8. Clinical psychology* (pp. 253-277). New York, NY: Wiley.

Merten, J., Anstadt, Th., Ullrich, B., Krause, R., & Buchheim, P. (1996). Emotional experience and facial expression during a therapeutic process and its relation to treatment outcome. *Psychotherapy Research, 6*, 198-212. doi:10.1080/10503309612331331708

Messer, S., & McWilliams, N. (2006). Insight in psychodynamic therapy. In L. Castonguay & C. Hill (Eds.), *Insight in psychotherapy* (pp. 9-29). New York, NY: Springer.

Messer, S. B., & Warren, C. S. (1995). *Models of brief psychodynamic therapy: A comparative approach*. New York, NY: Guilford Press.

Messer, S. B., & Winokur, M. (1984). Ways of knowing and visions of reality in psychoanalytic theory and behavior therapy. In H. Arkowitz & S. B. Messer (Eds.), *Psychoanalytic therapy and behavior therapy: Is integration possible?* (pp. 63-100). New York, NY: Plenum Press. doi:10.1007/978-1-4613-2733-2_5

Mikulincer, M., & Shaver, P. R. (2007). *Attachment in adulthood: Structure, dynamics, and change*. New York, NY: Guilford Press.

Milrod, B., Leon, A. C., Busch, F., Rudden, M., Schwalberg, M., Clarkin, J., Milrod B., Leon A. C., Busch F., Rudden M., Schwalberg M., Clarkin J., Aronson A., Singer M., Turchin W., Klass E. T., Graf E., Teres J. J., Shear M. K. Shear, M. K. (2007). A randomized controlled clinical trial of psychoanalytic psychotherapy for panic disorder. *The American Journal of Psychiatry, 164*, 265-272. doi:10.1176/appi.ajp.164.2.265

Mitchell, S. A. (2000). *Relationality: From attachment to intersubjectivity*. Hillsdale, NJ:

Analytic Press.

Mitchell, S. A., & Black, M. J. (1995). *Freud and beyond: A history of modern psychoanalytic thought*. New York, NY: Basic Books.

Mowrer, O. H. (1950). *Learning theory and personality dynamics*. New York, NY: Ronald Press.

Norcross, J. C. (Ed.). (2002). *Psychotherapy relationships that work: Therapist contributions and responsiveness to patients*. New York, NY: Oxford University Press.

Ogden, T. H. (1997). *Reverie and interpretation: Sensing something human*. Northvale, NJ: Aronson.

Orange, D. (1995). *Emotional understanding: Studies in psychoanalytic epistemology*. New York, NY: Guilford Press.

Panksepp, J. (2004). *Affective neuroscience: The foundations of human and animal emotions*. New York, NY: Oxford University Press.

Panksepp, J., & Biven, L. (2012). *The archeology of mind: Neuroevolutionary origins of human emotions*. New York, NY: Norton.

PDM Task Force. (2006). *Psychodynamic diagnostic manual*. Silver Spring, MD: Alliance of Psychoanalytic Organizations.

Pincus, D. (2006). Who is Freud and what does the new century behold?. *Psychoanalytic Psychology, 23*, 367-372. doi:10.1037/0736-9735.23.2.367

Pine, F. (1990). Drive, ego, object, and self: A synthesis for clinical work. New York, NY: Basic Books.

Pinsker, H. (1997). A primer of supportive psychotherapy. Hillsdale, NJ: Analytic Press.

Piper, W. E., Azim, H. F., Joyce, A. S., & McCallum, M. (1991). Transference interpretations, therapeutic alliance, and outcome in short-term individual psychotherapy. *Archives of General Psychiatry, 48*, 946-953. doi:10.1001/archpsyc.1991.01810340078010

Pollock, G. H. (1989). *The mourning-liberation process* (Vols. 1 and 2). Madison, CT: International Universities Press.

Racker, H. (1968). *Transference and countertransference*. New York, NY: International Universities Press.

Reich, W. (1972). *Character analysis* (V. Carfagno, Trans.). New York, NY: Farrar, Straus, and Giroux. (Original work published 1933)

Reichenbach, H. (1938). *Experience and prediction*. Chicago, IL: University of Chicago Press.

Reik, T. (1937). *Surprise and the psychoanalyst* (M. R. Green, Trans.). New York, NY: E. P. Dutton.

Reik, T. (1948). *Listening with the third ear: The inner experience of a psychoanalyst*. New York, NY: Farrar, Straus.

Rockland, L. H. (1992). *Supportive therapy: A psychodynamic approach*. New York, NY: Basic Books.

Rogers, C. R. (1951). *Client-centered therapy: Its current practice, implications, and theory*. Boston, MA: Houghton Mifflin.

Roland, A. (1996). How universal is the psychoanalytic self?. In A. Roland (Ed.), *Cultural pluralism and psychoanalysis: The Asian and North American experience* (pp. 3-21). New York, NY: Routledge.

Roland, A. (2003). Psychoanalysis across civilizations. *The Journal of the American Academy of Psychoanalysis and Dynamic Psychiatry, 31*, 275-295. doi:10.1521/jaap.31.2.275.22118

Rowe, C. E., & MacIsaac, D. W. (1989). *Empathic attunement: The technique of psychoanalytic self psychology*. Northvale, NJ: Aronson.

Safran, J. D. (2012). *Psychoanalysis and psychoanalytic therapies*. Washington, DC: American Psychological Association.

Safran, J. D., & Muran, J. C. (2000). *Negotiating the therapeutic alliance: A relational treatment guide*. New York, NY: Guilford Press.

Sandell, R., Bloomberg, J., Lazar, A., Carlsson, J., Broberg, J., & Schubert, J. (2000). Varieties of long-term outcome among patients in psychoanalysis and long-term psychotherapy: A review of findings in the Stockholm Outcome of Psychoanalysis and Psychotherapy project (STOPP). *The International Journal of Psychoanalysis, 81*, 921-942. doi:10.1516/0020757001600291

Schafer, R. (1983). *The analytic attitude*. New York, NY: Basic Books.

Schlesinger, H. J. (2003). *The texture of treatment: On the matter of psychoanalytic technique*. Hillsdale, NJ: Analytic Press.

Schofield, W. (1964). *Psychotherapy: The purchase of friendship*. Englewood Cliffs, NJ: Prentice Hall.

Schore, A. N. (2003). *Affect regulation and the repair of the self*. New York, NY: Norton.

Searles, H. (1975). The patient as therapist to his analyst. In P. Giovacchini (Ed.), *Tactics and techniques of psychoanalytic therapy* (Vol. 2, pp. 95–151). New York, NY: Aronson.

Shedler, J. (2010). The efficacy of psychodynamic therapy. *American Psychologist, 65*, 98–109. doi:10.1037/a0018378

Silberschatz, G. (2005). *Transformative relationships: The control mastery theory of psychotherapy*. New York, NY: Routledge.

Solms, M., & Turnbull, O. (2002). *The brain and the inner world: An introduction to the neuroscience of subjective experience*. New York, NY: OtherPress.

Stark, M. (1999). *Modes of therapeutic action: Enhancement of knowledge, provision of experience, and engagement in relationship*. Northvale, NJ: Aronson.

Steiner, J. (1993). *Psychic retreats: Pathological organizations in psychotic, neurotic and borderline patients*. London, England: Routledge. doi:10.4324/ 9780203359839

Stern, D. B. (1997). *Unformulated experience: From dissociation to negotiation in psychoanalysis*. Hillsdale, NJ: Analytic Press.

Stern, D. N. (1985). *The interpersonal world of the infant: A view from psychoanalysis and developmental psychology*. New York, NY: Basic Books.

Stolorow, R. D., & Atwood, G. E. (1997). Deconstructing the myth of the neutral analyst: An alternative from intersubjective systems theory. *The Psychoanalytic Quarterly, 66*, 431–449.

Strachey, J. (1934). The nature of the therapeutic action of psychoanalysis. *The International Journal of Psychoanalysis, 15*, 127–159.

Strupp, H., Hadley, S., & Gomez-Schwartz, B. (1977). *Psychotherapy for better or worse: An analysis of the problem of negative effects*. New York, NY: Aronson.

Sugarman, A. (2007). Whatever happened to neurosis? Who are we analyzing? And how? The importance of mental organization. *Psychoanalytic Psychology, 24*, 409–

428. doi:10.1037/0736-9735.24.3.409

Sullivan, H. S. (1970). *The psychiatric interview*. New York, NY: Norton.

Sulloway, F. J. (1992). *Freud, biologist of the mind: Beyond the psychoanalytic legend*. Cambridge, MA: Harvard University Press.

Summers, R. G., & Barber, J. P. (2010). *Psychodynamic therapy: A guide to evidence-based practice*. New York, NY: Guilford Press.

Thompson, M. G. (2003). *The ethic of honesty: The fundamental rule of psychoanalysis*. New York, NY: Rodopi.

Vaillant, G. E. (1992). *Ego mechanisms of defense: A guide for clinicians and researchers*. Washington, DC: American Psychiatric Association.

Wachtel, P. L. (2007). *Relational theory and the practice of psychotherapy*. New York, NY: Guilford Press.

Waelder, R. (1960). *Basic theory of psychoanalysis*. New York, NY: International Universities Press.

Wallerstein, R. S. (1998). *Lay analysis: Life inside the controversy*. Hillsdale, NJ: Analytic Press.

Wallin, D. J. (2007). Attachment in psychotherapy. New York, NY: Guilford Press.

Wampold, B. E. (2001). *The great psychotherapy debate: Models, methods, and findings*. Mahwah, NJ: Erlbaum.

Wampold, B. E. (2010). *The basis of psychotherapy: An introduction to theory and practice*. Washington, DC: American Psychological Association.

Weiner, I. B., & Bornstein, R. F. (2009). *Principles of psychotherapy: Promoting evidence-based psychodynamic practice*. New York, NY: Wiley.

Westen, D. (1998). The scientific legacy of Sigmund Freud: Toward a psychodynamically informed psychological science. *Psychological Bulletin, 124*, 333-371. doi:10.1037/0033-2909.124.3.333

Westen, D., Novotny, C. M., & Thompson-Brenner, H. (2004). The empirical status of empirically supported psychotherapies: Assumptions, findings, and reporting in controlled clinical trials. *Psychological Bulletin, 130*, 631-663. doi:10.1037/0033-2909.130.4.631

Winnicott, D. W. (1965). Ego integration in child development. *In The maturational processes and the facilitating environment*. London, England: Hogarth Press.

Winnicott, D. W. (1971). The use of an object and relating through identification. In *Playing and reality* (pp. 86-94). New York, NY: Basic Books.

Winnicott, D. W. (1974). Fear of breakdown. *The International Review of Psychoanalysis, 1*, 103-107.

Yalom, I. D. (2002). *The gift of therapy: An open letter to a new generation of therapists and their patients.* New York, NY: HarperCollins.

Zaretsky, E. (2005). *Secrets of the soul: A social and cultural history of psychoanalysis*. New York, NY: Vintage.

제 4 장 인지치료

인지치료(cognitive therapy)는 적극적이고 협력적이며 현재에 초점을 둔 심리상담 접근법으로, 내담자가 자신의 사고와 행동이 정서적 고통에 기여하는 방식을 이해하고, 역기능적인 인지 및 행동양식을 극복할 수 있는 전략을 개발하여 현재의 삶의 문제를 해결하고, 상담 종결 후에도 상담에서 배운 전략을 통해 삶의 어려움을 효과적으로 다룰 수 있도록 돕는 것을 목표로 한다. 인지치료는 비교적 단기간에 제한된 회기 내에서 실시하는 편이다. 일반적인 인지치료 과정은 12~16회기이며(Wenzel, Brown, & Karlin, 2011), 일부 내담자는 단 4회기만에 상당한 변화를 보이기도 한다(Hirsch, Jolley, & Williams, 2000). 하지만 다양한 호소 문제를 가진 내담자나 I축 장애 및 II축 장애를 동반한 내담자의 경우에는 상담이 장기간에 걸쳐 진행될 수 있다(Beck, 2005).

인지치료는 원래 우울증 치료를 위해 개발되었으며(Beck, 1976; Beck, Rush, Shaw, & Emery, 1979), 이후에는 불안장애(Beck & Emery, 1985), 약물남용(Beck, Wright, Newman, & Liese, 1993), 섭식장애(Fairburn, 2008), 성격장애(Beck, Freeman, Davis, & Associates, 2004) 및 자살 행동(Wenzel, Brown, & Beck, 2009)을 치료하는 데 사용되었다. 최근에는 양극성장애(Basco & Rush, 2005) 및 조현병(Beck, Rector,

Stolar, & Grant, 2009)과 같은 심각한 정신장애 치료의 보조적 개입으로도 발전해 왔다. 인지치료는 다양하게 활용될 수 있는데, 개인 심리상담뿐만 아니라 집단상담(Bieling, McCabe, & Antony, 2006) 및 부부 및 가족 상담(Dattilio, 2010)과 같은 다른 상담에도 사용된다. 이는 인지치료의 적용 사례의 일부분이며, 기타 정신장애, 심리적 문제, 심리적 요소를 동반한 의학적 질환 등 더 다양한 사례에도 인지치료가 활용되며, 경험적 연구를 통해 그 효과가 입증되고 있다.

인지치료를 배우는 정신건강 전문가는 인지치료가 인지행동치료와 어떻게 비슷한지, 혹은 어떻게 다른지에 대해 혼란스러워 한다. 실제로 많은 학자와 상담자는 인지치료와 인지행동치료라는 용어를 혼용하여 사용한다(Epp & Dobson, 2010; Beck, 2011; Wenzel, Liese, Beck, & Friedman-Wheeler, 2012). 이 주제에 대한 한 가지 관점은 인지행동치료가 심리상담을 포괄하는 광범위한 계열이라면, 인지치료는 이 계열의 창립 구성원 중 하나라고 보는 것이다(Dobson, 2012). 인지치료는 인지 및 행동에 초점을 맞춘 여러 심리상담이 개발되고 검증되던 시기에 나왔다. 비슷한 맥락에서 개발된 심리상담으로 합리적 정서행동 상담(Ellis & Harper, 1975), 스트레스 면역 훈련(Meichenbaum, 1985), 체계적 둔감화(Wolpe, 1969) 등이 있다. 문제는 이러한 심리상담 방식이 상호 독립적이지 않기 때문에 해당 분야가 발전함에 따라 연구자와 상담자는 무수한 구조화된 치료 지침의 영향을 받아 상담 방식을 개선하며 많은 치료 요소를 통합해 왔다. 그 결과 인지행동 계열의 많은 치료 지침이 상당 부분 중첩된다. 특히 인지치료의 요소는 인지행동 계열 심리상담의 많은 부분에서 발견된다. 오늘날 인지행동치료에는 인지치료, 행동활성화(Addis & Martell, 2004), 공황 조절 상담(Barlow & Craske, 2007), 문제 해결 심리상담(D'Zurilla, & Nezu, 2007), 변증법적 행동치료(Linehan, 1993) 등 다양한 상담 접근법이 있다. 그중 인지치료는 그 효과성에 대한 경험적 지지가 가장 심층적이고 광범위하며 새롭게 개발되는 인지행동 계열 상담에도 큰 영향을 미쳤기 때문에 인지행동치료 분야에서 특별한 자리를 차지한다고 볼 수 있다(Epp & Dobson, 2010; Dobson, 2012).

여러 인지행동 심리상담 사이에는 중첩되는 점이 많기 때문에 인지치료만의 독특하고, 혁신적이며, 특히 효과적인 요소를 잘 이해하는 것이 중요하다. 일부 정신건강 전문가는 인지치료를 내담자의 증상 치료에는 어느 정도 도움이 되지만 일관된 이론 체계를 갖추지 못하고 있어 보다 근본적인 문제를 해결하는 데 제한적인 상담 기법이라고 오해한다. 그러나 실제로 인지치료는 고도로 체계화된 심리상담으로(Dobson, 2012), 내담자가 보이는 임상적 증상을 촉발, 유지, 악화시키는 인지 및 행동 요인을 이해하는 틀을 제공한다. 이러한 이해 방식을 **인지적 사례 개념화**(cognitive case conceptualization)라고 한다(Beck, 2011; Kuyken, Padesky, & Dudley, 2009). 인지적 사례 개념화는 인지치료의 기초 작업에 해당하며, 이를 바탕으로 내담자의 다양한 문제를 일관성 있게 정리하고 상담적 개입 전략을 수립할 수 있다. 인지치료의 두 번째 특징은 회기 구조(session structure)에 있다. 인지치료에서 회기는 상담자가 내담자의 상담 진행을 체계적으로 모니터링하고, 삶의 문제를 해결하기 위한 구조화된 전략적 접근에 대한 모델링을 제공하며, 회기 안팎에서 고통을 줄이기 위한 전략을 실행할 수 있도록 짜여 있다. 인지치료의 마지막 특징은 효과적인 인지 및 행동 변화를 위해 상담자가 사용할 수 있는 일련의 구체적 치료 기법을 제공한다는 점이다. 효과적인 인지치료는 특정 기법의 사용보다는 인지적 사례 개념화에 따른 내담자의 임상적 증상에 대한 이해와 다양한 측면에서 개념화한 내용을 다루는 전략 및 기술의 적용을 강조한다.

인지치료의 이러한 고유한 특징을 다음의 순서로 더 자세히 설명하고자 한다. 첫 번째, 인지치료의 이론적 토대와 이러한 이론적 토대에 대한 이해가 인지적 사례 개념화를 촉진하는 방식을 설명한다. 두 번째, 인지적 사례 개념화에 비추어 전략적으로 기법을 적용하는 것을 중심으로 인지치료의 주요 기법을 소개한다. 세 번째, 인지치료 전문가인 주디스 벡(Judith S. Beck)은 이러한 기법을 **〈심리치료의 세 가지 접근: 여성 내담자 편〉** 및 **〈심리치료의 세 가지 접근: 남성 내담자 편〉** 상담 시연에서 어떤 식으로 사용하는지를 보여 준다. 이때 인지치료 기법의 전략적 적용에 대한 근거를 설명하고, 벡 박사가 보여 준 상담의 전반적인 효과성을 논의한다. 마지막으로 인지치료를 지지하는 경험적 연구와 향후 연구 및 발전 방향을 간략하게 고찰한다.

1. 이론적 토대

인지치료의 '아버지'로 불리는 아론 벡(Aaron T. Beck) 박사가 이 접근법을 개발하는 데 영감을 준 전제는 단순하다. 그는 상담에서 내담자가 자신의 삶에서 일어나는 사건을 인식하거나 해석하는 방식이 기분뿐만 아니라 이후의 행동 및 생리적 반응에도 큰 영향을 미치는 것을 관찰했다. 그는 내담자의 고통에 기여하는 것은 내담자의 삶에서 일어나는 상황 자체가 아니라 내담자가 그러한 상황에 부여하는 의미라고 결론지었다(Beck, 1976; Beck, 2011). 따라서 인지는 인지치료 이론에서 중추적인 역할을 한다. 인지는 우리가 일상에서 접하는 정보를 이해하는 데 도움이 되는 생각, 심상, 해석, 판단, 태도 등과 같은 심리내적 활동으로 정의된다. 인지에는 처리 과정(즉, 사람들이 어떻게 생각하는지)과 처리 결과물(즉, 사람들이 무엇을 생각하는지; Ingram & Kendall, 1986)이 모두 포함된다. [그림 4-1]은 이 이론의 기본 전제를 보여 준다.

예를 들어, 한 어머니가 자신의 아들이 다른 학생과 싸워서 정학 처분을 받았다는 사실을 알게 되었다고 가정하자. 만약 그녀가 '우리 아들은 정말 예의가 없어! 날 괴롭히려고 이런 짓을 했어!'라고 생각한다면 엄마의 정서 반응은 분노가 될 것이다. 행동적으로는 아이에게 지나치게 소리를 지르고, 생리적으로는 심박수가

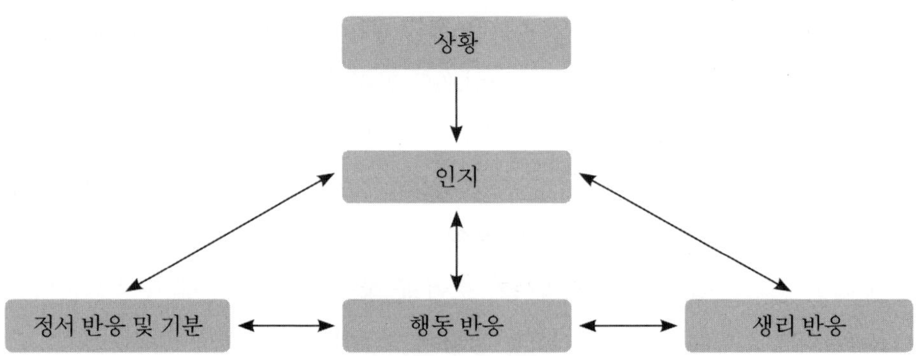

[그림 4-1] 인지 이론의 기본 전제

빨라지고 호흡이 얕아질 수 있다. '저런, 상대방 아이의 부모가 나에게 화를 낼 거야'라고 생각한다면 그녀의 정서 반응은 초조함일 것이다. 행동적으로는 상대방 아이의 부모가 자신에게 전화할지도 모른다는 두려움 때문에 전화를 피하고, 생리적으로는 제대로 쉬지 못하고 긴장할 수 있다. '아이가 이렇게 된 건 내가 형편없는 엄마라서 그런 거야'라고 생각하면 정서적으로 슬픔에 빠질 수 있다. 행동적으로는 '내가 더 할 수 있는 게 뭐가 있겠어?'라는 태도로 아이를 훈육하는 것을 포기할 수 있고, 생리적으로는 뱃속에서 두려운 감각을 경험할 수 있다. 사람들은 삶의 사건에 대해 실제 상황보다 과장된 반응을 보이거나, 상황의 일부분만 고려하여 도움이 되지 않는 방식으로 반복적으로 반응하면서 분노, 불안, 우울과 같은 정서적 고통에 취약해진다. 인지치료에서는 이러한 유형의 생각을 자동적 사고라고 부르는데, 그렇게 부르는 이유는 이러한 생각이 너무 빨리 생겨나고 지나가기 때문에 자신의 기분, 행동 및 생리에 눈에 띄는 영향을 미친다는 사실을 잘 깨닫지 못하기 때문이다(Beck, 2011).

도움이 되지 않는 정서적 · 행동적 · 생리적 반응과 연결된 자동적 사고를 식별하는 가장 일반적인 방법은 그 순간 머릿속에서 무엇이 떠올랐는지 물어보는 것이다. 실제로 우리의 인지 대부분은 머릿속을 흐르는 언어적 생각이나 스스로에게 하는 언어적 진술로 경험된다. 하지만 앞서 언급했듯이, 인지는 심상도 포함한다는 점에 유의할 필요가 있다. 때때로 인지는 언어가 아닌 그림의 형태로 표현되기도 한다. 예를 들어, 아들이 정학 처분을 받은 것에 대해 초조한 정서 반응을 보이는 엄마는 다른 아이의 부모가 현관 앞에 찾아와서 소리를 지르며 위협하는 끔찍한 심상을 떠올릴 수 있다. 아들의 정학에 대해 슬픈 정서 반응을 보이는 엄마는 아무것도 제대로 할 줄 아는 것이 없다는 식으로 혼났던 자신의 어린 시절의 기억이 떠올랐을 수 있다. 따라서 자동적 사고를 이해할 때는 경험하는 형식이 어떠하든지 의미를 지닌 정신 활동으로 폭넓게 개념화하여 접근할 필요가 있다.

인지 이론의 핵심 전제는 '인지가 정서, 행동, 생리 반응을 일으킨다.'는 식으로 단순화되어 회자되기도 하지만, 숙련된 인지치료 상담자들은 이러한 구성 요소 간의 관계가 이보다 훨씬 복잡하다고 알고 있다. 인지 이론에 따르면, 실제로 문제가 되는 인지는 불편하거나 부적응적인 정서, 행동, 생리 반응에 영향을 미친다. 그렇다고 해서 인지만이 정서, 행동, 신체 반응의 유일한 원인이라는 의미는 아니며, 인지치료 상담자는 이러한 반응이 다각적으로 결정되며, 생물학적·환경적·심리적인 다양한 경로를 통해 발생한다는 사실을 이해한다. [그림 4-1]에서 양방향 화살표에 주목해 보자. 이 양방향 화살표는 정서, 행동, 생리가 인지에도 마찬가지로 커다란 영향을 미칠 수 있음을 보여 준다. 예를 들어, 아들이 정학 처분을 받은 것에 대해 슬픈 정서를 보이는 어머니는 자신을 형편없는 엄마라고 생각하면서도 효과적인 양육 전략을 사용할 수 있다. 이러한 양육 전략의 사용으로 아들이 교훈을 얻고 다시 정학 당하지 않도록 변화되는 데 성공한다면 그녀는 형편없는 엄마라는 자신에 대한 견해를 재평가하고 더 균형 잡힌 결론을 내릴 수 있을 것이다. 이처럼 인지, 정서, 행동, 생리 반응은 서로 영향을 주고받으며, 이러한 구성 요소 중 하나에 개입하면 다른 구성 요소의 변화를 촉진하는 잠재력을 가지게 된다(Borkovec, Newman, Pincus, & Lytle, 2002).

이 장에서 지금까지 설명한 이론은 내담자가 상황적 스트레스 사건에 반응하는 방식에 대한 심리적 과정을 기술한다. 인지 이론은 개인이 특정 상황에서 보이는 자동적 사고, 정서, 행동 및 생리 반응을 포착하여 그 밑에 있는 근본적인 신념 체계에 대한 풍부한 설명을 제공한다. [그림 4-2]는 이러한 심리적 과정의 추가적인 단계를 포함한 확장된 인지 모델을 제시한다.

인지 이론에 따르면, 사람들은 자라면서 겪는 성장 경험(formative experiences)을 통해 자신, 타인, 세상, 미래에 대한 근본적인 신념(즉, 핵심 신념; Beck, 2011)을 갖게 된다. 성장 경험은 주로 어린 시절에 이루어지지만, 성인기에 경험하는 중요한 사건(예: 전투 참여)도 신념에 영향을 미칠 수 있다. 특정 초기 경험이 반드시 특정 신념의 유형을 보장하는 것은 아니며, 이러한 경험은 개인의 생물학적 특성(예: 기분장애에 대한 유전적 취약성) 및 심리적 특성(예: 불확실성에 대한 낮은 내성)과 상호작용하여 개인의 신념 체계를 형성하는 데 영향을 미친다. 대부분의 경우에 사람들은 도움이 되는 신념(예: '나는 좋은 사람이다.')과 도움이 되지 않는 신념(예: '나는 실패자이다.')을 모두 지니고 있다. 비교적 평온할 때는 도움이 되는 신념이 활

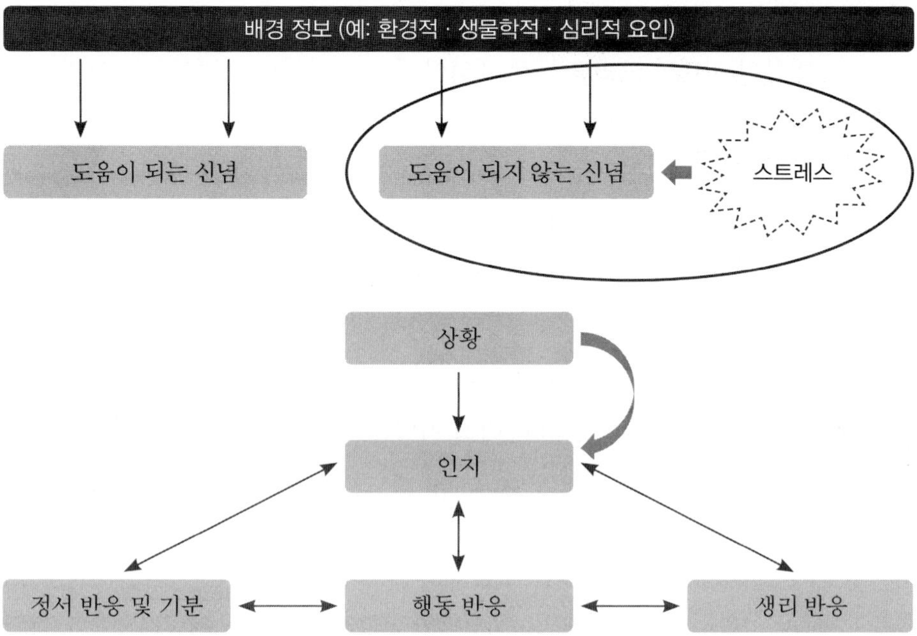

[그림 4-2] 확장된 인지 모델

성화될 가능성이 매우 높다. 그러나 스트레스를 받을 때는 도움이 되지 않는 신념이 활성화될 가능성이 높아진다. [그림 4-2]에서 도움이 되지 않는 신념과 스트레스에 원이 그려 있는데, 인지 이론에 따르면 스트레스를 받을 때는 도움이 되지 않는 신념이 활성화되면서 힘든 상황에 마주했을 때 경험한 생각 및 심상을 떠올릴 가능성이 높아진다. 따라서 인지 이론은 **취약성-스트레스**(diathesis-stress) 접근을 사용하여 정신장애를 이해하며(참조: Ingram, Miranda, & Segal, 1998; Wenzel & Beck, 2008), 도움이 되지 않는 신념은 스트레스 상황이나 어려움에 처했을 때에만 영향을 미치는 취약성으로 간주한다.

인지 이론의 또 다른 중요한 특징은 특정 유형의 인지와 특정 정서 반응 사이에 연관성이 있다고 보는 것이다[즉, **인지적 내용의 특수성**(cognitive content specificity, Beck, Brown Steer, Eidelson, & Riskind, 1987)]. 절망이라는 주제를 반영하는 반복적인 인지를 가진 사람은 우울의 정서를 경험할 가능성이 높다. 반대로 위협이나 대처 불능에 대한 반복적인 인지를 가진 사람은 불안의 정서를 경험할 가능성이 높다. 인지 이론의 이러한 측면을 통해 개인이 주어진 상황에서 경험하는 인지가 무작위가 아니며, 그 인지가 내포하는 의미는 활성화된 신념과 관련이 있다는 것을 알 수 있다. 예를 들어, 아들이 정학을 당한 것에 대해 초조한 정서 반응을 보이는 어머니는 '나는 나약해서 어찌할 바를 모른다.'는 신념에 따라 행동하는 것일 수 있다. 반대로 아들이 정학을 당한 것에 대해 슬픈 정서 반응을 보이는 어머니는 '나는 쓸모없어.'라는 신념에 따라 행동하는 것일 수 있다.

도움이 되지 않는 핵심 신념의 활성화는 개인이 어떤 상황에서 갖는 사고와 심상에만 영향을 미치는 것이 아니다. 핵심 신념은 사람들이 삶을 살아가는 방식을 안내하고 삶의 도전에 대응하는 규칙, 가정, 태도를 개발하는 맥락을 제공하는데, 벡(Beck, 2011)은 이를 **중간 신념**(intermediate beliefs)이라고 불렀다. 중간 신념은 경직되고 융통성이 없는 편이라서 종종 스트레스, 실망감, 적응적 어려움 등을 야기한다. '나는 쓸모없어.'라는 핵심 신념이 활성화된 어머니를 떠올려 보자. 이 어머니는 '내 아들이 학교에서 문제를 일으키면 그것은 내가 형편없는 엄마라는 뜻이다.'라는 규칙에 따라 생각한 것일 수 있다. 자신의 양육 방식이 아들의 행동을 결정하는 유일한 요인이라고 가정하고, 아들의 행동에 영향을 미치는 다른 중요한 요인을 인정하지 않는 것일 수 있다. 그녀는 '세상에서 가장 나쁜 일은 내 아들이 학교에서 문제를 일으키는 것'이라는 태도를 취할 수도 있다. 중간 신념은 일반적으로 자신과 타인의 행동에 대해 비합리적으로 높은 기준을 설정하며, 인생에서 보편적으로 경험하는 기복과 도전을 고려하지 않는다. 그 결과 중간 신념은 개인적 경험이 삶의 규칙, 가정, 태도와 일치하지 않을 때 도움이 되지 않는 자동적 사고를 활성화한다.

도움이 되지 않는 핵심 신념은 일반적으로 그 신념에 수반되는 고통과 괴로움으로부터 개인을 보호하려고 고안한 전략적 행동 양상, 즉 **보상 전략**(compensatory strategies)과 연결된다(Beck, 2011). 때때로 이러한 행동 양상은 핵심 신념을 유지하는 데 도움을 준다. 이러한 유형의 전략은 아들이 학교에서 싸움을 벌였을 때 슬픈 정서 반응을 보이는 어머니가 아들을 훈육하는 것을 포기하는 것에서 그 예를 찾아볼 수 있다. 핵심 신념이 틀렸다는 것을 증명하려는 시도에 관여하는 행동 양상도 있다. 이러한 유형의 전략을 사용하는 어머니는 같은 상황에서 아들을 훈육하는 것을 포기하는 대신에 아들의 삶의 모든 측면에 지나치게 관여하는 모습을 보인다. 교실에서 자원봉사를 하거나, 컵스카우트 대원의 인솔자로 활동하거나, 다른 친구 집에 아이를 놀러 보내는 대신에 자기네 집에 다른 친구들을 초대해서 놀게 하는 등 자녀를 감시하는 모습을 보인다. 그 밖에 다양한 행동으로 핵심 신념에 대한 도전을 완전히 회피하는 모습을 보일 수 있다. 따라서 보상 전략은 일반적으로 도움이 되지 않는 핵심 신념을 더욱 강화하는 역할을 한다. 보상 전략과 핵심 신념 사이의 이러한 연관성은 인지와 행동 사이의 역동적인 상호작용을 보여 준다.

요약하자면 인지 이론에 따르면, 사람들이 삶에서 경험하는 상황을 바라보고 의미를 부여하는 방식은 그들의 기분, 행동, 생리적 감각에 상당한 영향을 미친다. 더불어 기분, 행동, 생리적 감각이 개인의 사고와 신념을 강화시킬 수 있다. 상황적 스트레스 요인에 대한 인지 반응은 무작위로 발생하는 것이 아니며, 자신, 타인, 세상, 미래에 대한 개인의 신념에 비추어 예측할 수 있다. 스트레스를 받으면 도움이 되지 않는 신념이 활성화될 가능성이 높아진다. 개인의 신념은 개인의 성장 경험, 생물학적 구성, 심리적 경향을 통해 형성되며, 정서적 고통을 악화시킬 수 있는 경직되고 융통성 없는 규칙, 가정, 행동 양식으로 이어진다. 이러한 이론적 토대는 내담자의 배경과 경험에 비추어 내담자의 현재 기능을 설명할 수 있는 다양한 인지, 정서, 행동에 대한 설명의 틀을 제공한다.

인지 이론은 인지적 사례 개념화를 통해 상담적 개입으로 전환된다. 앞서 설명한 바와 같이, 인지적 사례 개념화는 상담자가 인지 이론을 적용하여 내담자의 임상 증상과 현재 고통을 설명하는 방식이다(Beck, 2011; Kuyken et al., 2009). 이를 통해 상담자는 이 장에서 지금까지 설명한 구조(예: 핵심 신념, 규칙 및 가정)에 따라 내담자에 대해 파악한 정보를 체계적으로 정리할 수 있다. 상담자는 사례 개념화를 사용하여 내담자가 현재의 문제 상황을 해결하는 데 도움이 되지 않는 신념 체계를 수정하거나 비활성화하는 데 효과적일 수 있는 전략을 선택하게 된다. 인지적 사례 개념화를 통해 인지치료는 다양한 기법을 적용하는 것 이상의 의미를 갖는다. 상담자는 일관된 틀을 가지고 내담자의 정서적 고통에 기여하고 그것을 유지 또는 악화시키는 심리적 과정을 구체화하며, 이러한 과정을 통해 형성한 이해를 바탕으로 전략적 개입을 모색한다. 이론적 토대가 있을 때 상담 기법은 임의로 선택되고 실행되는 것이 아니라 전략적으로 적용될 수 있다. 이론적 토대를 통해 다양한 증상을 호소하는 내담자에 대해 개념화하여 설명할 수 있게 되며, 근본적인 인지 및 행동 과정의 수정을 도모하게 된다.

2. 상담 기법

인지치료라는 이름에도 불구하고 인지치료 상담자는 인지 전략만큼이나 행동 전략도 강조한다. 인지 기법과 행동 기법은 모두 인지치료의 주요 기법으로 간주된다. 인지치료 상담자는 회기를 조직화하고 내담자가 상담적 접근을 통해 자신의 증상을 이해할 수 있도록 안내하는 기법(예: 조직화된 회기 구조 및 심리 교육)을 사용한다. 또한 재발 방지를 촉진하고 상담이 끝난 후에도 내담자가 상담에서 배운 전략을 일상에 적용하도록 돕는 기법도 활용한다. 여기서는 (a) 회기 구조 (b) 심리교육 (c) 인지적 재구조화 (d) 행동 전략 (e) 문제 해결 (f) 재발 방지와 같은 핵심적인 상담 기법을 살펴보자.

회기 구조

인지치료 상담자는 삶의 문제를 체계적으로 해결해 가는 방식을 모델링하고, 내담자가 자신의 고통을 해결할 수 있는 실질적인 무언가를 가지고 회기를 마칠 수 있도록 회기 구조를 구성한다. 회기 구조의 각 구성 요소는 상담 진행을 위해 전략적으로 짜인다. 인지치료의 상담 회기 구조는 내담자가 삶의 문제에 대응하기 위한 체계적인 틀을 습득하는 데 도움이 될 수 있으므로 하나의 기법으로 간주할 수 있다. 일반적인 인지치료 회기의 구성 요소에는 (a) 간단한 기분 점검 (b) 지난 회기와의 연결 (c) 주제 설정 (d) 주제 논의 (e) 주기적 회기 요약 (f) 숙제 (g) 최종 요약 및 피드백이 포함된다(Beck, 2011).

간단한 기분 점검은 내담자의 현재 기분 상태에 대한 정보를 얻고, 이전 회기의 기분 상태와 비교하면서 상담의 진행 상황을 모니터링하고, 내담자의 임상 증상과 관련된 문제(예: 자살 생각, 알코올 또는 약물 사용)를 확인하는 수단이다. 또한 인지치료 상담자가 상담 관계의 촉진을 위해 내담자의 상태에 대한 관심을 보여 주는 수단이기도 하다(Beck, 2011; Wenzel et al., 2011). 많은 인지치료 상담자는 내담자의 현재 기분 상태에 대한 정보를 정량적 척도를 사용하여 얻는 것이 효과적이라고 본다. 정량적 척도를 사용하면 상담자와 내담자가 함께 내담자의 진행 상황과 치료 효과를 확인하고 지금까지 적용된 기법이 눈에 띄는 기분의 향상을 가져오는지를 확인할 수 있다. 일부 인지치료 상담자는 벡의 우울증 척도-II(Beck Depression Inventory-II; Beck, Steer, & Brown, 1996)와 같이 표준화된 자가보고 척도를 활용하여 간단하게 기분을 점검한다. 다른 인지치료 상담자는 단순한 리커트형 척도(예: 0점 = 우울증 없음, 10점 = 최악의 우울증)를 활용한다.

지난 회기와 연결하면서 내담자가 지난 회기에서 무엇을 배웠는지, 그렇게 배운 생각과 기술이 회기 사이의 일상생활에 어떻게 적용되었는지 말로 자세히 설명해 볼 수 있다. 인지치료의 회기 구조는 내담자에게 상담의 방향성을 제시할 뿐만 아니라, 상담 목표를 향해 상담이 일관성 있게 진행되도록 회기들을 유기적으로 엮는 역할을 한다. 또한 지난 회기와의 연결을 통해 상담자는 이전 상담에서 자신이 했던 말이나 행동으로 인해 내담자가 부정적인 반응을 경험하지는 않았는지를 평가할 수 있는 기회를 가질 수 있다. 집중력과 기억력에 어려움을 겪는 내담자의 경우에 상담자가 지난 회기와 연결을 시도하면 내담자에게 지난 회기에 일어났던 중요한 상호작용을 상기시키고 현재 회기에서 계속 작업해야 하는 문제를 파악할 수 있도록 촉진할 수 있다.

인지치료의 회기 구조의 핵심은 주제를 설정하는 것, 즉 상담 회기에서 다룰 항목을 설정하는 것이다. 인지치료 상담자는 내담자가 고통을 줄이거나 문제를 해결하는 데 도움이 되는 무언가를 가지고 회기를 떠나기를 원하기 때문에 주제를 설정하여 상담의 목표에 집중할 수 있도록 한다. 대부분의 경우에 내담자는 여러 가지 문제로 힘들어 하는데, 상담자는 이러한 문제를 미리 파악하고 각 문제에 할당할 시간을 결정할 수 있도록 돕는다. 이러한 방식으로 회기에 접근하면 내담자는 자신의 삶의 문제가 실제로 체계적인 틀에 따라 체계적으로 정리되고 해결될 수 있다는 희망을 갖게 된다. 상담이 진행됨에 따라 내담자가 파악한 모든 문제를 논의하기에 시간이 충분하지 않거나 주제를 설정할 때 예상하지 못한 새로운 문제가 발생하는 경우가 있다. 이러한 경우에 인지치료 상담자는 내담자와 협력하여 주제를 다시 검토하고 남은 시간을 가장 잘 사용할 수 있는 방법을 합리적으로 결정을 한다. 주제의 설정이 회기에서 다룰 문제 유형을 제한하기 위한 것은 아니지만, 내담자와 상담자가 본론에서 벗어난 대화로 인해 인지행동적 변화를 제대로 이루지 못하게 되는 것을 예방하는 데 도움이 된다.

인지치료에서 회기 시간의 대부분은 내담자가 호소하는 문제를 다루는 데 사용되기 때문에 주제 설정을 위한 논의는 모든 인지치료 상담의 핵심이라고 할 수 있다. 인지치료의 체계적인 접근 방식에 따라 인지치료 상담자는 지나치게 상세한 설명적인 대화는 제한하려고 한다. 그 대신에 인지치료 상담자는 인지치료의 틀을 적용하여 내담자의 현재 문제를 이해하고 이러한 문제를 완화하기 위한 전략적 개입 수립에 집중한다. 즉, 일반적으로 내담자는 각 회기에서 다룰 내용을 가져오고, 상담자는 각 회기의 구조와 전략을 제공한다. 인지치료 상담자는 내담자가 자신의 문제를 다른 시각으로 이해할 수 있도록 도와주는 환경을 제공하고, 다양한 기법 중에서 선택하여 내담자의 문제 해결에 도움이 되는 기술이나 전략을 내담자가 습득할 수 있도록 촉진한다. 각 주제가 논의될 때마다 인지치료 상담자는 주기적으로 요약을 제공하여 내담자의 호소 문제의 본질을 이해하고 내담자가 실제로 새로운 이해를 얻었거나 문제 해결에 도움이 되는 기술을 습득했는지 확인한다.

인지치료의 회기 구조의 또 다른 핵심 요소는 내담자가 상담 밖에서도 치료적 작업을 계속할 것이라고 기대하는 것이고, 이것은 종종 숙제의 형태로 이루어진다. 숙제는 내담자가 상담에서 얻은 깨달음과 기술을 상담 밖의 일상생활에 적용할 수 있는 기회를 제공한다. 내담자가 숙제를 더 많이 할수록, 그리고 상담자가 내담자와 협력하여 더 능숙하게 숙제를 개발해 낼수록 내담자가 상담에 반응할 가능성이 높아진다는 것을 지지하는 연구 결과가 있다(Addis & Jacobson, 2000; Ryum, Stiles, Svartberg, & McCullough, 2010). 일반적으로 숙제는 주제에 대해 이야기하다가 자연스럽게 생겨날 때, 글로 적어 볼 때, 회기 중에 연습해 볼 기회를 가질 때 가장 효과적이다. 숙제는 인지치료에서 매우 중요한 역할을 하므로 인지치료 상담자는 다음 회기에서 내담자의 숙제를 철저히 점검할 필요가 있다.

각 회기가 끝나는 시점에 상담자는 최종 요약과 피드백을 요청한다. 요약을 통해 상담자와 내담자는 그 회기의 요점을 검토할 기회를 가지며, 이를 통해 내담자는 배운 내용을 통합하고 상담에서 도출한 중요한 깨달음을 다시 한 번 마음에 새기게 된다. 피드백에 시간을 할애하면 상담자는 (a) 내담자가 인지 모델과 인지 및 행동 전략을 자신의 삶에 적용하는 방법을 이해하고 있는지 (b) 내담자가 이 접근법이 효과적이고 적용 가능하다고 생각하는지를 파악하고 (c) 회기에서 내담자가 힘들게 느꼈던 요소를 이해할 수 있게 된다. 이러한 방식으로 피드백을 요청하면 내담자에게 자신의 의견이 중요하다는 것을 알게 하고, 내담자가 상담에서 적극적인 역할을 한다는 것을 내담자에게 알리기 때문에 협력적인 상담 관계가 촉진된다.

심리 교육

인지치료의 중요한 특징 중 하나는 상담자가 내담자에게 충분한 정보와 근거를 제공하는 투명한 상담 과정을 통해 궁극적으로 내담자가 더 이상 상담을 필요로 하지 않게 되는 것을 목표로 한다는 점이다. 인지치료 상담자의 신조는 내담자 스스로가 상담자가 되어 더 이상 상담을 받을 필요가 없도록 해 주자는 것이다. 따라서 상담자는 내담자가 정서적 고통과 삶의 문제를 해결할 수 있는 방식으로 상담적 지식을 사용할 수 있도록 내담자에게 지속적으로 교육을 제공한다. 심리 교육(psychoeducation)은 내담자가 자신의 임상 증상과 이를 치료하기 위한 상담적 접근 방식을 잘 이해할 수 있도록 정보를 제공하는 것으로 정의된다.

인지치료 상담자는 상담 과정에서 여러 번에 걸쳐 다양한 유형의 심리 교육을 제공한다. 상담 초기 단계에서 상담자는 종종 내담자가 진단받은 심리장애에 대한 심리 교육을 제공한다. 많은 내담자는 자신이 겪고 있는 증상에 이름을 붙일 수 있고, 그 증상이 더 큰 증후군의 일부로서 논리적으로 설명될 수 있다는 사실에 안도한다. 또한 상담 초기에 상담자는 인지치료에 대한 심리 교육을 제공한다. 이때 교육에 포함되어야 할 일반적인 정보에는 (a) 인지치료의 특성(예: 단기 치료, 회기 제한, 적극적이고 협력적인 상담 관계) (b) 특정 임상 증상을 이해하고 해결하기 위해 사용한 구체적인 인지치료 모델 (c) 인지치료의 효능과 효과에 대한 증거(내담자가 잘 이해하고 공감할 수 있는 언어로)가 있다. 많은 상담자는 인지치료의 특성과 기대되는 상담 효과에 대한 심리 교육이 내담자의 희망을 고취한다는 사실을 발견했다.

심리 교육은 일반적으로 상담이 진행되는 과정에서 덜 눈에 띌 수 있지만, 내담자가 상담자가 제시하는 개입 전략의 근거를 이해하도록 돕는다는 측면에서 중요한 역할을 한다. 따라서 상담자는 인지적 사례 개념화를 기반으로 특정 개입 전략을 선택할 때 내담자에게 개입의 기본 목표에 대한 자세하고 이해하기 쉬운 방식으로 그 근거를 설명한다. 또한 상담자는 상담의 초기 단계에서 내담자에게 미리 설명한 인지 모델을 바탕으로 특정 상황에 어떤 식으로 적용될 수 있는지를 알려준다. 이런 방식으로 심리 교육을 제공하면 내담자는 정서적 고통과 삶의 문제를 완화하는 데 어떤 방식으로 인지 모델을 적용할 수 있을지를 명확하게 이해하게 되고, 인지적 개입의 사용에 대한 동기가 고취되는 경험을 한다. 그 과정에서 내담자는 인지 및 행동 전략을 익히고 상담실 밖에서도 이러한 원리를 활용할 수 있게 된다.

인지적 재구조화

인지적 재구조화(cognitive restructuring)란 상담자가 내담자와 협력하여 정서적 고통을 경험한 상황에서의 내담자의 인지를 파악하고, 평가하고, 필요한 경우에 수정하는 과정이다(Dobson, 2012). 이 과정의 목표는 내담자가 (a) 자신의 인지가 기분에 영향을 미치는 방식을 인식하고, (b) 정서적 고통을 악화시키는 부정확하거나 도움이 되지 않는지를 수정할 수 있도록 돕는 것이다. 상담자는 회기 중에 내담자와 함께 인지적 재구조화를 사용하여 내담자가 이 기술을 습득하고 연습할 수 있도록 지도하며, 회기 사이에 내담자가 습득한 기술을 일상생활에 체계적으로 적용하도록 격려한다. 이 기법은 내담자가 실제로 고통을 경험하는 상황에서 부정확하거나 도움이 되지 않는 자동적 사고를 경험하고 있다는 것을 상담자가 알게 되었을 때, 그리고 내담자가 도움이 되지 않는 핵심 신념에 따라 행동하고 있다는 증거가 있을 때 사용한다.

인지적 재구조화의 첫 단계는 내담자에게 인지 모델의 기본사항에 대해 교육하는 것이며, 이 때 [그림 4-1]과 같은 도표를 공유할 수 있다. 내담자에게 이러한 교육을 제공할 때 상담자는 생생한 예시(예: 아들이 학교에서 싸웠을 때 세 가지 반응을 보이는 어머니)를 통해 모델을 설명하고, 그 설명을 내담자가 자신의 삶에서 일어나는 일을 설명하는 데 적용할 수 있도록 한다. 또한 내담자가 자신의 자동적 사고를 인식하도록 돕는다. 상담자가 내담자에게 묻는 표준 질문은 "그 일이 일어났을 때 당신의 마음에 어떤 생각이 지나갔나요?"이다.

내담자가 이러한 기법을 처음 배울 때, 자신의 인지를 인식하는 것을 어려워하는 것은 드문 일이 아니다. 언뜻 보기에 그들의 경험은 어떤 '나쁜' 일이 일어난 것이고, 마음에 어떤 생각이 지나갔는지 모르겠지만 어떤 정서 반응이 나타나는 것이다. 따라서 상담자는 여러 가지 방법으로 부정확하거나 도움이 되지 않는 인지를 평가할 수 있도록 촉진한다. 예를 들어, 상담자는 내담자가 경험했을 것으로 추측되는 생각과 그것과 매우 다른 생각, 그 두 가지를 예시로 제시하면서 내담자에게 더 가능성이 높은 것을 선택하도록 요청할 수 있다. 인지가 언어로 표현되는 생각 이상을 포함할 수 있다는 점을 고려하면서 상담자는 내담자에게 떠오르는 심상이 있는지 또는 고통스러운 기억이 상기되지는 않는지를 물어볼 수 있다. 상담자는 "그 상황이 당신에게 또는 당신에 대해 의미하는 바는 무엇인가요?"라고 물으면서 내담자의 정서적 고통과 관련된 근본적인 사고에 접근해 볼 수 있다.

내담자는 정서적 고통과 관련된 자동적 사고를 인식하는 능력을 습득하면 상담자와 협력하여 이러한 자동적 사고가 얼마나 정확하고 도움이 되는지를 평가한다. 상담자는 여러 가지 면에서 내담자의 인지를 직접적으로 '도전'하지 않도록 주의해야 한다. 우선, 많은 경우에 내담자가 삶의 문제를 바라보는 방식에는 '진실의 알갱이'가 있는데, 그 생각에 그저 도전만 하면 내담자가 겪고 있는 정서적 고통을 무시하는 것으로 느낄 수 있다. 둘째, 내담자 스스로가 자신의 생각이 부정확하거나 도움이 되지 않는다는 결론을 내리는 것은 상담자가 도전해서 그런 결과를 얻는 것보다 더 의미 있는 일이며, 이를 통해 내담자는 상담 밖의 환경에서 부정확하고 도움이 되지 않는 생각을 스스로 인식하는 방법을 배우게 된다. 즉, 상담자는 내담자에게 **안내식 발견**(guided discovery) 환경을 조성하여(Beck, 2011 참조) 내담자가 자신의 문제를 바라보는 방식에 대해 스스로 비판적으로 생각하도록 촉진해서 보다 균형 잡힌 대안을 도출할 수 있도록 유도해야 한다. 인지치료 상담자는 이 과정에서 주로 질문을 던지며 내담자가 탐정이나 과학자처럼 모든 '증거' 또는 '자료'를 객관적으로 검토한 다음에 결론을 도출하도록 협력하는 역할을 한다. 보다 균형 잡힌 결론을 도출한 후, 상담자와 내담자는 내담자의 정서적 고통이 감소했는지 여부 및 내담자가 문제를 보다 객관적이거나 도움이 되는 방식으로 바라보게 되었는지, 이제는 다르게 행동할 것인지처럼 새로운 인지가 미칠 영향을 고려해 본다. 이 새로운 인지는 **대체 반응**(alternative response), **적응적 반응**(adaptive response), **균형 잡힌 반응**(balanced response) 또는 **합리적 반응**(rational response)과 같은 여러 가지 다른 이름으로 언급되기도 한다(Dobson & Dobson, 2009; Greenberger & Padesky, 1995; Beck, 2011; Wright, Basco, & Thase, 2006).

이러한 안내식 발견법을 진행하기 위해 상담자는 전략적으로 **소크라테스식 질문**(Socratic questions)을 사용하여 내담자가 자신의 생각을 평가하도록 장려한다

(Beck, 2011). 소크라테스는 서양 철학의 발전에 큰 영향을 끼친 그리스 철학자이다. 그는 학생들에게 고심해야 대답을 할 수 있는 질문을 던지는 교수법으로 유명했다. 앞서 설명한 것처럼, 상담자는 인지적 재구조화를 사용할 때 내담자에게 이와 동일한 접근 방식을 채택한다. 간단하게 소크라테스식의 질문을 활용하려면 내담자의 자동적 사고를 지지하는 증거와 지지하지 않는 증거를 모두 고려하도록 요청해 볼 수 있다. 이 특정 기법을 사용할 때, 상담자는 가능한 한 사실에 근거한 증거에 주목하도록 한다. 많은 내담자는 부정확하거나 도움이 되지 않는 자동적 사고를 지지하는 많은 증거를 쉽게 찾아낼 수 있다고 생각하지만, 나중에 그 생각을 지지하는 증거가 과장되었거나 사실에 대한 자신의 해석이 잘못되었다는 것을 깨닫게 된다.

또 다른 소크라테스식 질문은 최악의 시나리오를 예측하는 자동적 사고를 검토하도록 요청한다[즉, 탈재앙화 질문(decatastrophizing questions); Beck, 2011]. 인지치료를 받는 내담자는 미래에 일어날 사건에 대해 부정적인 예측을 자주 하는 편이며, 이는 많은 경우에 불안과 두려움뿐만 아니라 자기패배적 행동(예: 문제 해결 회피)과 관련된다. 도움이 되지 않는 자동적 사고를 해결하기 위해 상담자는 내담자에게 문제나 상황의 최악의 결과, 최선의 결과, 가장 현실적인 결과를 고려하도록 요청한다. 이러한 방식으로 내담자의 자동적 사고를 검토하면 최악의 시나리오가 발생할 확률이 매우 낮거나 때로는 전혀 없다는 것을 깨닫게 된다. 최악의 시나리오가 현실적으로 발생 가능성이 있는 경우에도 상담자는 내담자와 협력하여 최악의 시나리오가 발생했을 때 어떻게 대처할지를 논의할 수 있다. 이러한 질문을 바탕으로 내담자는 최악의 시나리오가 유쾌하지는 않더라도 극복할 수 있고, 그로부터 소중한 지혜를 얻을 수 있다는 결론을 내리게 된다.

마지막으로, 소크라테스식 질문을 통해 대체로 정확하지만, 내담자의 정서적 고통 및 비효율적인 문제 해결에 기여하는 자동적 사고를 교정할 수 있다. 상담자는 내담자에게 특정 인지에 집착하는 것이 자신에게 도움이 되는지, 해가 되는지 묻거나 특정한 자동적 사고의 장단점을 고려하도록 요청한다. 이러한 질문을 통해 내담자는 자신이 바꿀 수 없는 문제나 상황에 대해서는 어느 정도 수용하게 되고, 이러한 태도를 통해 다시 문제를 효과적으로 대처하려고 도모하게 된다.

인지적 재구조화 과정에서 **생각 기록지**(thought record)라는 정보 정리에 유용한 도구를 사용한다. 생각 기록지를 통해 내담자는 문제 상황, 당시의 자동적 사고 및 정서 반응, 적응적 반응, 적응적 반응의 선택에 따른 결과를 체계적으로 기록할 수 있다. 인지치료 교재와 인지치료 매뉴얼은 각각 조금씩 다른 형식으로 생각 기록지를 제시하고 있다(예: Dobson & Dobson, 2009; Greemberger & Padesky, 1995; Beck, 2011; Wright et al., 2006). 일반적으로 인지치료 상담자는 생각 기록지의 앞에 있는 3열(즉, 상황, 자동적 사고, 정서 반응)을 사용하여 내담자가 부정확하거나 도움이 되지 않는 자동적 사고의 인식을 연습할 수 있는 기회를 제공하고, 인지와 정서 사이에 연관성을 확인할 수 있도록 한다. 내담자가 부정확하고 도움이 되지 않는 인지를 인식하는 데 능숙해지면, 상담자는 적응적 반응과 적응적 반응을 채택한 결과에 대한 두 개의 열을 추가하여 5열의 생각 기록지를 사용한다. 특정 형식에는 다소 차이가 있겠지만, 생각 기록지는 내담자가 이러한 심리적 과정을 글로 써서 확인하고 상담 회기에서 습득한 인지적 재구조화 기술을 체계적으로 연습할 수 있게 촉진하기 때문에 회기 안에서 이루어지는 인지적 재구조화 작업을 보완하는 중요한 도구로 활용된다.

생각 기록지는 상담자가 인지적 재구조화 과정에서 사용하는 여러 가지 실질적인 보조 도구 중 하나일 뿐이다. 실제로 상담자는 인지적 재구조화를 촉진하기 위해 다양한 도구를 사용하며, 어떤 도구를 선택할지는 내담자의 고유한 학습 방식과 협력적 상담 관계의 맥락에서 내담자가 표현하는 선호에 따라 결정한다. 예를 들어, **대처 카드**(coping card)는 내담자가 부정확하거나 도움이 되지 않는 자동적 사고를 기록하고 그에 대한 설득력 있는 적응적 대응을 함께 기록할 수 있도록 해 주는 도구이다. 이때 이러한 적응적 대응은 상담 회기 중에 이루어진 인지적 재구조화 작업을 통해 도출된다(Beck, 2011). 대처 카드는 내담자가 일상생활에서 비슷한 유형의 자동적 사고와 그에 따른 정서적 스트레스를 경험할 때, 인지적 재구조화 작업의 성과에 '쉽게 접근'할 수 있게 해 준다. **행동 실험**(behavioral experiment)은 부정확하거나 도움이 되지 않는 자동적 사고를 뒷받침하거나 반박할 수 있는 '실생활' 자료를 수집하여 내담자가 자신의 환경에서 부정적인 예측을 검증하는 도구이다(Beck, 2011). 많은 내담자는 행동 실험을 통해 자신의 부정적인 선입견이 부정확하다는 것을 직접 확인함으로써 자동적 사고를 재구성하는 데 큰 도움을 받게 된다. 상담자는 부정확하고 도움이 되지 않는 자동적 사고를 평가하기 위해 내담자와 함께 창의력을 발휘하여 다양한 행동 실험을 고안할 수 있다. 이러한 도구의 개발 및 실행에서의 핵심은 인지 이론에 기반한 도구의 구체적인 목표가 인지적 사례 개념화를 통해 파악된 내담자의 요구와 일치하는지 여부이다.

상황별 사고의 재평가는 상담자가 사용하는 가장 핵심적인 기법일 수 있다. 많은 내담자는 부정확하고 도움이 되지 않는 자동적 사고를 재고할 수 있는 도구를 습득하는 것만으로도 정서적 고통에서 벗어날 수 있으며, 이러한 경우에 상담은 단기간에 이루어진다. 내담자의 증상이 감소하고 새로운 전략을 일상생활에 적용할 수 있어 보이면 상담을 종결한다. 그러나 다른 내담자, 특히 만성화된 I축 장애 또는 II축 장애가 있는 내담자는 장기 상담을 하면서 인지적 재구조화 및 근본적인 신념의 재구조화를 지속적으로 연습할 필요가 있다. 상담자는 특정 상황에서 발생하는 부정확하고 도움이 되지 않는 자동적 사고를 수정할 때 사용하는 것과 동일한 많은 인지적 재구조화 기법을 신념 수정에 활용할 수 있다. 신념 수정에 특화된 다른 많은 기법이 존재하는데(Beck, 2011; Wenzel, 2012), 이 모든 기법을 통해 내담자는 기저 신념을 명확하게 이해하게 되고, 새롭고 더 건강한 신념을 개발하며, 도움이 되지 않는 오래된 신념에서 새롭고 더 건강한 신념으로 전략적인 전환을 하게 된다. 일반적으로 신념의 전환은 특정 상황에서 자동적 사고의 전환보다 더 많은 시간이 걸리지만, 그것이 이루어질 때 내담자는 삶의 많은 영역을 지속적으로 개선할 수 있다.

행동 전략

이름에서 짐작할 수 있듯이, 행동 전략은 내담자의 정서적 고통의 행동적 표현을 수정할 때 사용하는 전략이다. 일반적인 인지적 재구조화는 다양한 유형의 문제를 가진 내담자에게 유사한 방식으로 적용될 수 있지만, 행동 전략은 내담자의 특정 임상 증상에 맞춤식으로 적용된다. 따라서 각 내담자에게 효과적인 전략적 행동 개입을 도출하기 위해 인지적 사례 개념화를 잘하는 것이 중요하다.

한 가지 예를 들면, 우울한 내담자는 종종 무감동과 피로 증상에 압도되어 주변 환경에 적극적으로 참여하지 않고, 이러한 활동 제한으로 인해 결과적으로 기분장애가 더욱 고착화된다는 사실이 오랫동안 관찰되어 왔다(예: Lewinsohn, Sullivan, & Grosscup, 1980). 이 상황에서 상담자가 자주 사용하는 전략은 먼저 내담자에게 즐거움 및 숙달감을 제공하는 활동을 통해 환경에 다시 참여하게 하는 것이다(Beck et al., 1979; Beck, 2011; Wenzel et al., 2011). 이 전략들은 **행동 활성화**(behavioral activation)라는 현대적 치료 접근법으로 통합되고 정립되어 인지행동치료 계열의 치료법으로 자리 잡게 되었다(Addis & Martell, 2004). 내담자가 고통스러운 우울 증상을 피하는 대신에 즐겁고 의미 있는 활동에 참여하면 고통스러운 우울감은 완화되고, 이를 토대로 회복을 향한 추진력이 쌓여 인지치료가 제공하는 다양한 전략적 개입을 더 잘 활용할 수 있게 된다.

인지치료 상담자는 이 목표를 달성하기 위해 두 가지 구체적인 기법을 사용한다. **활동 모니터링**(activity monitoring)은 내담자가 회기 사이에 참여하는 활동을 기록하고, (a) 활동의 숙달 정도(성취감) (b) 활동에서 얻는 즐거움 정도 (c) 그날의 전반적인 우울감 정도를 평정해 보는 활동이다. 이후 회기에서 상담자는 내담자와 함께 이 양식을 자세히 검토하면서 숙달 정도 및 즐거움 정도와 그날의 전반적인 우울감 간의 연관성을 면밀히 살펴본다. 상담자는 안내식 발견을 통해 현재 시간을 보내는 방식이 기분장애에 어떤 식으로 영향을 끼치는지를 고찰해 보도록 요청한다. 내담자가 참여하고 있는 활동이 숙달감이나 즐거움에 별로 기여하지 못한다고 판단되면 상담자와 내담자는 **활동 계획 짜기**(activity scheduling)를 한다. 활동 계획 짜기를 통해 내담자는 다음 회기에서 자신의 우울증을 재평정하고 새로운 활동에 참여하는 것이 기분 개선에 효과적인지 여부를 판단할 수 있으며, 회기 사이에 높은 수준의 숙달감과 즐거움을 제공하는 활동을 시도해 볼 수 있다. 인지치료를 받는 많은 내담자는 환경에 보다 적극적으로 참여하면서 우울증이 눈에 띄게 감소하는 것을 경험한다.

이와는 대조적으로 불안은 종종 다른 행동 전략을 사용하여 치료한다. 불안에 대한 행동치료의 초석은 **노출**(exposure)이며, 상담자는 불안한 내담자와 협력하여 두려운 자극이나 상황에 참여하기 위한 체계적인 계획을 세우고 실행한다(Abramowitz, Deacon, & Whiteside, 2011). 치료의 근거는 불안은 일반적으로 회피 행동을 동반하고, 회피는 부적 강화를 통해 불안을 유지하게 만든다는 것이다. 즉, 불안한 사람은 두려운 자극을 피할 때 안도감을 경험한다. 이러한 안도감은 강화물로 작용하기 때문에 향후에 다시 자극을 피할 가능성을 증가시킨다. 따라서 상담자는 회피의 순환을 끊기 위해 노출 전략을 통해 불안한 내담자가 불안 각성을 충분히 경험하고 두려운 자극이나 상황에 접촉했을 때 새로운 인지 및 행동 전략을 사용할 수 있도록 돕는다(Abramowitz et al., 2011). 상담자는 내담자가 노출 행동에 참여하도록 장려하는데, 노출이 주는 인지적 효과를 인식하는 것이 중요하다. 노출을 통해 내담자는 최악의 시나리오가 발생할 가능성이 생각보다 낮으며, 대처할 수 없을 것이라는 생각에 반대되는 추가 자료를 수집하게 되면서 궁극적으로 회피에 대한 기대치를 낮출 수 있다(Hofmann, 2008). 즉, 노출은 행동 실험으로 시도할 수 있으며, 행동 실험의 자료는 두려운 자극이나 상황에 대한 내담자의 관점을 재구성하는 데 사용할 수 있다. 이는 인지와 행동 사이의 역동적인 상호작용을 보여 주는 또 다른 예이다.

차분한 생리적 · 정서적 상태로 이성적으로 문제를 해결하고 충동적이거나 공격적으로 행동하는 것을 방지하기 위해 내담자의 높은 각성을 줄이는 행동 전략도 있다. 이러한 전략의 예로 점진적 근육 이완(Bernstein & Borkovec, 1973)과 횡격막 호흡법(Barlow & Craske, 2007) 등이 있다. 해당 전략들은 개별 내담자의 필요에 따라 다양한 방식으로 적용할 수 있다. 예를 들어, 어떤 내담자는 상담에 왔을 때 압도되고 흥분한 상태여서 문제를 체계적으로 접근하기가 어려울 수 있다. 각 회기를 시작할 때 이완 훈련 또는 호흡법을 실시하면 내담자가 평온한 상태에 도달하여 나머지 상담 작업에 더 집중할 수 있게 된다. 또 어떤 내담자는 상담실 밖의 일상생활에서 위협을 받는다고 인식할 때 과잉 반응을 보인다. 이러한 내담자는 상담에서 이완 훈련 또는 호흡법을 배우고, 정서적 고통을 겪지 않을 때 체계적으로 연습하여 기술을 익힐 수 있다. 그리고 기술을 숙달한 후에 정서적 고통이 증가했을 때 적용할 수 있다. 상담자는 내담자가 이완 및 호흡 기법을 배우는 과정에서 해당 전략의 유용성을 확인할 수 있도록 전략 사용 전후의 정서 상태에 세심한 주의를 기울이도록 격려한다. 또한 상담자는 내담자가 이러한 기술을 안전 신호로 사용하지는 않는지, 즉 격한 감정을 피하려는 목적으로만 전략을 사용하여 격한 감정이 위험하지 않다는 것을 깨닫는 데 방해가 되지는 않는지를 살펴야 한다. 이러한 행동 대처 전략은 내담자가 위협적인 것으로 간주하는 문제와 상황을 피하지 않고 접근하는 것을 촉진하는 목적으로 사용할 때 가장 유용하다.

마지막으로 어떤 내담자는 효과적인 의사소통 기술의 부족으로 인해 자신에 대한 부정적인 신념을 강화하면서 환경으로부터 즐거움과 숙달감을 잘 얻지 못할 가능성이 있다. 이러한 경우에 상담자는 내담자와 함께 자기주장하기, 타인에게 반응하기, 친밀한 관계에서 연결성 강화하기 등의 의사소통 기술 훈련을 진행한다. 상담자와 내담자는 언어적 기술 및 비언어적 기술을 습득하고, 나아가 이러한 기술을 특정 상황과 맥락에 적용하는 것(예: 잡담하기; Herbert et al., 2005)을 함께 작업할 수 있다. 그 과정에서 심리 교육을 통해 내담자에게 기술의 중요성과 기술 실행의 세부 사항을 가르쳐 줄 수 있다. 상담자는 내담자의 효과적인 의사소통 기술 습득을 목표로 역할극을 창의적으로 활용하기도 한다. 예를 들어, 상담자가 먼저 역할극에서 적절한 기술의 사용 방법을 시연한 다음(예: 상담자가 다른 사람에게 요청하는 장면을 내담자에게 보여 주면서 모델링을 함)에 내담자에게 동일한 역할을 맡아 연습해 보도록 요청하고, 상담자가 그 요청을 받는 사람의 역할을 할 수 있다. 일부 내담자가 이러한 기술을 효과적으로 사용하는 데 방해가 되는 인지를 경험하기 때문에 효과적인 의사소통 기술에 대한 인지도 인지적 재구조화를 통해 통합할 필요가 있다. 숙제를 통해 내담자는 회기 사이에 일상에서 배운 기술을 연습해 본다.

문제 해결

인지치료는 현재에 초점을 맞추기 때문에 상담의 많은 부분을 문제 해결에 할애한다. 실제로 일부 인지치료 전문가들은 자살 시도와 같은 병리적 행동도 본질적으로 부적응적이지만 문제 해결을 위한 시도에서 비롯된 것으로 이해한다(Reinecke, 2006; Wenzel et al., 2009). 이 장에서 지금까지 설명한 다른 전략과 마찬가지로 상담자는 내담자의 문제 해결을 위해 안내식 발견을 활용한다. 즉, 내담자가 삶의 문제를 해결하는 데 유용한 기술을 습득하고 내담자 스스로가 문제 해결 방안을 도출할 수 있는 환경을 조성한다. 상담자는 내담자에게 문제 해결 방안을 알려 주거나 직접적인 조언을 제공하지 않는다. 대신에 상담자는 내담자가 문제 해결을 위한 기술 및 자신감을 습득하여 상담을 받지 않을 때 마주하게 되는 삶의 다양한 문제를 스스로 해결할 수 있는 역량을 기를 수 있도록 조력한다.

많은 인지치료 상담자는 주릴라와 네주(D'Zurilla & Nezu, 2007)의 연구를 바탕으로 문제 해결에 대한 전반적인 인지행동적 접근 전략을 수립한다. 이 접근 전략에 따르면, 문제 해결에는 네 가지 단계가 있다. 첫째, 상담자는 내담자와 함께 객관적인 언어를 사용하여 문제를 확인하고 기술한다. 내담자는 여러 가지 삶의 문제에 자주 압도되어 너무 힘들다고 느끼면서 상담을 찾는데, 그들이 호소하는 문제 중에는 서로 중첩되는 것도 있다. 시간을 들여 문제를 파악하고 기술하도록 조력하면 내담자는 상담에서 초점을 맞출 한 가지 문제를 선택하게 되고, 그 문제를 해결할 수 있다는 희망을 갖게 된다. 둘째, 상담자는 내담자의 주호소 문제에 대해 가능한 모든 해결책을 브레인스토밍하면서 찾아보도록 격려한다. 많은 내담자가 곤경에 처했을 때 가능한 해결책의 장단점을 충분히 고려하지 않고 가능한 방안들을 재빨리 무시하기 때문에 충분한 관심을 가지고 이 단계를 진행할 필요가 있다. 이런 방식의 문제 해결의 단계를 거치면 내담자가 처음 그냥 느끼는 대로 했으면 무시했을 법한 해결책(또는 해결책의 조합)을 선택하는 경우도 많다. 셋째, 상담자는 내담자가 가능한 각 해결책의 장단점을 평가해 볼 수 있는 논의의 장을 제공하여 내담자가 스스로 해결 방안을 결정할 수 있도록 촉진한다. 마지막으로, 숙제 실행을 통해 내담자는 선택한 해결책을 숙제로 해 보는 기회를 갖는다. 다음 회기에서 상담자는 내담자와 함께 그 해결책을 통해 원하는 목표를 어느 정도 달성했는지 면밀히 평가한다. 실제로 원하는 목표를 달성했다면, 상담자는 이 경험을 긍정적 강화로 활용하여 내담자의 자기효능감 발달을 촉진한다. 원하는 목표를 달성하지 못한 경우에 상담자는 방해가 된 장애물을 파악하고 다른 인지치료 기법을 활용하여 이를 해결한다.

인지치료 상담자는 문제 해결에 있어 다른 기술을 통합할 필요성을 자주 느끼게 된다. 예를 들어, 일부 내담자는 문제 해결에 대해 도움이 되지 않는 인지를 보고하는데, 이는 잠재적으로 효과적인 해결책의 실행 동기나 실행력을 방해한다(즉, 부정적 문제 지향성; D'Zurilla & Nezu, 2007). 이러한 부정적 인지를 다루기 위해 인지적 재구조화 기법을 사용할 수 있다. 또 어떤 내담자는 사람들과 상호작용을 통해 해소할 수 있는 문제를 가지고 있지만, 효과적으로 소통할 수 있는 기술이 부족한 경우가 있다. 이러한 행동적 결핍을 해결하기 위해서는 의사소통 기술 훈련을 사용할 수 있다.

재발 방지

인지치료 상담자는 상담의 종결 시점에 대해 분명히 설명하고, 상담자의 도움 없이도 내담자가 스스로 인지 및 행동 전략을 실행할 수 있도록 준비시켜야 한다. 내담자는 상담의 시작 시점부터 상담이 결국 끝날 것이라는 것을 알고 있다. 상담자는 내담자가 보이는 다양한 모습 속에서 상담이 후기 단계에 도달했음을 알게 된다. 예를 들어, (a) 간단한 정서 검사에서 기분 점수가 지속적인 감소 추세를 보일 때 (b) 상담 시작 시 설정한 상담 목표가 달성된 것이 확인될 때 (c) 내담자가 자신의 삶에서 인지 및 행동 전략을 효과적으로 사용할 수 있는 능력을 보일 때 등이 그 단서가 된다. 내담자가 이러한 영역 중 하나 이상에서 의미 있는 진전을 보이면 상담자는 내담자와 협력하여 상담의 종결을 계획한다. 하지만 내담자가 상담 목표를 달성했다고 인식하는 회기에서 갑자기 상담을 종결하지는 않는다. 오히려 상담자와 내담자가 함께 진행 상황을 검토하면서 개별화된 방식으로 종결에 접근한다. 대부분의 경우에 상담 횟수를 줄이거나 종결한 다음 몇 달 후에 추수 회기('booster' session)를 계획한다. 종결을 앞두고 상담에서 중요하게 다루어야 할 주제 중 하나가 **재발 방지**(relapse prevention)이다. 재발 방지는 내담자가 상담에서 배운 전략을 사용해야 할 때를 인식하고, 계획대로 전략이 실행되지 않을 때를 대비하여 계획을 수립하는 일련의 기술로 정의된다(Beck, 2011; Dobson & Dobson, 2009; Wenzel et al., 2011). 재발 방지를 위해, 첫째, 상담자는 내담자가 처음 상담에 왔을 때 호소했던 임상적 문제의 징후와 증상을 검토한다. 이 과정을 통해 내담자는 정서적 고통의 미묘한 지표를 인식하게 되고, 비슷한 양상의 정신장애가 재발하거나 재발할 조짐이 보이면 필요한 조치를 능숙하게 취할 수 있게 된다. 둘째, 재발 방지는 상담에서 습득한 지식과 기술을 강화하는 것이다. 대부분의 상담자는 상담에서 배운 것을 강화하려고 매 회기마다 의도적인 조치를 취하며, 상담 후반부에서는 여러 회기에 걸쳐 사용한 개입 전략을 내담자가 삶에 적용하는 방식을 검토한다. 상담자는 종종 내담자에게 다양한 전략의 근거를 설명해 보라고 초대하면서 내담자가 자신의 생활 환경에서 실제로 배운 전략을 어떤 식으로 실천했는지를 자세히 기술해 보도록 요청한다. 일부 상담자는 내담자에게 미래의 스트레스 요인이나 위기를 상상하고 인지 및 행동 전략을 적용하는 과정을 설명해 보도록 요청한다(Wenzel et al., 2009). 셋째, 재발 방지는 내담자가 심리상담 제공자(예: 상담자, 정신과 의사)의 연락처를 적도록 하여 필요할 때 이 정보를 쉽게 찾을 수 있도록 하는 것이다. 마지막으로, 상담자는 인지적 재구조화를 사용하여 내담자가 상담을 종결한 후에 임상적 증상이 시간이 경과함에 따라 어떤 양상으로 진행될지에 대해 적절한 기대치를 갖도록 돕는다. 예를 들어, 내담자가 삶에서 경험하는 스트레스 요인에 따라 어느 정도의 기분 변화를 경험할 수 있음을 예상할 수 있도록 한다. 이때 인지적 재구조화는 상담의 종결 시점에 내담자가 갖는 도움이 되지 않는 자동적 생각(예: 상담자가 자신을 버린다는 생각)을 해결하는 데에도 활용된다.

주의 사항

이 장에서는 몇 가지 기본적인 인지치료 기법에 대해 설명했는데, 숙련된 인지치료 상담자는 실제 상담 장면에서 전략을 매우 다양하게 구사한다. 특히 핵심 신념 및 보상 전략을 다루는 기법은 매우 다양하고 복잡하다. 실제로 인지 기법만을 자세히 소개하는 책들도 여러 권 출간되었다(예: Leahy, 2003). 인지치료 상담자는 책에서 소개하는 기법에만 제한되지 않고 다른 상담의 기법도 활용하여 내담자가 꾸준히 인지 및 행동 변화를 달성할 수 있도록 조력한다. 표준 인지치료 기법이든, 다른 상담적 접근에서 차용한 기법이든 인지치료에서 특정 기법을 실행할 때 핵심 원리는 다음과 같다. (a) 내담자에 대한 인지적 사례 개념화에 부합해야 한다. (b) 특정 기법의 선정 및 전략의 적용에 대한 이유가 명확해야 하고, 그것이 내담자에게 잘 전달되어야 한다. (c) 상담자는 가장 효과적인 전반적 전략 구상을 가지고 개별 기법을 사용해야 한다.

3. 사례 적용

이번에는 앞서 설명한 많은 기법이 케빈과 치치의 사례에서 어떻게 적용되는지를 보여 주고자 한다. 케빈과 치치는 〈심리치료의 세 가지 접근: 여성 내담자 편〉 및 〈심리치료의 세 가지 접근: 남성 내담자 편〉 DVD에 등장하는 내담자이다.

케빈

벡 박사는 케빈의 초기 면담 기록을 통해 그의 배경 정보, 현재 생활에서의 스트레스 요인 및 증상에 대해 어느 정도 알고 있었다. 이 정보를 바탕으로 벡 박사는 케빈이 현재는 I축 정신장애에 해당하지 않는다고 보았으며, 과거에는 주요 우울 삽화의 기준에 부합했을 것이고, 현재는 우울증의 잔존 증상을 계속 경험하고 있을 것으로 평가했다. 그녀는 또한 케빈이 불안 증상 때문에 힘들다고 보고했다는 사실에 주목했다. 그녀는 이 정보를 사용하여 현재 정서적 고통에 기여하는 요인을 개념화하기 시작했다. 이제 벡 박사가 케빈에게 사용한 여러 가지 전략적 상담 개입에 대한 설명 및 근거를 제공하고자 한다. 상담 개입의 선택을 결정하는 데 영향을 미치는 중요한 요인을 설명하고, 이러한 결정으로 인한 잠재적 결과에 대해서도 살펴보고자 한다.

자동적 사고 평가

회기가 시작되는 시점에 케빈은 불안감이 "자동으로 엄습한다."라고 말했다. 벡 박사는 "그 불안감이 뭐라고 하나요?"라고 물었다. 케빈이 "그 감정은 '그만해, 이 상담을 받고 싶지 싶지 않아.'라고 하는 것 같아요."라고 대답하자, 그 생각을 좀 더 따라가 보자고 요청했다. "그 불안감이 뭐라고 하나요?"라고 묻는 이유는 불안감이라는 정서적 경험에 동반되는 인지를 파악하기 위한 것이다. 벡 박사는 케빈이 불편한 감정을 경험할 때 무슨 생각을 하고 있는지를 인식할 수 있도록 미묘하게 개입하고 있었다. 그녀는 케빈에게 '그만해, 이 상담을 받고 싶지 않아.'라는 생각을 좀 더 따라가 보자고 요청했는데, 그것은 이러한 반응적인 유형의 진술 이면에 불안감과 보다 직접적으로 관련된 훨씬 더 강력한 인지가 있을 가능성 때문이다. 인지치료를 처음 시작할 때 많은 내담자는 인지적 재구조화에 별로 도움이 되지 않는 자동적 사고를 보고한다. 자동적 사고는 케빈이 말한 것과 같은 반응적 진술일 수도 있고, 그 의미를 설명하는 내용이 아닌 상황을 자세히 설명하는 서술적 진술일 수도 있다. 상담자는 경청과 경험을 통해 회기에서 확인한 자동적 사고가 작업하기에 유용한지 그렇지 않은지를 파악하고, 유용하지 않은 경우에는 추가 질문을 통해 고통과 가장 밀접한 관련이 있는 핵심적인 자동적 사고를 파악하려고 시도한다.

중요한 자동적 사고를 찾아낸 후, 인지치료 상담자는 안내식 발견을 활용하여 내담자 스스로가 그 사고와 정서적 고통이 서로 관련이 있는지를 확인하고, 그 사고가 얼마나 정확하고 도움이 되는지 평가하도록 촉진하여 그 사고에 대한 새로운 관점을 얻을 수 있도록 돕는다. 벡 박사는 회기 초반에 내담자의 정서적 고통을 줄이는 데 도움이 되는 인지적 재구조화를 좀 더 활용할 수도 있었을 것이다. 그러나 벡 박사는 케빈이 말한 생각에 대해 더 이야기해야 한다고 제안하고, 케빈에게 좀 더 살펴보고 싶은 부분이 있는지를 물었다. 이것은 주제 설정을 위한 시도로, 자세히 들어가기 전에 회기에서 다뤄야 할 주제를 명확히 하려는 의도에서 이루어진 것이다. 이러한 치료적 선택은 케빈처럼 말이 많고 주제를 옮겨 다니는 경향이 있는 내담자에게 유용하다. 따라서 벡 박사는 인지적 재구조화의 도입부를 시도하기는 하지만, 계속 상담을 진행하기 전에 케빈이 삶의 문제를 다루는 데 도움이 되는 체계적 접근에 익숙해질 수 있도록 하는 것이 중요하다고 판단했던 것이다. 의제가 명확하지 않으면 그가 과거에 사용했던 우연에 따른 전형적인 문제 해결 방식을 답습할 가능성이 커지는데, 과거의 방식은 효과적이지 않을 때가 많다. 또한 벡 박사는 회기 초반에 상담 구조의 토대를 구축하고 회기 후반에 그것을 재검토하면서 인지적 재구조화 과정을 모델링했다.

현재에 집중하기

회기 초반에 케빈은 불안감을 주제로 설정하고, 불안감이 어린 시절에 뿌리를 둔 것으로 보인다면서 이에 대해 자세히 설명하기 시작했다. 인지치료의 일반적인 과정은 현재 및 내담자의 현재 정서적 고통과 관련된 삶의 문제에서 시작한다. 현재에 초점을 맞추는 것을 통해 내담자가 가능한 한 삶의 의미 있는 변화를 바로 잘 알아차릴 수 있도록 하려는 것이다. 많은 내담자는 현재에 초점을 맞추는 것만으로도 도움을 받는다. 축I 장애 또는 축II 장애가 만성화된 내담자의 경우에는 문제의 원인이 된 성장 과정에 집중하는 것이 효과적일 수 있다. 그러나 이러한 경우에도 성장 과정의 세부 사항을 장시간에 걸쳐 탐색하기보다는 이러한 경험이 현재 삶의 환경에 영향을 미치는 근본적인 신념과 보상 전략의 발달에 어떤 영향을 미쳤는지 이해하는 데 초점을 두는 것이 중요하다. 또한 일반적으로 내담자가 문제가 되는 인지적 양상을 잘 다룰 수 있을 정도의 인지 및 행동 전략을 습득해야 과거의 성장 과정에 대한 의미 있는 상담이 가능해진다.

벡 박사는 케빈의 인지에 개입을 할지, 아니면 케빈에게 자세한 내용을 설명할 시간을 줄지를 선택해야 하는 상황에 직면했다. 한편으로 그녀는 케빈이 이야기를 하고 싶어 한다고 보고, 그가 세부적인 내용을 이야기하도록 허용했다. 이 결정으로 케빈은 벡 박사가 자신의 욕구에 반응하고 있다는 것을 미묘하게 느끼게 되고, 그런 경우에 상담 관계가 잠재적으로 향상될 수 있다. 실제로 인지치료에서는 상담자가 일반적으로 상담 관계에 관심을 갖는 순간과 상담 중에 나타나는 인지 및 행동의 변화의 순간 사이에 균형을 맞추는 것을 권장한다(Wenzel et al., 2011). 다른 한편으로 벡 박사는 케빈이 자신감 없이 말을 흐릴 때(예: "그러니까 그게 이것과 관련이 있는지 모르겠지만……")는 직접적으로 개입했다. 구체적으로 설명하면 그녀는 케빈이 불안감이라는 주제에 집중하도록 개입했다(예: "글쎄요, 한 가지 공통점은 불안감이라고 할 수 있죠."). 케빈이 인지치료에 계속 적응할 수 있도록, 즉 현재에 머물 수 있도록 여러 가지 방식으로 후속 조치를 취했다. 그 과정에서 그녀는 케빈에게 피드백(예: "그게 맞는 것 같나요?")을 요청하여 케빈이 자신이 제안한 근거에 동의하는지, 케빈이 자신의 문제를 이해받고 있다고 느끼는지, 두 사람의 협력적인 상담 관계가 유지되는지를 확인했다.

이 상황에서는 케빈이 어린 시절에 대해 자세히 이야기하도록 허용하거나 아니면 현재에 다시 집중하도록 개입하는 것 사이에 선택해야 할 수 있다. 벡 박사는 두 가지 선택지가 나름대로 근거가 있다는 것을 인식하고, 케빈이 중요하다고 느끼는 어린 시절의 문제에 대해 이야기할 수 있도록 허용하면서 개입보다는 기술을 중심으로 소중한 상담 시간을 잘 마무리했다. 이 시점에 벡 박사가 함께 사용할 법 했던 또 다른 기법은 내담자가 일반적으로 상담에 참여하는 동안에 어떤 활동을 할 것 같은지에 대한 케빈의 생각을 직접 물어보는 것이었다. 케빈은 현재 상담을 받고 있는데, 그의 상담자는 어린 시절의 경험에 중점을 두는 이론적 접근 방식에 따라 상담을 하고 있을 가능성이 높았다. 인지치료 상담자는 내담자가 인지치료의 현재 초점에 대해 교육을 받으면서 합의한 것과 다른 방식으로 시간을 사용하고 싶어 한다는 것을 감지하면, 그런 태도 및 가정에 대해 직접 물어볼 수 있다. 또한 내담자에게 인지적 상담 전략을 사용하는 것의 의미를 점검해 보도록 촉진할 수도 있다. 이를 통해 인지치료 상담자는 상담 과정에서 '실시간'으로 발생하는 문제를 해결하기 위해 인지적 접근 방식을 모델링하고, 상담의 초점에 대한 상호 이해에 도달하며, 내담자가 가지고 있던 태도와 가정이 이후 상담 과정에 나타나 상담 작업을 방해하게 될 가능성을 줄일 수 있다.

문제 해결

벡 박사가 케빈을 인지치료 방식대로 현재에 다시 집중하게 한 후에 두 사람은 다시 심기일전하여 불안감과 관련된 특정 문제, 즉 지지 체계를 만들고자 하는 케빈의 욕구에 초점을 맞췄다. 벡 박사는 케빈에게 "더 나은 지지 체계를 만들기 위해 어떠한 방안들을 시도해 볼 수 있을까요?"라고 물었다. 케빈은 자발적으로 여러 가지 방안을 담은 목록을 제시했고, 이 정보를 바탕으로 벡 박사는 케빈의 문제 해결 기술에 문제가 없다는 결론을 내렸다. 따라서 이 장의 앞부분에서 설명한 모든 문제 해결 기술을 체계적으로 습득하도록 지도할 필요가 없었다. 오히려 벡 박사의 주된 역할은 케빈이 모호한 방식으로 지지를 설명하고 있었기 때문에 그가 어떤 유형의 지지 체계를 개발하고자 하는지를 더 자세히 인식할 수 있도록 돕는 것이라는 점이 분명해졌다. 주제를 옮겨 다니며 말하는 케빈의 특성 때문에 문제를 제대로 파악하지 못하면 해결을 위한 구체적인 단계를 정하지 못할 수도 있다.

케빈은 자영업자로서 직업적 지지를 얻는 것에 마음을 쏟았다. 벡 박사는 다른 유형의 지지, 즉 친구와 가족의 정서적 지지에 대해서도 탐색했다. 벡 박사는 케빈이 처음 지지 체계 구축의 문제를 꺼냈을 때 그가 말한 의미에 대한 첫인상이 바로 이러한 유형의 지지였다는 것을 언급했다. 케빈은 두 가지 유형의 지지가 모두 유효하다고 인정했고, 이에 벡 박사는 케빈이 정서적 지지 체계에서 겪고 있는 문제를 명료화하는 작업을 이어 나갔다. 그녀는 케빈이 어머니로부터 받고 있고 받을 수 있는 정서적 지지에 대해 탐색하도록 도왔고, 그 과정에서 케빈은 현재 어머니로부터 받고 있는 정서적 지지 수준 이상을 받는 것에는 별로 관심이 없다는 것을 명확히 깨달을 수 있었다.

지지 체계의 문제를 해결하기 위한 대안적 접근은 직업적 지지 체계를 개발하고자 하는 케빈의 욕구에 초점을 두는 것이다. 케빈이 그 부분을 가장 중요한 문제로 언급하기도 했고, 다른 문제로 넘어가기 전에 한 가지 문제를 최대한 완벽하게 해결하는 것이 중요하기 때문이다. 벡 박사는 케빈이 자신의 문제를 해결할 수 없다고 믿는 무력감에 대한 핵심 신념을 가지고 있다는 가설을 세웠다. 따라서 그녀는 그에게 직업적 지지 체계를 갖는 것이 정확히 어떻게 도움이 되는지 물었다. 그런 질문을 통해 케빈은 직업적으로 성공할 수 있는 능력에 대한 자동적 사고를 파악해 볼 수 있다. 이어서 (a) 원하는 직업적 지지의 구체적 형태를 명료화하고(즉, 구체적인 문제 해결), (b) 자신의 수행을 저해하는 데 영향을 미칠 수도 있는 성공 능력에 대한 자동적 사고의 재구조화는 두 가지 접근을 함께 사용하면 더 큰 문제(즉, 경력에 대한 불안감)를 해결할 수 있을 것이다.

이 두 가지 접근 방식(즉, 정서적 지지에도 초점을 맞추는 것과 직업적 지지에만 머무르는 것)은 모두 잠재적으로 유익한 결과를 가져올 수 있다. 어머니의 정서적 지지에 대한 논의가 케빈의 문제를 해결하지는 못했지만, 그 부분을 탐색하면서 연애에서 얻는 정서적 지지 및 일반적으로 연애 관계에서 경험하는 불안감을 살펴볼 수 있었다. 벡 박사는 케빈이 어떤 방향으로 나아가는 것이 가장 좋을지 파악하기 위해 케빈과 확인하는 작업을 했고, 케빈은 연애에서의 불안감을 주제로 선택했다. 벡 박사는 관계의 시작과 유지에 방해가 될 수 있는 관계에 대한 자동적 사고를 해결하기 위해 인지적 재구조화 기술을 통합하여 사용했고, 케빈은 직업 관련 자동적 사고에만 집중했을 때 배울 수 있었을 법한 것과 동일한 기술을 배울 수 있었다. 또한 실제로 벡 박사는 이 인지 기술을 연애 관계에 대한 고민에 적용한 후 회기가 끝날 무렵에 케빈의 진로에 대한 불안감을 재점검했다. 반대로 벡 박사가 앞서 설명한 다른 경로를 선택했다면(즉, 직업적 지지에만 초점을 맞췄다면) 케빈은 자신의 진로에 대한 불안감을 좀 더 확실하게 해결하는 데 도움을 받았을 것이다. 그러나 그렇게 했으면 상담에서 정서적 고통과 분명히 연관된 그의 불안감의 또 다른 중요한 측면을 다루지 못했을 수도 있다. 이 사례는 인지치료 상담자가 내릴 수 있는 결정에는 여러 가지가 있으며, 많은 경우에 하나의 '올바른' 선택은 없다는 것을 보여 준다. 핵심은 (a) 인지적 사례 개념화에 근거를 두고 개입을 선택하고 (b) 상담자와 내담자가 함께 주제를 결정하고 (c) 관련 없는 주제로 넘어가지 않도록 상담자가 개입을 초점화하고 (d) 내담자가 회기 밖에서 문제를 처리하는 데 도움이 될 명확한 요점을 상담을 통해 도출해야 한다는 것이다. 벡 박사는 이 모든 것을 달성했으며, 각 요소가 어떻게 이루어지는지 잘 보여 주었다.

인지 모델 교육

케빈이 연애에서 느끼는 불안감에 관해 이야기하자 벡 박사는 그의 자동적 사고(예: "안 돼, 잘 될 리가 없어." "어떤 식으로든 결국 망할 거야.")를 명료화하는 작업을 했다. 케빈에게 인지 모델을 교육하기 위해 그녀는 우선적으로 그의 "오, 좋아요! 멋진 여성을 만나게 되겠죠. 우리는 함께 잘살 거예요."라는 생각을 그와 매우 대조되는 자동적 사고와 비교해 주었다. 그녀는 각 자동적 사고에 대해 어떤 정서적 반응(예: 행복/낙관 대 불안감)이 일어날 가능성이 높은지를 설명했다. 이러한 유형의 심리 교육은 인지치료에서 필수이며, 내담자에게 인지치료 상담자의 전략적 개입에 대한 근거를 이해할 수 있도록 도와준다.

벡 박사는 케빈에게 피드백을 요청하여 인지와 정서의 관계에 대해 배운 내용을 자신의 말로 표현해 달라고 요청함으로써 심리 교육을 한 단계 더 발전시켰다. 이러한 방식으로 피드백을 요청하는 것은 매우 중요한데, 많은 내담자가 이 모델이 합리적이라는 데 동의하지만 상담자와 단순히 동의하는 것 이상으로 이해하는 데에는 어려움을 겪기 때문이다. 자신의 언어로 소화하지 않은 경우에 내담자는 일반적으로 회기 밖의 일상생활에서 이러한 원칙을 적용하는 데 어려움을 겪는다. 반면에 케빈은 인지 모델을 명확하게 이해하고 자신의 불안감이 상황 자체보다는 상황에 대한 자신의 인식에 기인한 것일 수 있다는 가능성을 충분히 고려하기 시작했다.

자동적 사고 평가하기

케빈이 인지 모델과 그 모델을 삶에 적용시키는 방식을 쉽게 이해했기 때문에 벡 박사는 그에게 부정적인 예측을 평가하는 데 사용할 수 있는 전략을 소개하기 시작했다. 특히 탈재앙화(decatastrophizing)에 도움이 되는 질문과 함께 예측을 지지하는 증거와 반박하는 증거를 검토하는 방법을 교육했다. 그런 다음에 이 기법을 연애가 시작되면 곧 문제가 생기고 관계가 끝날 것이라는 그의 예측을 평가하는 데 적용했다. 벡 박사는 내담자가 (a) 대안적 설명을 고려하도록 촉진하는 질문 (b) 자동적 사고에 반응할 때와 반응하지 않을 때의 결과를 고려하는 질문, (c) 해당 사고의 유용성을 평가하는 질문 (d) 비슷한 상황에서 친구나 가족에게 말할 내용을 떠올리면서 사고에서 어느 정도 거리를 두도록 하는 질문 등도 교육할 수 있었다(Beck, 2011). 벡 박사가 케빈을 계속 상담했다면 여러 회기에 걸쳐 이러한 추가 질문을 교육했을 가능성이 높다.

이 주제에 대한 작업에서 몇 가지 비교적 새로운 주제가 나왔고, 벡 박사는 원래의 예측(즉, 연애가 시작되면 곧 문제가 생기고 관계가 끝날 것이라는 예측)에 주의를 기울이는 동시에 이러한 새로운 주제가 문제를 복잡하게 만드는 방식을 이해하는 데 초점을 맞추었다. 예를 들어, 케빈은 자신의 강점 중 하나가 관계 문제의 해결이지만, 그러한 강점이 문제에 주목하는 경향으로 나타나서 관계를 맺는 데 걸림돌이 될 수 있다고 말했다. 벡 박사는 이 문제를 해결하기 위해 작은 개입을 시도했다(즉, 이러한 성격 특성이 새로운 관계를 방해하기 시작하면 상담 관계에서 그 문제를 다룰 수 있는 있다는 희망을 인식하도록 돕는 것). 그러나 그녀는 재빨리 다른 질문을 던져서 그가 장기적인 연애 관계를 맺을 수 없다는 생각을 지지하는 증거와 지지하지 않는 증거에 대한 논의에 다시 초점을 맞추었다. 케빈은 자신과 잘 맞는 연애 상대가 어떤 사람인지를 잘 판단하지 못하며, 거절에 대처하는 것이 힘들다고 토로했다. 벡 박사는 두 가지 모두가 중요한 문제이지만 회기에 남은 시간을 고려할 때 원래의 주제에 대해 어느 정도 정리할 필요가 있기 때문에 다른 문제들은 더 이상 탐색하지 않기로 했다.

케빈은 인지적 재구조화 기법을 이해하고 이것을 연애에 대한 불안감에 적용할 수 있는 능력을 보여 주었기 때문에 벡 박사는 케빈에게 이러한 기술을 자신의 진로에 대한 불안감에도 적용하고 싶은지를 물었다. 이 개입은 그가 처음에 자신의 진로에 대한 불안감을 해결하고 싶다고 말했던 때처럼 상담 관계에서 그의 역할에 대한 존중을 보여 주었다. 또한 해당 기술을 삶의 다른 영역에 적용하여 일반화 가능성을 높일 수 있는 기회를 제공함으로써 상담에서 배운 그의 기술을 강화할 수 있다.

케빈은 인지 이론을 쉽게 이해하고 기술을 습득하여 자신의 삶에 잘 적용하는 모습을 보였기 때문에 인지적 재구조화 과정이 순조롭게 진행된 사례의 예시가 된다. 케빈은 집중력과 기억력에 문제가 있을 만큼의 심각한 정서적 증상을 보이지 않았고, 인지적 개입에 개방적이었으며, 심리적으로 안정되어 있는 등 여러 가지 강점을 가지고 있는 내담자였다. 모든 내담자가 항상 그런 것은 아니라는 것을 기억할 필요가 있다. 상담자는 인지와 정서의 관계성을 생생하게 보여 줄 수 있는 설득력 있는 사례를 미리 준비하거나, 회기가 진행되는 동안에 자동적으로 떠오르는 사고를 인식하고 다루는 등 다양한 방법으로 내담자에게 인지 모델을 교육할 필요가 있다. 또한 많은 내담자의 경우에 자동적 사고를 인식하는 것을 지속적으로 연습해야 하기 때문에 사고에 대한 평가를 시작하기 전에 내담자와 함께 핵심적인 자동적 사고를 인식하는 데 많은 시간(예: 여러 회기에 걸쳐)을 할애하는 것이 일반적이다.

핵심 사항 기록

회기의 마지막 부분에서 벡 박사는 케빈의 부정적인 예측을 평가할 때 고려했던 두 가지 질문, 즉 (a) 케빈에게 자신의 사고를 지지하는 증거와 지지하지 않는 증거를 검토할 수 있도록 요청하는 질문과 (b) 탈재앙화 질문을 적었다. 인지치료 상담자는 내담자가 상담 작업의 결실인 상담 기술을 상담 밖의 삶에서 사용할 수 있다는 것을 깨닫게 되면 그 기술이 가장 큰 효과를 발휘한다고 믿는다. 대부분의 인지치료에서는 상담을 마칠 때 내담자가 상담에서 얻은 주요 시사점을 서면에 적어 그 기록을 기억 보조 수단으로 여기며 상담을 떠난다.

여기서 두 가지에 주목할 필요가 있다. 첫째, 벡 박사는 케빈을 위해 일련의 질문을 적어 두었는데, 이는 인지치료에서 자주 나타나는 장면이다. 때로는 상담자가 내담자에게 이러한 요점을 직접 적도록 요청하는 경우도 있다. 상담자는 종종 내담자가 회기의 요점을 자신의 말로 적는 것이 상담에 대한 주체성을 높이고 학습을 통합하는 데 도움이 된다고 본다. 케빈의 경우에 그가 습득한 새로운 지식에 대한 열정과 헌신을 잘 표현했기 때문에 이러한 전략이 필요하지 않았다.

둘째, 벡 박사는 케빈 스스로가 자신이 부정적인 예측을 하는 것을 발견했을 때 그 질문들을 활용할 것이라는 암묵적인 기대는 전달했지만, 케빈과 숙제로 실행 과제를 만드는 작업을 하지는 않았다. 벡 박사는 두 사람이 함께 상담을 계속하지 않기 때문에 이러한 선택을 했던 것이다. 그러나 두 사람이 지속적인 상담 관계를 유지했다면 벡 박사는 케빈과 함께 이러한 기술을 강화하기 위한 숙제를 공동으로 개발하는 데 더 많은 시간을 할애했을 것이다. 예를 들어, 벡 박사는 케빈에게 5열로 구성된 생각 기록지를 소개하여 회기 사이에 설득력 있는 대안 또는 적응적 반응을 만들어 내는 능력을 훈련할 수 있도록 했을 것이다.

피드백 요청하기

회기가 끝날 때 벡 박사는 회기에 대한 케빈의 견해와 케빈이 느끼기에 벡 박사가 잘못 이해했거나 이해하지 못한 부분이 있는지에 대한 피드백을 케빈에게서 받았다. 이러한 방식으로 피드백을 요청하는 것은 내담자의 의견이 중요하다는 것을 내담자에게 전달하기 때문에 협력적인 상담 관계를 강화하는 또 다른 방법이 된다. 케빈은 상담 경험에 대해 매우 긍정적이었고, 상담의 구조가 특히 도움이 되었다는 피드백을 제공했다. 상담자와 내담자가 지속적으로 관계를 유지하는 상황에서 내담자가 회기에 대해 불만족스럽다는 피드백을 제공하는 경우에 상담자는 이러한 우려를 진지하게 받아들이고, 그 순간에 문제를 다루거나 다음 회기에서 그 불편감을 우선순위로 다루도록 내담자를 초대할 수 있다.

벡 박사는 회기의 만족도에 대한 피드백을 요청하는 것 외에도 회기의 요점을 요약하고 그중에서도 가장 기억하고 싶은 부분을 알려 달라고 요청할 수도 있었다. 상담 회기에서는 두 가지 이상의 주제가 논의되는 경우가 많고, 내담자는 종종 '최신 효과'에 영향을 받아 최종 주제를 기억하는 경향이 있기 때문에 이런 전략을 통해 내담자가 상담에서 나온 모든 주제를 돌아보며 중요한 점을 스스로 상기하도록 도울 수 있다. 또한 피드백 요청하기를 통해 상담자는 내담자에게 인지 모델 및 일상생활에서 사용할 전략의 근거를 명확하게 설명할 수 있는 기회를 제공한다.

논의

전반적으로 벡 박사와 케빈의 회기는 매우 효과적이었던 것 같다. 그녀는 케빈에게 인지치료가 현재에 초점을 둔다는 점과 더불어 특정 삶의 문제를 해결하기 위한 목표 접근 방식 등 인지치료의 몇 가지 핵심적 특징을 알려 주었다. 그녀는 여러 단계에서 케빈에게 상담에서 다룰 주제를 선택하도록 권유하고, 케빈이 개입의 근거에 동의하는지 확인하면서 협력을 유도했다. 그녀는 케빈에게 정서적 고통과 관련된 자동적 사고를 평가하기 위한 인지 모델과 구체적인 전략(즉, 증거 조사, 탈재앙화)을 교육했다. 그녀는 케빈이 인지 모델을 자신의 말로 설명할 수 있도록, 그리고 그 전략을 자신의 삶의 구체적 상황에 적용할 수 있는 방법을 깨닫도록 논의를 이끌었다. 케빈은 일상생활에서 어려움을 겪을 때 참조할 수 있는 전략들이 기록된 서면 자료를 가지고 회기를 마쳤다. 따라서 벡 박사는 모든 인지치료 상담자가 공유하는 중요한 목표, 즉 내담자로 하여금 회기를 시작할 때보다 현재의 정서적 고통과 삶의 문제에 변화를 가져올 수 있는 잠재력을 가진 무언가를 더 많이 가지고 상담을 떠나도록 하는 것을 달성했다.

이 장의 앞부분에서 설명한 것처럼, 상담자는 회기 구조를 사용하여 내담자가 회기 사이에 정서적 고통에 기여하는 현재 문제를 해결할 가능성을 최대한 높이려고 한다. 이러한 구조는 벡 박사와 케빈의 상담에서 분명하게 드러났다. 케빈은 회기에서 직업적 지지 집단을 찾고자 하는 욕구, 불안감의 뿌리가 되는 어린 시절의 경험, 연애 관계에 대한 부정적인 예측 등 여러 가지 문제를 소개했다. 벡 박사는 인지치료의 회기 구조를 사용하여 케빈이 가장 중요하게 여기는 문제에 집중하는 동시에 여러 문제(예: 불안감)를 일관된 맥락으로 엮어 낼 수 있도록 조력했다. 이러한 방식으로 케빈은 일에 대한 불안감과 연애 관계에 대한 불안감이라는 두 가지 문제를 해결하고, 두 영역을 대표하는 특정 상황에서 나타나는 부정적 인지를 평가하는 데 사용할 수 있는 전략을 연습하는 진전을 이룰 수 있었다.

벡 박사처럼 회기를 시작했을 때의 가장 큰 성과는 케빈이 능동적으로 구조화된 작업에 참여하게 되었다는 것과, 이로 인해 케빈은 회기에서 다루고 싶었던 구체적인 문제에 집중하게 되었다는 점이다. 인지치료 상담자는 회기를 이런 방식으로 시작하는 것이 유익하고 해가 되지 않는다고 본다. 때때로 다른 이론적 지향을 가지고 있는 상담자들은 회기 구조, 특히 회기 초반에 주제를 설정하는 것이 회기 후반에 내담자가 다른 내용을 말하고 싶을 때 의제를 꺼내는 데 방해가 되지는 않는지 궁금해 한다. 여기서 우려하는 점은 주제가 한 번 정해지면 융통성 없이 내담자의 핵심 문제와 관련성이 높은 내용이 나오려고 하는 데도 회기 시작 때 정했던 주제와 관련성이 확인되지 않았다는 이유로 회기에서 다루지 않을 수 있다는 것이다. 그러나 케빈이 다른 문제를 소개할 때 벡 박사는 회기 내내 여러 차례에 걸쳐 주제를 재검토했다. 각 시점에서 벡 박사는 생산적이지 않을 수도 있는 논의에 휩쓸리기보다는 케빈이 다른 주제로 전환했음을 인정하고 그와 협력하여 가장 중요한 문제를 결정하려고 노력했다. 이러한 신중한 선택으로 인해 처음 주제를 설정할 때 고려하지 않았을 수도 있는 문제가 발생했음을 인정하는 동시에 짧은 회기 시간을 최대한 생산적으로 사용하여 내담자의 문제 해결을 도모하는 체계적인 방식으로 상담을 진행하게 되었다.

벡 박사가 케빈과 함께 계속 상담을 한다면 다음 회기에는 두 가지 문제를 케빈과 함께 점검할 것이다. 첫째, 그녀는 이전 회기에서 그가 목표라고 말했던 직업적 지지 집단을 찾아보는 데 어느 정도 진전이 있었는지 평가할 것이다. 둘째, 그녀는 케빈이 회기 사이에 정서적 고통을 줄이기 위해 증거 찾기 및 탈재앙화 질문을 어느 정도 사용할 수 있었는지를 평가할 것이다. 케빈이 이러한 영역에서 진전을 보인다면 그녀는 상담에서 배운 기술을 어떻게 사용하여 목표를 달성할 수 있었는지, 그리고 이 배움을 삶에서 발생하는 다른 문제에 어떻게 적용할 수 있는지를 물어볼 것이다. 케빈이 이 두 가지 영역 중 하나 또는 두 가지 모두에서 진전이 없는 경우에 그녀는 추가 논의를 위해 이 문제를 주제로 정해 보자고 제안할 것이다. 추가 논의 과정에서 벡 박사는 케빈과 함께 이러한 영역에서 진전을 이루는

데 방해가 되는 장애물을 파악하고 이를 극복하기 위한 방법을 브레인스토밍할 것이다. 특히 상담에서 수행한 작업을 일상생활에 적용하는 데 방해가 되는 도움이 되지 않는 자동적 사고(예: "무슨 소용이야? 난 이걸 할 능력이 없어.")를 찾아내고, 인지적 재구조화 기법을 사용하여 이러한 생각을 재구성할 수 있는 방안을 떠올릴 것이다. 또한 벡 박사는 케빈에게 증거 찾기와 탈재앙화 질문으로 더 많은 연습을 하도록 권유하여 이를 적용하는 데 능숙해질 수 있도록 도울 것이다.

벡 박사는 케빈과의 작업에서 다른 인지치료 전략을 통합해 볼 수도 있었을 것이다. 예를 들어, 그녀는 케빈이 회기 말미에 언급해서 다룰 시간이 없었던 두 가지 문제, 즉 (a) 자신이 잠재적 연애 상대를 잘 고르지 못한다는 인식과 (b) 거절에 대한 두려움을 다루어 볼 수 있다. 그녀는 시범 회기에서 사용한 것과 동일한 인지적 재구조화 기술을 활용하여 이러한 문제와 관련된 자동적 사고를 평가하고 수정할 수 있다. 그렇게 하면 케빈이 인지적 도구를 더 많이 연습할 수 있을 뿐만 아니라 그 도구가 다양한 상황에 적용되는 것을 경험하면서 케빈의 여러 관계 문제에 활용할 방안을 모색할 기회를 가질 수 있다. 만약 케빈이 거절당할 것 같아서 잠재적인 연애 기회를 회피하고 있다는 것이 분명해지면, 벡 박사는 케빈이 결론을 내리기 전에 행동 실험을 통해 이러한 예측을 체계적으로 검증해 보도록 격려할 수 있다. 반대로 어색하고 비효율적인 방식으로 접근하기 때문에 잠재적인 연애 기회를 놓치고 있다는 것이 분명해지면, 벡 박사는 대인관계의 효율성을 연마하는 데 도움이 되는 역할극이나 모델링을 사용하는 등 의사소통 기술 훈련을 활용할 것이다. 벡 박사가 취할 수 있는 또 다른 방법은 케빈과 함께 작업하면서 인식하기 시작한 가설, 즉 '문제가 있는 것은 나쁘다(problems are bad).'는 케빈의 가설을 검증하기 위해 증거 자료를 수집하는 것이다. 인지적 재구조화 기법을 사용하여 이 가설을 확실한 사실로 받아들이지 않는 상태에서 평가하고, 케빈이 어떤 경우에는 문제가 부정적인 결과가 아니라 새로운 기회로 이어질 수 있다는 것을 경험하는 방향으로 행동 실험을 고안해 볼 수 있다.

케빈이 인지치료 전략을 생활에 적용하고 정서적 고통을 줄이며 문제를 해결할 수 있는 능력을 보여 준다면, 벡 박사와 케빈의 상담은 단기간에 끝날 수 있다. 그러나 기술은 쉽게 습득하지만 정서적 고통을 계속 경험하고 문제를 해결할 수 없다고 느끼는 경우에 상담은 일반적인 12~16회기 이상으로 연장될 수 있다. 후자의 시나리오에서 벡 박사는 케빈이 불안감의 원인이라고 생각하는 어린 시절의 경험에 대해 이야기하고, 이러한 경험에서 비롯된 하나 이상의 핵심 신념을 말로 표현하는 것을 목표로 삼을 수 있다. 이 목표를 달성하기 위해 케빈이 관련된 성장 경험을 설명할 때, 벡 박사는 케빈에게 인간으로서의 가치에 대한 메시지, 가족을 향한 책임에 대한 메시지, 대처 능력에 대한 메시지 등 이러한 경험에서 받은 메시지에 대해 질문할 것이다. DVD 시연 상담을 토대로 볼 때 케빈은 '나는 무능하다.'와 같은 무력감을 수반하는, 도움이 되지 않는 핵심 신념을 가지고 있을 가능성이 높다.

하나 이상의 도움이 되지 않는 핵심 신념의 존재를 확인한 후, 벡 박사는 케빈을 현재로 안내하여 이러한 핵심 신념이 현재의 삶에서 언제 활성화되는지, 그로 인한 인지적 · 정서적 · 행동적 결과가 무엇인지를 구체적으로 파악할 수 있도록 도울 것이다. 그러고 나서 새롭고 더 도움이 되는 핵심 신념(예: '나는 유능하다.')을 개발하기 위해 노력할 것이고, 이 새롭고 더 도움이 되는 핵심 신념을 강화하기 위해 특정 기술을 활용할 것이다. 그녀가 활용할 법한 기법 중 하나는 도움이 되지 않는 핵심 신념에 대한 역사적 검증(historical test; Beck, 2011)으로, 케빈과 협력하여 인생에서 체계적으로 구분되는 시기(예: 초등학교, 중 · 고등학교, 딸이 태어나기 전 성인기, 딸이 태어난 후 성인기)를 평가하고 도움이 되지 않는 핵심 신념과 일치하지 않는 사례를 찾아보는 것이다. 이 기법을 사용하면 전부는 아니더라도 대부분의 내담자는 도움이 되지 않는 핵심 신념이 지나치게 일반화되어 있어서 신념과 모순되는 구체적인 사례를 설명하지 못한다는 사실을 깨닫게 된다.

이 회기는 인지치료를 잘 설명해 주는 전형적인 요소들을 많이 포함하고 있었다. 벡 박사는 간단한 기분 점검, 이전 회기와의 연결, 주제 설정, 주제 논의, 중간 요약, 그리고 최종 요약 및 피드백 등 다양한 회기 구조화 기술을 사용했다. 그녀는 케빈이 인지 모델에 익숙해질 수 있도록 분명한 심리 교육을 제공하고, 불안감에 대해 이야기할 때는 은근한 방식으로 인지평가를 실시했다. 그녀는 협력적 작업을 유도하고 자주 피드백을 요청하면서 강력한 상담 동맹을 유지했으며, 동시에 논의의 초점을 명확히 하여 시간을 최대한 생산적으로 사용하려고 노력했다. 또한 케빈이 회기 밖 실생활에서도 유용하게 활용할 수 있는 구체적인 인지치료 기법을 소개하기도 했다.

앞서 언급했듯이, 이 회기의 가장 특이한 점은 대부분의 인지치료와 달리 숙제가 덜 중요했다는 점이다. 케빈과 벡 박사는 회기 사이가 짧았기 때문에 이전 회기에서 개발했을 숙제를 실행하거나 연습할 시간이 충분하지 않았다. 그러나 숙제가 개발되었다면, 벡 박사는 두 번째 회기에서 이를 체계적으로 복습했을 것이다. 또한 두 사람이 함께 작업을 계속했다면, 두 번째 회기 후에 케빈이 실행하거나 연습할 수 있는 보다 구체적인 숙제를 발굴했을 것이다.

치치

치치에 대한 벡 박사의 초기 개념화에 따르면, 치치는 축I 장애의 진단 기준을 충족하지 않는다. 벡 박사는 치치가 삶의 많은 영역에서 기능적이라고 보았으며, 스트레스를 유발하는 현재 문제에 초점을 맞추는 것만으로도 정서적 고통을 줄이는 데 효과적일 수 있다고 판단했다. 다음은 벡 박사가 치치에게 사용한 여러 가지 전략적 개입에 대한 설명과 근거를 기술했다. 특정 개입의 결정 요인을 보여주고, 해당 결정의 잠재적 결과를 논의했다.

협업 촉진

인지치료의 표준 지침대로 벡 박사와 치치는 회기에서 함께 시간을 사용할 방식을 다루었다. 치치는 직장에서의 불안에 대해 이야기하고 싶다고 말했지만, 벡 박사는 15년 전에 끝난 관계의 이별로 인해 치치가 여전히 괴로운 단계가 어느 정도인지 살펴볼 것을 제안했다. 벡 박사는 치치를 만나기 전에 읽은 치치의 면담 기록에 근거하여 이 제안을 했다. 그 면담에서 치치는 이전 관계에 대해 말하면서 눈에 띌 정도로 상한 기분을 드러냈다. 벡 박사는 그 이별이 치치에게 큰 의미를 지니고 있으며, 해당 주제와 관련하여 생긴 강력한 인지들을 인지적 재구조화를 통해 해결할 수 있을 것이라고 가설을 세웠다.

한 가지 중요한 점은 벡 박사가 회기의 주제를 정하지 않았다는 점이다. 그녀는 치치에게 원하지 않는 경우에 해당 주제를 다루지 않을 수 있다고 알려 주었다. 이 전략을 통해 벡 박사와 치치 모두가 주제 선정에 기여하게 되었다. 치치가 이별에 대해 자세히 이야기하고 싶지 않다고 하자 벡 박사는 그의 의견을 존중했고, 이러한 수용이 협력적 상담 관계를 촉진했다. 벡 박사는 치치가 몇 년 동안 다루지 않으려고 했던 주제를 다루면 회기가 가장 생산적일 것이라는 생각으로 그 이별에 대해 이야기할 필요가 있다고 더 강력하게 권유할 수도 있었다. 상담자가 이런 권유를 할 때는 내담자에게 명확한 근거를 제시하고, 근거에 대해 내담자를 이해시키고, 내담자의 동의를 얻고, 작업 동맹을 면밀히 모니터링해야 한다. 내담자가 계속해서 특정 주제에 대해 논의하고 싶지 않다는 의사를 명확하게 표현하는 경우에 상담자는 그 의사를 존중하고, 특정 주제의 회피를 인지적 사례 개념화에 중요한 정보로 기록하며, 해당 주제가 내담자의 인지, 정서, 행동에 원치 않는 영향을 미치고 있다는 신호가 있는지 주의 깊게 관찰한다. 내담자가 특정 주제를 다루는 것을 거부하는 경우는 거의 없지만, 상담 후반부로 가면서 그런 거부 의사를 좀 더 편하게 표현하는 경우가 생기기도 한다. 상담의 후반부로 가면서 내담자는 인지가 정서적 고통 및 자기패배적 행동과 연관된 방식을 더 잘 이해하게 되고, 상담자와의 관계는 더 발전하며, 삶의 문제 해결에 인지 및 행동 도구를 더 잘 적용하게 된다.

의미 명료화

벡 박사는 이전 관계에서의 이별에 대해 자세히 논의하고 싶지 않다는 치치의 의사를 존중하면서 동시에 감정이 담긴 주제를 다루기를 두려워하는 치치의 임상적 증상을 이해하는 데 도움이 될 수 있는 이 문제의 다른 측면에 계속해서 관심을 기울였다. 벡 박사는 협력 관계를 유지하기 위해 두 가지 전략을 사용했는데, 그 두 가지는 (1) 치치에게 이러한 두려움에 대해 이야기해도 되는지 허락을 구하고

(2) 이러한 두려움에 대해 잠시 이야기를 나누어 본 후에 계속 논의할 가치가 있는지 결정하자고 제안하는 것이었다.

이 주제를 다룰지를 고려하기 위해 벡 박사는 "만약 이 문제를 다룰 때 생길 수 있는 가장 두려운 일이 무엇일까요?"라고 물었다. 치치는 압도되는 감정을 느끼고 거기에 갇히게 되는 것이라고 대답했다. 그러자 벡 박사는 "그럼 거기에 갇힌다는 것은 무엇을 의미하나요?"라고 물었다. 이 질문은 치치의 자동적 사고 속에 담긴 의미를 파악하려는 시도이며, 더 깊은 의미를 파악하려는 하향 화살표 전략의 적용을 의미한다(Beck et al., 1979; Burns, 1980). 이 도구를 사용하는 상담자는 상황적인 자동적 사고의 의미에 대해 반복적으로 질문하는데, 근본 신념을 충분히 파악해서 그와 관련하여 추가적으로 얻을 것이 없는 상태에 도달할 때까지 질문을 계속한다. 이 기법을 사용하여 벡 박사는 치치가 과거에서 벗어나지 못하고 있는 자신을 용서하지 않았다는 생각에 빠져서 압도당하고 있으며, 그 상태에 고착될 것이라는 견해를 가지고 있다는 것을 파악할 수 있었다. 시간이 지나면서 치치는 스스로를 용서하지 않았다는 것을 알게 되었다. 이 부분은 어떤 이론적 접근법을 사용하든 심리상담에서 다루어야 할 중요한 내용이지만, 벡 박사는 그 주제를 세세하게 논의하지 않겠다는 치치의 의사를 존중하겠다고 약속했기 때문에 후속 조치를 취하지 않았다. 대신에 벡 박사는 치치가 힘든 주제에 대해 이야기하면 감정이 격해질 것이라는 신념과 이러한 감정이 치치에게 상당한 부담으로 작용한다는 두 가지를 명료화했다. 벡 박사는 하향 화살표 기법을 계속 적용하여 치치가 자신의 감정 상태에 갇히게 될 것이라는 믿음과 관련된 더 근본적인 의미를 이끌어 낼 수도 있었을 것이다. 구체적으로 "그런 감정 상태에 갇힌다는 것은 당신에게 어떤 의미일까요?"라고 질문할 수도 있었을 것이다. 치치는 '나는 정서적으로 취약하다.'와 같은 핵심 신념을 발견할 가능성이 있으며, 이는 상담에서 다룰 핵심 주제가 될 수 있다.

치치는 자신의 정서적 반응이 효과적인 의사소통, 특히 현재 남자친구와의 의사소통을 어떤 식으로 방해하는지에 대해 더 많이 발화했고, 벡 박사는 해당 내용을 중심으로 상담 주제를 명료화했다. 두 사람은 치치가 남자친구와 이야기할 필요는 있지만, 정서적으로 큰 스트레스를 유발할 것 같은 주제를 상담에서 다루기로 결정했다. 벡 박사는 치치와 함께 구체적으로 남자친구와 아기를 갖고 싶지 않다는 내용의 소통과 관련된 문제를 해결하기 위해 노력했다. 동시에 이러한 어려운 주제를 이야기하면 감정에 갇히게 된다는 치치의 믿음과 어떤 관련이 있는지에 대한 의문을 염두에 두면서 작업을 진행했다.

의사소통 기술 훈련

벡 박사는 치치가 남자친구와 대화하는 일반적인 방식과 자신의 요점을 전달하는 구체적인 방식에 대한 자료를 수집하기 시작했다. 벡 박사는 치치의 남자친구의 입장에서 보면 치치의 접근 방식이 일정 부분 남자친구를 방어적으로 만들 가능성이 있으며, 결국 대화를 통해 얻고자 하는 결과로부터 오히려 멀어질 수 있다는 가설을 세웠다. 그런 다음에 벡 박사는 치치의 메시지 전달과 관련된 대안적 방식을 보여 주었고, 치치에게 이 접근법을 사용할 때 원하는 결과를 어느 정도 달성할 수 있는지를 평가하도록 했다. 벡 박사는 남자친구와 중요한 문제를 논의할 때 효과적인 의사소통 기술을 활용하도록 하여 치치가 걱정하는 실질적인 문제 해결에 진전이 생기도록 도왔다.

회기를 마치는 시점에 치치가 남자친구와의 대화를 위한 구체적인 계획을 가지고 갈 수 있도록 하기 위해 벡 박사는 여러 가지 직접적인 제안을 했다. 벡 박사는 안내식 발견을 좀 더 활용할 수도 있었을 것이다. 예를 들어, 벡 박사는 치치가 전화로 민감한 주제에 대해 이야기하는 것을 힘들어 한다는 것을 알게 되었을 때를 생각해 보자. 이에 대해 벡 박사는 치치에게 "이런 대화를 나눌 때 사용하기 적합한 대화 방식에 대해 생각해 보셨나요? 전화가 아닌 직접 만나서 대화를 나누면 어떤 이점이 있을까요?"라고 물어볼 수 있다. 그 후에 벡 박사는 남자친구와 대화할 때 "다른 접근 방법이 가능할 수 있다."라고 언급할 수도 있다. 벡 박사는 먼저 치치에게 방금 설명한 접근 방식의 장단점을 생각해 보도록 요청하고, 치치가 몇 가지 단점을 발견하면 "방금 파악한 단점을 고려할 때 다른 표현 방법은 무엇일까요?"라고 질문할 수도 있다. 이러한 질문을 하면 치치는 벡 박사의 직접적인 제안에 의존하지 않고 자신의 의사소통 방식에 대해 스스로 이해하고 개선책을 모색할 수 있게 된다. 시간이 충분할 때 인지치료 상담자는 일반적으로 내담자가 학습한 내용을 통합할 수 있도록 안내식 발견을 사용하며, 이는 내담자가 습득한 기술과 지식을 회기 밖 상황에서 사용할 가능성을 높인다.

최악의 시나리오 평가

치치가 그녀의 남자친구와 아기를 갖는 것에 대해 새로운 접근 방식으로 대화하는 것에 대해 논의하던 중 벡 박사는 치치가 자신의 감정이 격앙될까 봐 두려워서 이번 회기에서 그 시점까지 언급하지 않은 또 다른 문제가 있을 수 있다는 것을 감지했다. 그녀는 치치에게 "사실 그가 당신과 헤어지고 싶어 할까 봐 두려운 걸까요?"라고 질문하여 이러한 직감을 확인했다. 벡 박사는 15년 전에 있었던 이별이 치치에게 깊은 의미를 지니고 있다는 점을 고려하면서 치치가 이별을 다루는 방식을 상담에서 다루어 보자고 제안했다. 벡 박사는 "당신은 15년 전과 같은 상황에 있나요?"라는 질문을 던지며 치치가 장기 연애를 끝내는 것과 같은 힘든 상황 속에서도 의미 있는 개인적 성장을 이룰 수 있는 방법을 생각해 볼 수 있는 시간을 갖도록 조력했다. 또한 치치에게 그녀가 부정적인 감정을 경험하면 그 속에 계속 갇혀 있을 것이라는 신념을 가지고 있다는 점을 상기시키면서 벡 박사는 "그런 일이 생겼을 때 느낄 부정적인 감정이 두려운가요?"라고 질문했다. 그리고 치치에게 남자친구와 이별하고 부정적인 정서를 경험하게 된다면 어떻게 될지를 심상으로 묘사해 보도록 요청했다. 치치는 그 심상을 자세히 묘사하기보다는 '죽지는 않을 것'이라는 결론을 내렸다. 최악의 시나리오에 대해 치치가 균형 잡힌 반응을 쉽게 찾아낼 수 있다는 것을 확인한 벡 박사는 치치와 함께 이별과 관련된 정서적 고통 및 새로운 관계가 시작될 가능성에 대한 불안감을 관리하기 위해서는 대처 기술과 자원이 필요하다는 점을 논의했다.

이러한 대화를 통해 치치는 남자친구와 아이를 갖고 싶지 않다고 허심탄회하게 나눈 후에 최악의 시나리오가 발생하더라도 대처할 수 있다는 결론을 내렸다. 이 사례는 인지적 재구조화를 위해 상담자가 항상 교육적인 방식으로 정보를 제시할 필요는 없다는 점을 보여 준다(예: 증거 찾기 교육 및 탈재앙화 질문). 오히려 상담자는 비판적 사고를 자극하고 문제를 균형 있고 적응적인 방식으로 바라보도록 촉진하는 소크라테스식의 질문을 내담자의 개별적인 삶의 상황에 맞게 던질 수 있다.

내담자의 말로 결론 내리기

남자친구에 대한 자동적인 사고, 그 관계가 끝났을 때 대처할 수 있는 정도, 미래의 파트너에 대한 판단을 치치와 함께 다루고 논의하면서 벡 박사는 몇 가지 실질적인 시사점을 얻을 수 있었다. 그녀는 시사점 중 몇 가지를 기록해 두었다가 상담이 끝난 후에 치치가 다시 볼 수 있도록 하자고 제안했다. 벡 박사는 자신의 이해가 아닌 치치의 이해에 따라 요점이 기술될 수 있도록 치치와 협력하는 데 주의를 기울였다. 내담자가 요점과 결론을 자신의 말로 작성하는 것은 (1) 내담자가 상담에서 이루어진 작업을 이해했는지 확인하고 (2) 내담자가 주체성을 갖고 상담에서 얻은 것을 삶에 최대한 유용하게 적용하는 데 중요한 역할을 한다.

다음 주제로 이동

벡 박사는 회기 초반에 치치가 처음에 제시한 주제를 다루기 위해 시간을 할애했고, 회기 초반에 개발했던 몇 가지 도구를 적용하여 특정 문제를 해결해 보자고 제안했다. 벡 박사는 균형 잡힌 적응적 반응(예: '나는 과거에도 항상 프로젝트를 잘 해냈어.')이 치치가 원래 가지고 있던 생각보다 불안감을 덜 일으킨다는 점을 보여 줌으로써 인지와 정서 사이의 관계성을 더 명확히 이해하는 시간을 가졌다. 벡 박사는 치치에게 증거 찾기와 탈재앙화 질문에 대해 교육하고, 안내식 발견을 사용하여 치치가 이러한 질문에 대한 자신의 반응과 이러한 반응이 자신의 상황을 바라보는 방식에 미치는 영향을 살펴볼 수 있는 기회를 제공했다. 벡 박사는 실수를 저질렀던 다른 사람들이 해고되었는지를 물어봄으로써 큰 실수를 하면 직장에서 해고될 것이라는 치치의 자동적 사고에 구체적으로 접근했다.

이 논의에서 벡 박사는 치치의 상사는 치치를 '검증된 인물'로 본다는 점을 지적

하며, 이것을 치치가 해고될 것이라는 예상과 불일치하는 또 다른 증거로 제시했다. 대안적으로 "실수하면 해고될 것이라는 생각에 반하는 다른 증거가 있는지 살펴볼까요?" "특히 당신이 검증된 인물이라는 사실이 실수할 경우에 해고될 가능성에 어떤 영향을 미칠까요?" 등의 안내식 발견을 통해 논의를 더 촉진해 볼 수도 있을 것이다. 이 맥락에서 안내식 발견은 내담자가 상담자가 직접 알려 주는 것에 의존하지 않고 스스로 대안적인 관점을 찾도록 촉진하는 역할을 한다.

논의

벡 박사가 회기를 마치면서 피드백을 요청했을 때, 치치는 처음 벡 박사와 함께 작업을 시작했을 때는 자신의 문제가 '엄청나게' 커 보였는데 두 번의 상담 후에는 이러한 문제가 더 작은 조각으로 나뉘어져서 훨씬 더 다루기 수월해 보인다고 말했다. 치치의 반응은 인지치료 상담자가 추구하는 중요한 상담 결과를 잘 보여 준다. 삶의 문제를 인지적 요소와 행동적 요소 등 다양한 측면에서 체계적으로 탐색하고 그것을 수정하면서 다루다 보면 내담자는 현재 삶의 문제, 심지어 내담자가 상담을 시작하기 전에는 만성적이거나 압도적이라고 느꼈던 문제까지 해결할 수 있게 된다. 따라서 이 회기는 치치가 두 가지 삶의 문제를 해결할 수 있는 실질적인 도구(즉, 남자친구와 어려운 주제를 대화로 해결하는 데 사용할 의사소통 기술, 정서적 고통과 관련된 관계 및 직업과 관련된 사고를 평가하는 데 사용할 인지적 재구조화 기술)를 얻었기 때문에 매우 효과적이었다. 또한 이 회기를 통해 치치가 어려운 주제를 꺼낼 때 정서적으로 격해지고 그러한 정서적 반응에 갇히게 될 것이라는 신념을 가지고 있다는 사실을 확인할 수 있었고, 치치는 이러한 정서적 고통에 대처하기 위해 자신이 생각했던 것보다 더 많은 자원을 사용할 수 있다는 것을 알았다는 점에서도 효과적이었다.

벡 박사는 간단한 기분 점검과 이전 회기와의 연결성을 다루고 주제를 설정하는 등 일반적인 인지치료 회기 구조를 활용하여 회기를 시작했다. 앞서 언급했듯이 상담자는 이러한 회기 시작 방식이 삶의 문제를 해결하기 위한 체계적인 접근 방식을 모델링하고, 회기들 사이에 가로지르는 연결 고리가 있음을 보여 주며, 상담 시간을 생산적으로 사용하여 내담자가 삶의 문제를 해결할 수 있는 가시적인 결과와 도구를 가지고 떠나는 것을 가능하게 하기 때문에 유용하다고 본다. 이번 사례에서 벡 박사는 치치가 제시한 주제와 관련이 없는 부분을 살펴보자고 제안했다. 벡 박사는 치치가 이전에 경험한 연인과의 이별을 인지적 재구조화를 사용하여 다루면 유익한 논의를 이끌어 낼 수 있을 것이라고 판단했고, 이 문제를 다른 관점에서 바라보는 것이 치치의 정서적 고통 수준에 매우 유의미한 영향을 미칠 것이라고 판단했기 때문에 이러한 제안을 했다.

인지치료는 상담자와 내담자 간의 협력 작업이기 때문에 내담자가 파악하지 못한 주제를 상담자가 제안하는 경우도 더러 있다. 이렇게 함으로써 얻을 수 있는 장점은 그렇지 않으면 내담자가 회피하게 될 수 있는 정서적 고통과 사례 개념화와 관련성이 높은 주제를 다룰 수 있다는 점이다. 회피는 많은 유형의 정신과적 장애(예: 우울증; Addis & Martell, 2004, 불안; Abramowitz et al., 2011)의 핵심 기제인데, 심각한 정서적 고통과 분명히 관련 있는 문제를 다루지 않는 방식으로 회피를 강화하는 것은 궁극적으로 내담자의 임상적 증상을 악화시킬 수 있다. 이 방법의 단점은 내담자가 문제를 직면할 준비가 되었다고 판단하기 전에 문제를 직면하도록 요구받는다고 인식하면 상담 관계에 부정적인 영향을 미칠 수 있다는 점이다. 벡 박사는 이 제안과 관련된 잠재적인 긴장감의 세부 사항을 이야기하고 싶어 하지 않는 치치의 바람을 존중해 주고, 대신에 정서가 담긴 주제를 다루는 것에 의미를 두면서 해소했다. 이 문제에 대한 논의를 통해 인지치료가 내담자의 삶의 구체적이고 외부적인 문제에만 초점을 맞추는 것이 아니며, 정서 처리와 같은 내적 경험에 대한 내담자의 신념을 다룰 수 있는 강력한 상담적 틀이라는 점을 알 수 있다.

만약 벡 박사가 계속해서 치치와 함께 상담을 하게 된다면, 다음 회기에서 치치와 함께 (a) 이전 회기 이후에 실제로 남자친구와 대화가 어떻게 진행되었는지 (b) 치치가 인지적 재구조화 도구를 삶에 어느 정도 적용하고 있는지를 확인할 것이다. 남자친구와의 대화는 이전 회기에서 다룬 여러 가지 도움이 되지 않는 신념과 관련되어 있기 때문에 다음 회기의 주요 주제가 될 가능성이 높다. 벡 박사는 치치가 계속해서 그러한 신념을 재평가하고 보다 균형 잡힌 적응적 관점을 개발하도록 그 신념을 반박하는 증거를 찾도록 격려할 것이다. 만약 남자친구가 치치가 있는 곳으로 와서 함께 시간을 보냈는데 치치가 정서적 주제의 대화를 시도하지 않았다면, 친밀한 관계에서 발생하는 강한 정서를 회피하는 치치의 방식에 대한 추가적인 증거가 될 수 있으므로 이 또한 상담 주제가 될 가능성이 높다. 이 경우에 벡 박사는 인지 기법을 사용하여 회피를 유발하는 데 기여하는 이전 회기에서 확인되지 않은 추가적인 자동적 사고를 확인하고, 평가하고, 수정할 것이다. 벡 박사는 또한 회피를 극복하는 데 도움이 되는 행동 기법을 활용할 수도 있다(예: 추가적인 의사소통 기술 훈련, 점진적으로 주제를 심화하면서 실제로 대화를 연습할 기회 갖기).

벡 박사는 치치와 상담을 지속하면서 여러 가지 추가적인 방법을 모색할 수 있을 것이다. DVD에는 담겨 있지 않지만, 벡 박사와 치치는 치치의 습관적 지연 행동을 극복하기 위한 기술도 함께 탐색했다. 또한 벡 박사는 치치와 함께 치치가 일상생활에서 이러한 기술을 얼마나 성공적으로 사용하게 되었는지를 평가했다. 만약 치치가 정서적인 주제에 대해 이야기하는 것을 회피하는 등 어려움을 겪고 있다면 벡 박사는 지연 행동을 회피에 대한 보상 전략으로 개념화하고 회피를 다루기 위한 다양한 인지 및 행동 전략을 사용할 가능성이 높다. 예를 들어, 안내식 발견의 틀을 사용하여 치치가 자신의 회피 행동의 장단점을 솔직하게 분석해 보도록 격려할 수 있다. 또한 어려운 상황을 피하지 않고 접근하는 것이 실제로 긍정적인 결과(예: 문제 해결, 안도감)를 가져오는 정도를 평가하기 위한 행동 실험을 함께 개발해 볼 수도 있다. 벡 박사는 고유한 행동 실험 전략을 구현하여 치치가 회기 사이에 지연 행동 대신에 능동적 행동을 하면 무슨 일이 일어나는지 평가하기 위해 '마치 ~인 것처럼 행동하기' 기법을 사용할 수도 있다(Beck, 2011 참조).

정서적 고통이 현저히 감소하고, 상담 초기에 설정한 목표를 달성하고, 일상생활에서 전략을 적용할 수 있는 능력을 보인다면 인지치료는 단기간으로 끝날 수 있다. 장기적인 목표를 달성하는 데 필요한 조치(예: 글쓰기, 남자친구와의 솔직한 대화)를 계속 회피하면서 취하지 않는다면 이를 다루기 위해 상담을 지속할 수 있다. 이 경우에 벡 박사는 치치와 함께 치치의 회피 행동을 부추기는 핵심 신념을 파악하기 위해 노력할 것이다. 예를 들어, 벡 박사는 치치와 협력하여 치치에 대한 중요한 메시지를 제공하고 현재 치치가 자신을 바라보는 방식에 기여한 성장 경험을 탐색할 수 있다.

치치는 스스로가 무가치하다고 보고 있을 가능성도 있다. 현재 안정된 직장과 연인이 있지만, 과거에는 자기패배적인 결정을 내린 적이 있었던 것 같다(예: 이전의 장기 연애 관계에서 보인 행동을 수치스러워함. 과거에 직장에서 해고된 이력이 있음). 이러한 행동은 자신이 무가치하다는 신념으로부터 자신을 보호하기 위해 취한 보상 전략의 행동적 표현일 수 있다. 다시 말해 치치는 자신이 중요한 관계를 만들고 인생 목표를 달성할 만한 가치가 있는 사람이라고 믿지 않기 때문에 스스로 이를 방해한 것일 수도 있다. 벡 박사는 이 가설을 치치에게 직접 제안하기보다는 안내식 발견을 통해 치치와 함께 관련된 성장 경험(예: 어머니의 과도한 비판)을 탐색하고, 치치에게 자신의 핵심 신념을 스스로 말하게 하고, 치치가 장기적인 목표를 달성하는 데 중요한 단계가 될 수 있는 과제에 직면했을 때 이 핵심 신념과 연결되어 있는 자동적 사고가 떠오르는지를 살펴보고 경계하도록 격려할 수 있다. 그런 다음에 벡 박사는 치치와 협력하여 인지적 재구조화를 적용하여 그 순간의 자동적 사고를 재구성하고, 새롭고 건강한 핵심 신념을 개발하고, 핵심 신념을 수정하는 전략을 사용하여 새로운 신념을 채택하도록 도울 것이다.

이번 회기는 인지치료의 전형적인 요소들을 많이 포함하고 있다. 벡 박사는 주제를 설정하여 회기의 초점을 명료화하고, 회기를 마칠 때 피드백을 받는 등 인지치료 회기 구조의 여러 측면을 통합하여 활용했다. 벡 박사는 현재 중심의 문제해결 방향을 채택하여 중요한 주제를 논할 때 정서적으로 격앙되는 것에 대한 치치의 우려를 일반적인 방식으로 논의하는 것에서 시작해서 아이를 갖지 않는 것에 대해 남자친구와 나눌 대화를 구체화하는 방식으로 회기를 진행했다. 벡 박사는 미묘한 방식으로 인지적 재구조화를 통합하여 치치가 혹시 남자친구와의 관계가 이별로 끝난다고 해도 그 상실을 다룰 수 있을 것이라는 결론을 내릴 수 있도록 도왔다. 또한 보다 분명한 인지적 재구조화를 통해 치치에게 증거 찾기 및 탈재앙화 질문을 교육하고, 회사에서 해고될까 봐 걱정하는 상황에 적용해 보도록 했다.

회기 내내 벡 박사는 치치와 협력적인 상담 관계를 유지하면서 여러 지점에서 피드백을 받아 치치와 협력적으로 주제의 초점을 찾아가는 과정을 가졌다.

벡 박사와 치치의 상담은 일반적인 인지치료와는 다른 부분을 포함하고 있는데, 그것은 치치가 남자친구에게 전달할 구체적인 내용 및 남자친구와 대화를 나눌 시간과 장소를 결정하는 작업 부분에서 발견된다. 벡 박사는 치치와 상담할 시간이 제한적이었기 때문에 전화보다는 직접 만나서 대화를 나누는 게 좋겠다는 직접적인 제안을 했고, 남자친구와 대화를 시작할 때 사용할 구체적인 단어와 대화를 나눌 타이밍(예: 만남 후반보다는 만남 초반)에 대해 지시적인 제안을 했다. 상담자가 내담자와 함께 작업할 시간이 더 많으면 안내식 발견을 의사소통 기술 훈련에 통합하여 활용했을 것이다.

예를 들어, 상담자는 치치가 남자친구와 처음 대화를 시도할 경우에 대해 더 많은 시간을 할애하면서 치치가 남자친구의 입장에서 그 대화를 어떻게 느낄지에 대해 생각해 보도록 격려할 수 있다. 이러한 연습을 통해 치치는 자신의 의사소통 방식이 목표를 달성하는 데 효과적이지 않을 수 있다는 결론을 스스로 내릴 수 있다. 상담자는 먼저 치치에게 대화에 접근할 수 있는 다른 방법을 생각해 보도록 요청하고, 그래도 치치가 생각한 의사소통 방식이 효과적이지 않아 보인다면 그 시점에서 대안을 제안할 수 있다. 인지치료 상담자는 내담자에게 구체적인 의사소통 방법을 제안할 때, 그 근거와 의도된 효과를 이해할 수 있도록 특정 의사소통 기술에 대한 심리 교육을 제공하는 편이다. 벡 박사가 시연한 것처럼 새로운 의사소통 방식을 모델링하는 역할극을 진행하고, 새로운 접근 방식을 어떻게 느끼고 어느 정도 효과가 있을 것으로 예상하는지를 치치에게 피드백을 구할 수 있다. 상담자는 역할극에서 역할을 바꾸어서 진행하면서 치치가 새로운 의사소통 접근법을 사용해 보는 연습을 해 봄으로써 자신에게 맞는 방식으로 개선할 수 있도록 도울 수 있다. 상담자가 이렇게 체계적인 방식으로 의사소통 기술 훈련을 실시하려면 전체 회기가 소요될 수 있는데, 이 회기에서 벡 박사가 시연했던 것과 같은 중요한 인지적 재구조화 작업은 후속 회기에 진행될 가능성이 높다.

4. 결론 및 향후 방향성

이 장과 DVD 시연은 적극적이고 협력적이며 현재에 초점을 맞춘 인지치료 접근법을 보여 준다. 이를 통해 내담자가 현재 고통의 인지적·행동적 측면을 다루는 도구를 어떻게 습득하게 되는지 뿐만 아니라 삶의 문제의 구성 요소에 대한 이해를 정교하게 발전시킬 수 있다. 또한 인지치료는 도움이 되지 않는 근본 신념과 행동 양식의 발달을 이해하도록 촉진할 뿐 아니라 이러한 양식을 변화시키려는 내담자에게 다양한 작업의 틀을 제공하는 유연성을 가졌다는 점을 강조한다.

마지막으로 인지치료의 중요한 특징은 그 효능과 효과에 대한 광범위한 경험적 근거가 있다는 점이다. **효능**(efficacy)은 다른 많은 요인을 일정하게 유지하면서 인지치료의 측면을 체계적으로 조사하려는 연구 실험실과 같이 엄격하게 통제된 환경에서 인지치료가 대조군보다 상담 효과와 더 높은 유의미한 관련성을 보일 때 입증된다. 이와는 대조적으로 **효과**(effectiveness)는 여러 요인(예: 상담자 훈련, 내담자의 진단)에 변산성이 큰 지역사회의 정신건강센터와 같은 실제 환경에서 대조군보다 더 유의미한 상담 효과를 보일 때 입증된다. 1970년대 후반부터 인지치료의 효능에 관한 수많은 연구가 발표되었으며(예: Kovacs, Rush, Beck, & Hollon, 1981; Rush, Beck, Kovacs, & Hollon, 1977), 최근에는 인지치료를 지역사회에 보급하고 그 효과를 평가하려는 움직임이 있다(예: Gibbons et al., 2010). 인지치료의 효능을 평가하기 위해 78개의 무작위 대조 임상 시험을 조사한 메타 분석에 따르면 인지치료를 받은 내담자는 인지치료를 받지 않은 내담자에 비해 29% 높은 향상을 보였고, 항우울제를 복용한 내담자에 비해 15% 높은 향상을, 지지적 심리상담 및 대인관계 심리상담과 같은 다른 유형의 심리상담을 받은 내담자에 비해 10%의 더 높은 향상을 보인 것으로 나타났다. 또한 인지치료는 항우울제보다 추적 관찰 기간에 현저하게 낮은 재발률을 보이는 것으로 나타났다(Gloaguen, Cottraux, Cucherat, & Blackburn, 1998).

선행 연구에 따르면 인지치료는 경도의 임상적 증상에는 적합하지만, 중등도에서 고도의 임상적 증상에는 적합하지 않아 보였다(Elkin et al., 1989). 그러나 최근의 연구 결과는 이러한 이해를 뒤집어 놓았다. 예를 들어, 드루베와 그의 동료들(DeRubeis et al., 2005)에 따르면 인지치료가 중등도에서 고도의 우울증에 대해 항우울제(예: 파록세틴, 필요에 따라 보조 약물 추가)만큼 효과적인 것으로 나타났다. 12개월의 추적 관찰 후의 임상 연구에서 인지치료를 받은 내담자는 항우울제를 복용한 내담자보다 재발 빈도가 낮았으며, 항우울제를 지속적으로 복용한 내담자와 비교할 때는 비슷한 재발률을 보였다(Hollon et al., 2005). 또한 최근 연구에 따르면 인지치료는 자살 시도(Brown et al., 2005) 및 저기능 조현병(Grant, Huh, Perivoliotis, Stolar, & Beck, 2012)과 같은 심각한 질환의 일반적인 치료에 보조 개입으로 유용하다는 것이 입증되었다.

인지치료의 미래에는 어떤 변화가 있을까? 학자와 실무자 모두 네 가지 흥미로운 흐름에 주목하고 있다. 인지치료의 첫 번째 흐름에서, 연구자들은 "인지치료가 효과가 있는가?"라는 질문을 넘어 "인지치료가 어떻게 효과가 있는가?"라는 질문을 다루고자 한다. 이를 위해 매개분석을 통해 인지치료의 변화 기제 또는 효능을 설명해 주는 구체적 요인을 살펴보는 연구가 진행되고 있다. 현재까지 수행된 연구는 일반적으로 인지치료가 도움이 되지 않는 인지의 변화와 관련이 있으며, 도움이 되지 않는 인지의 변화가 상담에 대한 반응을 예측한다고 제안했지만(예: Hofmann, 2004; Hofmann et al., 2007), 다양한 상담 방식 속에서 인지적 변화를 비교한 대부분의 연구는 약물치료를 포함한 모든 치료가 인지적 변화를 일으킨다는 사실을 보여 주었다(Garratt, Ingram, Rand, & Sawalani, 2007). 특히 혁신적인 연구 중 하나는 인지치료와 약물치료 모두 역기능적 태도에 동등한 변화를 일으켰지만, 내담자에게 슬픈 기분을 유도할 때는 약물치료를 받은 사람만이 역기능적 태도의 증가를 보고했다(Segal, Gemar, & Williams, 1999; Segal et al., 2006). 이러한 결과는 (a) 인지적 변화가 인지치료에서는 원인이지만 다른 상담 및 치료에서는 결과일 수 있고 (b) 인지치료가 스트레스와 삶의 변화에 대한 인지적 반응성을 예방하는 데 특히 효과적일 수 있는데, 이 부분이 결과적으로 낮은 재발률과 관련이 있을 가능성이 제기된다(Garratt et al., 2007; Segal et al., 2006). 이 분야의 연구는 적절한 크기의 표본을 대상으로 매개효과를 검증하고, 세갈과 그의 동료들의 연구(Segal et al., 2006)에서 도출된 결론을 검증하고, 인지치료 전략과 관련된 다른 특정 매개 요인(예: 인지 처리, 각 내담자에게 특정한 인지적 특성, 문제 해결 기술의 습득; Wenzel, 2007)을 고려하여 설계하는 더 많은 연구를 통해 발전할 수 있다.

인지치료의 실제 및 연구의 두 번째 현대적 흐름은 마음챙김과 수용 기반 작업 및 전략의 통합이다. 마음챙김과 수용 기반 접근법이 인지치료와 근본적으로 다른 것인지, 아니면 인지치료와 유사한 이론적 틀에 속하는 새로운 전략 꾸러미인지에 대해서는 많은 논쟁이 있다. 하지만 마음챙김과 수용 기반 상담은 이론적으로 상당히 발전했고, 과학적 검증 과정을 거쳤다. 많은 인지치료 상담자는 이러한 새로운 접근법을 자신의 상담에 적극적으로 도입하고 있다(Herbert & Forman, 2011). 아마도 인지치료와 가장 일치하는 이론적 틀은 마음챙김 기반 인지치료(Mindfulness-Based Cognitive Therapy: MBCT)일 것 같은데, 이것은 현재 관해 상태이지만 여러 차례 우울증 삽화를 경험한 적이 있는 내담자에게 사용하도록 고안된 재발 방지 치료 지침이다(Segal, Williams, & Teasdale, 2002). 이 접근의 근거는 만성적으로 우울한 내담자의 부정적인 사고 양식은 관해 상태에서도 쉽게 활성화되는데, 내담자가 이러한 사고 양식을 잘 인식하고 완전한 재발을 경험하기 전에 전략적으로 적절한 조치를 취하면 재발을 방지할 수 있다는 것이다. 경험적 연구 결과에 따르면, 세 번 이상 우울증 삽화를 경험한 이력이 있으면서 MBCT에 참여한 관해 상태의 내담자는 일반적인 치료만 받은 내담자보다 재발률이 낮은 것으로 나타났다(Ma & Teasdale, 2004; Teasdale et al., 2000). 불안, 스트레스, 불면증과 같은 다른 임상적 증상을 보이는 내담자에게도 MBCT는 효과적인 것으로 나타났다(예: Ree & Craigie, 2007). 따라서 만성 정신장애를 가진 환자가 급성 정신장애를 보일 때 인지치료를 주요 접근법으로 사용한다면, 마음챙김과 수용 기반 치료 지침은 그에 대한 보조 개입으로 잠재력을 가지고 있다. 해당 분야에서는 이러한 접근법 및 전통적 인지치료와 통합된 형태의 접근법의 효능을 평가하기 위한 연구가 활발히 진행되고 있다(Herbert & Forman, 2011).

인지치료의 실제 및 연구의 세 번째 현대적 흐름은 한 가지 정신장애에만 국한되지 않고 일반적으로 정서장애와 관련된 치료 묶음(즉, 초진단적 접근)을 개발하는 것이다(예: Barlow et al., 2011). 세 번째 흐름에서 나온 심리상담 지침은 기본적으로 많은 정신장애의 원인, 생물학적 기제 및 행동적 결과가 유사한 양상으로 나타나며, 내담자가 하나 이상의 정신장애 기준을 충족하는 경우가 많다는 점에 주목한다(Wilamowska et al., 2010). 따라서 서로 다른 여러 정신과적 장애를 아우르는 인지 및 행동의 원리와 전략(예: 심리 교육, 인지적 재구조화)을 통합하여 상담자가 장애별 치료 지침을 학습하는 대신에 하나의 치료 지침을 숙달하고 내담자에게 정서적 고통의 원인이 되는 기본적인 심리적 과정에 대한 상담을 제공한다. 예비 자료에 따르면, 여러 가지 기분 및 불안 장애를 가진 내담자 대부분은 반응자로 분류되며 상담 완료 직후와 추적 관찰 시 높은 기능 상태에 도달한다(Wilamowska et al., 2010). 따라서 초진단적 심리상담 지침의 개발은 실제 상담 장면에서 볼 수 있는 중복된 증상과 동반이환을 보이는 내담자에게 특히 유용할 수 있다.

마지막으로 인지치료의 실제 및 연구의 네 번째 현대적 흐름은 지역사회 기관에 인지치료를 보급하는 것이다. 이러한 움직임의 배경에는 인지치료의 효능을 지지하는 많은 연구와 지역사회에서 활동하는 인지치료 상담자의 부족 사이의 불일치를 해결하고자 하는 의도가 있다. 예비 연구에 따르면, 꾸준히 슈퍼비전을 받는 지역사회 상담자는 인지치료에 능숙해지도록 훈련될 수 있으며, 추적 관찰 기간에도 그 기술을 유지할 수 있다. 또한 이 연구에 따르면, 지역사회 환경에서 숙련된 인지치료 상담자에게 상담을 받는 내담자는 일반적인 치료 환경에서 상담을 받는 내담자보다 우울증과 불안이 더 많이 감소하는 것으로 나타났다(Simons et al., 2010). 학술 조사에서는 제도적 지원과 부정적인 상담자의 태도(Taylor & Chang, 2008)와 같은 보급의 장벽과 장애물뿐만 아니라 전산화된 심리상담 지침과 같이 쉽게 접근할 수 있는 대안적 형식의 인지치료의 시행(Green & Iverson, 2009)에 대한 연구가 진행되고 있다. 최근 재향군인 의료센터(Wenzel et al., 2011)와 같은 특정 지역사회 기관을 위한 인지치료 매뉴얼이 개발되었다. 인지치료의 효과에 대한 연구를 통해 이에 대한 추가 자료가 제공되고, 궁극적으로 지역사회의 더 많은 사람이 인지치료를 받을 수 있기를 기대한다. 관심 있는 독자는 인지치료에 대한 다양한 경로를 통해 자세히 알아볼 수 있다. 인지치료의 발전과 보급에 헌신하고 있는 전문 학회로는 인지치료 아카데미(http://www.academyofct.org), 국제 인지치료 협회(http://www.the-iacp.com), 행동 및 인지 치료 협회(http://www.abct.org) 등이 있다. 이러한 기관은 정신건강 전문가와 수련생에게 인지치료에 대한 교육, 최신 연구의 보급, 다른 인지치료 전문가와의 대화 기회를 제공한다. 또한 독자들은 인지치료 접근법과 그 전략을 더 자세히 설명하는 책도 참고할 수 있다. 별표(*)로 표시된 참고문헌은 독자가 이 정보를 얻을 수 있는 문헌을 나타낸다. 관심 있는 독자는 이러한 자료들을 참고하면서 인지치료 역량을 증진하기 위한 슈퍼비전을 병행하기 바란다.

참고문헌

*Abramowitz, J. S., Deacon, B. J., & Whiteside, S. P. H. (2011). *Exposure therapy for anxiety: Principles and practice*. New York, NY: Guilford Press.

Addis, M. E., & Jacobson, N. S. (2000). A closer look at the treatment rationale and homework compliance in cognitive-behavioral therapy for depression. *Cognitive Therapy and Research, 24*, 313-326. doi:10.1023/A:1005563304265

Addis, M. E., & Martell, C. R. (2004). *Overcoming depression one step at a time: The new behavioral activation approach to getting your life back*. Oakland, CA: New Harbinger.

Barlow, D. H., & Craske, M. G. (2007). *Mastery of your anxiety and panic* (4th ed.). New York, NY: Oxford University Press.

Barlow, D. H., Ellard, K. K., Fairholme, C. P., Farchione, T. J., Boisseau, C. L., Allen, L. B., & Ehrenreich-May, J. T. (2011). *Unified protocol for transdiagnostic treatment of emotional disorders*. New York, NY: Oxford University Press.

*Basco, M. R., & Rush, A. J. (2005). *Cognitive-behavioral therapy for bipolar disorder* (2nd ed.). New York, NY: Guilford Press.

*Beck, A. T. (1976). *Cognitive therapy and the emotional disorders*. New York, NY: International Universities Press.

Beck, A. T., Brown, G., Steer, R. A., Eidelson, J. I., & Riskind, J. H. (1987).

Differentiating anxiety and depression: A test of the cognitive content-specificity hypothesis. *Journal of Abnormal Psychology, 96*, 179–183. doi:10.1037/0021-843X.96.3.179

*Beck, A. T., & Emery, G. (1985). *Anxiety disorders and phobias: A cognitive perspective*. New York, NY: Basic Books.

*Beck, A. T., Freeman, A., Davis, D. D., & Associates. (2004). *Cognitive therapy for personality disorders* (2nd ed.). New York, NY: Guilford Press.

*Beck, A. T., Rector, N. A., Stolar, N., & Grant, P. (2009). *Schizophrenia: Cognitive theory, research, and therapy*. New York, NY: Guilford Press.

*Beck, A. T., Rush, A. J., Shaw, B. F., & Emery, G. (1979). *Cognitive therapy of depression*. New York, NY: Guilford Press.

Beck, A. T., Steer, R. A., & Brown, G. K. (1996). *Manual for the Beck Depression Inventory-II*. Dallas, TX: The Psychological Corporation.

*Beck, A. T., Wright, F. D., Newman, C. F., & Liese, B. S. (1993). *Cognitive therapy of substance abuse*. New York, NY: Guilford Press.

*Beck, J. S. (2005). *Cognitive therapy for challenging problems*. New York, NY: Guilford Press.

*Beck, J. S. (2011). *Cognitive behavior therapy: Basics and beyond* (2nd ed.). New York, NY: Guilford Press.

Bernstein, D. A., & Borkovec, T. D. (1973). *Progressive relaxation training: A manual for the helping profession*. Champaign, IL: Research Press.

*Bieling, P. J., McCabe, M. E., & Antony, M. M. (2006). *Cognitive-behavioral therapy in groups*. New York, NY: Guilford Press.

Borkovec, T. D., Newman, M. G., Pincus, A. L., & Lytle, R. (2002). A component analysis of cognitive-behavioral therapy for generalized anxiety disorder and the role of interpersonal problems. *Journal of Consulting and Clinical Psychology, 70*, 288–298. doi:10.1037/0022-006X.70.2.288

Brown, G. K., Ten Have, T., Henriques, G. R., Xie, S. X., Hollander, J. E., & Beck, A. T. (2005). Cognitive therapy for the prevention of suicide attempts: A randomized controlled trial. *JAMA, 294*, 563–570. doi:10.1001/jama.294.5.563

*Burns, D. D. (1980). *Feeling good: The new mood therapy*. New York, NY: Signet.

*Dattilio, F. M. (2010). *Cognitive-behavioral therapy with couples and families: A comprehensive guide to clinicians*. New York, NY: Guilford Press.

DeRubeis, R. J., Hollon, S. D., Amsterdam, J. D., Shelton, R. C., Young, P. R., Salomon, R. N., O'Reardon, J. P., Lovett, M. L., Gladis, M. M., Brown, L. L., & Gallop, R. (2005). Cognitive therapy vs. medications in the treatment of moderate to severe depression. *Archives of General Psychiatry, 62*, 409-416. doi:10.1001/archpsyc.62.4.409

*Dobson, D., & Dobson, K. S. (2009). *Evidence-based practice of cognitivebehavioral therapy*. New York, NY: Guilford Press.

*Dobson, K. S. (2012). *Cognitive therapy*. Washington, DC: American Psychological Association.

*D'Zurilla, T. J., & Nezu, A. M. (2007). *Problem-solving therapy: A positive approach to clinical intervention* (3rd ed.). New York, NY: Springer.

Elkin, I., Shea, M. T., Watkins, J. T., Imber, S. D., Sotsky, S. M., Collins, J. F., Glass, D. R., Pilkonis, P. A., Leber, W. R., Docherty, J. P., Fiester, S. J., & Parloff, M. B. (1989). NIMH treatment of depression collaborative research program: General effectiveness of treatments. *Archives of General Psychiatry, 46*, 971-982. doi:10.1001/archpsyc.1989.01810110013002

Ellis, A., & Harper, R. A. (1975). *A new guide to rational living*. Oxford, England: Prentice-Hall.

Epp, A. M., & Dobson, K. S. (2010). The evidence base for cognitive-behavioral therapy. In K. S. Dobson (Ed.), *Handbook of cognitive-behavioral therapies* (3rd ed., pp. 39-73). New York, NY: Guilford Press.

*Fairburn, C. G. (2008). *Cognitive behavior therapy and eating disorders*. New York, NY: Guilford Press.

Garratt, G., Ingram, R. E., Rand, K. L., & Sawalani, G. (2007). Cognitive processes in cognitive therapy: Evaluation of the mechanisms of change in the treatment of depression. *Clinical Psychology: Science and Practice, 14*, 224-239. doi:10.1111/j.1468-2850.2007.00081.x

Gibbons, C. J., Fournier, J. C., Stirman, S. W., DeRubeis, R. J., Crits-Cristoph, P., & Beck, A. T. (2010). The clinical effectiveness of cognitive therapy for depression in an outpatient clinic. *Journal of Affective Disorders, 125*, 169–176. doi:10.1016/j.jad.2009.12.030

Gloaguen, V., Cottraux, J., Cucherat, M., & Blackburn, I.-M. (1998). A meta-analysis of the effects of cognitive therapy in depressed patients. *Journal of Affective Disorders, 49*, 59–72. doi:10.1016/S0165-0327 (97)00199-7

Grant, P. M., Huh, G. A., Perivoliotis, D., Stolar, N. M., & Beck, A. T. (2012). Randomized trial to evaluate the efficacy of cognitive therapy for low-functioning patients with schizophrenia. *Archives of General Psychiatry, 69*, 121–127. doi:10.1001/archgenpsychiatry.2011.129

Green, K. E., & Iverson, K. M. (2009). Computerized cognitive-behavioral therapy in a stepped care model of treatment. *Professional Psychology: Research and Practice, 40*, 96–103. doi:10.1037/a0012847

*Greenberger, D., & Padesky, C. A. (1995). *Mind over mood: Change how you feel by changing the way you think*. New York, NY: Guilford Press.

Herbert, J. D., & Forman, E. M. (2011). The evolution of cognitive behavior therapy: The rise of psychological acceptance and mindfulness. In J. D. Herbert & E. M. Forman (Eds.), *Acceptance and mindfulness in cognitive behavior therapy: Understanding and applying the new therapies* (pp. 3–25). Hoboken, NJ: Wiley. doi:10.1002/9781118001851

Herbert, J. D., Gaudiano, B. A., Rheingold, A. A., Myers, V. H., Dalrymple, K., & Nolan, E. M. (2005). Social skills training augments the effectiveness of cognitive behavioral group therapy for social anxiety disorder. *Behavior Therapy, 36*, 125–138. doi:10.1016/S0005-7894(05)80061-9

Hirsch, C., Jolley, S., & Williams, R. (2000). A study of outcome in a clinical psychology service and preliminary evaluation of cognitive behavioral therapy in real practice. *Journal of Mental Health, 9*, 537–549. doi:10.1080/09638230020005264

Hofmann, S. G. (2004). Cognitive mediation of treatment change in social phobia. *Journal of Consulting and Clinical Psychology, 72*, 392–399. doi:10.1037/0022-006X.72.3.392

Hofmann, S. G. (2008). Cognitive processes during fear acquisition and extinction in animals and humans: Implications for exposure therapy for anxiety disorders.

Clinical Psychology Review, 28, 199–210. doi:10.1016/j.cpr.2007.04.009

Hofmann, S. G., Meuret, A. E., Rosenfield, D., Suvak, M. K., Barlow, D. H., Gorman, J. M., Shear, M. K., & Woods, S. R. (2007). Preliminary evidence for cognitive mediation during cognitive-behavioral therapy of panic disorder. *Journal of Consulting and Clinical Psychology, 75*, 374–379. doi:10.1037/0022-006X.75.3.374

Hollon, S. D., DeRubeis, R. J., Shelton, R. C., Amsterdam, J. D., Salomon, R. M., O'Reardon, J. P., Lovett, M. L., Young, P. R., Haman, K. L., Freeman, B. B., & Gallop, R. (2005). Prevention of relapse following cognitive therapy vs. medications in moderate to severe depression. *Archives of General Psychiatry, 62*, 417–422. doi:10.1001/archpsyc.62.4.417

Ingram, R., & Kendall, P. C. (1986). Cognitive clinical psychology: Implications for an information processing perspective. In R. Ingram (Ed.), *Information processing approaches to clinical psychology* (pp. 3–22). New York, NY: Academic Press.

Ingram, R. E., Miranda, J., & Segal, Z. V. (1998). *Cognitive vulnerability to depression*. New York, NY: Guilford Press.

Kovacs, M., Rush, A. J., Beck, A. T., & Hollon, S. D. (1981). Depressed outpatients treated with cognitive therapy or pharmacotherapy: A one-year follow-up. *Archives of General Psychiatry, 38*, 33–39. doi:10.1001/archpsyc.1981.01780260035003

*Kuyken, W., Padesky, C. A., & Dudley, R. (2009). *Collaborative case conceptualization: Working effectively with clients in cognitive-behavioral therapy*. New York, NY: Guilford Press.

*Leahy, R. L. (2003). *Cognitive therapy techniques: A practitioner's guide*. New York, NY: Guilford Press.

Lewinsohn, P. M., Sullivan, J. M., & Grosscup, S. J. (1980). Changing reinforcing events: An approach to the treatment of depression. *Psychotherapy: Theory, Research & Practice, 17*, 322–334. doi:10.1037/h0085929

Linehan, M. M. (1993). *Cognitive-behavioral treatment of borderline personality disorder*. New York, NY: Guilford Press.

Ma, S. H., & Teasdale, J. D. (2004). Mindfulness-based cognitive therapy for depression: Replication and exploration of differential relapse prevention effects. *Journal of Consulting and Clinical Psychology, 72*, 31–40. doi:10.1037/0022-

006X.72.1.31

Meichenbaum, D. (1985). *Stress inoculation training*. New York, NY: Pergamon Press.

Ree, M. J., & Craigie, M. A. (2007). Outcomes following mindfulness based cognitive therapy in a heterogeneous sample of adult outpatients. *Behaviour Change, 24*, 70-86. doi:10.1375/bech.24.2.70

Reinecke, M. A. (2006). Problem solving: A conceptual approach to suicidality and psychotherapy. In T. E. Ellis (Ed.), *Cognition and suicide: Theory, research, and therapy* (pp. 237-260). Washington, DC: American Psychological Association.

Rush, A. J., Beck, A. T., Kovacs, M., & Hollon, S. D. (1977). Comparative efficacy of cognitive therapy and pharmacotherapy in the treatment of depressed outpatients. *Cognitive Therapy and Research, 1*, 17-37.

Ryum, T., Stiles, T. C., Svartberg, M., & McCullough, L. (2010). The effects of therapist competence in assigning homework in cognitive therapy with cluster C personality disorders: Results from a randomized controlled trial. *Cognitive and Behavioral Practice, 17*, 283-289. doi:10.1016/j.cbpra.2009.10.005

Segal, Z. V., Gemar, M., & Williams, S. (1999). Differential cognitive response to a mood challenge following successful cognitive therapy or pharmacotherapy for unipolar depression. *Journal of Abnormal Psychology, 108*, 3-10. doi:10.1037/0021-843X.108.1.3

Segal, Z. V., Kennedy, M. D., Gemar, M., Hood, K., Pederson, R., & Buis, T. (2006). Cognitive reactivity to sad mood provocation and the prediction of depressive relapse. *Archives of General Psychiatry, 63*, 749-755. doi:10.1001/archpsyc.63.7.749

Segal, Z. V., Williams, J. M. G., & Teasdale, J. D. (2002). *Mindfulness based cognitive therapy for depression: A new approach to preventing relapse*. New York, NY: Guilford Press.

Simons, A. D., Padesky, C. A., Montemarano, J., Lewis, C. C., Murakami, J., Lamb, K., DeVinney, S., Reid, M., Smith, D. A., & Beck, A. T. (2010). Training and dissemination in cognitive behavior therapy for depression in adults: A preliminary examination of therapist competence and client outcomes. *Journal of Consulting and Clinical Psychology, 78*, 751-756. doi:10.1037/a0020569

Taylor, C. B., & Chang, V. Y. (2008). Issues in the dissemination of cognitive behavior therapy. *Nordic Journal of Psychiatry, 62*, 37-44. doi:10.1080/08039480802315673

Teasdale, J. D., Segal, Z. V., Williamson, J. M. G., Ridgeway, V. A., Soulsby, J. M., & Lau, M. A. (2000). Prevention of relapse/recurrence in major depression by mindfulness-based cognitive therapy. *Journal of Consulting and Clinical Psychology, 68*, 615-623. doi:10.1037/0022-006X.68.4.615

Wenzel, A. (2007, November). Cognitive therapy: Models and processes of change. In J. L. Boulanger (Chair), *Models and processes of change in psychotherapy: An overview*. Symposium presented at the 40th annual meeting of the Association for Behavioral and Cognitive Therapies, Philadelphia, PA.

Wenzel, A. (2012). Modification of core beliefs. In I. R. de Oliveira (Ed.), *Cognitive behavioral therapy*. Rijeka, Croatia: Intech (available online at http://www.intechopen.com). doi:10.5772/30119

Wenzel, A., & Beck, A. T. (2008). A cognitive model of suicidal behavior: Theory and treatment. *Applied & Preventive Psychology, 12*, 189-201. doi:10.1016/j.appsy.2008.05.001

*Wenzel, A., Brown, G. K., & Beck, A. T. (2009). *Cognitive therapy for suicidal patients: Scientific and clinical applications*. Washington, DC: American Psychological Association. doi:10.1037/11862-000

*Wenzel, A., Brown, G. K., & Karlin, B. E. (2011). *Cognitive behavioral therapy for depressed veterans and military service members: Therapist manual*. Washington, DC: U.S. Department of Veterans Affairs.

*Wenzel, A., Liese, B. S., Beck, A. T., & Friedman-Wheeler, D. G. (2012). *Group cognitive therapy for addictions*. New York, NY: Guilford Press.

Wilamowska, Z. A., Thompson-Hollands, J., Fairholme, C. P., Ellard, K. K., Farchione, T. J., & Barlow, D. H. (2010). Conceptual background, development, and preliminary data from the unified protocol for transdiagnostic treatment of emotional disorders. *Depression and Anxiety, 27*, 882-890. doi:10.1002/da.20735

Wolpe, J. (1969). *The practice of behavior therapy*. Oxford, England: Pergamon Press.

*Wright, J. H., Basco, M. R., & Thase, M. E. (2006). *Learning cognitive behavior therapy: An illustrated guide*. Arlington, VA: American Psychiatric Association Press.

부록 A 내담자 접수면접 축어록: 남성 내담자 케빈

◆◆◆

존 칼슨: 케빈, 기꺼이 참여해 주셔서 감사합니다. 몇 가지 질문으로 시작할게요. 케빈, 이름이 아일랜드식 이름처럼 들리는데 아일랜드계인가요?

케　빈: 네, 맞아요. 제 성이 꽤 아일랜드식이죠.

존 칼슨: 그렇군요. 100% 아일랜드계인가요?

케　빈: 아니요, 아마 25% 정도인데 아버지의 아버지 이름에서 그대로 물려받았어요.

존 칼슨: 그리고 자랄 때 영향받은 다른 민족적 배경은요?

케　빈: 저희 어머니는 리투아니아인이세요. 어머니는 리투아니아어를 사용하는 가정에서 자랐기 때문에 리투아니아가 저의 다른 주된 민족이라고 들었어요.

존 칼슨: 현재 나이는 어떻게 되시나요?

케　빈: 마흔셋이요.

존 칼슨: 네, 마흔셋이요. 자랄 때 집안에서 영어만 사용했나요, 아니면…….

케　빈: 네, 어머니는 리투아니아어를 거의 못 배우셨어요. 무슨 말인지 알아들을 수는 있지만, 말을 하지는 못하셨어요.

존 칼슨: 네, 알겠습니다.

케　빈: 어머니가 리투아니아어를 하시는 걸 아주 조금 듣긴 했는데…… 네, 다른 언어를 사용했어요.

존 칼슨: 최근에 당신을 괴롭게 해서 가장 신경 쓰이는 부분이나 개선되기를 바라는 것이 있다면 무엇인가요?

케　빈: 저는 불안감 때문에 꽤 힘듭니다. 그게 정말 힘든 문제예요.

존 칼슨: 당신에게 불안이 의미하는 것…… 불안감을 한마디로 표현할 수 있는 단어가 있다면 무엇일까요?

케　빈: 한마디로요?

존 칼슨: 네.

케　빈: 두려움입니다.

존 칼슨: 두려움이요?

케　빈: 네, 정말로요.

존 칼슨: 이 불안이나 두려움이 언제 일어나는지 예를 들어 이야기해 주시겠어요?

케　빈: 특히 아침에 막 일어났을 때하고, 주로 낮에 증상이 나타난다는 걸 알아요. 보통 3시부터 8시까지 일하는데…… 그러고 나서는 하루가 지나면서 사라지는 것 같아요.

존 칼슨: 세 시간 정도 계속, 낮 동안 세 시간 정도요?

케　빈: 그러니까 아침에 일어나서 출근할 때까지의 시간대가 있는데, 보통 그 시간에 불안감이 가장 높아요. 출근할 때.
[바로 말함]

케　빈: 네, 보통은 사라지는 것 같아요. 그런 느낌 자체가……. 지금은 제 딸을 혼자 키우고 있어요. 딸은 17세이고, 지난 4년 동안 혼자서 양육을 해 왔어요. 제 어머니가 곁에 있을 때에도 어려움을 많이 겪었지만, 확실히 더 심해졌어요.

존 칼슨: 어머니가 계세요? 어머니가…….

케　빈: 이사…… 멀리 이사 가셨는데, 아직 살아계세요.

존 칼슨: 네.

케　빈: 돌아가시거나 그런 건 아니고요.

존 칼슨: 어머니가 같은 지역에 안 계시고, 전에는 함께 양육하셨다가 지금은 한부모이시네요?

케 빈: 네.

존 칼슨: 네, 그렇군요. 그 앞에 한 이야기에 대해서 좀 더 알아볼게요. 그래서 그게 바로 그 시간대에 일어나는군요. 그리고 이 두려움의 증상은 어떤 것들이죠?

케 빈: 신체적 증상이 분명히 있는데, 바로 이 부위에 강하게 있지만…… 증상에 따라오는 대화, 내적 대화도 많이 있어요. 하지만 실제로는 세상을 두려운 곳으로 보는 시각적인 그림에 가까워요. 제가 해결할 수 없는 문제들이 있어요. 아파트를 잃을 수도 있고, [웃음] 그러니까 재정적 파탄이나 그런 것들 말이죠.

존 칼슨: 이런 증상이 사라진다면 삶이 어떻게 달라질 거라고 생각하세요?

케 빈: [웃음] 글쎄요, 전에 증상들이 없던 시절을 떠올릴 수 있을 것 같네요.

존 칼슨: 그럼 이 증상이 없던 시기도 있었나요?

케 빈: 네, 부모가 되고 나니 그런 감정이 더 강해졌어요. 그전에는 훨씬 더 평온하긴 했는데, 그래도 그때도 문제가 있었죠. 아이를 낳고 나서 알게 된 것은 이전에는 나 자신뿐만 아니라 다른 사람들에게도 많은 감정을 부인하고 있었다는 것, 그것에 태만해서 있었다는 걸 알게 된 거죠. 슬픔도 그중 하나였어요. 그래서 다른 사람을 슬프게 하는 행동을 하면 정말 그걸 별거 아니라고 생각하곤 했어요. 그리고 부모가 되고 나서야 한동안 '와, 내가 사람들에게 상처를 주고 있었구나.'라는 깨달음을 얻었죠.[웃음]

존 칼슨: 증상이 없었다면요?

케 빈: 다시 사람들에게 상처를 주겠다는 말은 아니에요. 그동안 많은 것을 배웠다고 생각해요. 현실에서 너무 많이 벗어나는 것을 조심해야 했고, 육아를 하면서 많이 좌절했어요. 육아를 하면서 더는 제 감정으로부터 도망칠 수 없었고, 소통해야만 했어요. 저는 그 자리에 존재해야 했는데, 그게 힘들었어요. [웃음]

존 칼슨: 상담할 때 보통 무엇이 잘못되었는지에 대해 이야기하는데, 이미 무엇이

잘못되었는지에 대해 이야기하기 시작했어요. 그런데 당신이 잘하고 있는 것은 뭐죠?

케 빈: 저는 뛰어난 음악가이고, 매우 창의적이고 정리정돈도 잘하는 편인데, 음악가에겐 정말 좋은 조합이라고 할 수 있어요. 함께 작업한 많은 음악가가 제가 모든 상황에 맞는 레퍼토리 목록을 가지고 있다는 사실에 놀라워해요. 그래서 저는 그런 것들에 꽤 집중하죠. 저는 꽤 예리해요. 그리고 사실 저는 훌륭한 부모이기도 해요. 저는 제 딸을 위해 존재해요. 딸이 겪는 어려운 문제들을 함께 해결했죠.

존 칼슨: 지금까지 겪은 모든 일을 통해 무엇을 배웠나요? 일종의 인생 교훈이 있나요?

케 빈: 제가 무엇을 배웠냐고요? 정말 중요한 질문이네요. 그러면 여기서부터 시작하죠. 제가 지금 다루고 있거나 해결하고 있는 것 중 하나는 사람들과의 경계를 설정하는 거예요. 그리고 누군가와 친밀한 관계를 맺고 있지만 그 사람이 저를 매우 불편하게 하거나 어떤 식으로든 저를 위험에 빠뜨리는 행동을 할 때를 알아차릴 수 있죠. 아니면 상대방이 저에게 정직하지 않다면 그에 대해 경계를 긋고 그 문제에 직면하는 방법을 배우고 있어요.

존 칼슨: 그래서 그것이 중요한 일이라는 것을 알게 되었나요?

케 빈: 네, 우연히 발견한 것 같은데…… 제가 직면이라는 단어를 썼을 때 문제에 직면하는 것은 제가 육아와 다른 일들을 통해 배운 가장 큰 것 중 하나라고 생각해요.

존 칼슨: 어디에 힘의 원천이 있으세요?

케 빈: 흥미롭네요. [웃음] 정말 좋은 질문을 해 주셨어요. 가장 먼저 떠오르는 것은 제 아버지인데요. 사실 제가 아홉 살 때 돌아가셨지만 아버지와 함께 시간을 많이 보내서 아버지에 대한 기억이 꽤 많이 남아 있어요.

존 칼슨: 아버지는 아일랜드 출신이시죠?

케 빈: 네, 네. 맞아요. 저는 아버지를 매우 강하고 정직하며 헌신적인 사람으로 생각했어요. 좋은 분이셨죠. 아버지가 돌아가신 후에도 얼마나 좋은 분

이었는지에 관해 많이 들었어요. 그리고 정말 제게 큰 모범이 되어 주셨던 것 같아요.

존 칼슨: 그럼 그게 힘의 원천인가요?

케　빈: 네.

존 칼슨: 현재 겪고 있는 어려움을 해결하기 위해서 도움받을 사람이나 지원을 받는 곳이 있나요?

케　빈: 저희 가족은 확실히 저에게 큰 힘이 되어 주었어요. 저희 어머니와 새아버지는 정말 대단한 분들이세요. 6개월 전까지만 해도 이 지역에서 살다가 플로리다로 이사를 가셨는데 그분들에게 좋은 곳이죠. 그곳에 좋은 집이 있거든요. 저와 딸은 그분들 집에서 10년 정도 살았어요. 두 분이 계시고부터는 딸이 갈 수 있는 곳이 있어서 우린 잠시 서로 떨어져서 지낼 시간을 가질 수 있었어요. [웃음] 하지만 부모님이 플로리다로 이사를 가셔서 그런 지원이 사라졌어요.

존 칼슨: 네, 4년 전에 아이 엄마가 이사를 가셨다고요?

케　빈: 사실 6년 전이죠. 딸이 엄마와 함께 이사를 나가서 1년 정도 있다가 다시 돌아왔어요.

존 칼슨: 현재 어려움과 관련해서 지원받을 다른 자원이 있나요?

케　빈: 일상에서는 별로 없어요. 제겐 남자 형제가 둘 있는데, 둘 다 독신이에요. 아이가 없죠. 상황이 정말 나빠지면 그들에게 갈 수도 있겠지만요.

케　빈: 하지만 제가 말씀드린 가족은 어머니와 새아버지였어요.

케　빈: 네, 그분들은 정말 많은 도움을 주셨죠.

존 칼슨: 이전에 상담을 받은 적이 있나요?

케　빈: 2년 동안 상담을 하고 있어요.

존 칼슨: 네.

케　빈: 거의 끝나가요.

존 칼슨: 도움이 되었나요?

케　빈: 물론이죠. 네.

존 칼슨: 상담자와 만난 지난 2년간의 상담 성과는 무엇이었나요?

케　빈: 초기에는 상담에 몇 번 참석하지 못했는데, 정말 힘든 날들을 보냈고 감정이 정말 어둡고 어두웠어요. 자살 충동이나 그런 건 아니고 그냥 정말 슬펐어요.

존 칼슨: 슬픔은 어디서 온 거죠?

케　빈: 죄송해요. 어디서 왔는지 모르겠어요.

존 칼슨: 아뇨, 괜찮아요. 네. [울음]

존 칼슨: 화장지 좀 구할 수 있나 볼게요.

케　빈: 괜찮아질 거예요. 그냥 털어 낼 필요가 있어요. 괜찮아요.

존 칼슨: 괜찮습니다.

[울음]

[안 들림]

케　빈: 네, 그중 하나는 어디서부터 시작되었는지 정말 잘 모른다는 거예요. [웃음]

존 칼슨: 네.

케　빈: 그냥 쌓여 있다가 풀고 나면 괜찮아질 거예요. 그냥 그냥 지나가면 되죠. [울음]

케　빈: 네, 네, 괜찮습니다. 네네네.

[잠시 멈춤]

존 칼슨: 네, 우리 모두는 감정을 다스리는 방법을 개발해 오죠. 당신은 항상 감정을 잘 표현했나요?

케　빈: 아니요, 앞서 말씀드렸듯이 저는 오랫동안 그냥 피하거나 다른 방법으로 피하는 데 꽤 능숙했죠. 사실 음악이 저에게 큰 도움이 된 것 같아요. 음악에 빠지곤 하는데, 회피할 수 있는 좋은 방법이죠.

존 칼슨: 2년 전 상담을 시작하실 당시에는 상실감과 슬픔이 있었나요?

케　빈: 네, 그리고 저는 상담소에서 상담을 받고 치유된 느낌을 받고 나왔어요. 그게 시작이었죠.

존 칼슨: 제가 궁금한 것은 그러고 나서 상실감과 슬픔이 사라졌나요? 확인할 수 있었나요?

케　빈: 네, 맞아요. 그냥 쌓여 온 것들이 많았어요. 그 당시 제 딸이 15세였는데,

14세에서 15세는 우리에겐 정말 힘든 시기였어요. 네, 딸이 1년 동안 집을 떠나 자기 엄마와 살면서 충격적인 사건을 겪었거든요. 우리가 다시 함께 살게 되었을 때 딸은 그 사건에서 회복하기 시작했죠. 그 당시 딸은 상담도 받고 있었어요. 학교에 갈 수 없었고, 무단결석 문제, 재정 문제……. 그땐 부모님 집에서 막 독립해서 새로 이사 온 상태였고, 재기하려고 하던 중이었어요. 추가 수입을 위해 시작한 일이 너무 많이 힘들었어요…….

존 칼슨: 네, 그런 것 같네요.

케 빈: 네, 꽤 힘들었죠.

존 칼슨: 약 같은 걸 처방받았나요?

케 빈: 아니요, 아니요.

존 칼슨: 정신과 의사를 만나 본 적이 있나요?

케 빈: 저는 아니고, 제 딸은 가요. 딸은 약을 복용하고 있고, 저는 몇 차례 예약을 하고 다녀왔어요. 하지만 제가 상담자와 함께하는 대화 상담이라고 부르는 것에 대해 만족스럽게 생각하는 것 중 하나가…… 약을 먹지 않고도 성과가 있었다는 것이 어떤 면에서는 성취라고 생각할 수 있는 것 같아요.

존 칼슨: 네, 그럼요.

케 빈: 제 개인적인 의견이지만…….

존 칼슨: 네, 알겠습니다. 그리고 진단에 관해서는 지난 2년간 상담을 받은 것이 전부였나요?

케 빈: 네.

존 칼슨: 그 당시에 어떤 진단을 받았는지 알고 있나요?

케 빈: 아니요, 그녀가 저에게 확실한 진단을 내린 기억은 없지만 제가 예약을 잡기 위해 전화했을 때 제가 '우울과 불안'이라고 말한 것은 알아요. 그건 주로 제 딸이 겪은 일을 통해서 익숙해진 용어들이었어요. 그래서 저도 우울하고 불안하다고 진단됐을 수도 있어요.

존 칼슨: 네, 좋아요.

케　빈: 그러니까…….

존 칼슨: 목숨을 끊고 싶다는 생각이나 삶을 마치고 싶다는 생각을 해 본 적이 있나요?

케　빈: 아니요, 안 해 봤어요.

존 칼슨: 그런 사람을 알고 있나요?

케　빈: 네. 네, 있어요.

존 칼슨: 알겠습니다. 그게 어떤 것인지 이해하시나요? 아까도 말씀하셨는데……. 그렇지는 않다고 하셨는데, 때때로 다른 사람들을 위험하게 한 적이 있나요?

케　빈: 글쎄요, 제가 사람들을 화나게 하거나 슬프게 하는 행동을 할 때면 사람들의 기분을 배려하지 않았던 것 같아요. [웃음] 예를 들어, 여자친구와 관계를 정리하고도 그 사실을 그녀에게 말하지 않고, 상처를 받더라도 신경 쓰지 않았던 건 더 이상 이런 상황에 머무를 수 없다는 생각뿐이었기 때문이죠.

존 칼슨: 정서적인 해를 끼쳤다는 건가요?

케　빈: 네.

존 칼슨: 네. 자, 그러니까 지난 2년 동안 받은 상담이나 다른 도움을 떠올렸을 때 어떤 것이 효과가 있었고, 어떤 것이 효과가 없었나요? 대화 상담이라고 하셨는데요, 대화가 도움이 된 것 같네요.

케　빈: 네, 물론이죠. 제가 주목한 것 중 하나가 바로 그 점이었어요. 모르겠어요. 이게 나아지고 있는 건지……. 상담 초기와 그전에는 혼자 있을 때면 모든 것이 정말 깜깜해지곤 했어요. 그리고 공공장소에 나가 사람들과 교류할 때면 그런 기분이 사라진다는 걸 알았죠.

존 칼슨: 그래서 다른 사람들과 교류하는 것이 도움이 된다는 것을 알게 되었나요?

케　빈: 그게 저는 대화 상담의 중요한 부분이라고 생각해요.

존 칼슨: 도움이 되지 않은 것은 없나요?

케　빈: 몇 가지요. 사실 가끔 상담사님이 저에게 책을 추천해 주었는데, 정작 책을 많이 받지는 않았어요. 사실 한 권 받았어요. 보통 많은 책이 여성 작가라는 점, 접근 방식이 다르다는 점을 눈여겨보고는 있는데, 제 상담자가 여성이라는 점이 일부 그 이유일 수도 있어요. 책들이 좀 여성스러운 것 같아요.

존 칼슨: 오, 그 책이 도움이 되었나요?

케 빈: 『네 가지 계약』[1]이요?

존 칼슨: 네.

케 빈: 그 책에서 흥미로운 점은…… 그 책에 대해 잘 아시나요? 사실…….

존 칼슨: 네, 루이즈! 미구엘 루이즈이죠.

케 빈: 네. 이 책은 딱히 감정에 관한 책이 아니에요. 복잡하거나 활동지 같은 것이 있는 것도 아니고요. 이 네 가지를 지키지 않으면 스스로 일을 망칠 수 있으니 그냥 따라 하라는 식이죠.

[웃음]

존 칼슨: 감정에 대해서 직접 듣고 싶으신 건가요?

케 빈: 네, 감정적인 어려움에 부닥칠 때면…… 네, 어떻게 해야 하는지…….

존 칼슨: 신체 건강은 어떤가요?

케 빈: 사실 꽤 괜찮아요.

존 칼슨: 최근 병원에 가 보신 적이 있나요?

케 빈: 네, 정기 검진 같은 것들을 받고 있어요.

존 칼슨: 건강에 특별한 문제는 없으시고요?

케 빈: 물론입니다.

[안 들림]

케 빈: 사실 저는 딸 생명 보험에 가입한 지 얼마 되지 않아서 피를 뽑고 가능한 모든 검사를 받았는데, [웃음] 그 결과는 당신도 받아 볼 수 있을 텐데…… 병이 없다더라고요.

1 Don Miguel Ruiz, (1997). The four Agreement: A Practical Guide to Personal Freedom. Amber-Allen Publishing, US. 멕시코 원주민 문화인 고대 톨텍족의 지혜를 바탕으로 개인을 제한하는 신념으로부터 자유로워지는 데 필요한 행동 강령을 제시한 자기계발서이다.

존 칼슨: 건강에 문제가 있었던 적은 없나요?

케 빈: 의료적인 문제는 전혀 없었어요. 약 15년 전에 탈장 수술을 받은 적이 있어요. 등쪽이기는 한데, 무거운 물건만 들지 않으면 괜찮아요. 그리고 척추 스트레스성 긴장, 통증 같은 것들도 있죠.

존 칼슨: 고질적인 문제는 없나요? 항상 계속되는 문제들이요?

케 빈: 그렇진 않아요. 척추가 뻣뻣한 건 통증이 아니라 척추를 움직일 때에만 긴장감을 느낄 뿐이에요.

존 칼슨: 사고를 당한 적이 있나요?

케 빈: 네. 80년대, 90년대 초반에 가벼운 사고가 몇 번 있었어요.

존 칼슨: 머리를 다친 적이 있나요?

케 빈: 버스를 타고 있다가 추돌 사고를 당한 적이 있는데, 그 후에 카이로프락틱 치료를 받은 적이 있어요. 심각한 부상은 아니었고요. 가벼운 척추 문제로 교정 정도만 했어요.

존 칼슨: 머리는 안 다쳤나요?

케 빈: 네.

존 칼슨: 좋아요. 법적인 기록은 어떤가요? 법적인 문제가 있었던 적이 있나요?

케 빈: 제가 열아홉 살 때 두어 번 연행된 적이 있어요. 저와 친구 두어 명이 소란을 피우다가 경찰서에 끌려가서 엄마가 저희를 빼 주러 오셔야 했죠.

존 칼슨: 소란을 피웠다는 것이……?

케 빈: 처음엔 쇼핑몰에서 술에 취해 시끄럽게 떠들었죠. [웃음] 두 번째는 차 안에서였어요.

[바로 말함]

케 빈: 24년 전 일이에요.

존 칼슨: 그 이후에는요?

케 빈: 딸이 두 살 때 애 엄마랑 양육권 다툼이 있었어요. 딸이 기억하기 전에 해결되어서 다행이었어요. 덕분에 딸을 트라우마에서 구할 수 있었다고 생각해요. 어차피 딸이 그 일이 아니어도 겪어야 할 트라우마는 충분하니까요. [웃음] 하지만 그런 일은 분명히 정리해야 할 일이고, 저희는 법적

으로 문제를 해결했죠.

존 칼슨: 다른 일로 체포된 적은 없었나요?

케 빈: 없어요.

존 칼슨: 음주 운전이나 기억에 남는 다른 문제들은 없으셨나요?

케 빈: 없어요.

존 칼슨: 좋아요. 직업이요. 어떤 일을 하시나요?

케 빈: 저는 기타를 가르치고 공연도 해요. 그리고 또 혼자서 녹음도 많이 하는데, 이제는 있잖아요…… 제 경력이 수입이 되기 시작했어요.

존 칼슨: 그래서 당신이 가정의 유일한 수입원인가요?

케 빈: 네.

존 칼슨: 월급을 받는 건가요, 아니면 프리랜서 같은 건가요?

케 빈: 공식적으로 저는 자영업자예요. 저는 음반 가게에서 가르치긴 하지만 돈은 학생들한테 받아요.

존 칼슨: 좋아요. 그럼, 음악 공연을 할 때에도 마찬가지인가요?

케 빈: 네. 대부분의 공연을 섭외하는 파트너가 있는데, 그게 그의 장점이에요. 그는 술집 주인이든, 누구에게든 돈을 받아서 내 몫을 주죠.

존 칼슨: 기타 보조금, 양육비, 퇴역 군인 지원금 등 다른 수입은 없나요?

케 빈: 글쎄요, 저희는 양육비에 관해서는 아이 엄마가 2년 전쯤에 대략 150달러, 200달러 정도 보낸 것 외에는 아무것도 받지 못했어요. 그리고 지난달에 아이 엄마가 80달러를 보냈는데, 그녀가 양육에 기여한다는 의미에서요. 제가 감당이 된다면 혼자서 애쓰는 것이 신경 쓰이지 않았겠지만 지난달부터 상황이 정말 힘들어지기 시작했어요. 그래서 아이 엄마에게 문자를 보내어 상황이 어려워질 테니 우리 딸에게 돈을 좀 보내 달라고 했어요. [웃음]

존 칼슨: 지난달에 힘들었다면 이번 달에도 힘들겠죠?

케 빈: 생계를 유지하는 것은 정말 힘든 일이에요. 필요한 것을 다 사지는 못하고 있어요.

존 칼슨: 굶을 수는 있지만 계속 살아 있을 거예요.

케　빈: 네, 식탁에 음식을 차리는 것은 정말 힘든 일이에요. 필요한 걸 다 갖추지는 못하죠.

존 칼슨: 앞으로 낙관적으로 보이는 부분이 있나요?

케　빈: 제가 느낀 것 중 하나는 여름철이 되면 많은 기타 수강생이 여름 내내 휴가를 가거나 한 달에 2주를 쉬기 때문에 수입이 상당히 줄어든다는 거죠.

존 칼슨: 지금이 8월이고, 지금은 여름이에요. 그럼, 가을에 올까요?

케　빈: 네, 9월에 다시 돌아올 것으로 예상되는 학생이 서너 명 있어요. 그리고 보통 9월에는 신규 등록도 많아요. 그래서 바라는 건데 여섯 명 정도는 더 받을 수 있을 것 같아요.

존 칼슨: 좋아요. 그러면 희망이 있긴 한 거네요?

케　빈: 네.

존 칼슨: 학교는 어디까지 다니셨어요?

케　빈: 저는 음악…… 그러니까 음악 교육 학사학위를 받았어요.

존 칼슨: 그러면 다른 지방으로 진학하셨는지, 아니면 어떻게 학교에 다니셨는지 알 수 있을까요?

케　빈: 아니요, 저는 리치 사우스 84학번이고요. 1년 동안 프레리 주립대학교에 다니다가 지겨워져서 드폴 대학교 음악대학교에 1년을 다녔는데, 그 후로는 다시 돌아가지 않았어요. 학교 다니는 걸 쉬고 싶었거든요. 밑바닥에서 벗어나야 한다는 압박감이 있었죠. 그리고 캘리포니아로 이사해서 거기서 8년을 살았어요. 그리고 매년 9월이 되면 저는 이렇게 생각했죠. '학교로 돌아가는 게 좋을 것 같아.' 저는 학교 열병 같은 것에 걸렸어요. 하지만 서른셋이 되고, 딸이 초등학교 1학년이 되어서 하루 종일 학교에 있게 돼서야 '와, 이제 시간이 생겼네. 이제 어떻게 살아야지?'라는 생각이 들었어요. 결국 학교로 돌아가서 학위를 마쳤어요.

존 칼슨: 학교 생활에서 수월했던 점은요?

케　빈: 저는 음악을 공부하고 있었는데 정말 좋아했어요. 사실 제가 복학하고 처음 들었던 수업은 영어 수업이었는데, 첫날 교수님이 "가장 먼저 해야 할 일은 과제가 무엇인지 이해하는 것입니다."라고 말씀하셨어요. 그리고 어떤 이유에서인지 대학 생활 내내 교수님이 기대하시는 모든 것을 정확히 알고 있었고, 그 덕분에 수업을 정말 잘 해냈다고 생각해요. 게다가 열여덟, 열아홉 살에 대학에 갔을 때는 상황이 급격히 나빠져서 매우 불안했는데, 이제는 그만두지 말고 학업에 집중하고 계속해야 한다는 것을 알았어요. 그래서 그런 것들이…….

존 칼슨: 새로운 깨달음을 얻기 전까지 학교에서 힘들었던 점이나 집중하기 어려웠던 점이 있었나요?

케 빈: 글쎄요, 저는 리치턴에서 매일 기차를 타고 시내로 출근했기 때문에 대인관계가 어려웠다고 말할 수 있을 것 같아요. 그리고 한 번에 3개월씩 이곳 친구들을 보지 못했어요. 저는 그렇게 될 줄 몰랐지만, 두 번째, 세 번째 학기가 되자 친구들은 방학 전에는 제가 더 이상 주변에 없을 거라고 예상했어요. [웃음] 그래서 대인관계에 어려움을 겪은 것 같아요.

존 칼슨: 학교에 다닐 때 특별 과정을 들은 적이 있었나요? 고등학교, 초등학교 때?

케 빈: 아닙니다, 아니요.

존 칼슨: 이번엔 현재 사회적 환경을 살펴볼게요. 결혼했다고 하셨는데요.

케 빈: 저는 결혼한 적이 없습니다.

존 칼슨: 좋아요. 아이가 있다고 하셨죠?

케 빈: 네.

존 칼슨: 두 분의 연애사에 대해 말씀해 주시겠어요? 어떻게 연애를 하셨는지요?

케 빈: 네. 긴 이야기인데요. 시간이 얼마나 남았나요?

존 칼슨: 네, 짧게요.

케 빈: 네, 짧은 이야기로요?

존 칼슨: 긴 이야기 중에서 부분만…….

케 빈: 저는 가톨릭 신자였고, 마을에서는 연애를 좀 늦게 시작한 편이었지만 건강한 나이에 시작했다는 의미라고 생각해요. 제가 열여섯 살 때 처음으로 진지한 관계를 가졌는데, 주변 공립학교 친구들은 이미 열세네 살 무렵에 그런 일을 하는 것 같았어요. [웃음] 그래서 그때는 불편했던 것 같지만 그건 오래전 일이죠. 문제는 없었어요. 열여섯 살 때부터 스물일곱 살까지

청년기에는 꽤 불안했죠. 한곳에 정착하고 충실하기가 어려웠죠.

존 칼슨: 그러면 그 기간에 오래 지속된 관계가 있었나요?

케 빈: 캘리포니아에 갔을 때 그곳에서 만난 한 여자와 4년 동안 함께 살았던 적이 있어요. 돌이켜 보면 서로에게 충실하지 못했어요. 나중에 그 얘기를 했죠. 사실 지금도 정말 좋은 친구예요. 그때는 그런 식이었어요. 그리고 딸이 생겨서 딸과 애 엄마, 저와 애 엄마와 저……. 죄송해요. 결혼은 하지 않았고, 그녀는 막 이혼해서 다른 두 자녀가 있었기 때문에 결혼에 관해 이야기하면 웃고 넘겨 버리기도 했어요. 아이 엄마가 임신한 동안 그리고 아이 출생 후 캘리포니아에서 1년 동안 함께 살았어요. 돌이켜 보면 그게 제가 했던 마지막 장기 연애였네요.

존 칼슨: 그러니까 17년 전인가요?

케 빈: 네.

존 칼슨: 알겠습니다.

케 빈: 90년대에는 단기 연애가 꽤 많았지만, 지난 10년 동안에는 8개월, 1개월 정도 연애를 해 본 적이 있어요.

존 칼슨: 현재 관계 면에서는 어떤 상태인가요?

케 빈: 글쎄요. 누군가를 만나고 있긴 하지만 진지하게 받아들일 만한 건 아니에요.

존 칼슨: 그러니까 어떤 사람을 만나서…….

케 빈: 한 시간 거리에 살아요.

존 칼슨: 결혼했거나 동거하는 사람이 있나요?

케 빈: 연애 중이에요.

존 칼슨: 네.

케 빈: 저희는 이메일을 많이 주고받아요. 그리고 정말 여러 가지 면에서 서로에게 힘이 되어 주고 있죠. 힘든 일이 있을 때 서로를 위해 그 자리에 있어 주죠. [웃음]

존 칼슨: 전자 친구 같은 존재인가요? 이메일을 주고받고, 전화로 대화할 수 있는 사람 말이죠.

케　빈: 네, 현재로서는 거의 그래요.

존 칼슨: 형제들도 근처에 있다고 하셨는데…… (형제들보다는) 그녀가 당신을 지지해 주는 자원인 건가요?

케　빈: 정서적 · 영적 차원에서는요.

존 칼슨: 요즘 사귀는 사람이 또 있나요?

케　빈: 아니요.

존 칼슨: 좋아요. 척도로 이야기해 본다면 요즘 인간관계가 정말 안 풀리는 것을 0점, 정말 잘 풀리는 것을 10점이라고 한다면 몇 점일까요?

케　빈: 네, 듣자마자는 0이었지만 1점을 골라야 할 것 같아요.

존 칼슨: 1점. 알겠습니다.

케　빈: 네.

존 칼슨: 다른 사람들과 함께 있을 때처럼 사회생활을 할 때의 자신을 어떻게 묘사하시겠어요? 애정 어린, 회피, 리더, 추종자 같은 단어들로 표현할 수 있겠어요?

케　빈: 사실 전에 이 모든 단어에 대해 많이 생각해 보았어요. [웃음] 리더와 추종자로서 제 역할에 대해 생각했죠. 음악 교육 학위를 받고 학교에서 음악 교과를 수행한다고 생각한 후에는 그런 생각에 직면해야 했어요.

케　빈: 그리고 저랑은 맞지 않다는 걸 깨달았죠. 저는 리더로서 편하지 않기 때문에 일대일 방식이 훨씬 낫습니다. 추종자로서도 별로 편하지 않고요. 제가 발견한 것은 제가 조력자에 더 가깝다는 것이었어요. 저는 남을 도와서 문제를 해결할 때 아주 도움을 잘 주는 사람이에요. 저는 사교적이긴 하지만 애정이 많은 편은 아니에요. 예전에도 그랬고 지금도 깊은 면에서는 그렇지만…… 어느 순간부터 제 딸이 저에게 애정 표현을 하지 않기 시작한 시점이 있었는데, 그건 자연스러운 현상이라고 생각해요. 그리고 저도 비슷한 시기에 다른 사람들에게 애정을 덜 쏟기 시작했어요.

존 칼슨: 철수했네요. 알겠어요.

케　빈: 네.

존 칼슨: 딸이 열일곱 살이라고 말씀하셨는데요. 딸과의 관계를 1부터 10까지로

표현한다면 어떻게 설명하시겠어요? 1은 별로 좋지 않고, 10은 아주 좋은 수준이요.

케 빈: 네, 8점이나 9점으로 꽤 높은 편이죠.

존 칼슨: 그렇다면 무엇이 9점 또는 10점을 만들죠?

케 빈: 6개월 후 열여덟 살이 되면 더 좋아질 것 같아요.

존 칼슨: 네. 어떻게……?

케 빈: [웃음] 글쎄요, 저는 큰 압박감에서 벗어날 것 같아요. 왜냐하면…….

존 칼슨: 열여덟 살에 무슨 일이 생기나요?

케 빈: 더 이상 제겐 법적 의무가 없죠. 글쎄요, 이렇게 말하는 게 어떻게 들릴지 모르지만. 많은 법적 의무가 해제될 거예요. 제 말에 대해 특히 성인 자녀를 둔 사람들이 "당신 일은 아직 끝나지 않았어."라고 말해요. "그런 뜻이 아닙니다."라고 대답하죠. 제가 일을 하는 방식을 아셔야 하는데, 저는 압박감이 없을 때 제가 가장 빛난다는 거예요. 하지만 압박이 가해지면 전 겁을 먹어요.

존 칼슨: 열여덟 살이 되면 압박감이 다소 풀릴 것으로 생각하세요?

케 빈: 네, 많은 부담감이 사라질 거예요.

존 칼슨: 요즘 취미나 관심사들은 어떤 것들이 있나요?

케 빈: 저는 산책하는 것을 좋아해요. 사실 여름에 자전거를 타러 가는 것도 좋아하는데, 지난 겨울에 자전거를 도난당해서 평소보다 산책을 더 많이 다니고 있고, 걷는 것을 정말 즐겨서 걷고 있어요. 저한테는 정말 치료적이에요.

존 칼슨: 걷는다는 건 무슨 뜻인가요?

케 빈: 저는 작은 구시가지에 살고 있어서 문밖을 나서기만 하면 정말 멋지고 오래된 유서 깊은 곳에 있게 돼요. 그래서 한 시간 정도 마을을 걸어 다녀요.

존 칼슨: 마을에는 사람들이 많나요?

케 빈: 네네. 그러니까…… 저는 자연 속에서 산책하는 것도 좋아해요. 두 가지를 모두 하는 것이 제가 정말 좋아하는 일인 것 같아요. 동네 산책도 좀 해야겠어요.

존 칼슨: 다른 취미도 있나요? 음악이 직업이자 취미인가요?

케 빈: 네, 그렇죠. 저는 여가 시간 대부분을 음악과 관련된 일로 보내요. 실제로 저는 남는 시간 대부분을 원음 작업, 녹음, 오래된 녹음 수정, 능숙하지는 않지만 비디오 촬영도 하고요. 그리고 사진 촬영과 노래 가사를 올리는 일이 능숙해져서 유튜브 라이브러리에 제 음악 원음 작업한 것들을 올리고 있어요. 지금은 수입이 발생하지 않기 때문에 취미로 볼 수 있죠.

존 칼슨: 밤에 외출해서 무언가를 할 수 있는 자유 시간이 있다고 하면…… 딸이 외출했고, 주머니에 돈이 짤랑거릴 정도로 있다면 어떻게 하시겠어요?

케 빈: [웃음] 영화를 보러 가거나 저녁을 먹고 산책할 수도 있고요. 도시에서는 그렇게 할 수도 있겠죠. 멋진 극장이나 멋진 레스토랑에도 가고요.

존 칼슨: 이제 영성적인 면에서 살펴보면 영성적인 문제가 얼마나 중요하세요?

케 빈: 매우 중요하죠.

존 칼슨: 조금 더 자세히 설명해 주시겠어요?

케 빈: 네. 몇 번 말씀드렸는데, 온종일 제 마음 상태는 영성적인 것에 기반을 두고 있어요. 저는 제가 무엇을 하고 있는지, 그것이 영성적인 것과 어떤 관련이 있는지 항상 자각하고 있어요. 영성. 너무 두루뭉술하네요. 저는 모든 일에서 영성에 무게를 두고 있어요. 그리고 그것이 앞으로 저나 다른 사람들에게 문제가 될지, 또는 제가 긍정적인 방식으로 사회에 기여하고 있는지 생각하면서 말이죠.

존 칼슨: 많은 질문을 하고 계시네요.

케 빈: 네, 맞아요.

존 칼슨: 공식적인 종교에 소속되어 있나요? 착한 가톨릭 소년으로 자랐다고 말씀하셨잖아요.

케 빈: 아, 전 아니요.

존 칼슨: 그렇게 하는 것이 괜찮은가요, 아니면……?

케 빈: 네, 많은 부분은 그렇죠. 저는 8학년 때까지 가톨릭 학교에 다녔고, 남동생이 3년을 그 학교에 더 다녔는데, 그 이후에 우리는 가톨릭과 더 이상 관련 없이 지냈어요. 아버지가 가톨릭 집안 출신의 독실한 신자였는

데 돌아가셨기 때문인 것 같아요. 어머니도 가톨릭 신자로 자랐지만, 교회에 약간 환멸을 느꼈기 때문에 우리는 교회에서 나와서 매우 세속적인 가족이 되었어요. 그러다가 성인이 되어서 여러 종교를 찾아보았는데, 4년 전쯤에 제 마음에 들어온 종교는 유니테리안 교회였어요. 제가 마음에 들었던 점은 유니테리안 교회가 종교를 유머러스하게 풍자하는 것을 꺼리지 않는 곳인 동시에 매주 예배에 참석하면 전 세계에 있는 다양한 종교로부터 정보를 얻을 수 있는데, 그 접근 방식이 정말 마음에 들었어요.

존 칼슨: 그 교회에 다니세요?

케　빈: 아니요. 다닌 적…… 다닌 적이…….

존 칼슨: 좀 됐군요.

케　빈: 네, 3~4년 정도 됐어요.

존 칼슨: 가족으로 초점을 조금 바꿀게요. 아버지에 대해 말씀해 주셨는데요, 아버지가 당신 힘의 근원이었고, 당신이 아홉 살 때 돌아가셨는데…… 아버지의 직업이 뭐였나요?

케　빈: 식품 중개 업체 영업사원이었어요.

존 칼슨: 아버지가 정신질환이나 약물남용의 병력이 있었는지 알고 계세요?

케　빈: 글쎄요. 70년대에 남성들이 했던 전형적인 행동인데, 아버지는 애연가여서 줄담배를 피우셨죠. 제 생각에 끊임없이 담배를 피우셔서 동맥경화, 심장…… 심장병으로 돌아가셨는데, 아마도 흡연 때문일 거예요. 과거 70년대에 네 명의 자녀를 키우며 도시로 출퇴근하는 스트레스로 가득 찬 삶을 살았고, 금요일 밤에 술을 엄청나게 마셨던 것 같아요. 회사 직원들이랑 외출하곤 했는데, 주중에 술을 마신 기억은 없지만 아버지가 술에 취하면 그것 때문에 어머니가 화를 내셨던 것은 기억나요. 어렸을 때 마약류에 관한 일은 없었던 것 같아요.

존 칼슨: 어머니는 어떠셨나요? 당신이 알고 있는 어머니의 병력이나 어려움이 있나요?

케　빈: 아니요, 두 분 모두 심각한 문제나 진단 같은 걸 받은 적은 없어요. 아버지는 우울증을 좀 겪으셨죠. 아버지가 쓰신 오래된 글을 발견했는데, 꽤 심한 우울증을 앓고 계셨어요. 어머니의 경우에는 일종의 조울증으로 진단받았을 수도 있을 거예요. 어머니는 정말 엄마답고 다정하고 애정이 많으셨지만 과격하기도 하셨는데, 다른 사람의 용어를 빌리자면 조울증일 수도 있었어요. 어머니에게 그 말을 하기도 했는데. 그 용어를 쓴 건 제 현재 상담자였을지도 몰라요. 하지만 아시다시피 어머니는 아들 셋을 키우고 있었어요. 저에게 누나가 있지만, 우리가 누나를 한계까지 밀어붙였을 게 분명해요.

존 칼슨: 새아버지가 당신 삶에 들어온 건 몇 살 때였나요?

케　빈: 제가…… 열 살, 거의 열한 살이었을 거예요.

존 칼슨: 그렇게 빨리요?

케　빈: [안 들림] 1년 반 후.

존 칼슨: 아버지가 돌아가셨을 때 부모님은 혼인 상태이셨나요?

케　빈: 네.

존 칼슨: 네. 새아버지와의 관계는 어땠나요?

케　빈: 처음에 그는 정말 재미있고 괴짜 같은 사람이었어요. 영사기 전문가여서 영화 영사기를 가지고 있었기 때문에 영화 같은 걸 같이 보곤 했죠. 어떤 면에서는 유치하기도 했어요. 제가 열세네 살쯤에 제 형에게 일어난 일을 보고 새아빠와 충돌하기 시작했어요. 그리고 그 충돌 시기에 생긴 어떤 분위기는 계속 사라지지 않았어요. 몇 년이 지난 후에도 가족 모임이 있을 때마다 그 분위기가 밑바닥에 깔려 있었죠. 딸이 열세 살인가 열네 살 무렵부터 같은 일이 일어나기 시작했고, 부딪히기 시작했어요.

존 칼슨: 그렇군요. 지금은 새아버지와의 관계가 꽤 좋은 것 같던데요?

케　빈: 네, 제 말은…… 새아버지가 좀 부드러워지신 것 같아요. 나이가 드시면서 대립할 일이 줄어든 거랑 추가로 플로리다로 이사를 가셔서 더 이상 만나지 못했죠.

존 칼슨: 네. 그리고 네 명의 아이가 있다고 하셨죠. 누가 맏이였나요?

케　빈: 제 누나가 맏이였어요.

존 칼슨: 누나는 당신보다 몇 살 위였나요?

케 빈: 저보다 8살이요.

존 칼슨: 좋아요, 다음은 누구였나요?

케 빈: 다음은 존 형이었어요. 형은 저보다 3살 많았어요.

존 칼슨: 좋아요. 그다음은요?

케 빈: 그리고 저였어요.

존 칼슨: 마흔세 살. 그리고 남동생은요?

케 빈: 저보다 세 살 어려요.

존 칼슨: 세 살 어리다……. 누나는 어떤가요?

케 빈: 재미있어요. 네. 누나가 이걸 절대 보지 않았으면 좋겠지만 누나는 저를 꽤 짜증나게 해요. [웃음] 제가 여기서 말하는 모든 것을 공개할 수 있다는 서류에 서명했어요. 그녀는……. 사실 저뿐만 아니라 제 형제들도 마찬가지예요. 우리는 정치적으로나 종교적으로 서로 관심사와 견해가 달라요. 누나는 플로리다에 살아요. 지금은 부모님과 함께 지내죠. 정치나 종교 얘기 같은 것을 하지 않는다면 저는 누나를 정말 사랑해요.

존 칼슨: 어떤 점을?

케 빈: 많은 사람에 대해서 그런 말을 하지는 않는데, 저는 누나를 많이 사랑해요.

존 칼슨: 누나를 사랑하기는 하지만 정치적으로나 종교적으로는 누나와는 많이 다르다는 말이죠.

케 빈: 네, 맞아요.

존 칼슨: 누나는 결혼하셨나요?

케 빈: 네, 결혼했어요.

존 칼슨: 한 번?

케 빈: 지금이 세 번째 남편이에요.

존 칼슨: 네, 세 번째 남편. 그럼 형 존은 어때요? 어떻게 지내나요?

케 빈: 존은……. 이 질문을 하신 게 흥미롭네요. 저와 제 형제는 모두 셋인데, 각자 아버지의 다른 면을 닮았다고 제가 자주 말하거든요. 우리는 각자 아버지의 아주 다른 면을 가지고 있어요. 제 형은 담배를 피우고 술을 마

시고요, 오전 9시부터 오후 5시까지 쭈욱 일해요. 형은 업무에 탁월하지만, 주말엔 외출해서 스트레스를 풀어요. 하지만 결혼도 안 했고 아이도 없으니, 아버지와는 상황이 조금 다르죠. 형은 그렇고요.

존 칼슨: 당신은 어떤 면을 물려받았나요?

케　빈: 저는 창의적인 면, 괴상한 면, 감성적인 면을 받았어요.

존 칼슨: 그렇다면 어떻게…….

케　빈: 아버지의 좋은 면.

[웃음]

존 칼슨: 고등학교 동창회에 다시 간다면 고등학교 시절의 당신은 어떻게 알려져 있나요? '어이, 케빈이 왔어.'라고 말해 봅시다.

케　빈: 오해예요. 저는 대체로 조용한 편이었어요. 저는 공부를 잘해서 성적이 정말 좋았어요. 저는 제 할 일을 했죠. 1학년 때는 아니었죠. 1학년 때는 형이 4학년이어서 형의 차를 타고 등교하곤 했는데, 거기서 영향을 받아 살짝 불안정했지만 그건 첫 해 때이고요. 2학년 때 회복해서 그 시점부터는 쭉 성적이 좋았죠. 저는 다시 초등학교 시절의 공부 벌레로 돌아갔어요. 하지만 음악가로서 긴 머리를 하고 있었기 때문에 사람들은 저를 신기하게 보았을 거예요.

존 칼슨: 동생은 어때요?

케　빈: 동생은 운동선수였어요. 가장 큰…….

존 칼슨: 그게 아버지와 닮은 면인가요?

케　빈: 네, 동생이 제일 커요. 일종의 마초이죠. 레슬링 선수도 했는데 때리는 마초 같은 건 아니에요. 굉장히 내성적이고 유머 감각도 뛰어나죠……. 일종의…….

존 칼슨: 동생의 연애사는 어떻게 되나요? 결혼했나요? 그는…….

케　빈: 아…… 형이 1년 정도 결혼 생활을 했어요.

존 칼슨: 그렇군요.

케　빈: 그 이후로 결혼을 하지 않았고요. 남동생은 결혼한 적이 없어서 지금은 우리 모두 독신이에요. 형의 결혼은 별로 중요하지 않아요.

존 칼슨: 그리고 누나는…….

케 빈: 누나는 우리 모두를 대신하기에 충분할 정도로 결혼했어요.

존 칼슨: 모두에게요. 네, 알겠어요.

케 빈: 지금 세 번째이고요. 결혼한 남자와 정말 행복해 보여요.

존 칼슨: 탐구적인 분이니까 가설을 세우거나 추측해 보실 수 있으세요? 아버지가 아이가 넷을 두고도 장기적으로 성공적인 결혼 생활을 하지 못하신 이유에 대해서요.

케 빈: 좋아요.

존 칼슨: 그냥 어떤 추측이든지요.

케 빈: 네, 물론이죠. 저도 이런 생각을 많이 해 봤어요. 우선 어머니는 아버지와 19년 동안 결혼 생활을 하셨어요. 저는 어머니가 아버지에게 100% 충실했다고 장담해요. 그리고 1년 반 후에 재혼을 하셨고, 33년 동안 완전히 충실하게 결혼 생활을 하셨어요. 어머니는 잘못한 게 없어요. 결혼에 있어선 훌륭한 모범이셨죠. 아버지도 아무 문제도 없었어요. 하지만 어머니의 가족과 아버지의 가족은 엉망이었어요. 완전히 난장판이었죠. 외할머니는 네 명의 다른 남자 사이에서 여섯 명의 자녀를 두셨던 것 같아요.

존 칼슨: 음, 네.

케 빈: 친할아버지는 아버지가 아기였을 때 다섯 식구를 남겨두고 불경기에 집을 나가서 집안이 엉망이 되었죠. [웃음] 한 세대를 건너뛴 것인지, 아니면 제 생각에 누나와 동생 사이에는 서로 다른 두 가지 이유가 있는 것 같아요. 그리고 제 누나는 이해하기가 어려워요. 저는 남자 형제들을 이해하는 게 더 쉬워요. 우리는 꽤 보호받고 자란 것 같아요. 우리 주변에는 거대한 보호막이 둘러 쌓여 있어요. 그건 분명 엄마와 관계가 있는 것 같아요. 제가 이 얘기를 해 볼까요? 이건…….

존 칼슨: 아니요, 그럴 필요는 없을 것 같아요.

케 빈: 제가 너무 자세히 말할 때는 저를 말려 주세요.

존 칼슨: 네. 그런데 좀 흥미로운 게 있는데요. 자신이 잘 보호받고 자랐다고 생각하는데, 지금 우리가 여기서 이야기하고 있네요. 당신이 거짓을 말하는

것 같지는 않아요. 그게 저에게는 좀 의문스러운 부분입니다.

케　빈: 네, 전 제 자신을 하루 종일 표현할 수 있어요. 나가는 길에 당신이 저를 안아 주고 싶다고 하면 저도 당신을 안아 줄게요. 하지만 뱀파이어를 안는 기분일 것 같아요.

존 칼슨: 네, 그래요. 가까워진다는 것은 쉬운 일이 아니죠.

케　빈: 요즘은요.

존 칼슨: 어머니가 당신을 임신했을 때 합병증 같은 것을 앓은 적이 있으신지 알고 있는 게 있나요?

케　빈: 오, 많으셨대요. 침대에 누워 계셨다고 해요.

존 칼슨: 오.

케　빈: 네. 제가 살 수 있을지, 아니면 그녀가 살 수 있을지 염려했던 것 같아요.

존 칼슨: 오, 아이고. 어렸을 때 어머니가 기복이 심했다고 말씀하셨던 것을 기억하세요? 음식, 주거, 의복 등 모든 필요가 충족되었나요?

케　빈: 네, 물론이죠.

존 칼슨: 그런 부분에서는 아무런 문제가 없었네요. 신체적·언어적·성적·정서적 학대를 당한 적이 있나요?

케　빈: 아버지가 돌아가시기 전까지는 엉덩이를 맞는 것이 훈육법이었어요. 그 이후에는 기억이 나지 않아요. 그리고 어떤 심한 체벌도 기억나지 않아요. 제가 아마 너무 당황했던 것 같아요……. 사실 제가 어렸을 때 많은 일에 당황했기 때문에……. 그건 완전히 새로운 일이에요. 네, 제가 너무 겁을 많이 먹어서……. 있잖아요, 그 사람들이 저를 그렇게 세게 때리지는 않았을 거예요. 전 아마…….

존 칼슨: 그런데도 학교에서는 조용했나요?

케　빈: 네, 네.

존 칼슨: 네. 술이나 약물을 사용한 경험이 있나요?

케　빈: 네, 네. 참고로 저는 카페인을 포함해서 모든 약물을 끊은 지 1년이 되었어요.

존 칼슨: 네.

케　빈: 실제론 13개월인데, 정말 자랑스러워요. 정말 대단한 일이죠. 저도 어렸을 때부터 계속 심지어 몇 년 전까지만 해도 술을 마셨어요.

존 칼슨: 매일, 매주, 시간당 마시는 양은 어떻게 되나요?

케　빈: 아마 일주일에 5일이요.

존 칼슨: 주 5일.

케　빈: 네, 주로 저녁에요. 몇몇 예외를 제외하고는 낮에 술을 마시지는 않았어요.

존 칼슨: 어떤 종류의 술을 마시나요?

케　빈: 보통 저는 맥주를 즐겨요. 나이가 들수록 미적인 취향에 더 가까워졌어요. 좋은 맥주를 마시고 그 맛을 즐기는 거죠.

존 칼슨: 그럼에도 불구하고 어떤 이유에서 어느 순간에 그걸 멈추기로 결심했어요?

케　빈: 네, 무슨 일이 있었느냐 하면요. 2년 전부터 바에서 공연을 많이 하기 시작했는데, 바에서 공연을 하면 보통 공짜로 음료를 주거든요. 매번 그런 것은 아니지만 보통은 공짜로 제공돼요. 그러다 보니 제가 술을 이전보다 더 많이 마시고 있더라고요.

존 칼슨: 아, 그렇군요.

케　빈: 딱히 중독 문제라기보다는 속이 좋지 않아서 그랬던 것 같아요.

존 칼슨: 다른 약물을 한 적이 있나요?

케　빈: 마리화나를 꽤 자주 피웠죠. 사실 계속 한 건 그것 두 가지뿐이었어요.

존 칼슨: 마리화나를 피운 기간은 얼마나 되죠?

케　빈: 제가 처음 그걸 피운 것은 12세 때였는데, 완전히 친구들 때문이었어요. 실제로 처음 피운 날 밤에 꽤 강렬해서 다시 피웠는데, 정말 겁이 날 정도로 정신이 혼미해졌어요. [웃음] 정말 무서웠어요. 흥미로운 점은 나중에 20대에 다시 그 상태로 돌아가려고 노력했는데, 생각해 보면 좀 이상했어요.

존 칼슨: 그땐 꽤 열심히 노력했나요?

케　빈: 그게 무슨 뜻인가요?

존 칼슨: 당시에는 그 상태를 다시 느끼려고 많이 피우셨나요?

케　빈: 그걸 피울 때는 그랬죠. 저는 마리화나를 많이 피우는 것을 좋아하진 않아요. 아침에 일어나서 하루 종일 마리화나를 피우는 친구들이 있었는데, 저는 그냥 한두 대 피우면서 기분을 전환하는 정도였죠.

존 칼슨: 약이나 주사를 해 본 적이 있나요?

케　빈: 아니요, 어떤 것도 맞지 않았어요.

존 칼슨: 흡입제는요?

케　빈: 저는 20대에 캘리포니아에 살면서 코카인과 필로폰을 두세 번 시도한 적이 있어요. 세 번인지는 모르겠지만 그런 것들은 저에게 아무런 도움이 되지 않았어요.

존 칼슨: 어떤 강박 행동들…… 도박을 하시나요, 아니면…….

케　빈: 아니요, 도박을 한 적은 없어요.

존 칼슨: 네.

케　빈: 여기저기서 축구 베팅 게임을 두어 번 해 봤는데, 저한테는 무섭기까지 하더라고요. "오, 이런, 여기에 2달러를 걸어야 하다니."라는 식이죠.

존 칼슨: 네, 네. 가장 많이 했던 기간은……. 그리고 언제부터였나요?

케　빈: 두 번, 두 번 정도를 짚고 싶어요. 한 번은 스물다섯 살인가 스물여섯 살 무렵이 한 번이고요. 몇 년 전부터 다시 꽤 정기적으로 하기 시작했어요.

존 칼슨: 몇 년 전이라는 건 언제부터였나요?

케　빈: 2008년과 2009년이니까 마흔한 살, 마흔두 살쯤 되겠죠.

존 칼슨: 그러다 멈추셨군요.

케　빈: 네.

존 칼슨: 어떻게 그렇게 하셨는지 기억하시나요? 어떤 계기로요?

케　빈: 네, 무슨 일이었냐 하면 제가 감기에 걸렸어요. 보통 감기에 걸리면 대마초를 피우는 걸 끊곤 했는데, 그렇게 하지 않으면 목이 완전히 망가지기 때문이죠. 그런데 자세히 말하긴 그렇지만 목소리가 안 나오고 목이 부어올랐어요. 치료하려고 항생제를 먹고 그 때문에 대마초와 술을 끊었어요. 와, 오랫동안 끊어 보고 싶었는데, 그렇게 시도할 기회가 생겨서 다시는 시작하고 싶지 않고 카페인도 끊기로 결심했어요. 커피는 저에게 마약과 같아서 예전에도 잘 마시지 않았어요. 커피를 마시면 저한테 장기적으로 미치는 영향이 정말 해롭기 때문에 평소에는 차를 마셨는데 그것도 끊었어요. 그래서 그게…… 끊을 수 있는 기회가 됐던 거죠.

존 칼슨: 제가 질문을 많이 했어요. 제가 알아야 할 것 중에 질문하지 않은 것이 있나요?

케 빈: 제 생각에는 없어요.

[웃음]

존 칼슨: 네.

케 빈: 많은 것에 관해 이야기를 나눴어요.

존 칼슨: 이제 당신과 딸에 대해서요. 지금 딸은 잘 지내고 있나요? 갈등이 있던 시기가 있었다고 말씀하셨죠.

케 빈: 네, 열네다섯 살 때 힘든 시기를 거치면서 상황이 아주 좋아졌어요.

존 칼슨: 네, 그런데 이제 괜찮아요?

케 빈: 네, 대체로요. 현재 약을 복용하고 있는데, 그 덕분에 꽤 안정되었어요. 가족 상담을 많이 받았는데, 그것도 도움이 되었어요. 어젯밤에 말다툼을 조금 했어요. 아직 그 문제에 관해서 이야기를 못 하고 있는데, 그 점이 계속 생각이 나네요. 잘 해결할 거예요. 제가 딸에게 소리를 질러서 기분이 좀 안 좋은데, 좀 더 이야기를 나눠 봐야 할 것 같아요.

존 칼슨: 네, 감사합니다.

케 빈: 천만에요.

존 칼슨: 솔직하게 나누어 주셔서 감사합니다.

케 빈: 물론이죠.

[웃음]

부록 B 내담자 접수면접 축어록: 여성 내담자 치치

존 칼슨: 몇 가지 질문을 할게요. 치치, 먼저 치치가…… 이름이 맞나요? 그게……?

치 치: 별명이에요.

존 칼슨: 그러면 공식적인 진짜 이름은 어떻게 되나요?

치 치: 카멜이요.

존 칼슨: 카멜, 알았어요. 카멜은 특정 민족과 관련된 이름인가요?

치 치: 이탈리아와 관련돼요. 이탈리아인인 제 할머니 중 한 분인 카멜라의 이름을 따서 지었어요.

존 칼슨: 좋아요, 이탈리아인이시군요. 와, 알겠어요. 나이와 생년월일은 어떻게 되세요?

치 치: 저는 마흔일곱 살, 10월입니다.

존 칼슨: 10월.

치 치: 62년생이고요.

존 칼슨: 62년생, 알겠어요. 그럼 이탈리아어를 할 줄 아세요?

치 치: 네, 할 수 있지요.

존 칼슨: 그렇군요.

치 치: 어렸을 때 그곳에서 살았어요. 10대 때 그곳에 살았기 때문에 지금은 많

이 잊어 버렸지만, 한때는 이탈리아어를 유창하게 말했죠.

존 칼슨: 네. 이제 곧 세 명의 상담자와 이야기를 나눌 텐데요. 현재 어떤 고민이 있으신가요? 무엇을 알고 싶고, 무엇을 해결하고 싶으신가요?

치 치: 제 삶의 여러 영역에 계속 영향을 미친다고 생각하는 가장 중요한 것…… 그것에 대해 설명할 수 있는 가장 좋은 방법을 생각하려고 지금 노력하고 있는데요. 음, 전 집중력을 유지하지 못하는 게 문제인 것 같아요. 그리고 저는 직접 내가…… 그러니까 자기 주도적으로 일을 처리하지 못하는 것 같아요. 저는 항상 큰 계획, 하고 싶은 일, 즐겁게 할 수 있는 일, 여러 가지 면에서 제 삶을 개선할 수 있을 것 같은 일 등을 생각해내지만, 결코 그것을 실행에 옮기지는 못해요. 그건 제가 능력이 없어서라든지, 그 계획들이 말도 안 되는 헛된 꿈이라서 그런 게 아니에요. 그냥 이유는 잘 모르겠지만, 저는 아무것도 실행에 옮기지 못해요. 그래서 저는 스스로 자책하곤 합니다.

존 칼슨: 그러니깐 당신은 아이디어가 많고, 그것은 현실적인 아이디어라는 뜻이군요.

치 치: 현실적이죠.

존 칼슨: 하지만 어떤 이유에서인지 그 계획을 실행에 옮길 수는 없다는 거죠.

치 치: 네, 저는 아무것도 제대로 이루지 못하고 있어요. 그리고 말씀드린 것처럼 이 문제가 사소한 것부터 중요한 것까지 제 삶의 모든 부분에 영향을 미치고 있어요. 제 직업에도요. 제…… 그냥 흘러가는 삶, 그냥 시간을 때우는 삶이 아니라 제 삶을 어느 정도 통제할 수 있다는 전반적인 감각을 갖는 것, 그게 제 문제의 중요한 부분인 것 같아요. 이게 정말 문제예요.

존 칼슨: 상담에서 이 부분에 성과가 있다면 상황이 어떻게 달라질까요?

치 치: 그냥 시간이 흘러가는 게 아니라 제가 정말 하고 싶은 일, 저를 정말 행복하게 하는 것에 시간을 사용한다는 느낌이 들 것 같아요.

존 칼슨: 그렇게 할 수 있다면 행복할까요?

치 치: 네, 더 행복할 것 같아요.

존 칼슨: 더 행복하다……. 좋아요. 자, 그럼 당신이 잘하는 것은 무엇인가요?

치 치: 저는 글을 잘 쓰고, 연기도 잘하고, 사람들과 대화도 잘하고, 사람들의 말도 잘 들어줘요. 아마도, 음…….

존 칼슨: 그렇다면 당신의 강점을 어떻게 적용하고 있나요? 즉, 인생에서 어떤 경험을 했고, 거기에서 배운 것은 무엇일까요?

치 치: 그러니까…… 선생님 말씀은…….

존 칼슨: 음…… 인생에서 직면해야 했던 장애물은 없었나요?

치 치: 네, 대부분의 사람이 겪는 일들일 텐데요. 저는 가족을 상실하는 경험을 했어요. 제 아버지가 10년 전에 돌아가셨어요. 아마 그게 제가 겪어야 했던 가장 힘든 일이었을 거예요. 실직도 경험했어요. 한동안은 여러 가지 일이 한꺼번에 일어나서 결국 제 삶의 상황이 나빠져서 바닥부터 다시 기어 올라가야 할 것만 같았어요.

존 칼슨: 그런 상황에 처했을 때 당신이 의지하는 힘의 원천은 무엇인가요?

치 치: 제가 뭘 했냐고요? 저는 운이 좋게도 지금도 사귀고 있는 남자친구와 매우 지지적인 관계를 유지하고 있어요. 저희는 10년을 함께했어요. 그리고 그 관계가 큰 도움이 됐어요. 안타깝게도 가족에게 도움을 받았다고 말하기는 어렵네요. 가족은 어떤 면에서는 도움을 주지만, 특정 면에서는 도움이 되지 않아요. 그래서 가족에게 많이 의지한다고는 말할 수 없습니다. 그리고 제 친구들…….

존 칼슨: 현재의 어려운 부분에 대해서는 누가 도와주나요?

치 치: 저는 지금은 실제 어려움이, 큰 어려움은 진짜 없는 것 같고, 아마 그래도 친구들이라고 말씀드리고 싶네요. 제 일이나 경력, 개인적인 문제와 관련이 없는 삶의 영역에서는 가족으로부터 정서적 지원을 받기도 해요. 그래서…….

존 칼슨: 좋아요. 잠시 주제를 바꿔서 질문을 드릴게요. 이전에 상담을 받아 본 적이 있나요?

치 치: 몇 년 전에요. 네, 맞아요. 그리고…….

존 칼슨: 언제쯤 상담을 받았나요?

치 치: 오, 어디 보자. 15년 전쯤인 것 같네요.

존 칼슨: 그럼 30대 초반?

치 치: 네. 저는 그때 저에게 매우 중요한 관계를 막 끝냈기 때문에 이를 대처하는 데 도움이 필요했어요. 당시에는 분노조절장애도 있었어요. 그래서 그것에 대한 도움도 필요했어요. 그때 상담이 도움이 된 것 같아요.

존 칼슨: 그때 정신과 치료나 약물치료도 했나요?

치 치: 아니요. 약물치료는 안 했어요.

존 칼슨: 당시 병원에서 진단을 받았나요?

치 치: 아니요. [웃음] 저는 몰랐고, 실제 진단을 받지도 않았어요. 당시 제가 겪었던 많은 문제가 대인관계와 관련되어 있었기 때문에 상담자가 집단상담이 도움이 될 것이라고 제안했어요. 그래서 집단상담도 받았지요.

존 칼슨: 분노 관리 문제가 있다고 말씀하셨는데, 그 분노가 자신을 향해 표출되어 자신을 다치게도 했나요?

치 치: 저는 자살을 시도하거나 자해를 한 적은 없어요. 사실, 제 상담자는 지금까지 만난 사람 중 제가 자살할 가능성이 가장 낮은 사람이라고 말했어요. 그는 제가 우울감 같은 감정을 대처할 수 있는 좋은 자원들을 가지고 있다고 했지요. [웃음] 저는 좀 더 미묘한 방식으로 스스로 다치게 하는 것 같아요.

존 칼슨: 이제 분노의 화살이 다른 사람에게 향하고 있나요?

치 치: 네. 근데……, 네. [웃음] 네.

존 칼슨: 정확히 어떻게 다른 사람에게 향했나요? 물리적인 건가요? 그것이?

치 치: 아니요, 신체적으로 향하진 않았어요. 항상 말로 하는 것이죠. 하지만 상대방에게도, 저에게도 매우 파괴적일 수 있는 것 같아요. 물론 저에게는 그렇게 파괴적이지 않았으니까 그런 행동을 했겠죠. 하지만 저는 그런 상황을 꽤 잘 극복해 왔다고 생각해요. 이젠 더 이상 그다지 큰 문제가 아니라고 생각해요. 치료가 정말 많은 도움이 된 것 같아요.

존 칼슨: 치료 과정에서 어떤 것이 도움이 되었고, 어떤 것이 도움이 안 되었나요?

치 치: 가장 큰 도움이 된 것은 실제 해야 할 일에 대한 방향성을 제시해 준 것이 큰 도움이 된 것 같아요.

존 칼슨: 무엇이 도움이 되지 않았나요?

치 치: 생각해 볼게요. [침묵]

치 치: 개인적으로 너무 깊은 감정에 관해 이야기하는 것은 많이 도움이 되지 않았던 것 같아요. 왜냐하면 얘기하다가 너무 화가 나서 더 이상 진행할 수 없었기 때문이에요. 그래서…….

존 칼슨: 자, 이제 신체 건강 측면입니다. 혹시 건강에 문제가 있나요?

치 치: 아니요, 전 항상 그 부분에는 운이 좋았어요.

존 칼슨: 마지막 건강 검진은 언제였나요?

치 치: 1년 전이었고, 아무 문제가 없었어요. 안타깝게도 담배를 끊었다가 다시 했다 했는데, 현재는 담배를 피우지 않고 있지만 바뀔 수도 있어요. 그게 건강에서는 큰 문제이지만, 다른 건 괜찮아요.

존 칼슨: 그건 스스로 자초한 부분이네요.

치 치: [웃음] 네, 네. 맞아요.

존 칼슨: 과거에 앓았던 질병이나 심각한 질병이 있는지요? 또는 수술을 받으신 적이 있나요?

치 치: 아니요, 병원에 가 본 적도 없고, 심각한 질병에 걸린 적도 없고, 저는 운이 정말 좋았어요.

존 칼슨: 교통사고나 머리 부상도 없으셨나요?

치 치: 3년 전쯤에 교통사고를 당했는데, 꽤 큰 사고였어요. 심하게 다치지는 않았고, 갈비뼈만 부러졌을 뿐이었어요. 하지만 차가 완전히 파손되어서 정말 무서웠어요. 정말 무서웠지요. 하지만…….

존 칼슨: 머리 부상은 없었나요?

치 치: 없었어요.

존 칼슨: 알겠습니다. 현재 복용 중인 약이 있나요?

치 치: 아니요.

존 칼슨: 과거에 약을 복용한 적이 있는지, 기억나는 게 있나요?

치 치: 아니요, 없어요.

존 칼슨: 법적인 기록은 어떤가요? 법적인 문제에 연루된 적이 있나요?

치　치: 법으로요?

존 칼슨: 법이요? 네. [웃음]

치　치: 면허 정지 상태에서 운전을 하다가 체포된 적이 있어요. 하지만 그건…….

존 칼슨: 그 문제로 수감된 건 아니었겠지요?

치　치: 네?

존 칼슨: 그건 구속되지 않고 처리된 사안이지요?

치　치: 감옥에 갔지만 겨우 몇 시간 동안이었어요.

존 칼슨: 음주 운전 위반을 하신 적이 있나요?

치　치: 아니요.

존 칼슨: 이번 사건 외에 다른 체포 사례는 없나요?

치　치: 없어요.

존 칼슨: 그럼 당신의 성격 때문에 문제가 된 적은 없는 거죠?

치　치: 없어요

존 칼슨: 좋아요. 이번에는 재정적인 측면이에요. 1부터 10까지의 척도를 사용할 때 재정적으로 완전히 불편하다는 1이라고 하고, 완전히 안전하다를 10으로 했을 때 자신은 어디에 속하시겠습니까?

치　치: 아마 6점 정도요.

존 칼슨: 네.

치　치: 그런 것 같아요. 그래요.

존 칼슨: 나쁘기보다 좀 더 좋은 쪽이라는 거지요?

치　치: 네, 하지만 그 부분도 개선의 여지가 있다고 생각합니다. 제 생각에는 이건 충동적으로 돈을 쓰는가에 대한 문제는 아니고, 돈을 어떻게 더 잘 계획해서 쓸지와 관련된 문제로, 처음 말씀드렸던 고민으로 돌아가는 것 같아요. 그래서 이 부분도 개선할 수 있는 또 다른 부분이라고 생각해요.

존 칼슨: 현재 일을 하고 계신 중이시지요?

치　치: 네.

존 칼슨: 이 회사에서 근무한 지는 얼마나 되셨나요?

치　치: 잠깐만요, 거의 7년, 8년 정도요.

존 칼슨: 이것이 주요 수입원이죠? 다른 수입원도 있나요?

치 치: 주말에는 바텐더로 아르바이트를 하고 있습니다.

존 칼슨: 좋아요. 이젠 또 다른 질문을 계속해 보겠습니다. 학력은 어떻습니까, 학교에 대해 말씀해 주시겠어요?

치 치: 대학 말씀이세요?

존 칼슨: 최종 학력이 어떻게 되나요?

치 치: 대학은 다녔지만 졸업하진 못했습니다.

존 칼슨: 몇 학년까지 다녔나요?

치 치: 3학년까지 다녔는데, 거의 다 왔었죠. 거의 다 왔었죠.

존 칼슨: 학교에서는 어떤 학생이었어요?

치 치: 전혀 좋은 학생이 아니었어요. 끔찍한 학생이었죠. 끔찍한 학생.

존 칼슨: 초등학교 때요? 중고등학교 때인가요?

치 치: 제 기억으로는 초등학교 때는 괜찮았던 것 같아요. 성적도 좋고 잘했던 기억이 나요. 중고등학교에서는 아니었어요.

존 칼슨: 끔찍한 학생이란 어떤 의미인가요?

치 치: 저는 공부한 적도 없고, 수업도 빠졌어요. 그래도 제가 잘하는 것도 있고, 공부를 많이 하지 않아도 좋은 성적을 받을 만큼 똑똑한 편이었어요.

존 칼슨: 그러면 학교에서 당신에게 어떤 과목이 쉬웠나요?

치 치: 글쓰기, 미술, 역사, 그런 종류의 수업이죠.

존 칼슨: 어려운 것은 어떤 거였나요?

치 치: 수학. 아, 그건 그만 넘어가죠. [웃음] 수학, 과학 이런 거였어요.

존 칼슨: 특수교육 프로그램을 들어야 했던 적이 있나요?

치 치: 아니요.

존 칼슨: 비협조적인 태도 때문이라든가…….

치 치: 아뇨, 아뇨.

존 칼슨: 알겠습니다.

치 치: 제가 알기로 그런 얘기가 나온 적은 없는 것 같아요.

존 칼슨: 현재 사회적으로 도움을 받을 수 있는 친구들이 있나요?

치　치: 네, 정말 친한 친구라고 생각하는 친구 몇 명과 또 그냥 어느 정도 친한 사람들도 있어요. 친구라는 말은 정말 친한 사람을 의미한다고 생각하기 때문에 친구라고 말하진 않았어요. 친한 지인이라고 표현하는 게 맞을 것 같네요.

존 칼슨: 10년 정도 사귄 남자친구가 있다고 말씀하셨죠? 그 관계는 어떤가요?

치　치: 군인은 아니지만 해군에서 계약직으로 일하고 있는데, 그 사실을 제외하면 잘 지내고 있습니다. 그는 현재 해외에서 근무하고 있어요. 그래서 우리는 서로를 자주 볼 수 없어요. 그리고 그는 1년 반 동안 그곳에 있었고, 아마도 또 1년 더 있을 것 같아요. 그래서 그게 조금 힘들지만…….

존 칼슨: 얼마나 자주 만나시나요?

치　치: 1년에 세 번 정도요.

존 칼슨: 남자친구 분의 성함이 뭐죠?

치　치: 마이크(Mike)예요.

존 칼슨: 마이크.

치　치: 마이클(Michael)이라고 하는 걸 싫어해요.

존 칼슨: 다른 사람과도 데이트를 하나요?

치　치: 아니요.

치　치: 그는? 모르겠어요. [웃음] 제가 알기론 없어요.

존 칼슨: 성적 취향은 어떻게 되시나요?

치　치: 이성애자(straight)예요.

존 칼슨: 이성애자(straight), 이성애자(heterosexual)란 말이죠.

치　치: 네, 이성애자(heterosexual)요.

존 칼슨: 사회적 관계에서 자신을 설명해야 한다면 당신은 스스로 어떤 사람이라고 생각하시나요? 더 외향적인 사람일까요, 아니면 내향적인 사람일까요?

치　치: 더 외향적이고…… 네, 좀 더 외향적입니다.

존 칼슨: 스스로 사람들과 좀 더 많이 교류하는 사람이라고 생각하시나요?

치　치: 네.

존 칼슨: 다소 다정한 편인지, 리더십이 있는 편인지, 아니면 사람들을 잘 따라 주는

편인지요?

치　치: 저는 스스로 리더라고 생각하지 않습니다. 그보다는 좀 더 친구들이 행복해지기를 바라는 마음이 큰 편이죠. 저는 친구들이 힘든 하루를 보내고 있을 때 말 상대가 되어 주고 싶고, 문제가 있을 때 도와주고 싶은 사람에 가까워요. 그런 것 같아요.

존 칼슨: 현재 누구와 살고 있나요?

치　치: 저랑 제 고양이가 같이 살아요. 하지만 저는 미친 고양이 아줌마(cat lady)는 아니에요.

존 칼슨: 그게 정확히 무슨 뜻인가요? [웃음]

치　치: 아니, 사회생활도 없이 고양이만 키우며 혼자 사는 여성에 대한 편견이 있잖아요. 전 그런 건 아니에요. 고양이를 키우기는 하지만…….

존 칼슨: 몇 마리나 키우나요?

치　치: 현재 5마리가 있어요.

존 칼슨: 그 정도이면 많이 키우는 건가요?

치　치: 정말 많죠. 네, 많아요. 그렇게 많이 키울 계획은 없었어요. 세 마리를 키우고 있었는데, 나머지 두 마리는 길 잃은 애들을 데려온 거예요. 그래서…….

존 칼슨: 좋아요. 지금 마이크와 10년째 사귀고 있다고 말씀하셨고, 상담받을 때 끝난 다른 관계가 있었다고 말씀해 주셨어요. 이제까지의 연애사를 조금 이야기해 줄 수 있나요? 지금까지 당신이 맺어 온 관계들에 대해 간략하게 설명해 주실 수 있나요? 그러니까 몇 살에 연애를 시작하셨나요?

치　치: 아, 고등학교 때였을 거예요. 아마.

존 칼슨: 당신은 몇 살 때 첫…….

치　치: 성적인 경험이요?

존 칼슨: 네, 대답해 주실 수 있다면요.

치　치: 첫 남자친구였고, 열일곱 살이었어요.

존 칼슨: 열일곱 살이요.

치　치: 열일곱 살이었고, 고등학교 때였으니 첫 남자친구라고 할 수 있을 것 같아요.

존 칼슨: 그 관계는 얼마나 오래 지속되었나요?

치 치: 2년이요. 우리는…… 우리 가족이 해외에 살고 있어서…… 우리는 결국 각자 다른 지역으로 헤어지게 되었어요. 그리고 대학 때 함께 살던 남자 친구가 있었고, 몇 년간 사귀었죠. 그런데 그 관계는 사실 제가 다른 사람을 만나면서 끝나게 되었어요. 그래서 그렇게 끝났어요. 그리고 아시다시피…….

존 칼슨: 당신이 다른 사람을 만났을 때, 그 만남은 오래 지속되었나요?

치 치: 그는 다른 주에 살았고, 그는 캘리포니아에 살았어요. 그 때문에 결국 우리는 헤어지고, 친구로 남았지요. 결국…….

존 칼슨: 지리적인 이유로 어려움이 있는 관계?

치 치: 네, 맞아요. 그리고 제가 너무 어렸기 때문에 만약 제가 더 나이가 많았더라면…… 지금 그런 상황이라면…… 돌이켜 보면 다르게 대처했을 거로 생각하지만, 어쨌든 그때는 그랬던 것 같아요. [침묵] [웃음]

치 치: 저는 연애를 많이 했어요. 그리고 많은……. 뭐라고 해야 할까요? 장기적으로 사귀는 관계와 관계 사이에 짧게 사귄 관계도 많았어요. 그래서…….

존 칼슨: 그 당시 자신을 문란하다고 표현하고 싶은 건가요?

치 치: 네.

존 칼슨: 가장 오래 사귀었던 관계는 어떤 관계였나요?

치 치: 그건, 지금 사귀는 것 이전을 말하는 걸까요? 아니면?

존 칼슨: 글쎄요, 아마도 가장 긴 시간인 거겠죠.

치 치: 네.

존 칼슨: 그런 관계가 있었나요?

치 치: 음. 네. 제가 상담을 받으러 갔을 때 끝났던 관계요. 그런데 그에 대해서는 말할 수 없어서 죄송합니다. 그 기간이 [목을 가다듬으며] 가장 긴 연애였을 거예요.

존 칼슨: 얼마나 사귀었나요?

치 치: 6년이요.

존 칼슨: 그건 꽤나…….

치　치: 미안하지만 안 되겠어요.

존 칼슨: 휴지를 찾고 계시는데, 여기 어딘가에 있을 것 같은데…… 여기요.

치　치: 그거면 될 것 같네요, 고마워요.

존 칼슨: 여기선 이렇게 즉석에서 대처해야 하네요.

치　치: 고마워요. [침묵]

치　치: 아직도 그 얘기는 못하겠어요.

존 칼슨: 아직도 생생하네요.

치　치: 몇 년이 지나서도 이러면 안 될 것 같은데…….

존 칼슨: 네. 알겠어요. 자, 그럼, 혹시 자녀가 있나요?

치　치: 아니요.

존 칼슨: 아니요?

치　치: 네, 자녀는 없어요.

존 칼슨: 그거에 대해서는 어떻게 느끼시나요?

치　치: 오, 전 괜찮아요. 사실 전 아이를 원하지 않아요.

존 칼슨: 네, 그럼 괜찮은 거네요?

치　치: 괜찮아요. 사실 제 관계에서 그게 문제가 된 적은 한 번도 없었습니다.

존 칼슨: 자, 이번에는, 만일 제가 취미에 대해 질문한다면 그 범주에 어떤 것을 넣으시겠습니까?

치　치: 정원 가꾸기요, 저는 정원 가꾸기를 좋아합니다. 세상에. [웃음] 그리고 보드게임이나 퍼즐 같은 것도 많이 하고요. 매주 팀끼리 퀴즈 푸는 게임을 하죠, 네. [웃음] 아마 그게 지금 가장 몰두하고 있는 취미인 것 같아요.

존 칼슨: 보드 게임, 팀 퀴즈, 정원 가꾸기…….

치　치: 그 외에는 독서, 그것도 저에게 가장 소중하게 느껴지는 취미에요.

존 칼슨: 취미와 관심사 중 상당수가 두뇌를 사용하는 것과 관련이 있네요? 어떤 신체 운동이나 그런 거는…….

치　치: 그 부분도 제가 필요한 부분입니다. 즉, 저는 한동안 열심히 하다가 갑자기 멈춰 버려요. 왜 그런지 모르겠어요. 운동을 좋아하는데도 말이죠.

존 칼슨: 그렇군요…….

치 치: 하지만 그 점이 저에게는 정말 실망스러운 부분입니다.

존 칼슨: 그렇네요.

치 치: 그렇긴 하지만 일반적으로 저는 매일 어떤 식으로든 운동을 해요. 주로 걷기지만, 뭐라도 하죠.

존 칼슨: 그럼 즐길 거리로 하는 건 뭐에요?

치 치: 주로 독서, 영화, 친구들과의 외출인 것 같아요.

존 칼슨: 영적인 문제는 당신에게 얼마나 중요한가요?

치 치: 저는 영적이라고 생각하지만 종교적이지는 않아요.

존 칼슨: 그러면 얼마나 영적인가요? 조금 또는 많이, 약간, 어떻게 말씀하시겠습니까?

치 치: 약간이라고 말할 수 있을 것 같아요.

존 칼슨: 종교 단체에 소속되어 있거나 소속된 적이 있나요?

치 치: 저는 천주교 집안에서 자랐기 때문에 성당을 가장 편하게 느껴요. 그래서 예배를 드리고 싶으면 성당에 가죠.

존 칼슨: 요즘 영적인 문제나 어려움을 겪고 있는 사안이 있나요?

치 치: 없는 것 같은데, 때론 영적으로 더 많이 소통할 수 있었으면 좋겠다는 생각이 들 때가 있어요. 아시다시피…….

존 칼슨: 가족은 어느 지역에서 살았나요?

치 치: 음, 우리는…….

존 칼슨: 어디서 자랐나요? 어느 지역에서 자랐나요?

치 치: 실제로 버지니아, 메릴랜드, 지역적으로는 이 지역이에요. 그렇지만 많이 돌아다녔어요. 아버지가 외교관으로 일하셨기 때문에 저희는 해외에서 많이 살았고요.

존 칼슨: 정확히 '많이'가 어느 정도일까요? 연대기적으로 설명해 주시겠어요?

치 치: 네, 알겠어요. 저는 도미니카공화국에서 태어났고, 두 살 때까지 그곳에서 살았어요. 그 후 필리핀으로 떠났다가 잠시 미국으로 돌아왔고, 그리고 홍콩으로 갔는데, 초등학교 대부분을 거기서 다녔던 것 같아요. 그리

고 다시 미국으로 갔고, 그리고 유럽으로 갔어요.

존 칼슨: 10대 시절에도 비슷했나요?

치 치: 네. 심지어 그 후에 부모님은 일본, 남미, 터키 등에 있었어요. 제 부모님 두 분 모두는 거의 모든 곳에 있었던 것 같아요.

존 칼슨: 당신은 동부 지역에 머무는 동안에요?

치 치: 네, 전 여기서 학교를 다녔어요.

존 칼슨: 10년 전에 아버지가 돌아가셨다고 하셨는데, 부모님은 결혼 생활을 유지하셨나요?

치 치: 네, 결혼한 지 35년이 되었어요.

존 칼슨: 그렇군요. 두 사람의 관계가 좋았다고 말씀하셨나요?

치 치: 좋은 관계였다고 생각해요. 함께 지냈고, 물론 문제도 있었죠. 하지만 폭력도 없었고, 외도도 없었고, 그런 것들은 전혀 없었습니다. 그래서 좋은 관계를 유지했다고 생각해요.

존 칼슨: 네, 아버지가 정신건강 문제나 약물남용 문제를 겪은 적이 있나요?

치 치: 제가 알기로는 없습니다.

존 칼슨: 건강에 문제가 있으셨나요?

치 치: 뇌졸중을 앓으셨고, 그로 인해 2년 후에 돌아가셨습니다. 심장마비가 왔죠.

존 칼슨: 그때 연세가 어떻게 되셨나요?

치 치: 예순. 아니, 예순다섯 살이었어요.

존 칼슨: 예순다섯 살이요. 어머니는 어떠세요? 어머니 성함이 뭐예요?

치 치: 도라예요. 어머니는요…….

존 칼슨: 도라, 알겠어요.

치 치: 그녀도 건강 문제가 있습니다. 그녀는 제2형 당뇨병 환자인데, 체중 문제 때문이에요. 저도 그걸 어머니에게서 물려받았어요. 저는 어머니의 건강 문제 때문에 계속 걱정하고 있어요.

존 칼슨: 어머니와 얼마나 자주 대화하시나요?

치 치: 아마 일주일에 한두 번 정도 통화하는 것 같아요. 그리고 일 년에 두어 번

은 어머니를 뵈러 가기도 합니다.

존 칼슨: 근처에 사시나요?

치　치: 콜로라도에 살고 계세요.

존 칼슨: 당신을 키워 주신 또 다른 사람이 있나요?

치　치: 어렸을 때 이모 중 한 분, 엄마의 여동생이 오셨어요. 맞아요. 우리가 스페인에 살고 있었다는 사실을 잊고 있었네요. 엄마는 여동생한테 와서 같이 살면서 아이들 키우는 걸 도와달라고 부탁했어요. 그 덕분에 이모도 여행할 기회를 가질 수 있었지요. 그래서 이모는 스페인에서 1년 동안 저희와 함께 살다가 우리가 미국으로 돌아와서도 2년 정도인가 저희와 함께 지냈습니다.

존 칼슨: 부모님 중 어느 쪽과 더 가까웠나요?

치　치: 자라면서 엄마랑 더 가까웠어요. 우린 좀 더 닮았어요.

존 칼슨: 당신과 어머니는 어떤 면에서 닮았나요?

치　치: 저희는 같은 것을 좋아하고, 둘 다 드라마틱한 성격을 가지고 있지만, 아버지는 차분한 타입에 가까워요.

존 칼슨: 성장한 가정에 남자 형제나 여자 형제가 있나요?

치　치: 언니랑 남동생이 있습니다.

존 칼슨: 언니는 몇 살이 더 많아요?

치　치: 언니랑은 1년 차이도 안나요. 엄마가 저를 임신했을 때 언니는 젖먹이였어요. 그리고 동생은 저보다 두 살이 더 어리고요.

존 칼슨: 나이가 꽤 비슷하신데, 언니에 대해 설명해 주시겠어요?

치　치: 제 언니는 발달장애가 있어요. 경증이라 큰 장애는 아니지만 언니에게는 분명 큰 문제이긴 하죠. 언니는 지금 우리 엄마와 함께 살고 있어요. 그리고 언니는 현명하고, 성격은 아빠를 정말 많이 닮았어요. 심지어 아빠랑 비슷하게 생겼고, 훨씬 더 차분하고, 조용하지요. 그리고 제 남동생이 있네요.

존 칼슨: 남동생에 대해 이야기해 주시겠어요?

치　치: 네, 제 남동생도 우리 모두와 마찬가지로 몇 가지 문제가 있긴 해요. 하지만 정말 다정한 아이예요. 콜로라도에 살고 있는데, 그렇게 모두 콜로라도에 살고 있네요.

존 칼슨: 남동생은 어머니와 언니 집에 함께 사나요?

치 치: 아니요, 그는 결혼해서 따로 살았어요. 그런데 얼마 전에 이혼했어요.

존 칼슨: 이번이 첫 이혼인가요?

치 치: 네.

존 칼슨: 그리고 그에게 문제가 있다고 하신 건 뭐예요?

치 치: 네, 결혼 생활에 문제가 많았어요. 진작에 이혼했어야 했지요. 감정적으로는 그냥…….

존 칼슨: 두 사람은 얼마나 오래 함께 살았나요?

치 치: 그들은 약 10년인가 11년 동안 꽤 오랫동안 같이 살았어요. 둘 사이에 두 아이가 있었고, 지금은 남동생이 아이들에 대한 공동 양육권을 가지고 있습니다.

존 칼슨: 당신은 얼마나 자주 남동생을 만나시나요?

치 치: 콜로라도에 갈 때요. 그 사이에는 자주 연락하지 않아요. 하지만 정서적으로 유대감은 있는 것 같아요.

존 칼슨: 그는 성공한 사람인가요?

치 치: 네, 맞아요. 하지만 그 애도 힘든 시기를 보냈죠. 남동생은 대학에 진학했고, 대학을 졸업한 후에 로스쿨에 진학했어요. 하지만 로스쿨을 좋아하진 않았죠. 스스로 가고 싶어서 간 게 아니라서 1년 만에 자퇴했어요. 저는 그게 개인적으로 실패라고 생각하지 않지만, 다른 가족은 실패라고 생각했어요. 그 후에 남동생은 콜로라도로 이사했고, 이후로는 잘 지내고 있습니다.

존 칼슨: 언니가 발달장애를 앓고 있다고 하셨는데요, 어머니가 언니를 낳은 후 바로 당신을 임신하는 과정에서 어머니는 문제가 없었나요?

치 치: 제가 알기론 없어요. 그녀가 저에게 말한 적은 없어요.

존 칼슨: 아, 제 말은 당신이 어렸을 때 당신의 필요가 잘 충족되었는지요? 단기간에 동시에 세 아이를 돌봐 줄 사람이 있었나요?

치 치: 네, 저희 어머니는 언제나 이모처럼 항상 도와주는 사람이 있었어요. 우리가 어렸을 때 해외에 살았을 때에도 어머니는 도움을 받았어요. 그래서 엄마는 그나마 좀 쉬웠을 거로 생각해요. 유일하게 정말 힘들었던 때는 홍콩에 있을 때였던 것 같아요. 아버지가 베트남에 계셨기 때문에 우리가 홍콩에 있었어요. 전쟁이 계속되고 있었기 때문에 가족이 베트남에 갈 수 없었어요. 그래서 그나마 아버지와 좀 더 가까이 지낼 수 있도록 저희는 홍콩으로 가야 했지요. 낯선 나라에서 아이 셋을 데리고 혼자 지내는 것이 어머니에게는 정말 힘들었을 거예요. 정말 힘들었을 거라는 걸 알아요.

존 칼슨: 혹시 성장하면서 신체적 학대나 정서적 학대, 성적 학대를 당한 기억이 있었나요?

치 치: 저희 어머니는 화가 나면 감정적으로나 신체적으로 극도로 학대적인 분이셨어요.

존 칼슨: 그게 당신을 향한 것이었나요?

치 치: 네.

존 칼슨: 당신에게만요?

치 치: 제가 좀 더 안 좋은 케이스였던 것 같아요. 제가 가장 많이 (학대를) 받았어요. 하지만 우리 모두 받았지요, 우리 모두요.

존 칼슨: 기억에 남는 다른 학대 사례도 있나요?

치 치: 아니요, 성적 학대나 그런 건 없어요.

존 칼슨: 그리고 어머니를 도와주셨던 분들 덕분에 당신이 자랄 때 특별한 보살핌이 있었던 것 같네요.

치 치: 네.

존 칼슨: 자, 그러면 이번에는 불법 약물 사용, 즉 약물 복용 이력이 있으신가요? 마리화나, 코카인 같은…….

치 치: 다 시도는 해 봤지만, 깊이 빠진 적은 없어요. 과거에 제가 과하게 해 본 것이 있다면 불법 약물은 아니지만 술이라고 말할 수 있겠네요.

존 칼슨: 과도하게 했을 수도 있었다는 건지, 아니면 진짜 과도하게 했는지…….

치 치: 네, 전 술을 지나치게 했어요.

존 칼슨: 지금도 과음을 하시나요?

치 치: 더 이상 그러진 않아요. 하지만 제 인생의 어느 한 시기에는 분명 그랬던 것 같아요. 확실히 그랬죠.

존 칼슨: 그게 정확히 어떠했다는 뜻일까요? 술을 마실 때 필름이 끊긴 적이 있거나 폭음한 적이 있나요?

치 치: 아니요.

존 칼슨: 그럼 매일 마셨다는 것일까요?

치 치: 다음날 몸이 아플 정도로 술을 마신다면 과도하게 마신 거라고 생각해요. 그래서 다음날 출근도 못하고, 다음날 아무것도 할 수 없는 것은 지나친 거죠.

존 칼슨: 요즘에는 그런 일이 얼마나 자주 발생하나요?

치 치: 요즘은 절대 없어요. 하지만 과거에는 그랬죠.

존 칼슨: 그리고 이탈리아계라고 말씀하셨고, 가족을 설명하셨는데…… (언급한 가족 외에) 더 많은 가족 구성원이 있나요?

치 치: 아버지 쪽 가족의 친척들은 모두 코네티컷에 있어요. 어머니 쪽은 멕시코에 있고요. 그래서…….

존 칼슨: 그녀가 출신이…….

치 치: 그녀는 멕시코인이에요.

존 칼슨: 그럼 어렸을 때 어떤 가족과 동일시면서 정체성을 느꼈나요?

치 치: 아버지 쪽과 좀 더 동일시했던 것 같아요. 이탈리아 쪽이 여기 동해안에서 지리적으로 더 가깝고, 어머니 친척들보다 더 자주 보았기 때문인 것 같아요. 하지만 아시다시피…….

존 칼슨: 그러면 어떤…… 음, 집에서는 스페인어를 사용했나요?

치 치: 그랬죠. 어렸을 때 저희는 두 가지 언어를 모두 사용했어요. 하지만 당시 교육자들은 아이들이 이중 언어를 사용하는 것은 좋지 않다고 생각했고, 한 가지 언어만 사용해야 한다고 생각했다네요. 어머니가 말씀하셨던 것 같아요. 그래서 그들은 어머니에게 영어만 하라고 했죠. 지금은 그 생각

이 바뀌었지만, 당시에는 분명히 그렇게 생각했던 것 같아요.

존 칼슨: 이탈리아계 또는 멕시코계로서 성장하는 것에 대해 어떤 감정이 있으신가요?

치 치: 어렸을 때 엄마가 멕시코인이라는 이유로 놀림을 많이 받았어요. 하지만 그건 아무것도 아니지요.

존 칼슨: 어떤 걸 놀렸나요?

치 치: 보통 있는 인종 비하였죠. 어머니가 영어를 못한다고 그런 식으로 놀리는 경우였죠. 그래서…….

존 칼슨: 자, 이제 거의 다 끝났습니다. 짧은 시간 동안 많은 주제를 다루었습니다.

치 치: 맞아요. 여기서 자서전을 쓴 것 같네요.

존 칼슨: 사람들이 당신에 대해 알아야 할 중요한 것 중 제가 건너뛴 게 있을까요?

치 치: 더 생각나지 않네요.

존 칼슨: 그러니까 당신은 여러 곳에서 자랐다고 해도 과언이 아닐 것 같습니다. 이곳 워싱턴 DC 지역에 정착한 지는 몇 년이 되셨나요?

치 치: 세상에, 한 20년은 됐나 봐요.

존 칼슨: 거의 같은 지역, 같은 커뮤니티에 살고 있나요?

치 치: 아뇨, 아뇨. 전 도시에 살았어요. 그러다 볼티모어로 이사했고, 그곳에서도 도시에서 살았죠. 그리고 지금은 볼티모어와 아나폴리스 사이에 있는 작은 마을에 살고 있어요.

존 칼슨: 그래도 대략적으로는 이 구역에 여전히 있는 거네요.

치 치: 네, 대략적으로는 이 지역에 여전히 있는 거지요.

존 칼슨: 네, 여러 다른 커뮤니티 안에서요. 그리고 당신 삶의 일부인 남자친구와 함께 살고 있죠.

치 치: 현재 제 인생에 실제로 함께하고 있어요. 네, 맞아요.

존 칼슨: 매일 대화하시나요?

치 치: 네, 매일 이야기하죠.

존 칼슨: 그럼 그런 방식으로 연결되어 있군요.

치 치: 네.

존 칼슨: 그런데 이런 방식의 관계가 끝나는 것에 대해, 아니면 관계 자체의 변화는 아니더라도, 같은 시간에 같은 장소에 좀 더 오랫동안 함께 있는 것에 대한 약속이나 생각은 없으신가요?

치 치: 네, 네, 이 상황은 확실히 일시적인 상황입니다. 그래서…….

존 칼슨: 1년 반이 지났는데 일시적인 현상일까요?

치 치: 현재로서는 알 수 없어요. 6개월이 더 걸릴 수도 있고, 1년이 더 걸릴 수도 있겠죠. 아마 최대 1년일 거예요. 그러니 언젠가는 물리적으로 같은 공간에 있게 되겠죠. 이 일이 일어나기 전에 우리는 충분히 오래 함께했고, 충분히 좋은 관계를 유지했기 때문에 이 시점에서 심각한 혼란은 아니라고 생각해요.

존 칼슨: 좋아요. 또 한 가지 질문하고 싶은 게 있습니다. 독서가라고 하셨는데 가장 좋아하는 책이 무엇인가요?

치 치: 하나만요?

존 칼슨: 특히 두드러지는 것을 고르라고 한다면, 아니면…….

치 치: 오, 하나만 고르라면 『황폐한 집』이에요.

존 칼슨: 『황폐한 집』에서 눈에 띄는 점은 무엇인가요?

치 치: [침묵] 무엇일까? [침묵]

치 치: 생각할 시간이 좀 필요해요. 가장 좋아하는 책이 무엇이냐는 질문을 받을 때마다 항상 떠오르는 책이 바로 그 책입니다.

존 칼슨: 저는 이 책에 대해 잘 몰라요. 그래서…….

치 치: 제 생각에는 [침묵] 글쎄요, 그것에 대해 계속 아주 길게 얘기할 수 있기 때문인 것 같아요. [웃음] 얼마나 알고 싶으신지에 따라 다르겠죠. 디킨스는 정말 위대한 작가라고 생각해요. 그리고 그는 제가 가장 좋아하는 작가 중 한 명입니다. 이 책은 아마도 그의 작품 중 가장 위대한 책 일 것입니다. 그가 잘 알려지고, 유명한 이유의 모든 것이 그 책에 다 들어 있어요.

존 칼슨: 어떤 점이 눈에 띄는 것 같나요? [침묵]

치 치: 그의 연민.

존 칼슨: 이번에는 이상할 수도 있는데, 약간 다른 종류의 질문을 해 보겠습니다. 당신 삶에서 초기 기억을 떠올려 보면 뭐가 생각이 나나요? 왜 그 기억이 지금까지 나는지 이유는 모르지만, 8세 미만의 기억 중 여전히 당신에게 인상적인 기억이 있을 수 있습니다.

치 치: 8세 미만이요?

존 칼슨: 네.

치 치: 무슨 일이 있었는지요?

존 칼슨: 아직도 기억나고, 세부 사항도 기억나는 것이요. 아직도 머릿속에 그려지는 것이 있다면요. [침묵]

치 치: 세상에…….

존 칼슨: 처음으로 학교에 가거나 생일 파티에 가는 것 같은 걸 수도 있어요.

치 치: 아, 알겠어요.

존 칼슨: 그 기억 속에서 당신은 몇 살이었나요?

치 치: 세상에, 아마 네 살 정도. 내 생각엔 네다섯 살 정도였던 것 같아요. 유치원에 다니기 이전이었는데, 언젠가 어머니가 어떤 이유에서인지 할 일이 있어서 저를 어린이집에 맡기려고 하셨어요. 그곳은 제가 한 번도 가 본 적이 없는 곳 같았어요. 분명 세네 살 정도였던 것 같아요. 저는 가기 싫어서 소리를 지르고, 발작을 일으키면서 아침 내내 어린이집에 가는 것 때문에 엄마의 삶을 지옥으로 만들었던 게 기억나요. 그런데 막상 도착했을 때는 제 인생 최고의 하루를 보냈어요. 정말 즐거웠어요. 엄마가 데리러 오셨을 때는 가기 싫었지요. 그게 제 어린 시절의 기억 중 하나같아요.

존 칼슨: 거기에서 가장 생생하게 기억에 남는 부분은 무엇인가요?

치 치: 그곳에 있던 여자아이 중 한 명이 저와 친구가 되어 놀기 시작한 거요. 그래서 재미있었다는 거요.

존 칼슨: 당시 기분이 어땠나요?

치 치: 정말 좋은 시간이었어요. 전 아주 행복했습니다.

존 칼슨: 네, 알겠습니다.

치 치: 왜 아직도 눈물이 나는지 모르겠어요.

존 칼슨: 이제 다른 질문은 없어요. 혹시 당신이 질문이 있는지 모르겠네요. 아니면 다른 얘기해 주실 것이 있나요?

치 치: 아뇨, 아뇨.

존 칼슨: 이 모든 문제에 대해 솔직하게 답변해 주셔서 정말 감사합니다.

치 치: 고마워요.

존 칼슨: 질문이 많았네요.

치 치: 고마워요.

존 칼슨: 고마워요, 치치.

치 치: 고마워요.

찾아보기

인명

내용

ㄴ

저자 소개

레슬리 그린버그 박사(Leslie Greenberg, PhD)는 온타리오주 토론토에 있는 요크대학교의 심리학 석좌교수이다. 그는 심리상담에서 정서를 다루는 데 있어 선도적인 권위자이자 정서중심 심리상담의 개발자이다. 1980년대에 심리상담에서 정서에 관한 최초의 연구와 정서중심 부부상담부터 최근 저서인『Emotion-Focused Therapy for Depression』(2005), 『Emotion-Focused Couple Therapy: The Dynamics of Emotion, Love, and Power』(2008), 『Emotion-Focused Therapy』(2008)까지 개인 및 부부상담에 대한 정서중심 접근법에 관한 주요 교재를 동료들과 함께 저술했다. 그린버그 박사는 변화의 과정에 관한 광범위한 연구를 발표했다. 심리상담 통합 탐구 학회의 창립 회원이며, 심리상담 연구 학회의 회장을 역임했고, 심리상담 연구 협회의 2004년 그해에 연구자 상을 수상하기도 했다. 캐나다 전문 심리학 프로그램 협의회에서 수여하는 우수 전문 교육 프로그램상과 캐나다 심리학 협회에서 수여하는 심리학 공로상을 수상했으며, 미국 심리학회의 인본주의 심리학회에서 수여하는 칼 로저스 상, 그리고 APA의 응용 연구에 대한 공로상을 받았다. 그린버그 박사는 상담 및 임상심리학 학술지, 결혼 및 가족상담 학술지를 비롯한 여러 심리상담 학술지의 편집위원으로 활동하고 있다. 그는 개인과 커플을 위한 개인상담을 진행하고 있으며, 상담자들에게 경험 및 정서중심 접근법을 교육하고 있다.

낸시 맥윌리엄스 박사(Nancy McWilliams, PhD)는『Psychoanalytic Diagnosis: Understanding Personality Structure in the Clinical Process』(1994, 개정판 2011), 『Psychoanalytic Case Formulation』(1999),『Psychoanalytic Psychotherapy: A Practitioner's Guide』(2004)의 저자이자『Psychodynamic Diagnostic Manual』(2006)의 부편집장이다. 현재 뉴저지 주립대학교 럿거스 응용 및 전문 심리학 대학원에서 학생들을 가르치고 있다. 미국 심리학회 정신분석학 분과 회장을 역임했으며, 정신분석 심리학 편집위원, 정신분석 리뷰 자문 편집위원으로 활동하고 있다. 맥윌리엄스 박사는 성격구조와 성격장애, 심리진단, 성과 성별(sex and gender), 트라우마, 집중 심리상담, 심리상담의 인본주의 전통에 대한 현대적 해석에 관한 글을 썼다. 그녀의 저서는 15개 언어로 번역되었으며, 그녀는 국내 및 해외에서 폭넓은 강연을 하고 있다. 맥윌리엄스 박사의 사례 개념화에 관한 저서는 1999년 최고의 정신분석 임상 서적으로 그라디바 상을 받았으며, 2004년에는 미국 심리학회의 독립 개업의 부문에서 실무에 기여한 공로로 로잘리 와이스 상을 받았다. 그녀는 미국 심리학회의 정신분석학 부문에서 리더십 상 및 장학금 상을 모두 수여하였으며, 미국 정신분석학 협회의 명예 회원이기도 하다. 미국 정신분석 심리학회(National Psychological Association for Psychoanalysis) 교육을 마쳤으며, 현재 뉴저지 심리치료 및 정신분석 센터와 뉴욕 시립 심리상담연구소의 훈련 프로그램에 소속되어 있다. 맥윌리엄스 박사는 뉴저지 플레밍턴에서 개인 클리닉을 운영하고 있다.

에이미 웬첼 박사(Amy Wenzel, PhD)는 웬첼 컨설팅(Wenzel Consulting, LLC)의 소유주이며, 펜실베이니아대학교 의과대학의 임상 조교수이자 인지행동치료 연구소의 겸임교수, 크로스 컨트리 에듀케이션의 연사국 위원, 산후 스트레스 센터의 제휴사 전문가이다. 그녀는 국제적으로 인정받는 인지치료 전문가이며, 정기적으로 대면 워크숍, 웨비나 및 집중 슈퍼비전을 제공한다. 웬첼 박사는 『Strategic Decision Making in Cognitive Behavioral Therapy』(2013), 『Group Cognitive Therapy for Addictions』(2012), 『Anxiety in Childbearing Women: Diagnosis and Treatment』(2011), 『Cognitive Therapy for Suicidal Patients: Scientific and Clinical Applications』(2009) 등 12권의 저서를 저술 및 편집했다. 그녀는 정신장애의 인지 과정, 산전 장애, 자살 예방, 대인관계 등 다양한 주제에 관한 100편이 넘는 저널 논문과 저서를 출간했다. 그녀는 미국 자살 예방 재단, 조현병 및 우울증 연구 전국 연합(현재 뇌 및 행동 연구 재단), 국립 정신건강 연구소에서 연구비를 수주했다. 그녀는 인지행동 심리학 분야에서 미국 전문 심리학 위원회의 자격증을 취득했다. 웬첼 박사는 미국 자살예방재단의 과학 자문위원으로 활동 중이며, 행동 및 인지 치료 협회에서 임원을 맡고 있다. 현재 웬첼 박사는 인지치료 기반 임상 진료, 교육 및 감독, 학술 연구 및 저술 등의 활동을 하고 있다.

역자 소개

신혜린(Shin, Hae Lin)

연세대학교 심리학 박사

전 서강대학교 학생생활상담연구소 상담 교수

현 기연심리상담센터 공동대표

연세대학교 심리학과 겸임교수

저서 및 역서

초기 상담에 관한 99가지 Q&A(학지사, 2024)

사례로 배우는 심리상담의 실제(공저, 학지사, 2020)

효과적인 치료전략 선택하기(공역, 시그마프레스, 2017)

심은정(Shim, Eun Jung)

로즈미드 임상심리대학원, 임상심리학 박사

전 숭실대학교 교양대학 교수

현 위드미 심리상담연구소 소장

서강대학교 외래교수

한국상담심리학회 자격검정위원회 부위원장

저서 및 역서

성격심리학: 아홉 가지 접근법과 현대적 고찰(공역, 사회평론아카데미, 2023)

현대 정신병리학(공역, 학지사, 2022)

사례로 배우는 심리상담의 실제(공저, 학지사, 2020)

윤정설(Yoon, Jong Sol)

경북대학교 심리학과 상담심리학 박사과정 수료

전 숭실대학교 상담센터 시간제 상담원

현 기연심리상담센터 공동대표

주요 저서 및 논문

효과적인 치료전략 선택하기(공역, 시그마프레스, 2017)

한국형 대인관계문제 원형척도 요인탐색(공동, 2019)

현대 심리상담의 세 가지 접근

사례 시연을 통한 이론과 기법의 이해

Exploring Three Approaches to Psychotherapy

2025년 9월 5일 1판 1쇄 인쇄
2025년 9월 15일 1판 1쇄 발행

지은이 • Greenberg, Leslie S. · McWilliams, Nancy · Wenzel, Amy
옮긴이 • 신혜린 · 심은정 · 윤정설
펴낸이 • 김진환
펴낸곳 • ㈜학지사
04031 서울특별시 마포구 양화로 15길 20 마인드월드빌딩
대표전화 • 02-330-5114 팩스 • 02-324-2345
등록번호 • 제313-2006-000265호

홈페이지 • http://www.hakjisa.co.kr
인스타그램 • https://www.instagram.com/hakjisabook

ISBN 978-89-997-3491-5 93180

정가 22,000원

역자와의 협약으로 인지는 생략합니다.
파본은 구입처에서 교환해 드립니다.